DINOSAURIER

TATSACHEN, WISSENSCHAFTLICHE ERKENNTNISSE UND NEUE UNGELÖSTE RÄTSEL

Maria Luisa Bozzi Silvio Bruno Stefano Maugeri

DINOSAURIER

TATSACHEN, WISSENSCHAFTLICHE ERKENNTNISSE UND NEUE UNGELÖSTE RÄTSEL

VERLEGT BEI

KAISER

Danksagung

Dieses Buch wäre niemals ohne die Hilfe der Wissenschaftler und Künstler zustandegekommen, die wir an dieser Stelle unserer aufrichtigsten Dankbarkeit versichern wollen: Prof. José F. Bonaparte vom Argentinischen Naturkundemuseum und Nationalen Institut für Naturwissenschaften in Buenos Aires, Argentinien; Dr. Angela C. Milner vom Paläontologischen Institut des British Museum of Natural History in London; Prof. John H. Ostrom vom Peabody Museum of Natural History der Universität Yale in New Haven, Connecticut; Prof. Giovanni Pinna vom Museo Civico di Storia Naturale in Mailand; Prof. Emilio Balletto und Prof. Cristina Giacoma vom Zoologischen Institut und Roberto Compagnioni vom Institut für Geowissenschaften der Universität Turin; Prof. Carlo Guaraldo vom Istituto Nazionale di Fisica, Laboratori di Frascati; Dr. F. Westphal vom Institut für Geologie und Paläontologie der Universität Tübingen; Dr. Dong Zhiming vom Paläontologischen Institut der Chinesischen Akademie von Beijing, China; Dr. Piero Banucci von der Tageszeitung »La Stampa«, Turin; Massimo Agrillo, Alessandro Bruno, Dario Orecchini und Claudio Pasqualucci, Illustratoren, Rom.

Titel des Originals: »DINOSAURI, MISTERI SVELATI E NUOVE INCOGNITE«
Einzig berechtigte Übertragung aus dem Italienischen Manuela Eder

Deutsche Erstausgabe

Bildquellennachweis

Die Fotografien auf S. 9, 11 (Mitte und unten), 14 (unten), 23, 34 (rechts), 73, 106 (Serie oben), 126, 202 (links), 208, 214 und 215 stammen aus *A new look at the Dinosaurs*, Natural History British Museum, London 1979; das Foto auf S. 10 (oben) aus *Dinosaurs and their living relatives*, Natural History British Museum, London 1979; die Fotos vom Skelett des *Iguanodon* und die eigenhändigen Zeichnungen von Mantell auf S. 12 und 13 wurden mit freundlicher Genehmigung der Universitätsbibliothek des Paläontologischen Institutes der Universität Florenz entnommen aus *Cinquième Note sur les Dinosaures de Bernissart*, L. Dollo, Bull. Mus. Roy. Hist. Nat. Belg. T. III; die Fotografie auf S. 15 stammt aus *Origin of Life*, C. Twist, Equinox, Oxford 1990; jene auf S. 18 (links oben und unten), 26, 27 (Mitte und unten), 106 (unten) aus *Dinosaurs – il mondo dei Dinosauri*, Museo Tridentino di Scienze Naturali, Trient, Museo Regionale di Scienze Naturali, Turin, Museo Friuliano di Storia Naturale, Udine, Naturwissenschaftliche Fakultät der Universität »La Sapienza«, Rom, 1991; jene auf S. 20, 43 (Mitte, Garanzini), 113 (rechts, Spezia), 122 (rechts oben), 128 (Spezia) und 202 (rechts, Spezia) wurden dem *Guida al Museo Civico di Storia Naturale di Milano*, Museo Civico di Storia Naturale di Milano, 1988, entnommen; jene auf S. 23 (unten) erscheint mit freundlicher Genehmigung des Peabody Museum of Natural History der Universität Yale; die Bilder auf S. 25, 33, 34, 40 (links) und 42 stammen aus der Broschüre des *Dinosaur National Monument*, Utah, USA, mit dessen freundlicher Genehmigung; jene auf S. 43 (rechts unten), 122 (oben links) und 135 (unten) wurden vom Museo di Storia Naturale, Mailand, zur Verfügung gestellt; jene auf S. 43 (rechts oben), 65 (oben), 164 (links) und 167 (Mitte und unten) stammen aus *Le piante*, Istituto Geografico De Agostini, Novara, 1982; das Foto von Alvin, S. 47, stammt aus *Exploring the deap frontier: the adventure of man in the sea* und ist von Chuck Nuckling/sea films inc.; jene auf S. 61 (oben), 65 (Mitte links), 66 (links) und 72 aus *Les fossiles*, ATP-EDES, Paris 1985; jene auf S. 62 und 63 stammen aus *La vita sulla Terra-storia della natura*, Rizzoli, Mailand 1979; der Baumfarn auf S. 65 von der Bildagentur Stradella; die Fotos auf S. 75, 185 und 193 aus *Dinosaur – Guida alla Sala del Museo Civico di Storia Naturale di Milano*, Museo Civico di Storia Naturale di Milano, 1982; jene auf S. 164 (rechts) und 166 (rechts) aus *Rainforest: a celebration*, Barry & Jenkins Ltd., London 1989; jene auf S. 164 und 165, 223, 224 und 225 aus *Naturschönheiten der USA*, Anton Schroll & Co, Wien 1984; der Kolibri auf S. 166 von der Bildagentur Laura Ronchi; das Foto auf S. 216 aus *Le Scienze*, Mailand, und jenes auf S. 220 (unten) aus *The home planet*, M.W. Kelley, mit Genehmigung der Addison Wesley Publishing Company.

Der Herausgeber steht den Bildautoren, mit welchen er vergeblich versuchte, Kontakt aufzunehmen, in bezug auf eventuelle unbeabsichtigte Auslassungen oder Ungenauigkeiten bei der Nennung der in diesem Band reproduzierten Illustrationen zur Verfügung.

Forschung ohne Ende

Als ich 1972 einem der größten Dinosaurierfriedhöfe der Welt in der Wüste Ténéré einen Besuch abstattete, beeindruckte mich neben der ungeheuren Menge besonders auch die Verschiedenartigkeit der fossilen Knochen, die in dem nur ein paar Dutzend Kilometer langen Streifen Sandes entlang der südöstlichen Hänge des Air (Republik Niger) begraben lagen.

Wirbel, Rippen, Schädelfragmente, Langknochen und manchmal sogar ganze Skelette der verschiedensten Dinosauriergattungen kamen dort täglich zum Vorschein. Von all diesen Arten ist bisher nur eine einzige vollständig dokumentiert und rekonstruiert, *Ouranosaurus nigeriensis*. Dutzende andere, manche bereits freigelegt, andere noch im Muttergestein eingeschlossen, warten erst darauf, daß die Wissenschaft sich ihrer annimmt, ihnen einen Namen, eine Gestalt und einen Stellenwert gibt.

Einen noch tieferen Eindruck bewahre ich von einer anderen afrikanischen Fundstelle, die in der Bahariyah-Oase in der Libyschen Wüste liegt. Auch dort sah ich eine Unzahl fossiler Knochen aller möglichen Spezies, die vereinzelt aus dem Sand auftauchten oder in großer Anzahl aus den Kreidefelsen ragten, die dadurch wie ein unheimliches steinernes Grabmal wirkten.

Wenn ich so an meine afrikanischen Erlebnisse zurückdenke, fällt mir auf, daß die Dinosaurierpopulationen des Schwarzen Kontinents sicher jene sind, die wir – wenn man von der Antarktis absieht – am wenigsten kennen. Überhaupt scheint mir unser Wissen über diese faszinierenden Reptilien der Vergangenheit mehr als unvollständig zu sein.

Dieser Umstand wird überdeutlich, wenn wir daran denken, daß wohl seit jenem denkwürdigen Tag im Jahre 1822, als Gideon Mantell den Zahn eines *Iguanodon* fand, Dutzende von Spezies von Paläontologen beschrieben wurden, aber dennoch kein Jahr vergeht, ohne daß eine neue, erstaunliche Gattung entdeckt wird, sich zu den anderen gesellt und die Welt der Dinosaurier in unserer Vorstellung bereichert.

Diese Welt ist ständig in Bewegung, denn immer wieder fließen neue Entdeckungen in sie ein. Dieses Buch bietet eine Zusammenstellung der aktuellsten Kenntnisse und beschränkt sich dabei nicht auf die Beschreibung aller Arten, die in den 140 Millionen Jahren Evolutionsgeschichte der Dinosaurier gelebt haben. Auch ihr Ursprung wird beleuchtet, ihre Lebensgewohnheiten, ihre Umwelt und ihre Beziehung zu den anderen Tieren ihrer Zeit. Und schließlich kommen auch die Theoretiker zu Wort, mit all den Erklärungen, die sie für das plötzliche Verschwinden der größten und vielfältigsten Gruppe der Wirbeltiere, die je auf Erden gelebt hat, zu bieten haben.

Giovanni Pinna
Direktor des Museo Civico
di Storia Naturale in Mailand

Inhaltsverzeichnis

Kapitel 1

8 Der Mensch und die Dinosaurier

8 Die Entdeckung
8 Die ersten Spuren
10 Eine neue Methodik: Vergleichende Anatomie
11 Mantell und Buckland: Die ersten Identifikationen
13 Ein neuer Name: »Dinosauria«
14 Neue Beweise aus der Neuen Welt
15 Die Darwinsche Revolution
16 Das fehlende Glied
18 Die neue Paläontologie
20 Einfach nur Dinosaurier?
21 Neue Antworten auf alle Fragen

Kapitel 2

24 Versteinerte Zeugen der Urzeit

24 Wie ein Fossil entsteht
29 Die Koordinaten der Zeit
31 Den Dinosauriern auf der Spur
33 Rekonstruktion eines Urzeitwesens
38 Fährten im Fels
42 Rückkehr einer versunkenen Welt
42 Die Welt der Dinosaurier

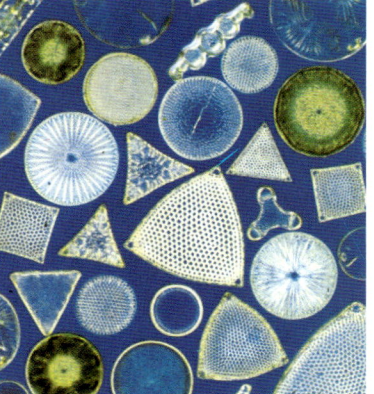

Kapitel 3

50 Die Wege des Lebens

50 Die Evolution: Ideen und Fakten
55 Die ersten Organismen
60 Die ersten Tiere
63 Aus den Sümpfen in die Wüste
71 Welch ein Glück, Reptil zu sein
72 Evolutionskarriere der Reptilien
74 Die Ahnen der Dinosaurier
76 Anatomische Merkmale der Dinosaurier
78 Evolutionsgeschichte eines erfolgreichen Organismus

Kapitel 4

80 Die Vielfalt der Formen

80 Wozu klassifizieren?
81 Das Linnésche System
82 Evolution und Taxonomie
85 Sicher durch das Labyrinth
   der Namen
86 Ordnung Saurischier
91 Ordnung Ornithischier
94 Neue Ansätze zur
   Klassifizierung

Kapitel 7

**130 Der Jura: Urwälder und
Giganten**

138 Archaeopterygidae
142 Ceratosauridae
144 Allosauridae
145 Cetiosauridae
146 Brachiosauridae
150 Diplodocidae
153 Fabrosauridae
155 Stegosauridae
159 Coeluridae

Kapitel 5

**96 Aus dem Leben der
Dinosaurier**

96 Eine knifflige Frage
98 Ostrom und Bakker:
   Aufbruch zu neuen Perspektiven
102 Theorien zur Physiologie der
   Dinosaurier
105 Weitere Indizien:
   Gehirn und Nervensystem
106 Wachstum und Stoffwechsel
108 Angriff und Verteidigung
111 Dinosaurier und die Liebe
113 Brutpflege und Familienleben

Kapitel 8

**160 Die Kreide: Glanz und
Niedergang**

170 Hypsilophodontidae
171 Ornithomimidae
174 Dromaeosauridae
176 Baryonychidae
178 Deinocheiridae
179 Spinosauridae
182 Megalosauridae
184 Tyrannosauridae
190 Titanosauridae und
   Camarasauridae
192 Protoceratopsidae
195 Ceratopsidae
200 Hadrosauridae
204 Nodosauridae und
   Ankylosauridae
208 Pachycephalosauridae
211 Iguanodontidae

Kapitel 6

**116 Die Trias:
Morgendämmerung eines
neuen Zeitalters**

126 Coelophysidae
127 Heterodontosauridae
   und Teratosauridae
128 Plateosauridae

Kapitel 9

216 Das Ende der Dinosaurier

216 Das Große Sterben:
   ein unlösbares Rätsel?
219 Spuren im Lehm
221 Eine glühende Kugel aus
   flüssigem Metall
225 Nemesis: der Bote der
   Apokalypse
226 Im Inneren der Erde
   Eine Frage des Gleichgewichts

233 Register

Der Mensch und die Dinosaurier

Die Entdeckung

»Ich war der erste Mensch, der diese versteinerten Knochenfragmente je erblickte. Als ich sie sah, wußte ich sofort, daß sie schon Jahrzehnte, nein, Jahrhunderte hier liegen mußten, den Witterungseinflüssen ungeschützt ausgesetzt. Mir war auch gleich klar, daß sie etwas Einzigartiges waren, etwas Besonderes, die Entdeckung dieses Sommers. An jenem Augustnachmittag also befreiten mein Assistent Grant und ich die Fossilien langsam und vorsichtig von Staub und Gesteinsresten. Wir hatten das Gefühl, einen verlorenen Schatz zu bergen. Zuerst legten wir ein paar spitze Zähne frei, dann Zehenknochen, die nur um weniges größer waren als meine eigenen. Schließlich fanden wir das einwandfrei erhaltene Skelett eines ganzen Fußes.«

Es war in der Tat ein ganz besonderer Dinosaurierfuß, den John Ostrom, Professor an der Universität Yale und Leiter der Fossilienabteilung des Peabody-Museums, an diesem Augustnachmittag im Jahre 1964 entdeckt hatte. Die Grabungen gingen schon ihrem Ende zu, und die meisten Geräte waren bereits in Kisten verpackt, als er zusammen mit seinem Assistenten Grant die verschiedenen Grabungsstellen noch einmal abging, um die sandigen Hänge des Ominous Moud, eines Hügels in der verlassenen Gegend um das Städtchen Billings, Montana, ein letztes Mal zu inspizieren.

Im Licht der tiefstehenden Sonne, kurz vor dem Sonnenuntergang, bekommen die Dinge scharfe Konturen, und alle Paläontologen wissen, daß dies die beste Zeit für schier unglaubliche Entdeckungen ist. In jener magischen Stunde also sahen die beiden plötzlich eine fürchterliche Klaue, scharf und gebogen wie ein

DIE ANFÄNGE DER MODERNEN WISSENSCHAFT
Galileo Galilei (1564–1634), ein sehr lebensechtes Porträt von Oltario Leoni. Die Mathematik als Maß eines Phänomens und das Experiment zum Beweis einer Hypothese wurden zur methodologischen Basis des galileischen Denkens und haben die Welt der Wissenschaften in den letzten Jahrhunderten maßgeblich beeinflußt.

orientalischer Dolch, die am vordersten Glied der zweiten Zehe eines Dinosaurierfußes saß. Eine Neuheit, die den Körperbau der Dinosaurier in einem völlig anderen Licht erscheinen ließ. Unverzüglich wurden die Grabungen wiederaufgenommen.

Nach drei Jahren unermüdlicher Arbeit war es endlich soweit: Der *Deinonychus*, das heißt »Schreckliche Kralle«, gab sein Debüt in der Welt der Wissenschaft. Der Neuzugang war ein 1,5 m hoher Fleischfresser, ein Zweibeiner, den man als intelligent, wendig und aggressiv einschätzen mußte. Mit diesen Charakteristika entsprach er ganz und gar nicht dem Bild, das man sich bisher von den vor Hunderten Millionen von Jahren ausgestorbenen Giganten gemacht hatte.

Jeder hielt sie bislang für plumpe, schwerfällige und stumpfsinnige Kolosse. Diese Meinung mußte nun revidiert werden: Der *Deinonychus* war das glatte Gegenteil und paßte nicht mehr in das Klischee.

Der Ominous Moud, der stille Friedhof dieser kleinen Fleischfresser, hatte lange Zeit ihr Geheimnis gehütet. Nun, nach seiner Enthüllung, begann ein neues Kapitel in der 200jährigen Geschichte der Dinosaurier und der Menschen.

Die ersten Spuren

Die ersten Hinweise tauchten in einer Zeit auf, als hauptsächlich der Ackerbau das Landschaftsbild prägte. Es gab weder große Städte noch Fabriken, keinen elektrischen Strom, Autobahnen und Eisenbahntrassen existierten ebenfalls noch nicht. So weit das Auge reichte, sah man nur Weizenfelder, Landwirtschaften und Gemüsegärten. Obwohl bereits ab und zu bei Ausgrabungen Dinosaurierfossilien gefunden worden waren, hatten die Menschen noch keine Vorstellung davon, was sie bedeuteten.

Erst seit ca. 100 Jahren, seit Galileo Galilei die Theorie des Nikolaus Kopernikus weiterentwickelt und das geozentrische Weltbild endgültig aus den Angeln gehoben hatte, akzeptierte man, daß die Erde rund und nicht das Zentrum des Universums ist. John Dalton hatte vor kurzem die atomare Struktur der Materie entdeckt. Die Chemie konnte man eigentlich noch nicht so bezeichnen, treffender wäre Alchimie:

liche Tatsachen: James Usher, Erzbischof der anglikanischen Kirche, hatte die Schöpfungsgeschichte des Alten Testaments studiert und war zu dem Ergebnis gekommen, daß Gott die Erde um das Jahr 4004 v. Chr. erschaffen und die Sintflut um 2349 v. Chr. über sie gesandt hatte. Somit wären auch alle Lebewesen um dieselbe Zeit entstanden und hätten seither keinerlei Veränderungen durchgemacht. Wie denn diese Ansicht mit den Fossilienfunden zu vereinen war? Ganz einfach: Die Sintflut

ROBERT PLOT

Reverend Robert Plot, Autor der *Natural History of Oxfordshire,* beschrieb einen fossilen Oberschenkelknochen und identifizierte ihn als den eines Elefanten, der wahrscheinlich zur Römerzeit nach England gebracht worden war. Heute weiß man, daß er einem Dinosaurier gehörte.

Man suchte nach dem Stein der Weisen, um Gold zu machen, der Begriff des Gases sollte erst später formuliert werden, wie überhaupt die Aggregatzustände noch ein mehr oder weniger rätselhaftes Phänomen darstellten.

Die neueste Entdeckung auf dem Gebiet der Biologie, die durch die Entwicklung der ersten Mikroskope möglich gemacht wurde, war die Tatsache, daß organische Gewebe aus Zellen bestanden. Erst seit kurzem wußte man, daß Leben aus der Zeugung und nicht einfach zufällig entstand. Was die Vergangenheit betraf, hielt man sich strikt an die Bibel. Niemand kam auf die Idee, daß sich die Anfänge der Erde anders abgespielt haben könnten, als die Genesis sie beschrieb.

Alle in der Heiligen Schrift geschilderten Ereignisse galten nicht nur als religiöse Dogmen, sondern auch als wissenschaft-

rottete einige Spezies aus, besonders die, die nicht in die Arche Noah paßten! Damals dachte man nicht einmal im Traum an das, was heute zur Allgemeinbildung gehört. Aufgrund von Berechnungen, die sich auf die Expansionsgeschwindigkeit des Universums und den radioaktiven Zerfall des Radiums stützen, wissen wir, daß mit allerhöchster Wahrscheinlichkeit die Erde vor viereinhalb Milliarden Jahren entstand, das Leben auf dem Planeten erst eine Milliarde Jahre später auftrat, und zwar in einer Form, die mit der heutigen wenig zu tun hat; daß sich in weiterer Folge in einem langsamen, schrittweisen Evolutionsprozeß die verschiedenen Tierarten entwickelten und neue entstanden, während andere ausstarben.

Heute ist uns klar, daß auch die Dinosaurier diesem Prozeß unterworfen waren, daß sie vor 200 Millionen Jahren auftauchten und bis vor 65 Millionen Jahren lebten, in einer Welt, in der die Kontinente noch eine einzige riesige Landmasse bildeten, und wo hohe Gebirge wie der Himalaja oder die Alpen noch nicht existierten.

Im wissenschaftlichen Klima des 17. Jahrhunderts jedoch konnte es wohl gar keine andere Deutung für den Fund eines Dinosaurier-Oberschenkelknochens geben als die folgende in *The Natural History of Oxfordshire* von Robert Plot enthaltene: »Dieser Knochen (...) muß von einem Tier, größer als ein Ochse oder Pferd (...) stammen, vielleicht von einem Elefanten, den die Römer nach Großbritannien brachten.« Veröffentlicht im Jahre 1677: die erste dokumentarische Erwähnung eines Dinosaurierfossils.

Auch in Amerika kamen zahlreiche Funde ans Licht. Die ersten Siedlertrecks durchquerten um 1800 auf ihrem Weg nach Westen die einst von den riesigen Reptilien bewohnten Gebiete.

Häufig fanden sich Dinosaurierknochen und -fußabdrücke unter den Räderspuren ihrer Wagen. Doch man hielt sie, ähnlich wie im England des 17. Jahrhunderts, für die Überreste riesenhafter Menschen, Fische oder Vögel. Als 1802 ein junger Bauer aus einem Tal in Connecticut, Pliny Moody, mit seinem Pflug auf einen Stein mit tief eingegrabenen dreizehigen Fußabdrücken stieß, wurden sie unverzüglich als »die Spuren des Raben, den Noah nach der Sintflut ausgesandt hat, die Erde zu erkunden« identifiziert.

Für Dinosaurier war die Zeit noch nicht reif.

Eine neue Methodik:
Vergleichende Anatomie

Zum allerersten Mal richtig zugeordnet wurden die Dinosaurierfossilien im Jahre 1820 in England. Das kulturelle und wissenschaftliche Gepräge dieser Zeit unterschied sich bereits von jenem zu Lebzeiten eines Robert Plot. Am Vorabend der Revolution hatte Georges Cuvier in Paris die wissenschaftliche Basis für eine realistische Deutung der mittlerweile zahlreich in den verschiedenen Museen angehäuften Fossilien geschaffen. Als Stammvater der Vergleichenden Anatomie rekonstruierte er ausgestorbene Tierarten, indem er Analogien zu lebenden Arten suchte. Das

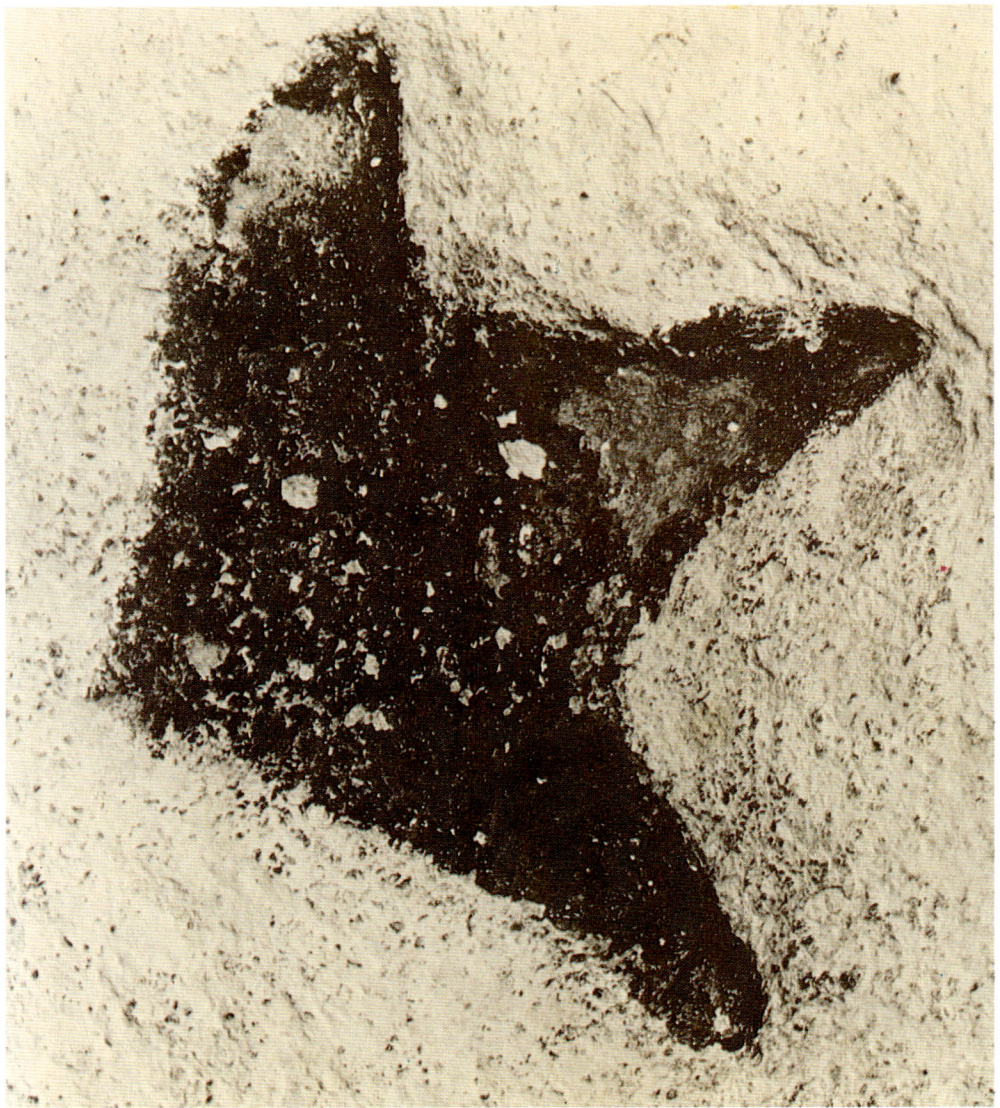

ABDRÜCKE

Die ersten dreizehigen Fußabdrücke, ähnlich wie die hier gezeigten, wurden Anfang des 19. Jahrhunderts in den USA entdeckt. Nach biblischen Vorbildern wurden sie Vögeln von riesenhafter Größe zugeschrieben, die in der Vergangenheit gelebt hatten.

Resultat seiner Arbeit war das erste fleischfressende, im Meer lebende Reptil, das auf diesem Wege wiedererstand: der *Mosasaurus*. Zwei riesige Kiefer, die man Ende des 18. Jahrhunderts in Holland gefunden hatte, dienten ihm als Ausgangspunkt.

Nun begann ein wahrer Fossilienboom: Sogar unter der Stadt Paris wurden »Elefantenknochen« gefunden, die viel größer waren als die einer jeden bekannten Art. Die Funde regten die Fantasie der Wissenschaftler wie auch der Laien an, und jedes versteinerte Fragment wurde zum begehrten Sammelobjekt. Einige machten viel Geld damit, wie die Eltern der kleinen Mary Anning, die das Glück hatte, im Alter von elf Jahren an einem englischen Strand bei Lyme Regis den von der Flut angeschwemmten Kopf eines *Ichthyosaurus* zu finden.

In diesem Klima bereitete Georges Cuvier der modernen Paläontologie den Weg. Mit seiner Vergleichsmethode gelang es ihm, die immer größere Masse an Fossilien, die sich dem Forscher jener Zeit bot, in realistischer Weise auszuwerten und zu interpretieren.

Sie wiesen wohl – davon war Cuvier überzeugt – auf eine ausgestorbene Tierart hin, die mit zunehmendem Alter des Muttergesteins auch zunehmend verschieden von den heute lebenden Tieren war. Ihr Verschwinden mußte das Resultat einer oder mehrerer Naturkatastrophen sein, die die urzeitliche Erde heimgesucht hatten. Überschwemmungen und Sturmfluten kamen ebenso in Frage wie Gletscherausdehnung oder andere, radikale Klimaänderungen.

Mantell und Buckland: Die ersten Identifikationen

Es war dies genau die richtige Zeit für Gideon Mantell, der beste Moment, den ersten Pflanzenfresser unter den Dinosauriern zu entdecken und als Reptil zu identifizieren. Er war Arzt und im Süden Englands in einer Region aufgewachsen, die aus kreidezeitlichem Sandstein bestand. Die Gegend war wohl früher ein Flußdelta gewesen und stellte somit ein wahres Paradies für Fossiliensammler dar. Sein Beruf brachte es mit sich, daß er dort viel herumkam, außerdem hatte er in Mary Ann Woodhouse eine Ehefrau, die sich mindestens ebenso wie er für Fossilien interessierte. Er selbst sagte einmal, daß das Zusammenwirken all jener glücklichen Umstände die Entdeckung, die ihn berühmt werden ließ, an diesem schönen Frühlingsmorgen im Jahre 1822 erst möglich gemacht hätte.

An jenem Tag besuchte Gideon einen Patienten in Sussex, bei Lewes. Während er den Kranken untersuchte, begab sich seine Frau auf einen kleinen Spaziergang. An der Straße wurde gearbeitet, und so lagen jede Menge großer ausgegrabener Steine am Wegesrand. Plötzlich erregte ein Sandsteinblock ihre Aufmerksamkeit. Er enthielt einen Zahn, der ziemlich eigenartig geformt war. Sogleich eilte sie zum Haus zurück und zeigte die Entdeckung ihrem Mann. Ohne es zu ahnen, beeinflußte sie damit in einschneidender Weise nicht nur die Paläontologie, sondern auch ihr eigenes Leben. In der Folge war ihr Gatte so besessen von der Aufgabe, den ursprünglichen Besitzer des fossilen Zahnes zu rekonstruieren, daß er seine Gattin sträflich vernachlässigte und seine

NEUE GEDANKEN
Georges Cuvier (1769–1832) wies der Wissenschaft seiner Zeit den Weg zu einer richtigen Interpretation der Fossilien. Mit seiner Beschreibung des Kieferknochens eines Mosasauriers zeigte er den methodologischen Ansatz zur Deutung der ersten Dinosaurierfossilien auf, die Vergleichende Anatomie. Mitte: Gideon Algernon Mantell (1790–1852), Landarzt und leidenschaftlicher Fossiliensammler, entdeckte den ersten Dinosaurier, der als solcher identifiziert wurde. Unten: Mary Ann Woodhouse Mantell, fossilienbesessen wie ihr berühmt gewordener Ehemann.

Ehe schließlich in die Brüche ging. So, wie er selbst diese Geschichte erzählte, ist sie zwar recht charmant, doch nicht unbedingt wahr. Erst kürzlich haben Nachforschungen Professor Dennis R. Deans von der Universität Wisconsin ergeben, daß im Tagebuch des Gideon Mantell die hier erzählte Episode in Sussex mit keinem Wort erwähnt wird, und daß ihn seine Frau außerdem nur ein einziges Mal, an einem 15. August, begleitet hatte, einem Tag, an dem man, wie Mantell schreibt, »nichts Besonderes« fand. Laut den Nachforschungen des Professors hatte Gideon Mantell einen Mann dafür bezahlt, in einer Höhle im Tilgate Forest für ihn nach Fossilien zu suchen.

Aus dieser Höhle könnte also auch der betreffende Zahn stammen, der die für Pflanzenfresser typischen Abnutzungserscheinungen zeigte. Das umgebende Gestein war allerdings so alt, daß man eher annehmen mußte, hier vor den Überresten eines Reptils als vor jenen eines Säugetiers zu stehen. Doch bislang war auch in der Fachwelt kein herbivores Reptil bekannt, und es war einfach eine zu gewagte Behauptung, von einer solchen, überdies ausgestorbenen Art zu sprechen, als daß ein Landarzt sie hätte aufrechterhalten können.

So wandte sich Mantell um Rat an Cuvier. Dieser klassifizierte den Fund als den Zahn eines Rhinozeros.

Als in denselben Gesteinsschichten weitere Skeletteile gefunden wurden, genügte dies den englischen Wissenschaftlern immer noch nicht als Beweis, daß es sich um ein Reptil und nicht um ein Säugetier handelte: Dem Beispiel Cuviers folgend blieben sie vorsichtig.

Wie so oft in der Geschichte der Wissenschaft verdanken wir nicht nur den Fund, sondern auch die richtige Deutung des Zahnes dem Zufall. Da Mantell Cuviers Antwort nicht befriedigte, ging er ins Hunterian Museum of London, um seinen Zahn mit ausgestellten Fossilien zu vergleichen. Rein zufällig lernte er dort einen jungen Wissenschaftler kennen, der sich mit südamerikanischen Leguanen beschäftigte. Dem jungen Mann fiel sofort die Ähnlichkeit zwischen dem Fossil, das Mantell ihm zeigte, und den Zähnen moderner Leguane auf. Und tatsächlich ist der Leguan ein Pflanzenfresser. Endlich hatte der Landarzt ein Indiz gefunden, das seinen Verdacht erhärtete und das Rätsel, das ihm mittlerweile schon den Schlaf raubte, zu lösen schien: Der Zahn stammte von einem riesenhaften ausgestorbenen, pflanzenfressenden Reptil! »Es müßte mehr als 18 m lang sein«, verkündete er begeistert, da er den Umfang des Femurs mit gut 50 cm gemessen hatte. Er nannte seine Entdeckung *Iguanodon*, wörtlich »Zahn des Leguan«, und stellte sie in einem Vortrag der Geological Society dem Fachpublikum vor. So ging *Iguanodon* also in die wissenschaftliche Forschung ein. Man schrieb das Jahr 1825. Angesichts der neuen Beweise konnte auch Cuvier nicht umhin zuzugeben, daß er sich geirrt hatte. Doch Mantell unterlief ebenfalls ein Irrtum, der erste von vielen, die in der Geschichte der Dinosaurier und der Menschen noch auftreten sollten. Er vermutete ein Horn auf der Nase des Tieres, da er die dolchartig gebogene Daumenkralle des *Iguanodon* noch nicht zu deuten wußte.

In dieser Zeit interessierte sich der Mann von der Straße kaum für die Wissenschaft. Nur Angehörige dreier Kategorien beschäftigten sich in der Regel damit: Rechtsgelehrte, Mediziner und Kleriker. Mantell und Buckland sind keine Ausnahmen: William Buckland war der Sohn eines Priesters, selbst Prälat in Oxford und Professor für Geologie an der dortigen Universität. Er galt in England als angesehene Kapazität und begnadeter Pädagoge. Sein großes Vorbild war Cuvier, dessen Theorien er stets engagiert unterstützte. Als Mann der Kirche glaubte er selbstverständlich an ein Massenaussterben der Arten durch die Sintflut, eine große Naturkatastrophe, die den Planeten auf Gottes Geheiß heimgesucht hatte.

Im Gegensatz zu Mantell war Buckland wie viele andere Gelehrte im England des 19. Jahrhunderts ein Exzentriker, in dessen Gesellschaft man sich immer auf die eine oder andere Überraschung gefaßt machen mußte. Der Hauslehrer seines Sohnes gibt, etwas schockiert über das Haustier der Familie, einen Schakal, folgende Anekdote zum besten: »Während ich den Jungen unterrichtete, hörte ich, wie das Tier unter mir an etwas kaute... Am Ende der Unterrichtsstunde berichtete ich Buckland, der Schakal habe wohl etwas zu fressen gefunden. Worauf dieser aufschrie: ›Meine armen kleinen Meerschweinchen!‹« Das bekannteste Haustier der Familie Buckland war jedoch ein Bär,

der bei Festlichkeiten in der Schuluniform der Christ Church am Eingang postiert war und den wichtigsten Gästen zum Empfang die Hand küßte.

Trotz seiner Extravaganzen war Buckland ein hochgebildeter Wissenschaftler. 1824 erschien in den *Transactions* der Geological Society of London, deren Präsident er übrigens war, die erste Beschreibung eines fleischfressenden Dinosauriers, des *Megalosaurus*. Er hatte einen Kiefer mit scharfen, sägeartig ziselierten Zähnen, mehrere Wirbel sowie einen Teil des Beckens und des Schulterblattes und einige Hinterbeinfragmente untersucht, alles Fossilien, die man in einer Schieferhöhle in der Nähe von Oxford gefunden hatte. Er war sich seiner Sache sicherer als Mantell, und wurde dabei auch von Cuvier unterstützt, so zögerte er nicht, den *Megalosaurus* als ausgestorbenes Reptil zu klassifizieren und zu den Sauriern zu zählen, als handle es sich um eine Rieseneidechse. Das Bild des *Megalosaurus* fügte sich in die Welt der englischen Wissenschaften sofort mühelos ein, war es doch auch nicht ungewöhnlicher als der Bär an Bucklands Haustür. Charles Dickens schrieb in *Bleak House:* »Gräßliches Novemberwetter. Es liegt soviel Schlamm in den Straßen, als hätten sich die Wasser eben erst vom Festland

Ein Leguan (*Conolophus subcristatus*) auf den Galapagosinseln frißt an einem Kaktus. Die Ähnlichkeit zwischen seinem Kauapparat und dem fossilen Zahn, den Mantell gefunden hatte, brachten ihn auf die Idee, es könne sich um ein ausgestorbenes, herbivores Reptil handeln. Und so kam auch der Name zustande: *Iguanodon* bedeutet übersetzt »Zahn des Leguan«.

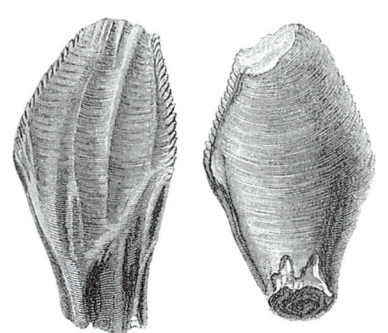

KNOCHEN UND ZÄHNE

Iguanodonten waren in den ebenen Landschaften der unteren Kreide weit verbreitet. Dieses von L. Dollo rekonstruierte Skelett ist eines von 30, die 1878 in einer belgischen Kohlenmine gefunden wurden.
Links: der 1822 im Sandstein von Tilgate Forest gefundene Zahn, eine eigenhändige Zeichnung von Gideon Mantell. Form und Abnutzung der Krone weisen auf einen Pflanzenfresser hin.

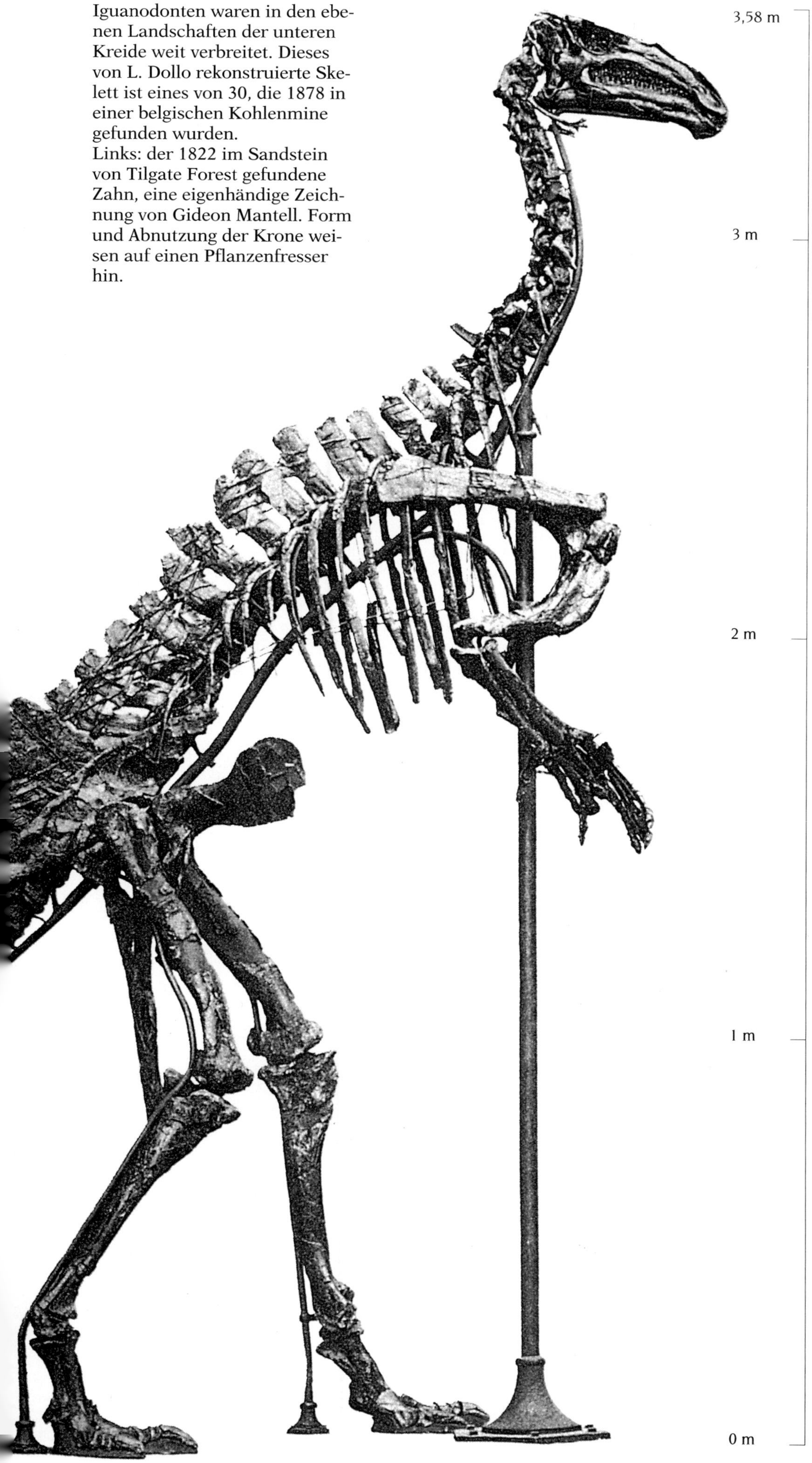

3,58 m

3 m

2 m

1 m

0 m

zurückgezogen. Man würde sich kaum wundern, begegnete man einem *Megalosaurus*, der etwa 40 Fuß lang ist und wie eine Riesenechse auf Holborn Hill zuwackelt.« In Wirklichkeit war der *Megalosaurus* eher mit einem Krokodil zu vergleichen, das auf zwei Beinen lief. Er gehörte jener Reptilgruppe an, die noch niemand kannte: Die fest im Kiefer verankerten Zähne, seine Größe und sein Knochenbau stellten Charakteristika dar, die aus ihm einen Dinosaurier machten.

Buckland hatte noch keine Ahnung von der Bedeutung dieser anatomischen Hinweise. Erst Richard Owen, ein anderer englischer Wissenschaftler, sollte ihre wahre Tragweite erkennen und als die typischen Merkmale einer neuen Gruppe der Saurier zu deuten wissen.

Ein neuer Name: »Dinosauria«

Immer wieder beschrieb und klassierte man nun neue, gigantische Echsen. Zu *Iguanodon* und *Megalosaurus* hatten sich *Macrodontophion*, *Thecodontosaurus* und *Plateosaurus* gesellt. Doch immer noch waren sowohl Funde als auch deren korrekte Rekonstruktion reine Zufallstreffer.

Es war an der Zeit, methodisch vorzugehen, die Vergleichende Anatomie konsequent anzuwenden und eine höhere Ordnung in den oft nur als Fragmente vorhandenen Skeletten zu erkennen. Es bedurfte eines Mannes, der all dessen fähig war.

Einige Hauptmerkmale hatten sich bereits herauskristallisiert. Da gab es zum einen die in Zahnhöhlen verankerten Zähne und die fünf zusammengewachsenen Lendenwirbel. Zum anderen waren sie allesamt landlebende Tiere und hatten gerade, säulenartige Beine, die ihr Gewicht gänzlich aufnahmen. So konnten sie den Körper vom Boden heben und richtig laufen, während die anderen Saurier mit ihren seitlich abstehenden Gliedmaßen über das Kriechen nicht hinauskamen.

»Die Kombination all dieser Merkmale in einem einzigen Tier, das noch um einiges größer ist als die größten bisher bekannten Reptilien, stellt, wie ich glaube, einen ausreichenden Grund für die Schaffung einer Unterordnung der Saurier dar, eine eigene Gruppe, für die ich den Namen ›Dinosauria‹ vorschlagen möchte«, erklärte am 2. August 1841

Richard Owen beim 11. Jahreskongreß der British Association for Advancement of Science in Plymouth. Hier wurde er zum ersten Mal ausgesprochen, dieser Begriff, der aus dem Griechischen kommt und »Schreckliche Echsen« bedeutet (*deinos* = schrecklich, *sauria* = Echsen).

Owen konnte auf langjährige Erfahrung sowohl auf dem Gebiet der menschlichen als auch der tierischen Sektion im Zuge seines Medizinstudiums und seiner Tätigkeit am Londoner Regents-Park-Zoo zurückblicken. Er hatte dort für wissenschaftliche Untersuchungen Tierkörper seziert und verfügte daher über eine hervorragende Basis in Vergleichender Anatomie. Außer mit einer guten Ausbildung war er allerdings noch mit reichlich Selbstbewußtsein gesegnet: Er hielt sich für unfehlbar.

Er war also ein Wissenschaftler von jenem Schlag, der seine eigenen, oft gewagten Hypothesen unbeirrbar verteidigen und sich dennoch Neuem gegenüber stur und verschlossen zeigen konnte. Als *Über den Ursprung der Arten*, englischer Originaltitel *On the Origin of Species*, von Charles Darwin erschien, war Owen gerade Direktor des Natural History Museum of South Kensington in London. Er akzeptierte die Idee einer Entwicklung durch natürliche Auswahl nicht, obwohl diese Theorie sogar für das Aussterben der Dinosaurier, dieser neuen Unterordnung, die ihn so sehr faszinierte, eine plausible Erklärung bot. In seinem zweieinhalbstündigen Vortrag über die Fossilien, die in Großbritannien gefunden worden waren, berührte Owen die »Dinosauria« eigentlich nur am Rande. So ganz nebenbei hatte er dabei nicht nur einen neuen Namen in die Wissenschaft eingeführt, sondern auch allen die Augen geöffnet, was die Vergangenheit der Erde betraf, und zudem noch einem neuen Verständnis für ausgestorbene Tierarten den Weg bereitet. Wenn heute der Begriff »Dinosaurier« für viele Paläontologen überholt klingt, so ist er für die meisten Menschen dennoch ein Symbol für die geheimnisvollen, ausgestorbenen Reptilien, die so anders waren als alles, was heute unser Tierreich bevölkert.

Neue Beweise aus der Neuen Welt

Während sich in England die Gruppe der Dinosaurier langsam zu profilieren

SIR RICHARD OWEN
Richard Owen (1804–1892) erkannte als erster, daß die vielen Fundstücke einer eigenen Reptiliengruppe mit ganz besonderen Merkmalen angehören mußten. Im Jahre 1851 schlug er vor, sie unter dem Namen »Dinosauria« zusammenzufassen.

DER VORREITER DER EVOLUTION
Jean-Baptiste-Antoine de Monet Chevalier de Lamarck (1744–1829) formulierte eine Theorie, wonach die Lebewesen sich durch Nutzung oder Nichtnutzung bestimmter Organe zu immer komplexeren und fortschrittlicheren Formen entwickeln. Somit war er einer der ersten Biologen, die ernsthaft nach einer Erklärung für die Dynamik der Evolution suchten.

begann, sammelte man jenseits des großen Teiches fleißig neue fossile Spuren. In dem Tal in Connecticut, in dem Pliny Moody die ersten Fußabdrücke entdeckt hatte, fanden sich eine Menge weiterer. Reverend Edward B. Hitchcock vom Amherst College, ein Geistlicher und Professor für Naturgeschichte und Geologie, klassierte sie in seinem umfangreichen Werk *Iconology of New England* in 49 Gruppen und schrieb die meisten davon einer Art Vögel zu, die »straußenähnliche Zweibeiner von monströser Größe« waren. Ein Irrtum natürlich, doch entbehrte er nicht einer gewissen Grundlage: Dinosaurier und Vögel weisen – wie alle miteinander verwandten Tierarten – morphologische und anatomische Analogien auf, darunter zum Beispiel die dreizehigen Füße, die Reverend Hitchcock in die Irre geführt hatten. Joseph Leidy erkannte als erster, daß die Dinosaurier nicht nur Europa, sondern auch die Landschaften des amerikanischen Mesozoikums bevölkert hatten. *Troodon, Anatosaurus* und *Deynodon* gesellten sich zu den europäischen Arten hinzu und untermauerten so die Hypothese, daß diese Tiere einst auf der ganzen Erde vorkamen. Leidy ging noch weiter. Er verglich bei der Rekonstruktion des *Hadrosaurus foulkii* die Länge des Oberarms mit der des Oberschenkels, wobei er herausfand, das zweiterer fast doppelt so lang war wie der erste. Das brachte ihn auf den Gedanken, daß der *Hadrosaurus*, der erste in Amerika identifizierte Dinosaurier, ein Pflanzenfresser war, der sich auf die Hinterbeine aufrichten konnte, um die zartesten Blätter in den Baumwipfeln zu erreichen. Es mußten also auch Zweibeiner unter den Dinosauriern existieren, nicht nur Vierbeiner, wie Owen noch angenommen hatte. Man schrieb das Jahr 1858. Leidy war sozusagen das um 20 Jahre jüngere transatlantische Gegenstück zu Owen. Da er in etwa die gleiche Ausbildung besaß, kannte er sich ebensogut auf dem Gebiet der menschlichen und tierischen Anatomie aus wie sein englischer Kollege. Doch menschlich unterschied die beiden einiges. Ganz anders als der hochmütige Professor Owen war Leidy ein außerordentlich bescheidener Mensch, stets freundlich und hilfsbereit, und hatte vor allem immer einen offenen Geist für neue Ideen. So konnte er im Gegensatz zu seinem englischen Kollegen die Darwinsche Evolutionstheorie sofort, als diese veröffentlicht wurde, als stichhaltig erkennen.

Die Darwinsche Revolution

Am 24. November 1859 erschien in London Charles Robert Darwins unsterblich gewordenes Werk *Über den Ursprung der Arten*. Noch am selben Tag waren alle Exemplare der Erstausgabe vergriffen. Es war dies der Beginn einer Revolution auf dem Gebiet der Wissenschaft, wie man sie seit Galileo Galilei im 17. Jahrhundert nicht mehr gesehen hatte.

Die Idee von einer evolutionären Entwicklung der Tier- und Pflanzenwelt war nicht gänzlich neu. Lamarck hatte bereits 1802 vermutet, daß die Lebewesen von Urformen abstammen, die im Laufe der Zeit durch äußere Einflüsse Veränderungen unterworfen waren, die sie erblich an die folgenden Generationen weitergaben. Nach der These des französischen Gelehrten war das Leben beim Schöpfungsakt entstanden und hatte die Entwicklung immer fortschrittlicherer, perfekterer Organismen zum Ziel. Für Darwin waren nicht die einzelnen morphologischen Veränderungen, die im Laufe des Lebens eines Individuums auftraten, sondern die Anlage dazu, die genetische Variabilität, sowie die natürliche Selektion, die durch die jeweils herrschenden Lebensbedingungen vorgenommen wurde, die Schlüsselmechanismen der Evolution. Auch entbehrte seine Hypothese der religiösen Grundlage, da all die Veränderungen, die auftreten konnten, mehr oder minder zufällig entstanden und nur im Zusammenspiel mit der positiven Selektion fortbestehen konnten. Darwins Werk bewirkte unglaubliches: Galten vor seiner Veröffentlichung Formen und Charakteristika als willkürlich und gottgegeben, so waren jetzt anatomische Strukturen und biochemische Eigenheiten eines Tieres Resultat der natürlichen Auslese, und es gab sie zu dem jeweiligen Zeitpunkt nur, weil sie ihrem Besitzer bessere Überlebenschancen boten. Wenn wir von der einfachen Beobachtung ausgehen, daß jedes Individuum einer Population sich von allen anderen in mehr oder minder zufälliger Weise unterscheidet, so stellen wir auch fest, daß nicht alle in gleicher Weise fähig sind, die vorhandenen Nahrungsquellen zu nutzen, ihren Partner zu wählen etc.

NEUE ENTDECKUNGEN

Gegen Ende des 19. Jahrhunderts hatte Edward B. Hitchcock bereits zahlreiche Dinosaurierfußabdrücke katalogisiert und in 49 Spezies eingeteilt. Er schrieb diese Spuren »straußenähnlichen, riesigen Vögeln« zu. Wenige Jahre später sollte Joseph Leidy den Beweis erbracht haben, daß auch Amerika Heimat der Dinosaurier war und so Hitchcocks Sammlung in einem völlig neuen Licht erscheinen lassen.

Auf diese Weise argumentierte Charles Darwin, wenn er von der Evolution sprach: Nur die am besten Angepaßten konnten überleben und Nachkommen haben.

So wurde die Entstehung neuer Spezies und das Aussterben anderer zu einem reinen Naturgesetz. »Ich betrachte die Lebewesen nicht als Einzelkreaturen, sondern als Abkömmlinge weniger Wesen, die lange Zeit vor der Ablagerung der kambrischen Schichten gelebt haben (...) wir können mit Sicherheit annehmen, daß die natürliche Folge der Generationen nicht unterbrochen worden ist und daß auch keine globale Kata-

DER REVOLUTIONÄR

Charles Robert Darwin (1809–1882), hier porträtiert auf seiner Reise um die Welt. Auf dieser Reise entdeckte er sein wissenschaftliches Interesse und entwickelte die Forschungsmethoden, durch die er seine Evolutionstheorie aufstellte. Die ganzheitliche Betrachtung aller Lebewesen und ihrer Umwelt offenbarte ihm die natürliche Selektion als Grundprinzip der Evolution.

strophe die Erde verwüstet hat (...) und (...) daß, während dieser Planet sich immerfort dem unveränderlichen Gesetz der Gravitation folgend drehte, aus einer primitiven Urform zahllose, wunderbare Arten durch Evolution entstanden sind und immer weiter entstehen werden.«

In einem solcherart rationellen Schema blieb natürlich kein Platz für eine privilegierte Stellung des *Homo sapiens:* »Ein neues Licht wird auf den Ursprung und die Geschichte des Menschen geworfen.«

Das gänzliche Fehlen eines wie auch immer gearteten Finalismus in der Evolution und der Begriff der ständigen Veränderung und Neuschaffung von Leben schieden schlußendlich den wissenschaftlichen Gedanken vom religiösen Dogma: Die Darwinsche Revolution betraf nicht nur die Biologie, sondern stellte auch die Welt der Philosophie und der Politik auf den Kopf.

Außerdem führte Darwin auf dem Gebiet der Biologie eine Methode ein, die bis zu diesem Zeitpunkt der Mathematik und Physik vorbehalten gewesen war: Ausgehend von der Beobachtung der Natur stellte er eine Theorie auf, die umso mehr an Realitätswert gewann, je mehr Fragen durch sie beantwortet werden konnten. Tauchte jedoch nur ein einziges dagegensprechendes Faktum auf, verwarf er sie sofort. So begann eine fieberhafte Suche nach Beweisen pro oder kontra, je nachdem, ob es sich um einen Befürworter oder Gegner Darwins handelte. Diskussion um Diskussion, Disput um Disput wurden geführt, manchmal eskalierte die Situation, und statt Argumenten gab es Schmähungen und persönliche Angriffe. Die Wissenschaft zeigte ihr anderes Gesicht, das auch heute noch oft genug zu sehen ist, wenn viel Staub bei Kontroversen aufgewirbelt wird, die nicht rein wissenschaftlicher, sondern sozialer, philosophischer und politischer Natur sind.

Gerade von der Paläontologie erhoffte man sich Beweise in Form eines lückenlosen fossilen »Stammbaums« der Spezies, waren doch die fehlenden Glieder in der Kette der Schwachpunkt der Darwinschen Theorie. Auch er selbst wußte das: »Man darf nicht glauben, die Erdkruste mit ihren fossilen Einschlüssen sei ein gut sortiertes Museum; vielmehr ist sie eine lückenhafte Sammlung, die nur dem Gesetz des Zufalls folgend zusammengestellt wurde.« So gab es

MAN · IS · BVT · A · WORM.

Eine antidarwinistische Karikatur aus dem Jahre 1882 mit der Inschrift »Der Mensch ist nur ein Wurm«. Die Darwinsche Lehre von der Evolution der Lebewesen und insbesondere des Menschen löste Betroffenheit und Ablehnung, besonders in konservativen, der Kirche verbundenen Kreisen aus, da das in dieser Zeit herrschende anthropozentrische Weltbild ins Wanken geriet.

eben auf diesem Gebiet die heftigsten Auseinandersetzungen zwischen Pro- und Antidarwinisten.

Doch nichts hielt die Wellen auf, die seine Entdeckung nun einmal geschlagen hatte. Niemand konnte mehr gleichgültig bleiben, jeder bezog Stellung und bekannte sich zur oder gegen die Evolutionstheorie.

Das fehlende Glied

Genau zur rechten Zeit, inmitten heißer Debatten und heftiger Auseinandersetzungen, kam eines der fehlenden Glieder zum Vorschein. Man schrieb das Jahr 1861.

In einer Höhle bei Solnhofen in Deutschland, in den sogenannten Solnhofener Plattenkalken, wo man das feinkörnige gelbgraue Sedimentgestein aus dem Jura Schicht um Schicht für Steindruckplatten abtrug, kam eine wunderbar erhaltene fossile Feder ans Licht.

Eine Sensation, hatte man den Ursprung der Vögel doch sehr viel später vermutet. Man nannte sie *Archaeopteryx lithographica*, übersetzt in etwa »Alte Feder in Steindruck«. Wenig später fand man ebendort das Fossil eines seltsamen Tieres: Es war etwa 35 cm lang und ganz von Federn bedeckt wie ein Vogel. Der Kopf war nicht erhalten. Es hatte einen langen knochigen Schwanz, dreizehige Füße und den für Reptilien typischen Brustkorb. Die Deutung des Fundes gab erneuten Anlaß zu heftigen Debatten. Antidarwinisten wie Owen sahen darin einfach einen urzeitlichen Vogel, der eben älter war, als man bisher geglaubt hatte, während Darwin-Anhänger sich in Begeisterung ergingen, endlich das Bindeglied zwischen Reptilien und Vögeln entdeckt zu haben.

Thomas Henry Huxley, außerordentlicher Lektor für Paläontologie an der Royal School of Mines, ein glühender Verfechter der Darwinschen Evolutionstheorie, hatte keinerlei Zweifel: *Archaeopteryx* war ein Beweis für ihre Gültigkeit. Er gab zu bedenken, daß die Ähnlichkeit zu *Compsognathus*, einem etwa 65 cm langen Zweibeiner, der ebenfalls im Solnhofener Sedimentgestein gefunden und eben beschrieben worden war, kein Zufall sein konnte, sondern vielmehr auf eine nahe Verwandtschaft zwischen Dinosauriern und Vögeln hinwies.

Beim näheren Betrachten dieser phylogenetischen Ähnlichkeiten legte Huxley besonderen Wert darauf, auch amerikanische Funde einzubeziehen und einen Vergleich zu den englischen anzustellen. Die fossilen Abdrücke aus der Sammlung von Hitchcock, Leidys *Hadrosaurus* wie auch Mantells *Iguanodon* wiesen samt und sonders darauf hin, daß die Dinosaurier Millionen Jahre vor der Zeit der Vögel bereits auf zwei Beinen liefen. All das blieb noch für einige Zeit nicht mehr als eine phantastische Hypothese, bis ein weiteres, vollständiges Exemplar eines *Archaeopteryx* gefunden wurde. Das mit Zähnen besetzte Maul beseitigte die letzten Zweifel: Es war tatsächlich ein schlagkräftiger Beweis für die Richtigkeit der Darwinschen Theorie. Huxley war der erste Wissenschaftler, der die Vögel als Nachfahren der Dinosaurier bezeichnete. Wie recht er hatte, wissen wir heute, nach einem Jahrhundert voll Streitigkeiten und Kontroversen. *Archaeopteryx* als Vorfahre unserer

DAS FEHLENDE GLIED

Der 1861 in den Solnhofener Plattenkalken entdeckte *Archaeopteryx lithographica* wurde von Darwin-Anhängern wegen seiner besonderen Merkmale (einige für Reptilien, andere für Vögel typische Charakteristika) als das fehlende Glied in der Evolutionskette zwischen Reptilien und Vögeln gedeutet. Antidarwinisten hingegen sahen in ihm einen primitiven Vogel.

DER DINOSAURIERKRIEG

Hier die Hauptbeteiligten an der im 19. Jahrhundert in den Vereinigten Staaten veranstalteten »Fossilienjagd«: oben Othniel Charles Marsh (1831–1899), unten Edward Drinker Cope (1840–1897). Marsh gilt als der bedeutendste Dinosaurierexperte der Vereinigten Staaten des 19. Jahrhunderts, hat er doch vier Unterordnungen, 18 Arten und mehrere Dutzend Spezies beschrieben.

GROSSVATER UND ENKEL

Ein Familienfoto: Thomas H. Huxley (1825–1895) mit seinem Enkel Julian. Thomas, ein Zeitgenosse und glühender Anhänger Darwins, zeigte als erster das Verwandtschaftsverhältnis zwischen Dinosauriern und Vögeln auf. Julian sollte später einer der bedeutendsten Evolutionsbiologen unserer Zeit werden.

Hühner, der Strauße, der Kolibris! Durch diese Entdeckung bekamen die Dinosaurier einen neuen Stellenwert. Sie waren nicht länger nur die legendären, ausgestorbenen Fabelwesen, sondern vielmehr eine Schlüsselfigur in der Entwicklung der Wirbeltiere.

Die neue Paläontologie

Man schrieb mittlerweile das Jahr 1870. Die Forschung arbeitete zunehmend mit System, und der Informationsaustausch zwischen Alter und Neuer Welt hatte sich um vieles verbessert. Doch nicht alles war eitel Sonnenschein. In Nordamerika, in den Rocky Mountains zwischen Montana und New Mexico, im Wilden Westen der ersten Siedler und Pioniere, lieferten sich zwei Paläontologen 20 Jahre lang einen regelrechten Kleinkrieg. Edward Drinker Cope, ein Vertreter des Neolamarckismus, einer neuen amerikanischen Ideologie, die noch heute die Idee zurückweist, daß die natürliche Selektion einen Schlüssel-

mechanismus bei der Entstehung neuer Spezies darstellt, war ein genialer, brillanter Kopf und verteidigte unermüdlich seine Ansicht.

Sein Gegner Othniel Charles Marsh hingegen war felsenfest davon überzeugt, daß Darwin recht hatte und daher ein glühender Anhänger des englischen Wissenschaftlers. Beide besessene Einzelkämpfer, unfähig zur Teamarbeit und getrieben von Ehrgeiz und Rachsucht, folgten sie einem triebhaften Verlangen, mit ihren Arbeiten in der Öffentlichkeit zu brillieren.

Außerdem waren sie beide, zum Unterschied von ihren Vorgängern, steinreich: Sie steckten ihr Vermögen in die Forschung, was dieser natürlich zugute kam. Sie engagierten keine Amateure mehr, die durch glücklichen Zufall ab und zu eine Entdeckung machten, sondern hochkarätige Wissenschaftler mit solider geologischer und paläontologischer Ausbildung, die in der Lage waren, mögliche Fundstellen im voraus zu bestimmen und eine Expedition vernünftig zu leiten. Außerdem entwickelten sie Methoden, die Fossilien an Ort und Stelle richtig zu verpacken, die – wenn auch in leicht veränderter Form – heute noch angewandt werden. Und sie hatten das Glück, die bislang größte Fundstelle zu entdecken, den Dinosaurierfriedhof »Morrison Formation«.

In der Geschichte der Vereinigten Staaten war dieser Abschnitt nicht gerade eine friedliche Zeit. Die Ironie des Schicksals wollte es, daß der Krieg sich nicht auf die zwei rivalisierenden Forscher beschränkte. Eben erst hatte General Custer – es tobten erbitterte Kämpfe zwischen den Siedlern und den eingeborenen Indianern – bei Little Big Horn eine vernichtende Niederlage gegen Sioux und Cheyenne erlitten, als auch die beiden Paläontologen ihren Privatkrieg ausgerechnet in derselben Gegend ausfochten, bei Canyon City in Colorado und Como Bluff an der Union Pacific-Eisenbahnlinie.

Kurz nach den Kämpfen suchte Cope die Gebirgshänge im Tal des Judith River in Montana, einer neutralen Zone zwischen Sioux und Crow, nach Fossilien ab: ein denkbar gefährliches Unterfangen für ein Bleichgesicht. So war es nicht weiter verwunderlich, daß er plötzlich einer Horde Crow-Indianern gegenüberstand. Statt sein Gewehr zu benutzen, wie viele andere Weiße es an seiner Stelle getan hätten, nahm er sein künstliches Gebiß heraus und ließ es vor den Augen der zu Tode erschrockenen Rothäute ein paarmal auf- und zuklappen, worauf diese entsetzt die Flucht ergriffen. Das Gewehr, das zu seiner Ausrüstung gehörte, wollte er jedoch ausschließlich zur Jagd und zur Einschüchterung seines Rivalen und nicht gegen die Indianer verwenden.

Die beiden Wissenschaftler bekämpften einander tatsächlich beinahe ebenso hart wie Siedler und Indianer, wenn auch weniger Blutvergießen als vielmehr die Zerstörung wichtigen wissenschaftlichen Materials dabei im Spiel war. Sobald einer eine neue, erfolgversprechende Fundstelle entdeckt hatte, schickte er sofort seine Leute aus und begann unverzüglich mit Ausgrabungen und Auswertungen. Nach eiligen Recherchen wurden die oft mit kapitalen Fehlern behafteten Ergebnisse sogleich veröffentlicht, um nur ja keine Zeit zu verlieren. Auf dem Fuße folgte der Rivale, um in unmittelbarer Nähe selbst mit der Suche zu beginnen. So geschah es auch, als die »Morrison Formation« entdeckt wurde, eine wahre Goldgrube: Haufenweise lagen die Dinosaurierknochen aufeinander, oft noch in ihrem anatomischen Zusammenhang, so, als ob ein Kadaver auf den anderen gestapelt wäre. Jeder der beiden Wetteiferer versuchte nun, die interessantesten Stücke für sich zu ergattern und alles zurückgelassene Material zu zerstören, damit der andere nichts mehr damit anfangen konnte. 20 Jahre dauerte der Kleinkrieg, dessen Schlachtfelder die verschiedenen Publikationen der beiden bildeten. Sie beschuldigten sich gegenseitig des Diebstahls, wiesen einander mit Vorliebe Fehler in der Argumentation nach und bezichtigten den Gegner der Unterschlagung und sogar des Verkaufs wissenschaftlichen Staatseigentums. Dennoch war ihre Arbeit von unschätzbarem Wert für die Paläontologie: Von 1877 bis 1890 wurden nicht weniger als 126 neue Dinosaurierarten beschrieben, eine schier unglaubliche Zahl. Ihre Funde stellten eine große Bereicherung für die amerikanischen Museen dar. Marsh gebührt das Verdienst, in Como Bluff gut 26 neue Arten entdeckt zu haben, darunter *Allosaurus*, *Apatosaurus* (besser unter seinem alten Namen *Brontosaurus* bekannt), *Diplodocus*, *Barosaurus*, *Stegosaurus* und *Trice-*

ratops. Cope ist es zu danken, daß wir außer dem 1877 zum ersten Mal von ihm beschriebenen *Camarasaurus* (ein Jahr später veröffentlichte Marsh eine Abhandlung über dieselbe Spezies, wo er sie *Morosaurus* nannte) auch noch 1282 verschiedene Arten fossiler Wirbeltiere kennen, die er alle in Colorado gefunden hatte. Dank dem unermüdlichen Eifer vieler anderer Forscher kamen nun immer noch interessantere Fossilien ans Licht. Die Familie Sternberg, ein Vater mit seinen Söhnen, fand im Jahre 1876 in Wyoming ein mumifiziertes Skelett, das 65 Millionen Jahre alt war. Der Entenschnabeldinosaurier war in dieser extrem trockenen Gegend nicht vielen zerstörerischen Einflüssen ausgesetzt, und so hatte man endlich einmal etwas mehr als nur Knochen: Hautteile waren erhalten, Muskeln und Sehnen. Die sensationellste Entdeckung gelang zweifelsohne zwei Jahre später in einer Kohlengrube in Bernissart, Belgien. Man war gerade dabei, einen Stollen in den Berg zu treiben, als die Arbeiter in einer Gesteinsschicht aus der Kreide, die zwischen noch älteren Formationen lag, mit ihren Schaufeln plötzlich auf enorme fossile Knochen stießen. Mehr als 30 Skelette ausgewachsener Dinosaurier der Spezies *Iguanodon* wurden innerhalb von zwei Jahren freigelegt, fast alle vollständig. Zum ersten Mal

DINOSAURIERJÄGER
Bewaffnet bis an die Zähne waren die Teilnehmer der Yale-Expedition am Ende des 19. Jahrhunderts im Osten der USA, mußten sie doch mit Überfällen sowohl der Indianer als auch anderer Paläontologen rechnen. Stehend in der Mitte Marsh, sitzend C. D. Hill, B. Hoppin, J. MacNaughton und T. H. Russell.

20 *Iguanodon*-Skelette sind noch in Felsblöcken aus der Kohlenmine von Bernissart eingeschlossen. Heute sind sie im Königlichen Naturwissenschaftlichen Museum in Brüssel ausgestellt.

LANDSCHAFT DER VERGANGENHEIT
In diesem Felsblock finden sich mehrere Pflanzenabdrücke. Es sind Schachtelhalme und Farne, wie sie heute noch an feuchten Stellen wachsen. Durch Funde wie diesen rekonstruieren Paläontologen längst vergangene Landschaften. So konnte auch Dollo sein *Iguanodon* in einer realistischen Welt ansiedeln.

konnte man Unterschiede zwischen Individuen einer Art feststellen und etwas über ihre Lebensweise und die Umstände ihres Todes erfahren. Louis Dollo, Bergbauingenieur und Hobbypaläontologe, arbeitete vor Ort mit dem Team des Musée Royal d´Histoire de la Nature zusammen. Er widmete 20 Jahre seines Lebens der Erforschung der Skelette von Bernissart und war dabei seiner Zeit weit voraus: Statt immer neue Fossilien zu suchen, beschränkte er sich darauf, möglichst viel über die vorhandenen zu erfahren und die damit in Zusammenhang stehenden Fragen zu beantworten. Wie lebten sie, wie sah ihre Welt aus, was für Pflanzen und Tiere gab es noch zu ihrer Zeit?

Iguanodon, ein ca. 7 m hoher Pflanzenfresser mit einer starken Kralle am Daumen, den Mantell erst 50 Jahre zuvor entdeckt hatte, mußte in einer Gegend mit tropischem Klima gelebt haben, wo es reichlich Frösche, Fische, Krokodile und Schildkröten sowie Unmengen von Insekten in der feuchten Luft gab. Wachsam weidete er die Farne ab, stets auf der Hut vor Räubern. Nach Dollos Theorie konnte er sich gegen die Megalosaurier, die ihm immer wieder auflauerten, entweder durch kräftige Hiebe mit seinem mit langen Knochenstacheln besetzten Schwanz und mit seiner Daumenkralle zur Wehr setzen, oder ihnen durch sofortige Flucht entkommen. Im Extremfall ging er wahrscheinlich sogar ins Wasser, denn er war ein guter Schwimmer. Vielleicht befanden sich die Dinosaurier von Bernissart gerade auf der Flucht und fanden, von einer Flutwelle überrascht, den Tod. Auch wenn man so manche von Dollos Hypothesen heute anzweifelt (der Schwanz des *Iguanodon* gilt mittlerweile eher als »Balancestab«, der dem Tier beim aufrechten Gang half), bleiben dennoch die meisten Aspekte der Rekonstruktion seiner Umwelt und seines Verhaltens bis heute gültig und stellen somit den ersten erfolgreichen Versuch dar, die Dinosaurierproblematik in einen interdisziplinären Zusammenhang zu stellen.

Einfach nur Dinosaurier?

Es war das Ende des 19. Jahrhunderts. Die Dinosaurierforschung hatte an Komplexität gewonnen: Die verschiedensten wissenschaftlichen Disziplinen wurden herangezogen, um die Anatomie jener Wesen, ihren evolutionären Stellenwert, ihre Umwelt und ihre Lebensbedingungen zu rekonstruieren. Immer deutlicher begann sich eine reiche Vielfalt abzuzeichnen. Ganz anders als Owen noch angenommen hatte, waren sie nicht einfach nur Riesen, im Gegenteil, es gab auch sehr kleine unter ihnen, die kaum ein Huhn überragten. Manche waren Zweibeiner, sie konnten Fleisch- oder Pflanzenfresser sein, einen Panzer, Schuppen oder Stacheln tragen. In anatomischer Hinsicht fiel besonders ein Unterscheidungsmerkmal auf: Bei einigen wies das Schambein nach vorne, wie bei den heutigen Reptilien, bei anderen zeigte es nach hinten, wie bei den Vögeln. Nun war die Bezeichnung »Dinosauria« für diese Gruppe nicht mehr zutreffend genug und nur noch wenig aussagekräftig. Eine neue Einteilung schien unausweichlich. Harry Govier Seely, Professor am Londoner King´s College, eine Kapazität auf dem Gebiet urzeitlicher Reptilien, schlug folgendes vor: »Die Dinosaurier bilden keine einheitliche Tiergattung, sondern sind in zwei verschiedene Gruppen unterteilt. Sie weisen unterschiedliche strukturelle Merkmale auf, aber auch Gemeinsamkeiten, die auf eine Abstammung von denselben Vorfahren hindeuten. Wir könnten die beiden neuen Gruppen ›Saurischia‹ und ›Ornithischia‹

nennen.« Man schrieb das Jahr 1888. Die neue Klassifizierung wurde insbesondere von Friedrich Freiherr von Huene, Universitätsprofessor in Tübingen, einer alten deutschen Stadt im Neckartal, wo reichlich Dinosaurierfossilien, besonders des *Plateosaurus*, vorkamen, sehr begrüßt. In seiner langen wissenschaftlichen Laufbahn stellte von Huene für die *Plateosaurier* dar, was Dollo für die Iguanodonten bedeutet hatte: Er rekonstruierte Anatomie, Lebensraum und Verhalten, bis ein anschauliches Bild dieser zu den primitivsten Gattungen zählenden Dinosaurierart entstand: ein massiger Pflanzenfresser, der sich auf den Hinterbeinen aufrichten konnte, um auch die Blätter der höchsten Äste zu erreichen. Er war weit verbreitet, wie man aus der großen Menge Fossilien, die nahezu überall auf der Welt vorkommen, schließen kann. Als man den *Plateosaurus*-Friedhof bei Stuttgart entdeckte, nahm von Huene an, daß sie in großen Herden ausgedehnte Wanderungen unternahmen, wobei oft viele von ihnen auf schwierigen Etappen an Erschöpfung starben. Ist man heute davon auch abgekommen, so glaubt man doch annehmen zu können, daß die Tiere in Gruppen zusammenlebten, um sich besser vor ihren Feinden zu schützen. Von Huene klassierte den *Plateosaurus* nach der von Seely vorgeschlagenen Ordnung und ebnete so einer neuen Taxonomie den Weg.

Neue Antworten auf alte Fragen

Der Anfang des 20. Jahrhunderts steht ganz im Zeichen der interdisziplinären Forschung: Paläontologen, Naturwissenschaftler und Geologen nehmen gemeinsam an Expeditionen teil. 1907 wurde Tendaguru, eine abgelegene Ortschaft in Deutsch-Tanganjika, 110 km von der Hafenstadt Lindi am Indischen Ozean entfernt, in Fachkreisen weltweit bekannt: Man hatte riesige Knochen in einem Wäldchen am Fuße eines Hügels entdeckt. Die Berliner Akademie der Wissenschaften stellte sogleich 200.000 Mark zu Forschungszwecken zur Verfügung. In drei Jahren Ausgrabungsarbeit förderten die deutschen Wissenschaftler Werner Janensch und Edwin Hennig einen Dinosaurierfriedhof zutage. Grabungen, Sicherung und Transport der Fundstücke wurden samt und sonders

ohne Einsatz von Maschinen, nur mit menschlicher Arbeitskraft bewältigt. Mehr als 1500 Arbeiter hoben Schächte aus, über 100 Träger transportierten die Fundstücke auf dem Rücken von Tendaguru nach Lindi, wo sie in mehr als 1000 Kisten mit einem Gesamtgewicht von über 250 Tonnen nach Europa verschifft wurden. Dort rekonstruierte man im Berliner Museum für Naturkunde den »Schatz von Tendaguru«, das 23 m lange und 12 m hohe Skelett eines *Brachiosaurus*, des größten vierbeinigen Pflanzenfressers, der je auf Erden lebte. Von 1922 an organisierte das American Natural History Museum in New York fünf Expeditionen in die Mongolei. Sie wurden von Roy Chapman Andrews geführt. Außer einer großen Anzahl von Wissenschaftlern nahmen auch Köche, Dienstpersonal und Mechaniker daran teil. Mittlerweile gab es bereits Maschinen, die den Großteil der bis jetzt durch Muskelkraft verrichteten Arbeit ersetzten. Ziel der ersten Expedition war eigentlich gar nicht die Suche nach Dinosaurierfossilien, sondern nach den Ursprüngen der Menschheit. Doch als man ein *Protoceratops*-Nest entdeckte, änderte sich die Zielsetzung sogleich. Immerhin konnte man die Eier untersuchen und so wertvolle Informationen über Lebensweise und Vermehrung der Schrecklichen Echsen gewinnen.

DIE AUSGRABUNGEN VON TENDAGURU

Der Hügel von Tendaguru 1907, als man riesige Dinosaurierknochen entdeckte. Im Naturhistorischen Museum in Berlin kann man sie heute zusammengefügt als *Brachiosaurus*, einen der größten Dinosaurier der Welt, bewundern.

Die länglichen, an beiden Enden abgerundeten Eier waren vor 100 Millionen Jahren in ein im Sand gegrabenes Loch gelegt worden. In den folgenden Jahren sollte man noch zahlreiche weitere finden.

Vor kurzer Zeit entdeckte man im amerikanischen Bundesstaat Montana sogar richtige Brutkolonien, Nistplätze, wo sich Hadrosaurier (Entenschnabeldinosaurier) zu Hunderten einfanden. Dies ist ein wertvoller Hinweis darauf, daß die Dinosaurier eine Brutpflege betrieben, die auf hochentwickelte soziale Strukturen schließen läßt. Nach den Amerikanern fanden auch Russen, Polen und Chinesen im Zuge wissenschaftlicher Expeditionen eine große Anzahl Dinosaurierfossilien in der Mongolei. Den spektakulärsten Fund beschrieb die polnische Paläontologin Z. Kielan Jaworowska: zwei Dinosaurier in tödlicher Umklammerung. Ein *Velociraptor mongolensis* umklammerte mit seinen Krallen den mächtigen Kopf eines *Protoceratops*, der sich heftig wehrte. Kämpfend sind die beiden wahrscheinlich im Treibsand versunken.

Mit jedem weiteren Fossil kamen nun neue, unbekannte Tatsachen über das Leben der Dinosaurier ans Licht. 1947 machte Edwin H. Colbert, Professor für Paläontologie an der Columbia-Universität in New York, eine Entdeckung in Abiquiu, New Mexico: Im Bereich des Magens eines versteinerten *Coelophysis* fand er die Reste seiner letzten Mahlzeit: ein kleinerer Artgenosse. So fällt ein neues Licht auf die Raubtiere unter den Dinosauriern. Sie waren nicht nur Fleischfresser, sondern auch – wie übrigens viele der heute existierenden Reptilien – Kannibalen, die ihre Artgenossen keineswegs verschmähten, wenn sie hungrig waren. Die Forschungsarbeit hat sich weiterentwickelt, und obwohl immer noch Expeditionen aufbrachen, richtete sich das Hauptaugenmerk der Paläontologen in den folgenden Jahren darauf, die angehäuften Funde genauestens zu analysieren und überalterte Theorien zu berichtigen. Die Dinosaurier erschienen immer mehr als eine Gruppe von enormem Stellenwert in der Evolution. Wie heute die Säugetiere, waren sie vor 140 Millionen Jahren so verbreitet, daß sie jede ökologische Nische, die auf dem Festland existierte, besetzt hielten. Daß sie auf allen Kontinenten zu Hause waren, beweisen Ent-

NEUE TECHNIK, NEUE ENTDECKUNGEN

Die amerikanische Expedition in die Mongolei in den zwanziger Jahren entdeckte unter anderem Gelege von Protoceratopiern. Moderne Automobile haben die Esel- und Handkarren von einst ersetzt.

RECHTE SEITE, OBEN:

Einer der Teilnehmer an der polnisch-mongolischen Expedition 1971 in die Wüste Gobi legt das Skelett eines Entenschnabeldinosauriers frei. Die Errungenschaften der modernen Technik erleichtern solche Arbeiten bereits erheblich, doch keine Technologie kann das geschulte Auge des Paläontologen, seine Erfahrung und seine Sorgfalt und Genauigkeit ersetzen.

deckungen bis heute immer wieder. 1960 stieß man im strahlenden Licht der untergehenden Sonne – wieder einmal die magische Stunde der Paläontologen – auf die Fußabdrücke eines *Iguanodon* in einer Felswand über einem kleinen Strand der Svalbard-Inseln in der Nähe des Nordpols. 1986 kamen in der Antarktis, auf der James-Ross-Insel, Dinosaurierknochen zum Vorschein. All diese Gebiete waren zu Lebzeiten der Tiere noch Teil einer einzigen großen Landmasse. Auf diesem Superkontinent konnten die Dinosaurier nach Belieben umherziehen und sich verbreiten, da die großen Gebirgszüge noch nicht vorhanden waren. In China hat man erst kürzlich einen Dinosaurierfriedhof entdeckt, der ähnlich reiche Fundstellen bietet wie die »Morrison Formation«, und wo einige den amerikanischen sehr ähnliche Arten identifiziert wurden. Besonders die neuesten Entdeckungen in Argentinien und Australien scheinen so vielversprechend, daß ihnen auf dem Gebiet der paläontologischen Forschung der neunziger Jahre sicherlich ein enorm hoher Stellenwert zukommen wird. Es handelt sich dabei um zwei Fossilienfunde, die die gesamte Entwicklungsgeschichte der Dinosaurier sozusagen umklammern: Einer stammt aus der oberen Trias, der andere aus der oberen Kreide. Ersterer, *Eoraptor lunensis*, ist ein kleiner Zweibeiner von ca. 1 m Länge, der vor etwa 235 Millionen Jahren lebte. Er wurde in Nordwest-Argentinien in der Ischigualasto-Formation entdeckt, einem Gebiet, das für seinen Fossilienreichtum bekannt ist. Paul Sereno von der Universität Chicago beschrieb ihn 1993: Er hat ausgesprochen lange Hinterbeine, Krallen an Zehen und Fingern und bereits die für Fleischfresser typische Schädelform. Einige primitivere Merkmale, wie nur drei anstatt fünf Lendenwirbel und fünf statt drei Finger oder auch sein Gebiß weisen darauf hin, daß die Dinosaurieranatomie zu seiner Zeit noch nicht vollständig entwickelt war. Man könnte den *Eoraptor lunensis* daher als gemeinsamen Vorfahren von Saurischiern und Ornithischiern sehen. Unter Umständen wird dadurch die bisher herrschende Einteilung außer Kraft gesetzt. Den australischen Fund verdanken wir Patricia Vickers-Rich und Thomas H. Rich. Auch hier werden bestehende Erkenntnisse in Frage gestellt, diesmal auf dem Gebiet der Biologie. Es handelt sich um einen 100 Millionen Jahre alten Pflanzenfresser, *Leaellynasaura amicagraphica*, einen jungen Hypsilophodon-Zweibeiner, der über größere Sehlappen (d. i. jener Teile des Gehirns, der für optische Wahrnehmung verantwortlich ist) verfügt als jeder seiner bisher bekannten Verwandten. Er konnte also besonders gut sehen. Welch große Bedeutung diesem Faktum zukommt, erkennen wir, wenn wir in Betracht ziehen, daß Australien zu Lebzeiten dieses Tieres noch mit der Antarktis in Verbindung stand und sich sein Lebensraum somit in etwa 80° südlicher Breite befand, sehr nahe am Pol. Man hat berechnet, daß *Leaellynasaura* Temperaturen verkraften mußte, die im Jahresdurchschnitt zwischen –5 und 6° C lagen. Außerdem herrschte im Winter einige Wochen lang völlige Dunkelheit.

Das Tier mußte daher in der Lage sein, im Dunkeln zu sehen, um dennoch genügend Nahrung zu finden. Wie sollen wir uns nun sein Stoffwechsel- und Kreislaufsystem vorstellen? Waren die Dinosaurier vielleicht Warmblüter, wie die modernen Säugetiere und Vögel, oder Kaltblüter, wie die heutigen Reptilien? Mit der Entdeckung des *Deinonychus*, eines typischen flinken, kleinen Raubtieres, stellte sich bereits John H. Ostrom 1964 all diese Fragen. Sein Schüler Robert Bakker führte neue Methoden in die Forschung ein, indem er die Sache vom ökologischen bzw. statistischen Standpunkt her beleuchtete.

JOHN H. OSTROM

Die Entdeckung des *Deinonychus* 1984 veränderte das Bild, das Ostrom bislang von den Dinosauriern gehabt hatte. In kurzer Zeit fand er genügend Beweise, um seine neue Theorie zu untermauern: Manche Dinosaurier hatten ein doppeltes Kreislaufsystem wie die Warmblüter und mußten als direkte Vorfahren der Vögel betrachtet werden.

Nach langwierigen Studien, die ausführlich im fünften Kapitel behandelt werden, sprach er sich zugunsten der Warmblütertheorie aus. Doch immer noch ist dieses Thema umstritten. Außer Zweifel steht lediglich, daß sie, sollten sie nicht über eine innere Wärmeregulierung verfügt haben, dennoch durch Gewebs- und Körperstrukturen vor zu großem Wärmeverlust geschützt waren, wie heute die Säugetiere durch eine Fettschicht unter der Haut oder die Vögel durch ihre Federn. Wurden vielleicht auf diese Art die Schuppen durch natürliche Selektion zu Federn? Und sind die Dinosaurier unter den Reptilien richtig eingereiht? Oder sollte man sie zusammen mit den Vögeln zu einer neuen Wirbeltiergruppe zählen? In diesem Fall wären sie gar nicht ausgestorben. Bakker ist davon überzeugt: Die bunte Vielfalt der Vögel ist für ihn nichts anderes als die Weiterentwicklung des Artenreichtums der Dinosaurier, die logische Fortsetzung der Evolutionslinie.

Doch das ist nur eine von vielen Hypothesen, wie wir auf den folgenden Seiten noch sehen werden.

Versteinerte Zeugen der Urzeit

Wie ein Fossil entsteht

Das Geheimnis des Lebens liegt in der Tiefe uralter Felsschichten begraben. Ein Fossil, das zutage gefördert wird, ist wie ein Lichtstrahl eines fernen Sterns, der uns nach Jahrmillionen erreicht und von längst vergangenen Zeiten berichtet. Alles, was wir bis heute über das Universum wissen, haben wir aus dem Licht der Sterne gelernt, indem wir es analysierten und mit den Daten, die wir von unserer Sonne kennen, verglichen. Und genau so haben wir auch all unser Wissen über Dinosaurier aus den Fossilien bezogen, die wir untersuchten, studierten und mit modernem Leben, wie wir es aus unserer Zeit kennen, verglichen.

Im eigentlichen Sinn des Wortes bedeutet »Fossil« alles Ausgegrabene. Im modernen Sinne bezeichnet dieses Wort die mineralisierten Überreste bzw. Abdrücke lebender Organismen, Tiere oder Pflanzen der Urzeit.

Wenn ein Tier zum Fossil wird, so ist dies ein seltener Zufall, das Ergebnis einer Verkettung günstiger Umstände bei seinem Tod. Man kann davon ausgehen, daß die Todesursachen heute wie damals dieselben waren. Auch ein Dinosaurier verdurstete, verhungerte, wurde von einem Raubtier getötet, starb an Altersschwäche oder an einer Krankheit. Meist stürzten sich sogleich aasfressende Reptilien, die damals die Aufgabe der modernen Hyänen und Geier erfüllten, auf den Kadaver und rissen ihn in Stücke. Die daraufhin in alle Richtungen zerstreuten Knochen endeten schließlich als Mahlzeit für Insekten und Bakterien, die die letzten Fleisch- und Sehnenreste säuberlich verwerteten. Der traurige Rest nackter Knochen verrottete langsam. Kälte und Hitze, Niederschläge und das Getrampel vorüberziehender Tiere setzten ihnen solange zu,

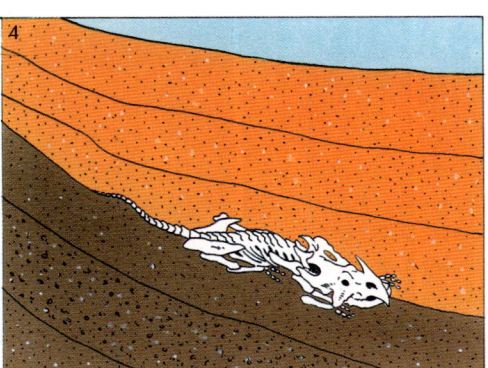

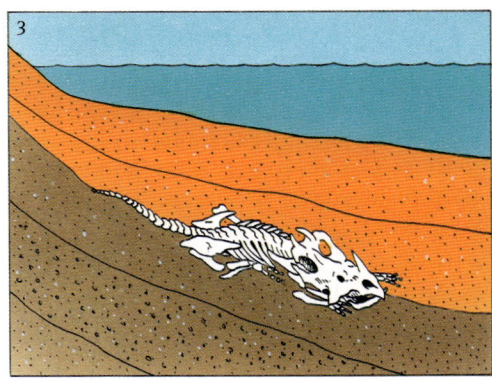

bis sie schließlich, wie man so schön sagt, zu Staub wurden.

Doch manchmal, wenn ein Tier am Ufer eines Sees, an einem Meeresstrand oder in den Fluten eines über die Ufer tretenden Flusses vom Tod überrascht wurde, blieb es uns wie durch ein Wunder erhalten. Trug das Wasser den Kadaver fort, bedeckte ein Wüstensturm ihn mit feinem Sand, oder begrub ein ferner, feuerspeiender Vulkan das Tier unter

EIN FOSSIL ENTSTEHT

Ein Dinosaurier versinkt in einem Fluß, einem See oder einem anderen Gewässer. Sedimente bedecken den Kadaver, und er verschwindet. Das Skelett, das nun nicht mehr der Verwesung ausgesetzt ist, versteinert langsam. Bewegungen der Erdkruste und Erosion bringen es zurück an die Oberfläche.

GIGANTENFRIEDHOF

Vorhergehende Seite: zwei Paläontologen bei der Arbeit in den Felsen des *Dinosaur National Monument,* einer der größten bisher bekannten Fundstellen für Dinosaurierfossilien. Dort, im nordöstlichen Teil des Bundesstaates Utah, sind noch Hunderte über 140 Millionen Jahre alte Skelette und Knochen in den Gesteinsschichten begraben.

SPUREN

Diese Fußspuren, die ein zweibeiniger Ornithischier im unteren Jura im kalkhaltigen Schlamm hinterließ, wurden 1991 in Italien, bei Rovereto, entdeckt. Damals, als der Dinosaurier hier entlangging, hatte die Landschaft wohl ungefähr ausgesehen wie die Malediven heute: ein Archipel mit lauter kleinen Inseln und Lagunen in einem warmen tropischen Meer.

seiner Asche, so ging dies sehr schnell. Zu schnell für Raubtiere und Aasfresser, die ihren Hunger an ihm stillen wollten. Unter der schützenden Decke der Sedimente setzte ein langsamer Mineralisierungsprozeß ein: Der Nahrungskette und den Witterungseinflüssen entzogen, wurde der Kadaver zu Stein, um in einer so fernen Zeit wie der heutigen aus seinem Jahrmillionenschlaf geweckt zu werden und zu neuem Leben zu erwachen.

So verwandelt sich also in einem langwierigen Prozeß die ursprünglich organische Substanz in eine mineralische, wobei Form und Struktur erhalten bleiben. Es ist wie ein geheimer Zauber: Vielleicht war es dieser Mechanismus, der die Menschen zu Fabeln und Legenden von »versteinerten« Bösewichten oder Hexen, die andere zu Stein erstarren lassen können, inspiriert hat. Heute bevorzugen wir freilich eine rationellere Auseinandersetzung mit dem Prozeß der Mineralisierung und seinen wichtigsten Phasen.

Wir unterscheiden zwei verschiedene Arten der Fossilbildung. Die häufigere, gemessen an den bisher entdeckten Fundstücken, involviert nur das Skelett und die härtesten Teile des Körpers. Der Kadaver, der nicht mehr der Luft ausgesetzt ist, verwest sehr langsam, Haut, Sehnen und Muskeln zersetzten sich. Collagen und Kalziumphosphat, die Eiweiß- und Mineralstoffe, die die Hauptbestandteile der Knochen darstellen, lösen sich im Sickerwasser auf und hinterlassen schließlich nur noch einen Hohlraum, dort, wo vorher der Knochen gewesen ist, einen negativen Abdruck. Manchmal nehmen auch im Wasser gelöste mineralische Substanzen Molekül für Molekül den Platz des schwindenden Collagens ein, oder auch den aller Substanzen, bis der Knochen schließlich zur Gänze versteinert ist. Es ist nicht immer das ganze Skelett, das mineralisiert wird. Oft findet man nur ein paar Zähne; bekanntlich sind diese ja auch beim Menschen die härtesten Körperteile, so ist es nicht erstaunlich, daß sie am längsten überdauern.

Die zweite Fossilienart ist seltener, erfordert sie doch noch idealere Bedingungen als die erste. An ganz besonderen Stellen, wo weder Wind noch Wasser eindringen können, in Sümpfen, die gerade beim Austrocknen sind oder in noch warmer, vulkanischer Asche blei-

HAUTABDRUCK

Hier ein Detail eines fossilen Hautabdrucks, der von einem *Scolosaurus*, einem gepanzerten Pflanzenfresser der Kreidezeit, stammt. Man kann sehr gut die Panzerplatten und die zusammengeschobenen Falten aus weicherer Haut erkennen.

SPAZIERGANG IN DER VERGANGENHEIT

Unten: Hier nochmals die Spur, die man bei Rovereto (Lavini di Marco) entdeckt hat. Mit einer Länge von 13 m ist sie die längste bisher bekannte in Italien. Ganz unten: ein Detail der Fußabdrücke. Aus Tiefe, Form und Anordnung kann man nicht nur die Spezies, sondern auch Gewicht, Gangart und Geschwindigkeit des Tieres, das sie hinterlassen hat, erkennen.

ben Lebenszeichen wie zum Beispiel Fuß- und Schwanzabdrücke erhalten. Wird die betreffende Sedimentschicht, der einstige Strand, die Lagune schließlich im Laufe der Jahrmillionen zu Stein, versteinern sie mit ihnen. Ähnlich geschieht es auch mit Hautabdrücken, und so kennen wir heute einige Stellen, wo sich einst ein Dinosaurier auf weichem, feuchtem Sand niederlegte. Seine harten Schuppen preßten ein Muster in den Untergrund, das wie ein Negativ zeigt, wie die Epidermis der Schrecklichen Echsen beschaffen war. Forscher machen Abgüsse davon und erhalten so das Positiv.

Es gibt noch andere Spuren, die das Leben der Dinosaurier auf unserem Planeten hinterlassen hat: fossile Exkremente zum Beispiel, oder Magensteine, sogenannte Gastrolithen, die die Tiere zur besseren Verdauung mit der Nahrung aufnahmen. Unsere Hühner machen es heute noch so. Und nicht zu vergessen, die Gelege: zahllose Eier, die

EIER

Der *Protoceratops* – hier eines seiner fossilen Gelege – legte zahlreiche längliche Eier in mehreren konzentrischen Kreisen in den Sand.

DIE FELSENCHRONIK

Hier sieht man, wie die Erosion die verschiedenen Sedimentschichten freigelegt hat, aus welchen die Pyrenäen bestehen. Solche Formationen sind am interessantesten für die Forscher, dort werden sie am ehesten fündig.

oft gerade so erhalten sind, wie sie ins Nest gelegt wurden, manchmal bebrütet, mit halbentwickelten, nie geschlüpften Embryos darin. Alle ereilte dasselbe Schicksal: Auf den verlassenen Nestern, den Fuß- und Hautabdrücken, den Skeletten und Knochen häuften sich Schicht um Schicht immer mehr Ablagerungen an.

Jahrzehnte, Jahrhunderte, Jahrtausende, Jahrmillionen blieben sie unter dem stets wachsenden Druck der Sedimente begraben. Die einzelnen Schichten verwandelten sich in Stein, jede auf ihre eigene Weise, je nachdem, welche Substanzen das Sediment enthielt, wodurch sie heute gut voneinander zu unterscheiden sind. Die schwere Last führte zur Metamorphose in den untersten Schich-

ten, wo inkohärentes Material verdichtet wurde. Die Dinosaurierknochen tauchten immer weiter von der Erdoberfläche ab, in die Tiefe, wo sie oft zerdrückt und deformiert lagen.

Wie wir heute wissen, ist die Erdkruste ständig in Bewegung. Der Meeresgrund zwischen zwei Ozeanen türmt sich zu einem Gebirge auf, tektonische Bewegungen, Gebirgs- und Spaltenbildung, Kontinentalverschiebung und das Aufeinandertreffen zweier Kontinentalplatten kehren das Untere zuoberst: keine Naturkatastrophen, keine Ausnahmeerscheinung, sondern geologischer Alltag. Auf diesem Wege können auch die fossilführenden Schichten zurück an die Oberfläche gelangen. So kommen die mineralisierten Zeugnisse der Vergan-

genheit wieder in Kontakt mit der Luft, diesem ebenso lebenspendenden wie zerstörerischen Element, dem sie so lange entzogen waren. Bleiben sie unentdeckt liegen, ereilt sie dasselbe Schicksal wie jeden gewöhnlichen Stein, die Erosion setzt ihnen solange zu, bis sie vollständig verwittert sind. Findet und erkennt man sie jedoch, so erstehen sie zu neuem Leben und bevölkern wie Geister aus einer versunkenen Welt unsere Fantasie.

Die Koordinaten der Zeit

So schlagen die Kräfte der Tektonik ein Buch auf, das in den Felsen geschrieben ist und die Geschichte des Lebens auf Erden erzählt. Es ist nicht leicht, die

Seiten, die der Wind der Zeit durcheinandergeblasen hat, richtig zu ordnen. Zuerst müssen wir feststellen, in welcher Reihenfolge die verschiedenen Schichten abgelagert wurden. An einer Stelle, wo noch die ursprüngliche Ordnung herrscht, wo keinerlei tektonische Aktivität sie zusammengeschoben, aufgeworfen oder gefaltet hat, kann man davon ausgehen, daß die zuunterst liegenden Gesteine die ältesten sind. Jede der Schichten enthält Fossilien jener Tiere und Pflanzen, die zur Zeit ihrer Ablagerung gelebt haben.

Manche von ihnen sind charakteristisch für einen ganz bestimmten Zeitabschnitt der Erdgeschichte. So kann man bestimmte Pflanzen- und Tierfossilien heranziehen, um das Alter einer Sedimentschicht zu bestimmen. Wenn man in verschiedenen Ländern oder gar auf verschiedenen Kontinenten dieselben Fossilien bzw. Sedimente findet, so liegt der Schluß nahe, daß sie zur selben Zeit und unter gleichen oder wenigstens sehr ähnlichen Bedingungen gebildet wurden. Nun haben wir die Reihenfolge der Sedimentation festgestellt und kennen ihre chronologische Ordnung. Wie aber erfolgt die absolute Altersbestimmung?

Die Antwort ist verblüffend einfach. Man bedient sich einer Uhr, die aufs präziseste funktioniert, niemals vor- oder nachgeht und in bestimmten Gesteinen enthalten ist: die Radioaktivität. Der radioaktive Zerfall und die Umwandlung strahlender Elemente in andere Stoffe ist tatsächlich ein absolut unbestechlicher Chronometer.

Radioaktive Isotope sind eine Abart von bestimmten Elementen, die innerhalb einer festen Zeitspanne Teile ihres Kerns verlieren und so in einen stabileren Zustand übergehen. Die Anzahl der im Kern vorhandenen Teilchen bestimmt die Eigenschaften des Elements, und daher verwandeln sich die Isotope im Laufe der Zeit in andere Stoffe. Uran wird dabei zu Blei, Kalium-40 wird zu Argon-40, Rubidium-87 zu Strontium-87 und so weiter. Man weiß, daß der Prozeß dieser Umwandlung, der radioaktive Zerfall, zeitlich konstant ist. Die Hälfte einer beliebigen Menge Kalium ist nach 1310 Millionen Jahren zu Argon geworden.

Für jedes radioaktive Element gibt es einen solchen konstanten Wert, die sogenannte Halbwertszeit. Messen wir nun die Menge des in einer bestimmten Felsschicht vorhandenen Kalium-40 und Argon-40, so können wir sagen, wann der radioaktive Zerfall begonnen hat. Und da dieser Zeitpunkt mit der Entstehung des Felsens zusammentrifft – denn Kalium-40 beginnt im Moment seines Entstehens zu zerfallen –, haben wir das Alter der Gesteinsschicht bestimmt.

Mit all den Informationen, die wir auf diese Weise aus dem Fels gewinnen, können wir seine Entstehungsgeschichte nachvollziehen, die Vergangenheit unserer Berge, ja sogar des Meeresgrundes untersuchen und die entsprechende urzeitliche Landschaft rekonstruieren.

Jedem Erdzeitalter entspricht immer eine bestimmte Gesteinsformation. Die Geologen fassen bestimmte Schichten zu Systemen zusammen, die schließlich

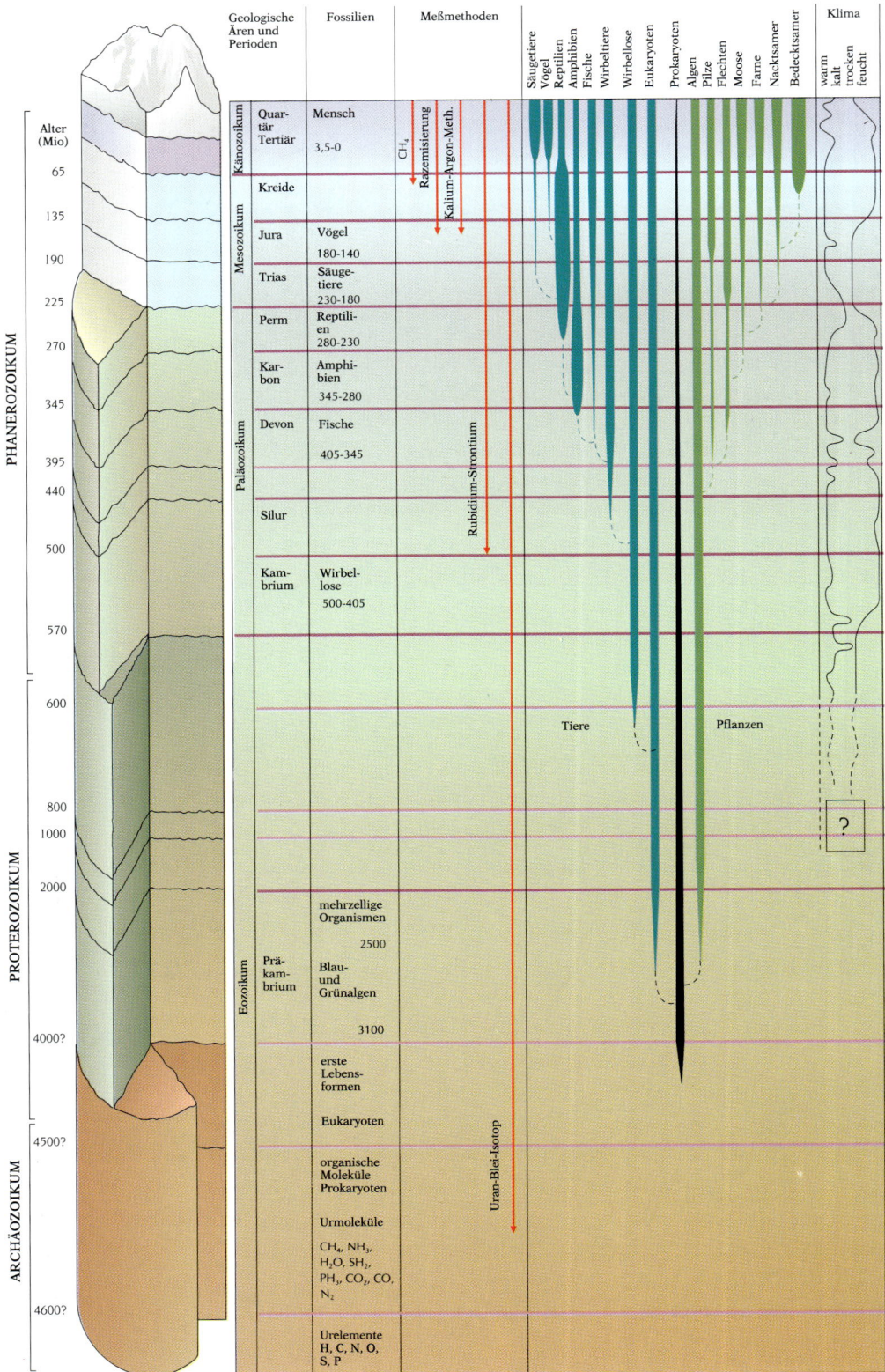

DIE EVOLUTIONSGESCHICHTE

Ein hypothetischer Querschnitt durch die Sedimentgesteinsschichten wird auf der geologischen Skala in Äonen, Ären und Perioden eingeteilt, die sich über verschieden lange Zeiträume erstrecken und von großen evolutionären Ereignissen eingegrenzt werden. Das langsame Fortschreiten der Zeit kann am progressiven Zerfall der Isoptope einiger Elemente (wie Kalium, Argon, Kohlenstoff und Uran), die auch zur absoluten Altersbestimmung eines Fossils zur Anwendung kommen, abgelesen werden. Daneben ein schematischer »Stammbaum« des Lebens, der die biologische Evolution zusammenfaßt. In der letzten Spalte finden wir eine graphische Darstellung der klimatischen Verhältnisse auf Erden.

eine Zeitskala ergeben, auf der die Äonen die größte Einheit sind. Die Äonen sind in Zeitalter oder Ären, diese wiederum in Perioden unterteilt. Die Namen der verschiedenen Perioden entsprechen dabei den Namen der in dieser Zeit abgelagerten Sedimentschicht. Innerhalb einer Periode wird noch zwischen den älteren, den mittleren und den neueren Sedimenten unterschieden, man spricht daher zum Beispiel vom oberen, unteren oder mittleren Jura, so wie die Gesteinsschichten an einer chronologisch unveränderten Stelle liegen müssen.

Geologische Zeiträume sind unvorstellbar lang, man ist gezwungen, in Jahrtausenden, ja Jahrmillionen zu rechnen, ist die Erde doch viereinhalb Milliarden Jahre alt. Deshalb sind die vom Menschen geschaffenen Abschnitte auch undenkbar lang. Das Archaikum, der erste Äon, dauerte von der Entstehung des Planeten an zwei Milliarden Jahre, der zweite, das Proterozoikum, noch einmal fast ebenso lang. In diesen Äonen entstand das Leben, bis Ende des Proterozoikums die ersten mehrzelligen Organismen auftauchten. Sodann folgt der für uns interessanteste Teil, das Phanerozoikum. Es wird seinerseits unterteilt in drei Ären: das Paläozoikum, das die Perioden vom Kambrium bis zum Perm umschließt, das Mesozoikum oder Erdmittelalter mit Trias, Jura und Kreide, und schließlich das Känozoikum mit Tertiär und Quartär, der Periode, in der wir heute leben.

Die Geschichte der Dinosaurier beginnt in der oberen Trias: Die ältesten Fossilien wurden in Systemen aus dieser Periode gefunden, die vor 225 Millionen Jahren einsetzte. Wenn man in den Gesteinsschichten nach oben steigt und immer jüngere Formationen betrachtet, durch Jura und Kreide hindurch, bis man den ganzen Zeitraum des Mesozoikums hinter sich gelassen hat, so erhält man durch die Fossilien einen Querschnitt der Entwicklungsgeschichte dieser Ära, der deutlich dokumentiert, wie die Riesenfarne und Schachtelhalme verschwinden, wie Blüten- und Samenpflanzen zunehmend ihren Platz einnehmen, wie die ersten kleinen Säugetiere auftauchen und wie die Reptilien einen Lebensraum nach dem anderen erobern, den Ozean, die Lüfte und das Festland, bis schließlich ihre große Zeit, die Ära der Dinosaurier, anbricht.

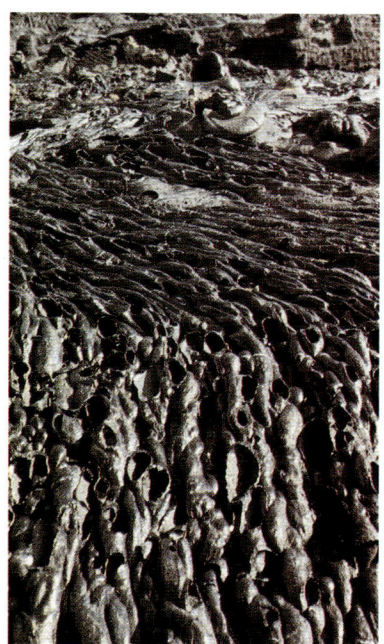

Und dann, ganz plötzlich, finden sich in den Übergangsformationen von der Kreide zum Tertiär, dem sogenannten KT-Übergang, keine Dinosaurierfossilien mehr. Auch andere Tier- und Pflanzenarten sind wie ausgelöscht. Statistisch hat man errechnet, daß etwa 75 Prozent der bis dato existenten Tier- und Pflanzenarten in einem relativ kurzen Zeitraum verschwunden sind, und zwar sämtliche Tiere mit einem Körpergewicht über 25 kg, alle fliegenden Reptilien, die großen Meeresraubtiere, Ammoniten und Belemniten sowie sämtliche planktonischen Foraminiferen. Das ist das rätselhafte Ende dieses Kapitels der Erdgeschichte. Zusammen mit vielen anderen Spezies sterben die Dinosaurier plötzlich und auf ungeklärte Weise aus. Mysteriös? Ein schreckliches Massensterben, wie es die Welt zu keinem anderen Zeitpunkt gesehen hat? Oder ein Phänomen, das immer wieder einmal vorkam?

Den Dinosauriern auf der Spur

Um Dinosaurierfossilien zu finden, kann man auf allen Kontinenten suchen, doch nur in bestimmten Gesteinsschichten. Die einzig erfolgversprechenden sind Sedimentgesteine, die zwischen 250 und 65 Millionen Jahre alt sind, also zwischen der oberen Trias, als die ersten der Schrecklichen Echsen aufgetaucht sind, bis zur oberen Kreide, dem Moment ihres Aussterbens. Es wäre müßig, Gesteine direkten vulkanischen Ursprungs zu untersuchen, ebenso Sedimente ehemaliger Meere, denn aller Wahrscheinlichkeit nach kann man davon ausgehen, daß die Dinosaurier samt und sonders Landbewohner waren. Man hat nur sehr selten Fossilien in marinen Sedimenten gefunden, die immer durch Auswaschung dorthin gelangt waren. Mehr Glück versprechen ehemalige Sümpfe, Buchten, Fluß- und Seeufer, frühere Wüsten und vulkanische Asche, denn dies waren die Orte, die ideale Bedingungen für die Fossilisation eines Kadavers boten. Wird nun ein Fossil gefunden, erkennt ein Experte sofort an der Anordnung der Knochen, was im Moment seines Todes und kurz danach mit dem Tier geschehen ist. Er kann unterscheiden, ob sich das Skelett in derselben Position wie im Augenblick seines Verendens befindet, oder ob es nach seinem Tod noch weitertransportiert wurde, etwa von einem Fluß, ob Aasfresser ihren Hunger an ihm gestillt und seine Knochen rundum verstreut haben, ob ein Wildbach es immer und immer wieder gegen ein Hindernis gestoßen hat, oder ob der heiße Wüstenwind den Körper nach und nach mumifizierte.

Da gerade in der Anordnung der Fundstücke so viele Informationen verborgen sind, müssen vor der Bergung bzw. Untersuchung Fotos und Skizzen von der Fundstelle angefertigt werden, die die lokalen Gegebenheiten genau bezeichnen und dokumentieren. Dazu wird das Gebiet in verschiedene Planquadrate eingeteilt. Das ist sehr wichtig, denn keiner kann im voraus wissen, was in Zukunft am selben Ort noch alles gefunden wird und vielleicht in Zusammenhang mit den eben entdeckten Fossilien steht.

Doch das ist erst der Anfang einer langwierigen, vielschichtigen Arbeit. Vom ersten Augenblick an muß größte Sorgfalt bei jedem Handgriff an erster Stelle stehen. Schon allein der Luftkontakt oder Erschütterungen – beispielsweise beim Transport – könnten Millionen Jahre alte Zeugen der Vergangenheit in einem Augenblick auf ewig zerstören. 1870, bei einer von Cope geführten Expedition, wurde der Großteil der Fundstücke auf holprigen Straßen und wackeligen Karren transportiert. Man kann sich vorstellen, wie groß die Enttäuschung war, als man beim Öffnen der Kisten feststellte, daß sie nur noch wertlose Krümel enthielten. Vielleicht war es diese bittere Erfahrung, die Cope dazu inspirierte, eine Methode zur Konservierung der Fossilien an Ort und Stelle zu entwickeln, die heute noch angewandt wird.

Zuallererst kamen die kostbaren Fundstücke in eine enganliegende Hülle aus

SUCHE UND BERGUNG

Oben: Freilegung eines fossilen Skeletts in der kolumbianischen Meseta.
Unten: eine Fossilienhöhle. Diese Sedimentschichten haben sich auf dem Grund eines Sees oder eines langsamen Wasserlaufes gebildet.

feuchtem Papier, das sodann mit in Reisstärke getränkten Jutestreifen umwickelt wurde. Dieser Verband wurde hart und verlieh dem Fossil ausreichend Stabilität, um den Erschütterungen beim Transport standzuhalten. Eine primitive, doch wirksame Methode, die später weiterentwickelt wurde: Gips ersetzte die Reisstärke, und anstelle der Jutestreifen kam Leinen zum Einsatz. Auch die Wickeltechnik wurde verbessert: Zuerst wickelte man quer, dann längs, um so die Stabilität in alle Richtungen zu steigern. Dann wurde der Schutzverband mit den Händen glattgestrichen, um eventuelle Luftblasen zu eliminieren. Es dauerte nicht lange, bis sich das Material neuerlich änderte: Alufolie und Polyesterschaum statt Papier und Gipsbinden. Doch die Methode ist geblieben.

Wenn ein größerer Knochen, zum Beispiel ein Femur, ein Oberschenkel, freigelegt wird, so entfernt man vorsichtig, Schicht für Schicht, das umgebende Gestein mit einem Meißel. Der jeweils freiliegende Teil wird dabei sofort konserviert, Stück für Stück, bis er aus dem Felsen gelöst ist. Dann kommt er in eine Transportkiste, deren Hohlräume mit

Gips gefüllt werden. In diesem »Ersatzfelsen«, der ihm ebensoviel Halt und Stabilität gibt wie zuvor das Muttergestein, kann das Fossil nun gefahrlos von den oft in unwegsamem Gelände gelegenen Fundorten in Museen und Labors transportiert werden. Ohne diese aufwendige Verpackung würden viele Fossilien wohl heute noch dasselbe Schicksal erleiden wie jene der unglücklichen Copeschen Expedition.

Fossile Abdrücke sind etwas leichter zu konservieren und auch zu transportieren. Sie können nicht aus dem Felsen gelöst werden, da sie ein Teil von ihm sind, allerdings ist dies auch gar nicht nötig, sind sie doch sozusagen ein »Negativ«. Gewöhnlich wird ein Kunststoff- oder Gummiabdruck angefertigt, ein Positiv, das sodann der Forschung zur Verfügung steht. Trotz dieser leichteren Handhabung erfordern solche Fossilien außerordentliche Fachkenntnisse. Man stelle sich vor, wieviele Muster und Maserungen Steine aufweisen können: Nur ein geschultes Auge ist in der Lage, etwa einen versteinerten Hautabdruck von einer simplen Unregelmäßigkeit im Fels zu unterscheiden.

Rekonstruktion eines Urzeitwesens

Wenn die Fossilien schließlich im Labor ankommen, müssen sie genauso sorgfältig aus ihrer Verpackung befreit werden wie zuvor aus dem Fels. Um noch anhaftende Gesteinsreste zu beseitigen, bedienen sich die Fachleute ausgefeilter Techniken: Druckluft, Sandstrahlen, metallische Schleifmittel und Diamantsägen gehören ebenso dazu wie verschiedene Säuren. Je nach Beschaffenheit des entsprechenden Gesteins wird die beste Reinigungsmethode gewählt. Dann schreitet man zur genaueren Untersuchung. Mit detektivischem Scharfsinn gehen die Forscher daran, auch die winzigste, in tiefster Vergangenheit hinterlassene Spur zu entdecken, zu deuten und zu analysieren.

Die so erhaltenen Ergebnisse vergleicht man dann mit Daten aus der aktuellen Fauna und versucht, die Spezies festzustellen, die Anatomie des ausgestorbenen Tieres, seine biologischen Funktionen und seinen Lebensraum zu rekonstruieren.

Die Knochen werden fotografiert und bis ins kleinste Detail beschrieben, weiß man doch nicht, wie lange es gelingen

WIE DIE MAURER

Nochmals das *Dinosaur National Monument*, Utah, USA. Mit Hammer und Meißel wird gearbeitet, um die Fossilien vom umgebenden Gestein zu lösen. Unter den vorsichtigen Schlägen kommen langsam die Knochen eines Allosaurier-Fußes zum Vorschein.

Unten: Zwei andere Paläontologen arbeiten daran, das Schulterblatt eines riesigen Sauropoden aus dem Fels zu lösen. Dabei stützen sie sich an den Langknochen des Tieres ab.

wird, sie zu erhalten. Außerdem ist es so, mit Hilfe von mehrfach vergrößerten Bildern, leichter, Ähnlichkeiten und Unterschiede zu anderen, schon bekannten Dinosaurierarten festzustellen. Die allererste Frage, die sich stellt, lautet immer: Um welches Tier handelt es sich? Man stellt die Artenzugehörigkeit fest, klassiert das Tier in der Taxonomie, findet seinen Platz unter den bereits bekannten Lebewesen aufgrund der Charakteristika einer Gruppe. Wenn es sich nirgends einordnen läßt, kommt die faszinierende Aufgabe auf den Wissenschaftler zu, einen angemessenen Platz für seine Entdeckung zu schaffen und ihm den heute üblichen Doppelnamen nach dem Linnéschen System zu geben. Gerade dieser Teil der Arbeit ist, obwohl er einfach und banal wirkt, sehr anspruchsvoll und oft Gegenstand langer, heftiger Kontroversen.

Nach dem Erfassen der charakteristischen Eigenschaften – das können besonders geformte Zähne oder Einzelknochen genauso sein wie die Gesamtstatur – geht man daran, die Knochen zu einem Ganzen zusammenzusetzen, mit dem Ziel, wieder ein vollständiges Skelett zu erhalten. Da die Dinosaurier Reptilien waren, mußte ihre Anatomie und Biologie zweifellos einiges gemeinsam haben mit den modernen Krokodilen. Ihre nächsten Verwandten, die Vögel, können ebenso herangezogen werden. Eine lange anatomische Vergleichsstudie bringt den Ansatz von Bändern, Muskeln und Sehnen, den Verlauf von Blutgefäßen, Gelenksansätze und vieles mehr ans Licht, wodurch man sich schließlich den Muskelapparat, den das Tier einst besessen haben muß, einigermaßen vorstellen kann.

Doch die Rekonstruktion eines Dinosauriers ist kein leichtes Unterfangen, oft schon sah sich die Wissenschaft mit Problemen konfrontiert, die unlösbar schienen. Manch einer hat besondere Merkmale, die es sonst nirgendwo in der heutigen Fauna gibt und bei deren Deutung die Vergleichsstudien nicht helfen können. Man kann sich vorstellen, wie verunsichert die ersten Forscher waren, als es darum ging, die großen knöchernen Platten des *Stegosaurus* an die richtige Stelle zu bringen. Heute sind sie entlang des Rückgrats angeordnet.

Ganz am Anfang der Geschichte der Dinosaurier steht ein großer Irrtum, der ebenfalls auf Probleme dieser Art zurückzuführen ist: Mantell hatte die fürchterliche Kralle, die den Daumen des *Iguanodon* in eine Waffe verwandelte, auf dessen Nase gesetzt, als wäre sie ein Horn. Cope erging es nicht viel besser: Er montierte ein Dinosaurierskelett und brachte dabei den Kopf des Tieres am Schwanzende an, sehr zur Freude

von Marsh, der ihn dafür ausgiebig kritisieren konnte. Die meisten bekannten Dinosaurierarten haben sich im Laufe der Zeit »verändert«, je nachdem, wieviele Überreste man fand und wie sich die Methoden der Forschung verfeinerten.

Von großer Hilfe bei der Rekonstruktion eines solchen Giganten sind Beine und Füße sowie deren versteinerte Abdrücke. Sind die Hinterbeine besser entwickelt und auch länger als die vorderen, so kann man fast sicher von einem Zweibeiner sprechen. Besonders ausgeprägt ist diese Eigenschaft beim *Tyrannosaurus* zu sehen, dessen vordere Gliedmaßen nur merkwürdig kurze Ärmchen waren. Ist jedoch das Gegenteil der Fall und die vorderen Extremitäten sind deutlich länger als die hinteren, wie

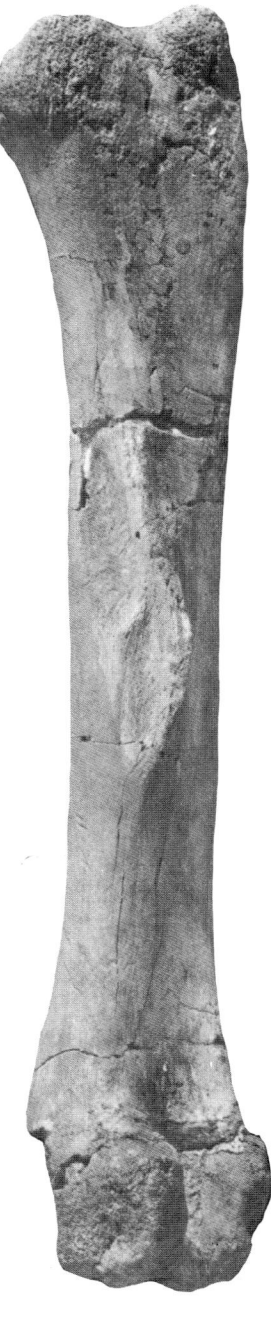

SCHWIERIGE REKONSTRUKTION

Die Verläßlichkeit der Rekonstruktion der Anatomie und Biologie eines ausgestorbenen Tieres hängt vom Status der wissenschaftlichen Kenntnisse in jenem Moment ab. Aus diesem Grunde ändert sich das Erscheinungsbild der Dinosaurier je nach neuen Erkenntnissen immer wieder. Oben: ein Bild aus einer Zeitung des Jahres 1893. Der *Stegosaurus* ist hier in zweibeiniger Haltung dargestellt. Nach heutigem Wissensstand ist dies sehr unwahrscheinlich.
Unten: der Paläontologe J. B. Abbot beim Zusammenfügen einiger Knochenfragmente des Sauropoden *Agyrosaurus superbus*. Die Rekonstruktion solcher Lebewesen ist sehr schwierig, daher treten nicht selten Fehler auf.

Links: Am Femur dieses Enten-schnabeldinosauriers *(Orthome-rus)* kann man deutlich die Ansatzstellen der Muskeln und Sehnen sehen. Dieser Knochen ist in Wirklichkeit 49 cm lang.

beim *Brachiosaurus,* konnte das Tier nur ein Vierbeiner sein.

Aus dem Knochenbau der Beine kann man auch schließen, ob die jeweilige Spezies ein guter Läufer und Springer war oder sich langsam und schwerfällig fortbewegte. Doch bei weitem nicht alle Fossilien können zu Skeletten zusammengesetzt werden, und nicht alle Skelette werden montiert und in Museen ausgestellt. Der weitaus größte Teil endet in der einen oder anderen Sammlung und liefert der Wissenschaft bruchstückhafte Informationen.

Die Gründe hierfür liegen auf der Hand: Manche Dinosaurier erreichten die Höhe eines vierstöckigen Hauses, das sind stolze 15 m! Woher nimmt man nun einen geeigneten Arbeitsraum? Manchmal muß ein solcher eigens gebaut werden. Ist dies schließlich getan, braucht man noch ein großes Stahlgerüst mit Seilwinden und Stegen, damit die schweren fossilen Knochen in die richtige Höhe gebracht werden können. Dann werden sie mit Metallbändern und Drähten, die die Sehnen und Bänder des Tieres ersetzen, miteinander verbunden. Das ist der heikelste Teil der Arbeit, Spezialisten sind gefragt. Sie müssen nicht nur den Werkstoff Metall zu bearbeiten verstehen, sondern auch die zerbrechlichen und wertvollen Knochen mit der nötigen Sorgfalt behandeln.

Das so hergestellte Skelett ist zwar sehr aufschlußreich, doch eine Reihe von Informationen erhält man nur, wenn man es bewegt. Da das in dieser Dimension schlecht möglich ist, ist die Herstellung eines kleineren Modells gefragt. Nun kann ein Paläontologe mit ausreichender anatomischer Ausbildung darangehen, die Muskeln zu rekonstruieren, wobei er die Ansatzpunkte an den Knochen und die Vergleichende Anato-

mie zu Rate zieht. Das Ganze hüllt er zum Schluß in eine schuppige Haut, die oft noch gepanzert ist: Erst jetzt sehen wir, wie er wirklich ausgesehen hat, unser Freund aus längst vergangenen Zeiten. Etwas verkleinert zwar, aber realistisch.

Hautabdrücke mögen zwar vorhanden und bei dieser letzten Etappe hilfreich sein, was jedoch gänzlich fehlt, sind Informationen über ihre Farbe. Daher können wir auch nicht mit Sicherheit sagen, wie die einzelnen Arten gefärbt waren. Unsere Fantasie muß einspringen, wo herkömmliche Methoden versagen, und wieder einmal der Vergleich mit den nächsten noch lebenden Verwandten, den modernen Reptilien und Vögeln. Unter ihnen finden wir viele sehr farbenprächtige Tiere.

Die Dinosaurier gaben ihr gesellschaftliches Debüt 1854 im Crystal Palace in London, wo sie anläßlich der Weltausstellung dem breiten Publikum vorgestellt wurden. Auf diesem zeitgenössischen Druck sehen wir den Maler Benjamin Waterhouse Hawkins bei der Rekonstruktion von sechs großen Dinosaurierspezies. Der Unterschied zum heutigen Wissensstand ist unverkennbar: Das *Iguanodon* (Mitte) trägt ein Horn auf der Nase, das wir heute als die Kralle an einem seiner Daumen interpretieren.

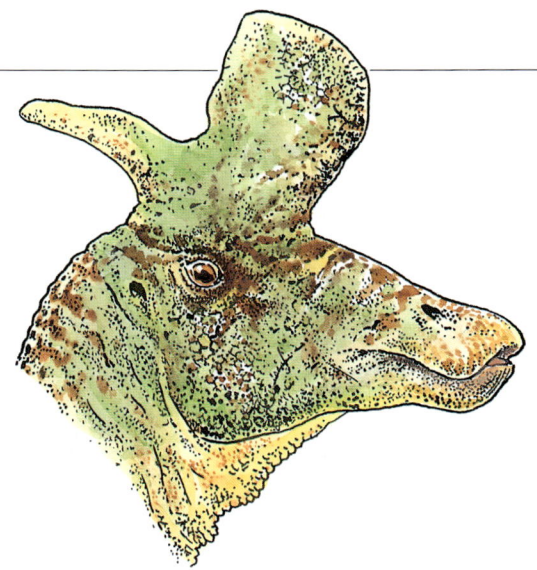
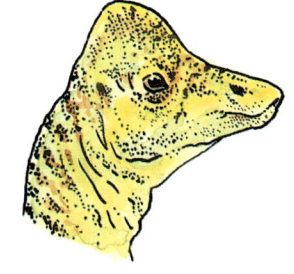

Halten wir uns vor Augen, daß Farbe im Tierreich niemals ein Zufall oder reine Dekoration ist. Als Zeichen ganz bestimmter Eigenschaften wird sie selektiert. Dabei kann es um Vorteile bei der Paarung, Revierverteidigung, soziale Stellung, Abschreckung und Tarnung passiver (Täuschung eines Raubtieres) und aktiver (Anschleichen an die Beute) Art handeln.

Fast ebenso schwierig ist es, das Geschlecht eines fossilen Tieres zu bestimmen. Denn auch die Geschlechtsmerkmale gehen, wie die Farbe, bei der Fossilisation unwiederbringlich verloren. Man muß daher anders an die Lösung dieses Problems herangehen und anatomische Details oder Größenunterschiede suchen, die einem der beiden Geschlechter zugeordnet werden können. Doch über solche Interpretationen herrscht nicht immer Einigkeit bei den Wissenschaftlern: Unter den *Iguanodon*-Skeletten von Bernissart hat man zum Beispiel zwei verschiedene Typen gefunden, wobei der eine kräftiger, der andere zierlicher gebaut ist. Außerdem weisen sie Unterschiede bei den Fuß- und Hüftknochen und auch an der Schädeldecke auf.

Für einige Paläontologen nun handelt es sich hier um zwei verschiedene Arten, andere glauben, solche Unterschiede könnten in ein und derselben Population durchaus vorkommen, und wieder andere sagen schließlich, hier könne man Männchen und Weibchen unterscheiden. Und nicht einmal alle Vertreter letzterer Hypothese sind einer Meinung: Die einen halten die kleineren, wie bei den Krokodilen, für Weibchen, die anderen wollen sie in den größeren Tieren, wie bei den Schildkröten, erblicken. Im Moment stellt die Geschlechtszugehörigkeit noch ein ungelöstes Mysterium in der Welt der

FANTASIE BEI DER ARBEIT

Oben: Die Rekonstruktion eines Dinosauriers umfaßt auch Aspekte, die nicht in versteinerter Form erhalten sind. Dabei kommen dem Paläontologen oft Künstler wie Grafiker und Maler zu Hilfe. Die Färbung und gewisse Teile der Haut zum Beispiel können nur aufgrund von Ähnlichkeiten zwischen Dinosauriern und heute lebenden Reptilien und Vögeln hypothetisch angenommen werden und müssen oft revidiert werden. Unsere Zeichnung zeigt (von links nach rechts) ein Weibchen, ein Männchen und ein Jungtier der Spezies *Lambeosaurus*.

Dinosaurier dar. Wie kommt man nun auf Gesamtgröße und Gewicht eines Dinosauriers, wenn man ihn nicht vermessen kann? Wieder hilft das Modell. Aus dem Skelett errechnet man anhand eines Maßstabes im Vergleich zu den richtigen Knochen Höhe und Länge des Tieres. Um das Gewicht unseres Dinosauriers zu ermitteln, versenken wir das Modell in einen mit Wasser gefüllten Behälter. Die Wasserverdrängung ergibt sein Volumen. Mit Hilfe einer einfachen mathematischen Formel können wir nun das Lebendgewicht des Tieres berechnen: Sein Volumen wird mit dem spezifischen Gewicht der heutigen Reptilien (0,9) multipliziert, und schon hat man ein realistisches Ergebnis.

So ist ein ausgestorbener Dinosaurier in unserer Fantasie wiedererstanden, wir wissen, wie er aussah und kennen seine Anatomie. Doch noch immer bleiben viele Fragen unbeantwortet. Was die Physiologie betrifft, so tappen wir ziem-

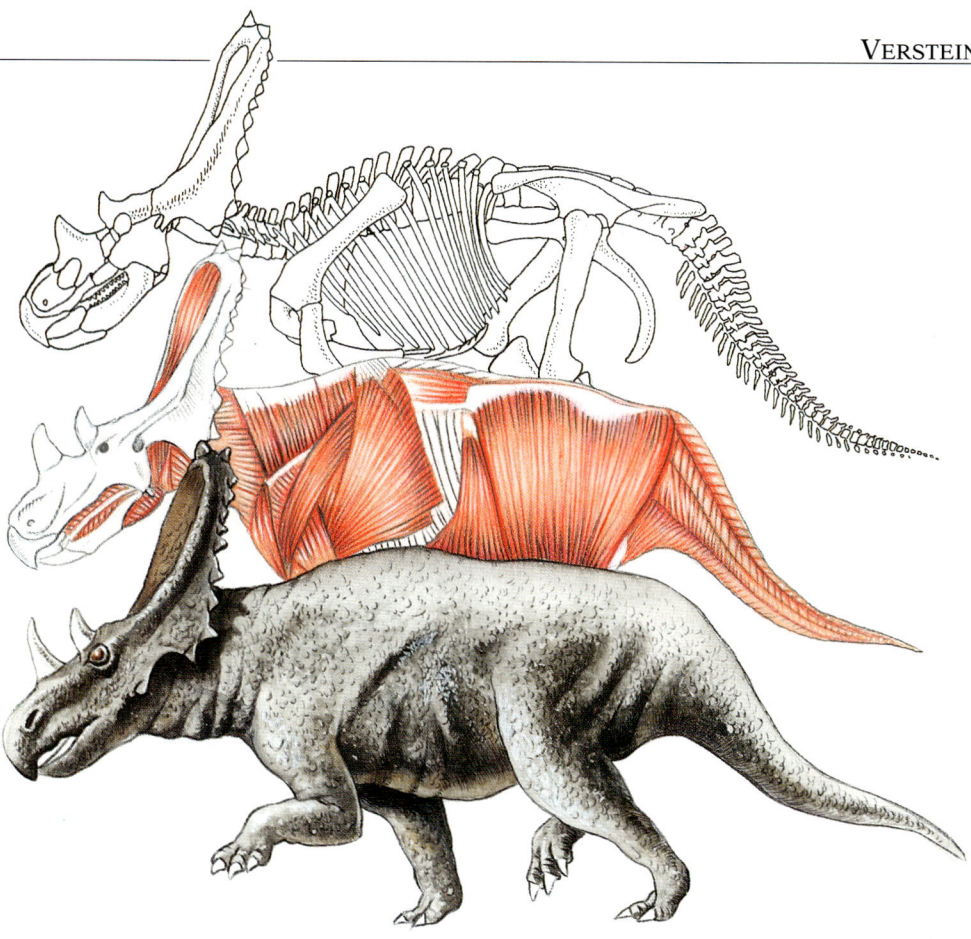

SCHRITTWEISES VORGEHEN

Oben: In diesen Phasen erfolgt normalerweise die Rekonstruktion eines Dinosauriers: Nach der Montage des Skelettes werden die Muskeln, die zu seiner Bewegung erforderlich waren, angebracht, wobei man sich an die Ansatzpunkte hält, die an den Knochen erkennbar sind. Schließlich wird das Ganze mit einer hypothetischen Haut überzogen, wobei in dieser Phase am meisten Fantasie und am wenigsten sichere Tatsachen einfließen.

»LEBENSECHTE« MODELLE

Rechts: Die moderne Technik ermöglicht die Herstellung von Dinosauriermodellen in Lebensgröße. Hier arbeitet ein Team von Technikern an einem *Tyrannosaurus*, wie er wahrscheinlich tatsächlich ausgesehen hat. Ein Roboter mit Aluminiumskelett und einer Kunststoffhaut, der sich bewegen und Schreie ausstoßen können wird.
Linke Seite, unten: ein *Hypsilophodon*-Modell. Solche Miniaturmodelle werden zur Ermittlung des Gewichtes und der Masse dieser Tiere verwendet.

lich im dunkeln, von seinem Lebensraum haben wir ebenfalls erst vage Vorstellungen, ganz zu schweigen vom Sozialverhalten und den Lebensgewohnheiten dieser faszinierenden Tiere.
Spezialisten versuchen seit langem, diese Rätsel zu ergründen und haben sich dabei bereits eine Meinung über die geistigen Fähigkeiten der Riesenreptilien gebildet. Gemeinhin und von jeher nahm man an, daß sie dumme, schwerfällige Kolosse waren. Natürlich ist es

sehr schwierig, hier Klarheit zu schaffen, denn das Gehirn gehört zu jenen Organen, die sich nach dem Tod eines Tieres am schnellsten zersetzen. Doch manchmal gibt es Abdrücke davon, weil Schlamm seinen Platz einnahm. So kann man heute seine Windungen, die Durchblutung und Größe sowie die Entwicklungsstufe der einzelnen Hirnabschnitte studieren. Ist ein solcher fossiler Abdruck nicht vorhanden, kann man selbst einen herstellen, indem man den

Schädelhohlraum mit Kunststoff ausgießt. Durch all diese Untersuchungsmethoden, die noch relativ neu sind, ist die Wissenschaft zu dem Schluß gekommen, daß das Bild, das wir von den Schrecklichen Echsen haben, revidiert werden muß: Viele Arten hatten in der Tat ein größeres, leistungsfähigeres Gehirn als die heutigen Reptilien. Die Sinneszentren, besonders der Geruchs- und Sehsinn, waren hochentwickelt, wie auch der für die Bewegungskoordination verantwortliche Teil. Dinosaurier mit scharfem Blick, gutem Gehör und schnellen Reaktionen? Davon muß man heute ausgehen. Anders hätten sie es wohl kaum zum größten evolutionären Erfolg aller Zeiten gebracht. Besonders geschickt mußten die Jäger gewesen sein. Ihr Sozialverhalten war ebenfalls hochentwickelt, wie diverse Funde beweisen. Natürlich gibt es auch hier Ausnahmen: Der *Brachiosaurus* entsprach höchstwahrscheinlich tatsächlich dem Klischee von den trägen pflanzenvertilgenden, stumpfsinnigen Kolossen. Viele andere, weniger bekannte ungelöste Rätsel sind das tägliche Brot des modernen Paläontologen. Es handelt sich dabei um Fragen paläökologischer und ethologischer Art. Man versucht zu ergründen, in welchem Ambiente, in welchem Klima die einzelnen Arten lebten und wie sie sich in den verschiedenen Lebenssituationen verhielten. Wieder sind dabei nicht nur fossile Indizien im Spiel, sondern auch viel Fantasie.

Fährten im Fels

Eines Tages, an einem sandigen Ufer, nahe an einem Fluß oder See hinterließ vor mehr als 100 Millionen Jahren ein *Apatosaurus* seine Spuren im feuchten Untergrund. Die Abdrücke der Hinterbeine sind sehr groß und auch tief, die der vorderen deutlich kleiner. Schwanzabdrücke sind keine zu sehen. Vielleicht watete er durchs seichte Wasser, ohne die Gefahr zu ahnen, die ihm von hinten drohte: Neben seinen Spuren, sie oft auch überlagernd, findet man die dreizehigen Fußabdrücke eines Fleischfressers, wahrscheinlich eines *Allosaurus*, der den großen Herbivoren auf zwei Beinen laufend verfolgte. War er direkt hinter ihm? Oder folgte er der Fährte seiner Beute im Abstand einiger Stunden oder Tage? Wir wissen es nicht. Ebensowenig, ob der *Apatosaurus* entkommen

FUND UND REKONSTRUKTION

Großes Bild: die Rekonstruktion. Ein hungriger *Allosaurus* verfolgt einen *Camptosaurus* an einer Lagune. Die Lebewesen wurden anhand der Spuren, die sie hinterlassen haben, dargestellt, die Landschaft aufgrund von Pflanzenfossilien und genauer Untersuchung der Sedimentgesteine vor Ort.
Unten: der Fund. Das fossile Zeugnis einer Verfolgungsjagd: Spuren eines *Carnosaurus* überlagern jene eines *Apatosaurus*, der sich höchstwahrscheinlich auf der Flucht befand.

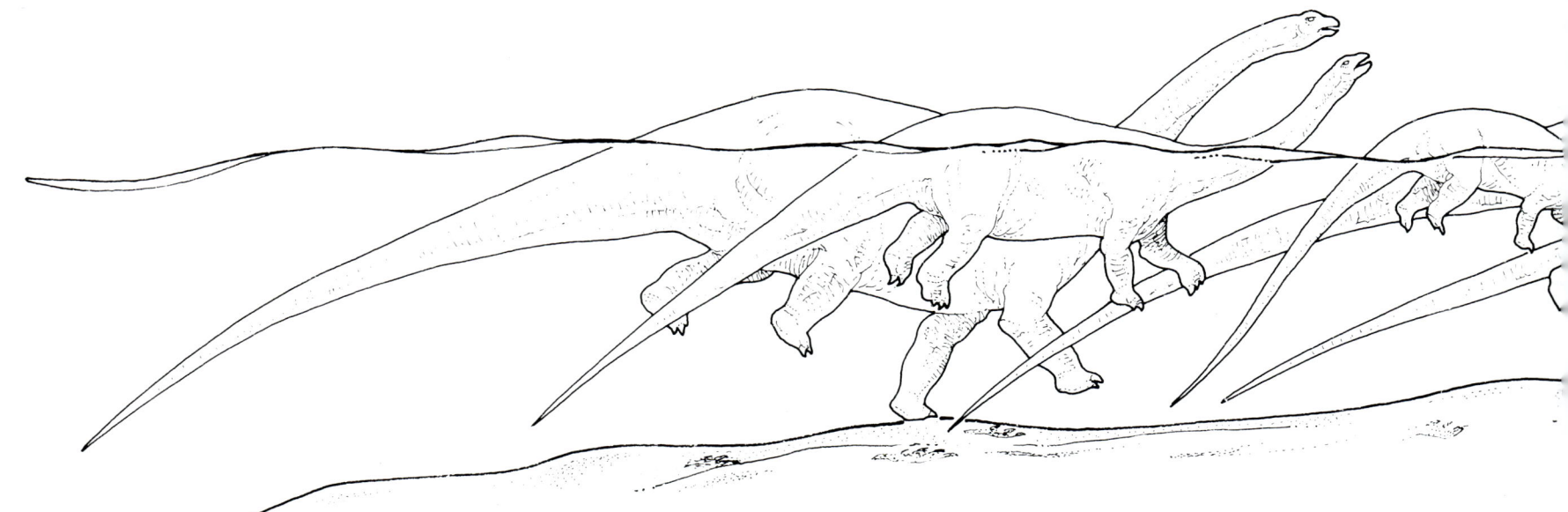

VERSTEINERTE DÜNEN

Oben: Diese steinernen Dünen in
unmittelbarer Nähe von Island
Park erzählen von einer Zeit, in
der das Klima in der Region
ganz anders war.

VOM WASSER GEZEICHNET

Rechts: Diese sogenannten *ripple
marks* werden vom Wasser an
einem Strand mit breiter Gezei-
tenzone hinterlassen. In fossiler
Form sind sie stumme Zeugen
einstiger Meeresküsten, See-
oder Flußufer, wo ähnliche Phänomene auftreten.

konnte oder als Mahlzeit seines Verfol-
gers endete: Der Ausgang des Abenteu-
ers ist nicht erhalten.

Heute verläuft an diesem Ort der Fluß
Paluxy. Wir befinden uns in Glen Rose,
Texas. Viele tausend Fußspuren der einstigen Giganten sind bis heute unverändert erhalten geblieben, wir können sie
von Spitzbergen bis nach Feuerland,
von den Rocky Mountains über die
Sahara bis nach China verfolgen. Oft
gehen sie mit den sogenannten *ripple
marks* einher, den kleinen Wellen, die
das Ufer früherer Seen, ruhiger Flüsse
oder Meeresbuchten charakterisieren,
oder mit den winzigen Kratern, die
Regentropfen in der Urzeit beim Auf-
schlagen auf weichem Untergrund verursacht haben. Ganz selten führen die
Abdrücke zu dem Skelett des Tieres, das
sie hinterlassen hat. Doch wir können
uns oft gut vorstellen, in welcher Szene-
rie sie zustande kamen: Am Ende der
Regenzeit zum Beispiel, wenn die Dinosaurier durch Wasserlachen wateten,
während die letzten Regentropfen fielen.
Oft kann man die Spuren nicht eindeutig zuordnen, und das Bild ihres Verur-
sachers bleibt verschwommen wie ein
Spuk. Auch mit vielen anderen fossilen
Überresten geht es uns so. Nur allzuoft
kann man nicht sagen, wessen Eier dort
im Sand lagen, wessen Exkremente die
Jahrmillionen überdauerten und in wessen Magen sich die Gastrolithen wohl
einmal befanden. Doch manchmal ist
das gar nicht so wichtig. Die Informationen, die wir von diesen verwischten
Fährten im versteinerten Schlamm oder
von den präziseren, tief in den Felsen

eingedrückten Spuren beziehen, sind anderer Natur. Form und Größe, Tiefe und Abstand zwischen den einzelnen Abdrücken geben Auskunft über Masse, Geschwindigkeit und Größe des Tieres. Der Verlauf der Spur kann, besonders, wenn es sich um mehrere handelt, zusammen mit ihrer Verteilung auf bestimmte Angewohnheiten, Eigenschaften oder ein gewisses soziales Gefüge hindeuten.

So können wir zum Beispiel bestimmen, ob das Tier ein Zwei- oder Vierbeiner war, je nachdem, ob alle vier Gliedmaßen oder nur die hinteren als Abdrücke vorhanden sind. Hinterließ der Schwanz keinerlei Spur, so war er wohl zu Balancezwecken aufgerichtet. Es gibt auch Fälle, in denen lediglich vordere Fußabdrücke zu sehen sind. Außer, daß das Tier auf Vorderbeinen lief, gibt es hier nur eine mögliche Erklärung: Es bewegte sich im seichten Wasser fort, stieß sich dabei mit den Vorderbeinen vom Grund ab und ließ Hinterbeine und Schwanz vom Auftrieb tragen.

Aus den Abdrücken läßt sich auch lesen, was der Grund für seine Fortbewegung war. Befand es sich auf der Flucht, oder wanderte es mit Artgenossen zu einem Teich, um zu trinken? Waren mehrere Tiere derselben Gattung unterwegs, oder gehörten sie verschiedenen Arten an? Kamen sie gleichzeitig oder hintereinander an diese Stelle?

Glen Rose ist so ein Ort, wo man eine Dinosauriergeschichte aus den Felsen lesen kann. In Connecticut wurden ebenfalls noch viele tausend solcher

Spuren entdeckt, nachdem Pliny Moody um 1800 die ersten gefunden hatte. Und sie erzählen keineswegs, wie der Bauer zuerst glaubte, von der Sintflut, sondern von Flüssen, Bächen und Seen, an deren Ufer große und kleine, bipede und quadrupede Dinosaurier lebten, nach Nahrung suchten, Beute machten, im Schlamm ausrutschten und oft ganz plötzlich stehenblieben.

In Bandera, nicht weit von Glen Rose, wird noch eine Geschichte erzählt. 23 Sauropoden, junge und ausgewachsene Tiere, halten sich am seichten Wasser auf.

Immer wieder nehmen sie ein Bad, manche bleiben lange drin und stoßen sich am schlammigen Untergrund mit den Vorderbeinen ab. Dann verlassen plötzlich alle das Wasser und hinterlas-

FORMENVIELFALT

Ganz oben: Eine *Diplodocus*-Herde durchquert einen Fluß. Oben: So verschieden können Dinosaurierbeine sein! In der oberen Reihe Vordergliedmaßen, die zum Zupacken, Abstützen, zum Angriff und zur Verteidigung benutzt wurden. Darunter sehen wir Hinterbeine, die das Körpergewicht trugen und oft auch beim Angriff nützlich waren. Von links nach rechts, nicht maßstabsgetreu, gehören sie zu einem *Tyrannosaurus* und einem *Gallomimus*, beides Zweibeiner, einem *Iguanodon* (Zwei- und Vierbeiner), einem *Bariony-chus* (oben) und einem *Deinony-chus* (unten), ebenfalls Zweibeiner, und einem *Apatosaurus* (Vierbeiner).

41

sen am Ufer auch ihre Schwanzabdrücke.

Damals wie heute war ein Bad ein großer Spaß und eine willkommene Erfrischung an einem heißen Sommertag, und so zog das Wasser die Tiere an. Doch auch Gefahren lauerten dort: Die Spuren eines großen Fleischfressers überlagern jene der Sauropoden.

Eine verloren geglaubte Welt ersteht neu vor unseren Augen. Die Wissenschaft macht es möglich, und der ständige Vergleich mit der modernen Tierwelt läßt die Bilder so lebensecht wirken, als wären wir mitten im Geschehen dabei.

Rückkehr einer versunkenen Welt

Genau wie Hammer und Meißel gehört auch die Fantasie zum unerläßlichen Rüstzeug eines Paläontologen. Nur wer offen ist für Neues, wer sich in die Welt der Vergangenheit mit der Neugier eines Kindes zurückversetzen kann, ist fähig, die Botschaften zu entziffern, die seit Jahrmillionen verborgen im Fels auf ihre Enthüllung warten. Zuerst stellt er sich jene ferne Welt vor seinem geistigen Auge vor. Dann sucht er an den fossilen Knochen nach Spuren. Ihre mikroskopische Struktur wird analysiert, um Schlüsse auf den Stoffwechsel zu ziehen. Knochenbrüche, verheilte Verletzungen werden identifiziert und interpretiert. Spuren eines Kampfes, eines Sturzes? Anatomische Besonderheiten wie Hörner, besonders geformte Gliedmaßen, Peitschenschwänze sind zu beachten, denn sie sind wertvolle Hilfe bei der Rekonstruktion des Verhaltens des Tieres. Solche Eigenheiten trifft man niemals zufällig an, immer haben sie einen ganz bestimmten Zweck und dienen entweder der Revierverteidigung, der Jagd, dem Ausdruck des sozialen Ranges oder der Eroberung eines Partners für die Fortpflanzung.

Aus den Fußspuren kann ein Paläontologe lesen, ob eine Spezies als Einzelgänger oder in Herden bzw. Rudeln lebte. Viele Spuren, die in dieselbe Richtung führen, geben Auskunft über die Wanderungen der Tiere, Abdrücke von Jungtieren in der Mitte der Herde, an geschützter Stelle von den Erwachsenen umgeben, zeugen von entwickeltem Sozialverhalten. Auch die Art und Weise, wie die Nester angelegt sind, birgt eine Menge Informationen. Wie wurden die Eier gelegt, in welcher Anzahl? In eine

KNÖCHERNE KRISTALLE
In 100facher Vergrößerung können wir auf diesem Detail eines Dinosaurierknochenfragmentes in blaugrauer Farbe die konzentrischen Ringe erkennen, die die Knochensubstanz bilden. Die bunten Bereiche sind mineralisches Material, das die von den abgestorbenen Knochenzellen hinterlassenen Hohlräume ausgefüllt hat.

zuvor gegrabene Grube? Wurden sie vom Weibchen bebrütet oder einfach durch die Sonne oder die Wärmeentwicklung beim Verrotten organischen Materials, das die Mütter darüberbreiteten, warmgehalten? Gab es Brutpflege? Und wenn ja, wurde diese in der Gruppe oder nur jeweils vom Individuum durchgeführt? Waren die Jungen Nestflüchter oder wurden sie lange Zeit von den Eltern betreut?

Zähne sind mindestens genauso aussagekräftig. Form und Anordnung bzw. Anzahl verraten uns den bevorzugten Speiseplan eines Dinosauriers. So haben die karnivoren Arten typische, nach innen gebogene, mit einer Art Sägerand besetzte Zähne, während Herbivore, die zarte Wasserpflanzen bevorzugen, keil- und löffelförmige Kauwerkzeuge besitzen. Andere Pflanzenfresser sind an härtere Kost gewohnt. Ihr Merkmal sind abgestufte, durchfurchte Zähne in oft mehreren nebeneinanderliegenden Reihen, die starke Abnutzungsspuren zeigen: Ihre Nahrung enthält hartfaserige Blätter und Zweige. Wertvolle Hinweise auf die Flora der damaligen Zeit erhalten wir auf diese Weise sozusagen gleich mitgeliefert.

Nun untersucht der Paläontologe die Struktur der Felsschichten, in denen die Fossilien gefunden wurden. Auch Pflanzen-, Samen- und andere Tierfossilien, die in derselben Formation enthalten sind, helfen ihm, Flora, Fauna und Habitat zur damaligen Zeit zu rekonstruieren. Langsam nimmt die Landschaft Gestalt an, verschwundene Flüsse und Seen, einstige Wüsten tauchen wieder auf und füllen sich mit Leben. Doch versuchen wir nun, auf der damaligen Weltkarte die Kontinente in der gleichen Verteilung wie heute zu entdecken, so steht uns eine Überraschung bevor.

Die Welt der Dinosaurier

Zwei kleine Pflanzenarten, *Glossopteryx* und *Gangamopteryx*, waren zwischen Karbon und Perm so weit verbreitet, daß sie in Südamerika, der Antarktis, Indien und Australien riesige Kohlevorkommen hinterließen. Freilich ist das Vorhandensein ein und derselben Vegetation auf Kontinenten, die durch ganze Ozeane voneinander getrennt sind, biologisch gesehen einfach absurd. Oft verhindern schon einige Kilometer Meer die Weiterverbreitung einer Pflanzenart.

Man muß also annehmen, daß vor 150 Millionen Jahren die Trennung noch nicht vollzogen war und das Festland eine einzige große Masse bildete.

Schon 1622 hatte Francis Bacon ähnliches geahnt. Damals frappierte ihn die Komplementarität der Küsten von Südamerika und Afrika. Doch erst am Beginn des 20. Jahrhunderts sollte der deutsche Astronom und Meteorologe Alfred L. Wegener diese Theorie vollständig formulieren und Beweise in der Geologie und Paläontologie suchen.

Wegener beeindruckte die Ähnlichkeit der geologischen Formationen an den Atlantikküsten Afrikas und Brasiliens. Besonders angetan war er von der Tatsache, daß sich die Fossilien eines kleinen permianischen Meeresreptils, das sich von Fisch ernährte, des *Mesosaurus*, in den Sedimentgesteinen beider Kontinente fanden. 1912 stellte er seine Theorie von der Kontinentaldrift vor. Damit brach er in die Fachwelt der Geologie, die er als Fremder betrat, ein wie ein tropischer Hurrikan: Alle bisher gültigen Hypothesen stellte er auf den Kopf, ohne Skrupel oder Vorbehalte. Zu dieser Zeit war noch keiner auf die Idee vorbereitet, die Kontinente seien in ständiger Bewegung. Ebenso wie die Meere glaubte man, sie hätten ihren Platz, seit die Erdkruste abzukühlen begann, nicht verändert, lediglich eine Verteilung nach spezifischem Gewicht sei erfolgt: Die weniger dichten Granitgesteine sammelten sich an der Oberfläche und formten so die Kontinente, während Basalt, der dichter war, den Meeresgrund bildete. Gleiche Fossilienfunde auf verschiedenen Kontinenten wurden damit erklärt, daß Landbrücken zwischen den einzelnen Erdteilen existiert hätten, die später versunken und dann durch Erosion verschwunden seien.

Wegener wies diese Erklärung zurück und berief sich dabei auf dieselben Argumente wie seine Gegner. Da die Landbrücken ja »leichter« als ihr Untergrund gewesen seien, könnten sie wohl schlecht versunken sein. Und ein so vollständiges Verschwinden durch Erosion sei ebenfalls unwahrscheinlich.

Seine Theorie stützte sich auf die klimatischen Bedingungen der Urzeit, die er aus präziser Untersuchung der geologischen Formationen und der Fossilien rekonstruierte. Auf der südlichen Hemisphäre, in Indien, Australien, Afrika und Südamerika, findet man tatsächlich

DIE BEWEISE

Oben links: ein *Mesosaurus*, ein kleines Süßwasserreptil des Perms. Solche Fossilien finden sich in den Sedimentgesteinen sowohl Afrikas als auch Südamerikas.

Rechts: oben ein fossiles *Gangamopteryx*-Blatt, darunter ein *Glossopteryx browniana*. Solche für das Karbon typische Pflanzen entdeckt man immer wieder in Südamerika, Australien, Indien und der Antarktis.

EINE GEOLOGISCHE REVOLUTION

Eines der seltenen Bilder von Alfred L. Wegener (1880–1930), der verkannte Astronom, Geograph, Meteorologe, Geophysiker und Forscher, der den Mut hatte, als erster die Theorie von der Kontinentaldrift zu formulieren. Er stützte sich dabei auf paläoklimatische, geologische und paläontologische Analogien, die auf heute weit voneinander entfernten Kontinenten zu beobachten sind.

auffällig viele Parallelen in den Gesteinsformationen zwischen Karbon und Perm. Gestreifte Schichten Gletschergesteins wechseln mit kohlehältigen Decken ab, die aus Ansammlungen von *Glossopteryx* und *Gangamopteryx* stammen. Darin fand Wegener den Beweis, daß die Regionen, die heute so weit voneinander entfernt liegen, einmal denselben klimatischen Bedingungen unterlagen, und zwar einem Wechsel von Eiszeit und feuchtwarmem, vegetati-

DIE HYPOTHESE DES ALFRED L. WEGENER

Die Erde, wie sie zur Zeit der ersten Dinosaurier, vor 220 Millionen Jahren, laut Wegener ausgesehen hat. Die Kontinente bildeten einen einzigen großen Block, genannt Pangäa, umgeben vom unendlichen Ozean Panthalassa. Ein großer Einschnitt, der Tethysgolf, beginnt nun, sich immer tiefer in den Superkontinent einzugraben, die endogenen Kräfte der Erde tun ein übriges, Pangäa zu spalten.

Auf unserer Zeichnung sind die Küsten der aktuellen Kontinente eingezeichnet sowie die damalige Verbreitung der Farne *Glossopteryx* und *Gangamopteryx* und des *Mesosaurus*.

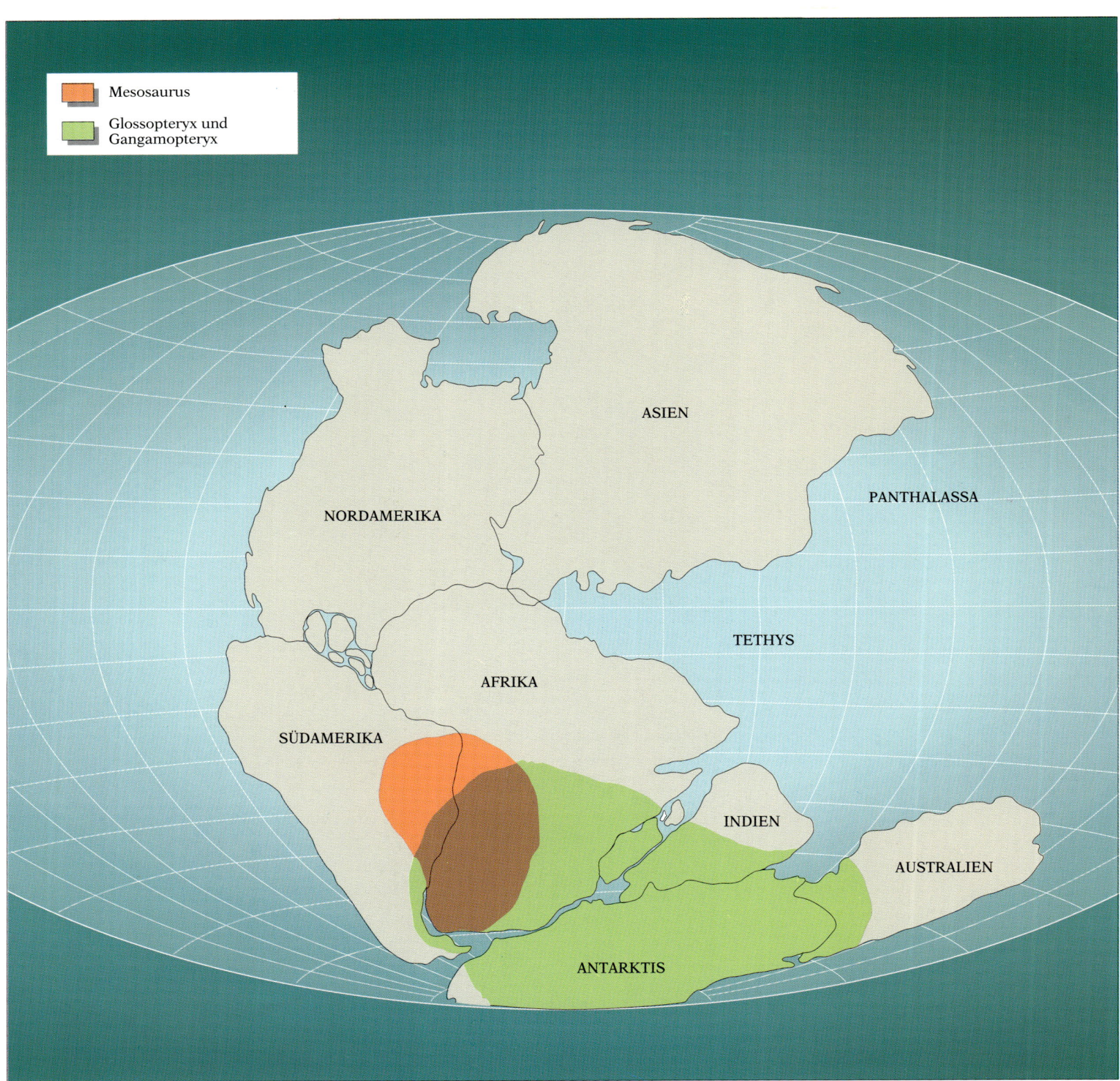

Mesosaurus

Glossopteryx und Gangamopteryx

Meeressedimente   gehobene Sedimente   Faltenbildung

Ozeanische Kruste

Konvektionszellen

Kontinentalkruste

Kontinental lithosphäre   Kontinentale Platte   Guyot   Mittel-ozeanischer Rücken   Ozeanische Platte   Vulkanismus

Kontinental-schelf   Ozeanische Lithosphäre

Verschiebung der Scholle   Subduktion des Meeres-bodens   Kontinental-lithosphäre

Magma

Konvektions-zellen   Aufschmelz-zone

ENDOGENE DYNAMIK

Oben: Eine kontinentale und eine ozeanische Platte treffen aufeinander. Der Meeresgrund sinkt ab und bildet einen Graben, während ein Teil der Kontinentalkruste, der vorher noch unter Wasser lag, angehoben wird und unter großem seitlichem Druck Falten zu Gebirgen aufwirft. So können Fossilien von Meerestieren Millionen Jahre später auch mehrere tausend Meter über dem Meeresspiegel zwischen kontinentalen Felsformationen gefunden werden.

onsförderndem Klima. Auch die nördliche Hemisphäre wies Ähnlichkeiten auf. Offenbar hatten in Nordamerika, Osteuropa und Nordchina einst ebenfalls gleiche klimatische Bedingungen geherrscht.

Diese Gleichförmigkeit auf so fernen Kontinenten läßt nur einen möglichen Schluß zu: Als die erwähnten Formationen entstanden, waren die Kontinente noch miteinander verbunden. Diese Hypothese wurde untermauert, als in den jeweiligen Schichten auch ähnliche Fossilien gefunden wurden. Aus all den gesammelten Beweisen konstruierte Wegener nun die Theorie, daß vor etwa 275 Millionen Jahren eine einzige Kontinentalmasse existierte, die er Pangäa nannte. Der Südpol verband Südamerika, Afrika, Indien und Australien, der Äquator ging durch Nordamerika, Osteuropa, Sibirien und China. Später hatte sich Pangäa geteilt und die Kontinente drifteten immer weiter auseinander, bis sie die heutige Position erreichten. Doch er konnte diese Theorie physikalisch

nicht erklären, weshalb er auch zeit seines Lebens nicht allzuviele Anhänger fand. In seiner Heimat galt er als Spinner, und so starb er vereinsamt in Grönland, wo er noch immer nach zweifelsfreien Beweisen für seine »Hirngespinste« suchte.

Als es schließlich Untersuchungen gab, die Abweichungen im erdmagnetischen Feld feststellen konnten und überdies die computerisierte Verarbeitung kartographischer Daten möglich war, gewann die einst belächelte Theorie an Gewicht. Die Bewegungen der Erdkruste schienen erwiesen. Nach Untersuchung des Meeresbodens begann man wieder von der »Kontinentaldrift« zu sprechen, und der unglückliche deutsche Forscher wurde posthum rehabilitiert.

Die seismische Untersuchung, mit der man knapp nach dem Ende des Ersten Weltkrieges begonnen hatte, brachte Ungeahntes zutage: Der Meeresboden war von einer Sedimentschicht bedeckt, die immer dünner wurde, je weiter man sich vom Festland entfernte. Außerdem

KONTINENTE IN BEWEGUNG

Unsere Zeichnung illustriert die endogene Dynamik, die die Kontinentaldrift verursacht. Durch Temperaturunterschiede im Erdmantel entstehen Risse in der Lithosphäre, die Magmaaustritt entlang der ozeanischen Rücken verursachen. So wird also immer mehr Meeresboden gebildet. Durch die ständige Materialzufuhr entfernen sich die ozeanischen Platten immer weiter voneinander. Diese Bewegung ist jedoch so langsam, daß man sie nur in geologischen Zeiträumen messen kann. In den Bereichen, wo eine ozeanische auf eine kontinentale Scholle trifft, wird erstere aufgrund der höheren Dichte ihres Gesteins in die Tiefe gedrückt. In der Folge wird also ein Teil Erdkruste zerstört, weil neue entstanden ist: Der Kreis schließt sich.

BEWEISE AUF DEM MEERESGRUND

Die genaue Untersuchung mariner Sedimente hat ergeben, daß in der Geschichte der Erde einige Polaritätswechsel stattgefunden haben. Unsere Graphik stellt dar, wie innerhalb einer langen Periode umgekehrter Polarität (Matuyama) kürzere Intervalle mit normaler Polarität auftreten (Reunioni, Olduvai, Jaramillo, um nur die wichtigsten zu nennen), und wie im Gegenzug invertierte Polarität (Levantin, Jamaica) einen längeren Zeitraum normaler Polarität (Brunhes) unterbricht. Die Gründe für dieses Phänomen liegen noch im dunkeln.

FORSCHUNG UNTER WASSER

Rechts: Der Bathyskaph *Alvin* kann große Tiefen bewältigen und wurde auch von der amerikanischen Marine zur Erkundung des Mittelatlantischen Rückens und der Tiefseegräben eingesetzt.

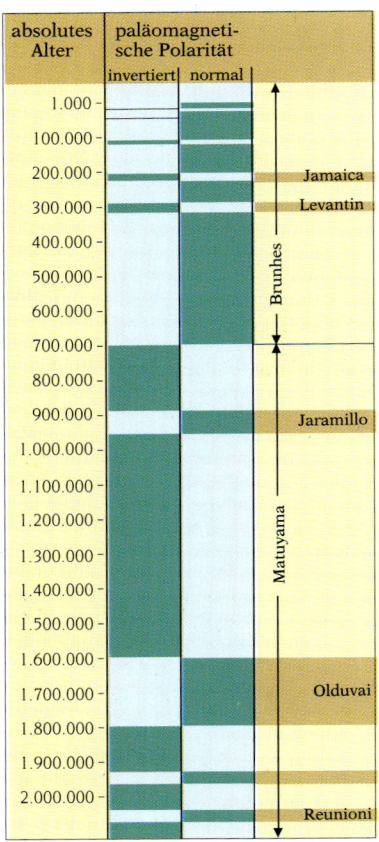

absolutes Alter	paläomagnetische Polarität	
	invertiert	normal
1.000		
100.000		
200.000		Jamaica
300.000		Levantin
400.000		Brunhes
500.000		
600.000		
700.000		
800.000		
900.000		Jaramillo
1.000.000		
1.100.000		Matuyama
1.200.000		
1.300.000		
1.400.000		
1.500.000		
1.600.000		
1.700.000		Olduvai
1.800.000		
1.900.000		
2.000.000		
		Reunioni

stellte man fest, daß die ältesten Ablagerungen etwa ab der unteren Kreide entstanden waren und nur sehr wenige im mittleren und oberen Jura. Unser heutiger Meeresgrund ist also, gemessen an der Erdgeschichte, relativ jung. Man entdeckte auch lange Gebirgszüge, die sogenannten Mittelozeanischen Rücken, die hie und da die unendliche Weite des flachen Meeresbodens durchziehen. Diese Gebirgsketten sind allerdings gänzlich verschieden von denen, die wir auf dem Festland kennen. Anfang der sechziger Jahre stellte man die Theorie auf, daß Lavamaterial aus dem Inneren der Erde durch aufsteigende Strömungen aus diesen Mittelozeanischen Rücken gedrückt würde.

Und tatsächlich fand man bei wissenschaftlichen Untersuchungen den Beweis dafür. Aus einer 50 km langen Spalte entlang des Mittelatlantischen Rückens fließt ständig flüssige Lava und wird längs der Gebirgskette fest. So entsteht immer mehr Meeresboden, wodurch auch erklärt wäre, warum Pangäa auseinanderbrach und die Kontinente sich auseinanderbewegten: Die dauernde Materialzufuhr aus dem Inneren der Erde war der Grund!

Nun ging es darum, einen Weg zu finden, die Bewegung zu messen, um sie schließlich zurückzuverfolgen und so Pangäa zu rekonstruieren. Als man entdeckte, daß sich das Magnetfeld der Erde etwa alle 500.000 Jahre umkehrte und die jeweilige Polarisierung in den Magnetitkristallen erhalten blieb, war ein solcher gefunden. Eine Untersuchung des Meeresbodens mit Hilfe eines Magnetometers ergab, daß die Polarität nicht einheitlich war, sondern in breiten, zu beiden Seiten des Rückens symmetrischen Streifen verlief. Die magnetische Geschichte des Meeresgrundes konnte so etwa 80 Millionen Jahre zurückver-

folgt werden. Doch seine erwiesene Ausdehnung war noch kein eindeutiger Beweis für die Kontinentaldrift. So führte man auch auf dem Festland dieselben magnetischen Messungen durch. Die magnetitreichen Gesteine zeigten eine ziemlich unterschiedliche Polarität, je nachdem, auf welchem Kontinent man maß. Der Nordpol hätte, wären die Kontinente immer an derselben Stelle geblieben, in den letzten 200 Millionen Jahren ziemlich unlogische Wanderungen unternehmen müssen, und das oft in mehrere Richtungen gleichzeitig. Doch wenn wir davon ausgehen, daß nicht er, sondern die Erdteile auf Wanderschaft gingen, nachdem sie bis vor etwa 200 Millionen Jahren verbunden gewesen waren, können wir all die hypothetischen Polbewegungen auf eine einzige zurückführen.

Weitere Beweise kamen aus kartographischen Studien. Das schwerwiegendste Argument gegen die Existenz des Superkontinents Pangäa war die Tatsache, daß die Küsten Afrikas und Amerikas nicht genau ineinandergriffen. Als man jedoch daran dachte, nicht die Landküsten, sondern die unter Wasser liegenden Ränder des Kontinentalschelfs heranzuziehen, maß man in 1000 m Tiefe vor den jeweiligen Küsten. Da ging die Rechnung plötzlich auf. An der Universität Cambridge erhielt man eine genaue Entsprechung der beiden Küsten des Atlantischen Ozeans.

Heute besteht kein Zweifel mehr, daß die Kontinentaldrift die beste Erklärung für die aktuelle Verteilung der Kontinente und Meere ist, und daß ihr Verlauf von der Expansion des Meeresgrundes abhängt. Wenn die Erdteile sich auch nur einige wenige Zentimeter im Jahr bewegen, so kommen doch im Laufe der Jahrmillionen planetarische Entfernungen zusammen. Man ist heute der

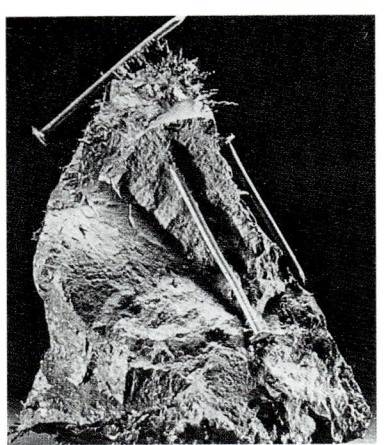

MAGNETISCHE EIGENSCHAFTEN

Magnetitgestein (Eisenoxid) zieht alles an, was aus Eisen besteht. Dieses Fragment, das mit feinen Eisenspänen bedeckt ist, kann immer noch mehrere Nägel festhalten. Es handelt sich in diesem Falle um endogenen Magnetismus, der nur durch Schmelzen des Gesteins zerstört werden kann.

Ansicht, daß auch die Veränderungen des Meeresspiegels mit diesem Phänomen in Zusammenhang steht.

Aufgrund dieses Prozesses sinkt er bei schnellerer Ausdehnung des Grundes (Regression) und bei langsamerer steigt er (Transgression). Dieselbe Dynamik soll auch der Tektonik auf den Kontinenten, wie Gebirgs- und Archipelbildung, Vulkanismus und Erdbeben, zugrunde liegen. Heute ist man der Überzeugung, daß sich die modernen Ozeane vor ca. 200 Millionen Jahren zu bilden begannen. Tiefe Spalten gruben sich in den Riesenkontinent Pangäa, der vom unendlichen Ozean Panthalassa umgeben war.

Dies war die Welt der Dinosaurier; ihre Fossilien wurden von Amerika bis Europa, von der Mongolei bis nach China, auf allen modernen Erdteilen gefunden. Ein weiterer Beweis, daß zu ihren Lebzeiten ein Zusammenhang zwischen den Kontinenten bestand. Doch während der 140 Millionen Jahre ihrer Existenz veränderte sich die Oberfläche unseres Planeten als Folge der enormen Kräfte, die unter der Erdkruste wirkten.

Am Ende der Kreide durchzogen bereits tiefe Gräben die große Kontinentalmasse, das Meer war eingebrochen, und das Klima veränderte sich. Eine neue Welt entstand: die unsere.

Waren es vielleicht die radikalen Klimaveränderungen, die das Ende für die Dinosaurier bedeuteten? Eine Frage, die viel und heiß diskutiert wurde und mit der wir uns in einem der nächsten Kapitel beschäftigen wollen.

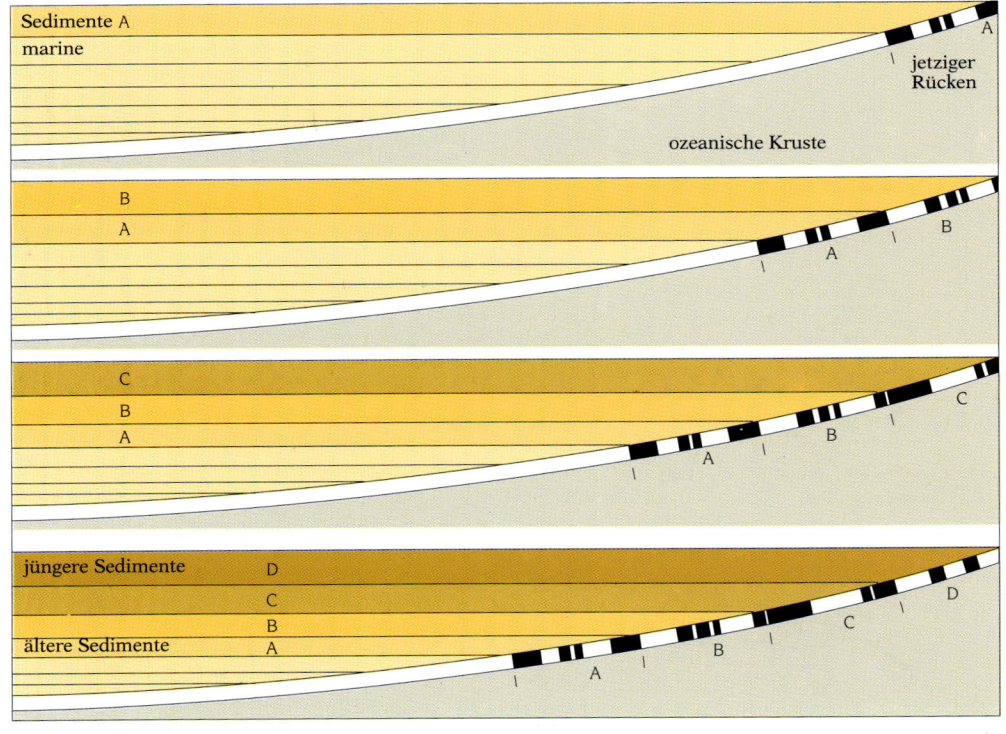

SUBMARINER MAGNETISMUS

Die Skizze zeigt, wie die Abfolge der magnetischen Schichten mit entgegengesetzter Polarität auf dem Meeresgrund zustandekommt. Der austretende Basalt wird immer im Moment der Kristallisation je nach gerade herrschender Erdpolarität polarisiert. Mit der Zeit werden ältere Gesteinsschichten immer weiter vom Rücken weggedrückt, weil neues Material mit anderen magnetischen Eigenschaften nachfolgt.

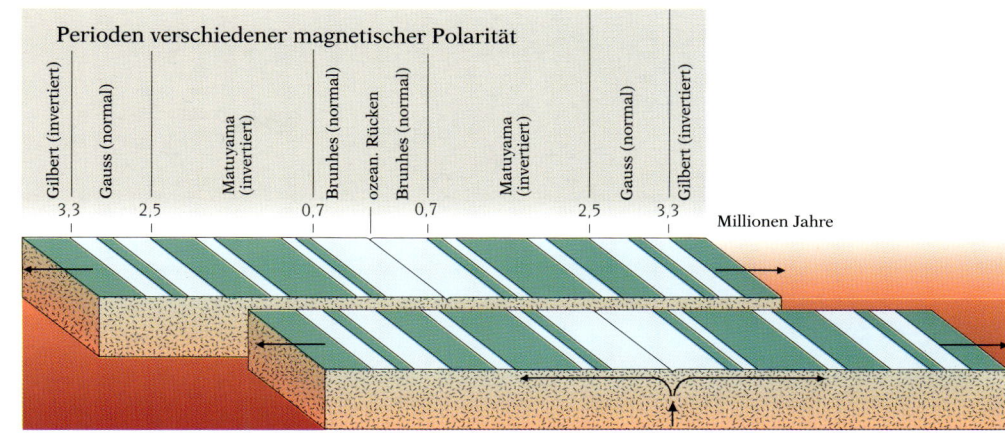

Perioden verschiedener magnetischer Polarität

Gilbert (invertiert) | Gauss (normal) | Matuyama (invertiert) | Brunhes (normal) | ozean. Rücken | Brunhes (normal) | Matuyama (invertiert) | Gauss (normal) | Gilbert (invertiert)

3,3 2,5 0,7 0,7 2,5 3,3

Millionen Jahre

MAGNETSTREIFEN

Oben: Hier sehen wir vier Erd-
schollen, die durch zwei trans-
versale Brüche voneinander
getrennt und von einem ozeanischen Rücken durchzogen sind.
Beidseitig des Rückens befinden
sich symmetrische Streifen
Gesteins mit jeweils verschiedener Polarität. Die hellen Streifen
stellen Zonen mit der heutigen
Polarität dar, die dunklen sind
umgekehrt polarisiert. Wenn
man davon ausgeht, daß die
Gesteine sich durch sukzessiven
Magmaaustritt gebildet haben,
so ist ihre symmetrische Anordnung ein wichtiger Beweis für
die Ausdehnung des Meeresbodens.

COMPUTERGEOGRAPHIE

Diese Graphik, hergestellt von
einem Elektronengehirn an der
Universität Cambridge, zeigt, wie
genau die Kontinente zusam-
menpassen. Zieht man die Küste
der Kontinente bis in 1000 m
Tiefe in Betracht, erhält man
eine ziemlich präzise Übereinstimmung. Die violett gekenn-
zeichneten Zonen sind Über-
schneidungen, die orange-
farbenen verbleibende Lücken.
Dennoch ist die frühere Einheit
aller Kontinente unübersehbar.

Die Wege des Lebens

Die Evolution: Ideen und Fakten

In den über 140 Millionen Jahren ihrer Existenz haben die Dinosaurier einen bislang einzigartigen Artenreichtum gezeigt und sich an die verschiedensten Lebensbedingungen anzupassen vermocht. Dann, ganz plötzlich, verschwanden sie im Zeitraum von nur wenigen Millionen Jahren. Sie sind ausgestorben. Kein einmaliger Vorfall, wie wir heute wissen. Das Aussterben einer Spezies ist, genauso wie ihr Entstehen, Teil der Evolution. Für uns ganz logisch, doch bevor Darwin seine Theorien publiziert hatte, war das keineswegs der Fall. Es gab keine einheitliche Meinung über die Bedeutung des Aussterbens. Vor 100 Jahren erst wurde die Evolutionstheorie auf eindrucksvolle Weise bestätigt und gleichzeitig genauer und komplexer formuliert: Die Genetik war es, die mehr Klarheit schaffte und gleichzeitig neue Fragen und Streitpunkte aufwarf.

Denken wir nur an die vielen gegensätzlichen Ansichten, was die Anwendung der Gentechnik betrifft, wieder einmal ein Bereich, in dem die Wissenschaft an philosophisches und ethisches Gedankengut rührt.

Evolution ist die schrittweise Veränderung der Erscheinungsformen und Verhaltensweisen der Lebewesen im Laufe der Zeit, die das Aussterben alter und das Entstehen neuer Spezies zur Folge hat. Ein großartiges Naturgesetz, das sich in unvorstellbar langen Zeiträumen vollzieht und anhand des vergleichenden Studiums anatomischer Merkmale lebender und fossiler Spezies belegt werden kann. Wenn sich verschiedene moderne Arten in einigen Punkten gleichen, so weist das auf einen gemeinsamen Vorfahren hin. Viele Fossilien, die Übergangsformen zwischen einzelnen

DARWIN

Linke Seite: Charles Darwin 1881, ein Jahr vor seinem Tod. Er mag zwar nicht der erste gewesen sein, der von Evolution gesprochen hat. Doch er war der einzige, der mit dem Mechanismus der natürlichen Selektion eine plausible Erklärung dafür bieten konnte. Bis heute haben Genetik, Paläontologie, Embryologie, Biochemie und vergleichende Anatomie ein Jahrhundert lang nur Bestätigungen für seine Theorie gefunden.

DIE EVOLUTION BEI DER ARBEIT

Der englische Falter *Biston betularia* ist ein vielzitiertes Beispiel für die Arbeitsweise der Evolution. In seiner ursprünglichen Form ist er sehr gut getarnt auf einem flechtenbedeckten Birkenstamm (links). Die dunkle Mutationsform ist auf diesen Stämmen ziemlich gut zu sehen. Vor der industriellen Revolution überwog auch die helle Urform. Doch mit Zunahme der Umweltverschmutzung verschwanden die Flechten, und die Birkenstämme wurden schwarz vom Smog. Nun ist die Situation umgekehrt: Die bessere Tarnung und somit auch die Evolution ist auf seiten der Schwärzlinge, während die hellen Artgenossen fast ausgerottet sind. Das Blatt hat sich gewendet!

NATÜRLICHE SELEKTION

Unten: Eine graphische Darstellung der Auswirkungen, die natürliche Selektion auf eine Population haben kann. In Bild (a) eliminiert die Selektion Individuen, die stark vom Durchschnitt abweichen und verringert so die Variabilität der Population. In (b) werden jene Individuen ausgewählt, die besser als andere an ihre Umwelt angepaßt sind: Eine genetische Verschiebung innerhalb der Population ist die Folge. In (c) wird genau die Durchschnittlichkeit negativ selektiert, während jene Individuen, die besondere Eigenschaften haben, bevorzugt werden. Läßt man dieser Tendenz in einer isolierten Zone, zum Beispiel auf einer Insel, freien Lauf, so kann sich aus der ursprünglichen Population eine völlig andere Spezies entwickeln.

Spezies zeigen, wie zum Beispiel die *Seymouria*, ein Amphibien-Reptil, oder der *Archaeopteryx*, ein Reptil-Vogel, illustrieren die Gradualität des Evolutionsprozesses.

Doch die Gradualität stellt nur einen der essentiellen Grundbegriffe in Darwins Theorie dar. Der andere, wenn möglich noch wichtigere, ist die natürliche Selektion. Sie basiert auf der Tatsache, daß sich Individuen ein und derselben Gattung in ihrer Reaktion auf Umweltbedingungen unterscheiden. Sie sind unterschiedlich effizient, was Nahrungssuche, Kräftehaushalt, Revierverteidigung, Eroberung eines Geschlechtspartners oder Fortpflanzung angeht.

Da Nahrungsquellen und Lebensraum jedoch nur beschränkt vorhanden sind, befinden sich die Lebewesen in einem ständigen Konkurrenzkampf. Am Beginn ihres Lebens kämpfen sie nur um die Nahrung, später auch um Vermehrung und Erhaltung der Art. Nicht alle können überleben, nur die am besten

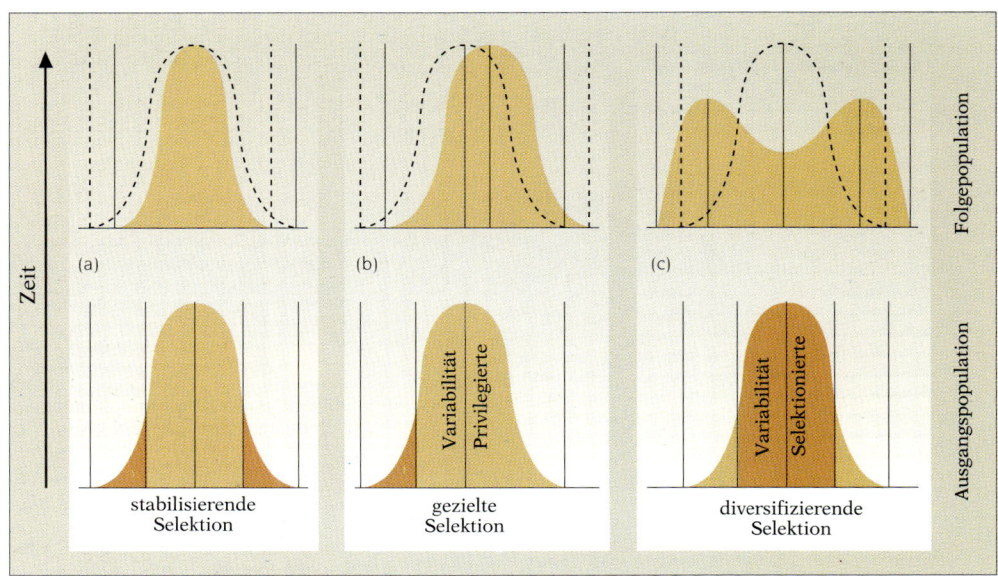

Angepaßten. Und besonders bei einer Änderung der Umweltbedingungen wie des Klimas oder der Vegetation kann eine geringfügige Abweichung von der Norm plötzlich zum über Leben und Tod entscheidenden Faktor werden. Die Überlebenden geben ihr Erbmaterial

zusammen mit den Besonderheiten, die ihnen das Überleben ermöglicht haben, an die folgende Generation weiter.

Darwin konnte noch nicht wissen, wie diese Unterschiede in der Erbmasse festgeschrieben waren. Wir wissen heute, daß die Lösung in den Genen liegt, um genau zu sein in der DNS, einer verdopplungsfähigen Desoxiribonucleinsäure, die in den Chromosomen enthalten ist. In ihr ist der Plan eines Lebewesens festgelegt, alles, was es mit seinen Artgenossen gemeinsam hat,

FLIEGEN UND DDT

Die Andersartigen sind sozusagen der Motor der Evolution. Gehen wir davon aus, daß 1 Prozent einer bestimmten Fliegenpopulation eine genetische Besonderheit hat, die sie immun gegen DDT macht. Wird nun die Population mit so einem Mittel vernichtet, wären sie die einzigen Überlebenden, hätten keinerlei Konkurrenz und würden eine neue Population gründen, deren Individuen alle dieselben genetischen Charakteristika von ihren Stammvätern geerbt hätten und somit samt und sonders gegen DDT immun wären.

ebenso wie alle Eigenheiten, die aus dem Vertreter einer Spezies ein unverwechselbares Individuum machen, von der Augenfarbe bis zur Schwanzlänge, von der Blattform bis zur Baumrindenstruktur.

Die übereinstimmenden Charakteristika, das gemeinsame Erbgut, macht es erst möglich, von einer Spezies als einer Gruppe von Lebewesen, die sich untereinander paaren und Nachkommen haben, zu sprechen. Ebendiese genetische Identität verhindert Kreuzungen zwischen verschiedenen Arten. Sollte dies dennoch geschehen, geht daraus nur die erste Generation hervor, die steril bleibt, wie im Falle des Maultieres, einer Kreuzung zwischen Pferd und Esel.

Die Gene werden von Generation zu Generation weitergegeben und sind sozusagen unsterblich. Doch nicht unveränderlich: Sie können aufgrund von Zufällen oder Fehlern bei der Vervielfachung der Chromosomenstränge

im Zuge der Keimzellenbildung oder durch äußere Einwirkung, wie zum Beispiel Strahlung, verändert werden. Solche Abweichungen nennt man Mutationen.

Die Gesamtheit der Gene einer Population ist also sehr veränderlich und untereinander verschieden, ihre Variabilität hängt im wesentlichen davon ab, wieviele der Gene dem Gesetz der Wahrscheinlichkeit folgend gleichbleiben und wieviele davon mutieren. Das Ambiente, die Umwelt, entscheidet nun, ob eine Mutation Erfolg hat oder nicht. Da die Umweltbedingungen in der Zeit nicht konstant bleiben, sind auch nicht immer dieselben genetischen Fähigkeiten gefragt. Das Klima kann sich ändern, auch die Geographie, wie im Falle der Gebirgsbildung, es können neue Raubtiere auftauchen oder Nahrungsquellen verschwinden. In solchen kritischen Momenten wird offenbar, welche Individuen einer Population den neuen Bedingungen aufgrund ihrer genetischen Eigenschaften am besten gewachsen sind. Sie erfüllen die Bedingungen der Selektion, überleben und können ihre Gene weitergeben.

Es ist also oft eine zufällige Mutation, die einen solchen Vorteil bedeutet. Sie wird von Generation zu Generation weitervererbt, wobei sie mit der Zeit immer häufiger auftritt und bald eine neue Norm darstellt. Geschieht dies an einem isolierten Ort, auf einer Insel oder in einem Tal, das von hohen Bergketten umgeben ist, so kann sich die Population nicht mehr mit Individuen kreuzen, die das genetische Charakteristikum nicht in sich tragen. In einem solchen Falle ändert sich das Erbmaterial so tiefgreifend, daß eine neue Spezies entsteht. Die Variabilität der Gene ist der Rohstoff, mit dem die Evolution arbeitet, und Mutationen bestimmen das Schicksal einer Population. Gäbe es sie nicht, fehlte auch die Fähigkeit zur Anpassung, und eine Veränderung der Lebensbedingungen bedeutete automatisch das Aussterben einer Spezies.

Das Entstehen der Spezies ist somit ein Resultat der Interaktion zwischen genetischem Material und Umwelt.

Doch man darf sich das Ganze nicht zu absolut vorstellen. Es ist nicht so, daß die Natur nur das perfekteste Genmaterial selektiert. Auch andere, weniger gut Angepaßte, überleben, mehr schlecht als recht zwar und in geringerem Prozentsatz, doch sie bleiben erhalten. Außerdem gibt es innerhalb jeder Spezies bestimmte Grenzen, die der Anpassung gesetzt sind. Anatomische Strukturen und auch Verhaltensweisen stehen immer in einem komplexen Zusammenhang mit anderen Charakteristika.

Zum Beispiel die Körpergröße. Wie groß kann ein Tier wirklich werden? Es kann ein Vorteil sein, zu den Großen zu gehören, die Riesen unter den Dinosauriern sind der fossile Beweis dafür, denn oft in der Natur ist es das größte Männchen, das am meisten Erfolg bei der Fortpflanzung hat. Doch die Entwicklung körperlicher Größe muß Hand in Hand gehen mit jener des Atmungsapparates. Ein Lebewesen von großer Körpermasse mit flacher Atmung kann im Paarungsritual nicht mehr mithalten, und was es an Größe erreicht hat, fehlt ihm bei der Fähigkeit zur Fortpflanzung.

Das Entstehen bzw. Aussterben einer Spezies vollzieht sich in »geologischen«, d. h. verhältnismäßig langen Zeiträumen und oft über mehrere Zwischenstufen hinweg. Die größte Herausforderung für die Darwinsche Evolutionstheorie kommt aus der Paläontologie, durch Fossilien, die ebensolche Zwischenformen, die fehlenden Glieder der Kette sozusagen, ans Licht bringen. Es gibt einige sehr gute Beispiele, wie den *Archaeopteryx* aus dem oberen Jura. Man kann ihn als einen Dinosaurier betrachten, der bereits Vogelcharakteristika aufweist, oder als Vogel, der noch eng mit den Reptilien verwandt ist. Doch die paläontologische Dokumentation allein ist noch nicht Beweis genug für das Fortschreiten der Evolution in Stufen. Darwin selbst wußte das, und er wies öfters daraufhin, daß die Gesamtheit der fossilen Funde ein Buch sei, aus dem zahlreiche Seiten fehlten, und in dem auf den vorhandenen oft nur wenige Zeilen leserlich wären, und von jeder Zeile nur wenige Wörter.

Diese Lückenhaftigkeit bewies nun für die Paläontologen Niels Eldredge und Stephen Jay Gould, daß die Evolution in Sprüngen vor sich geht. Ihre Theorie geht von der Beobachtung aus, daß sich aus den fossilen Funden eine Menge Spezies ergeben, die über Jahrmillionen keinerlei Veränderung durchmachten und dann plötzlich verschwanden, während zugleich eine neue Spezies auftauchte. Zwischenformen, behaupten

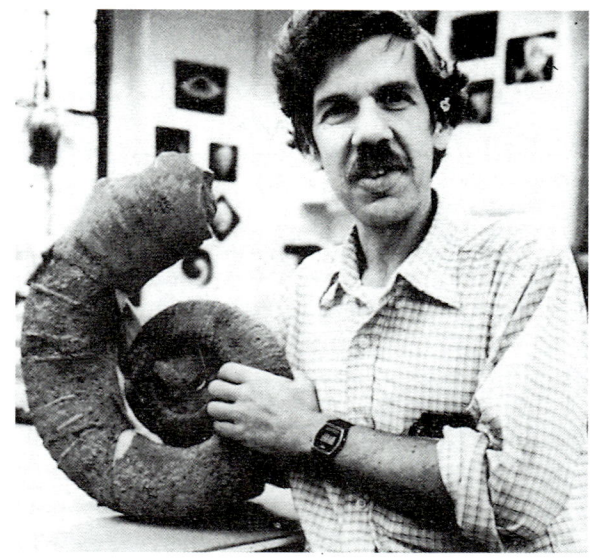

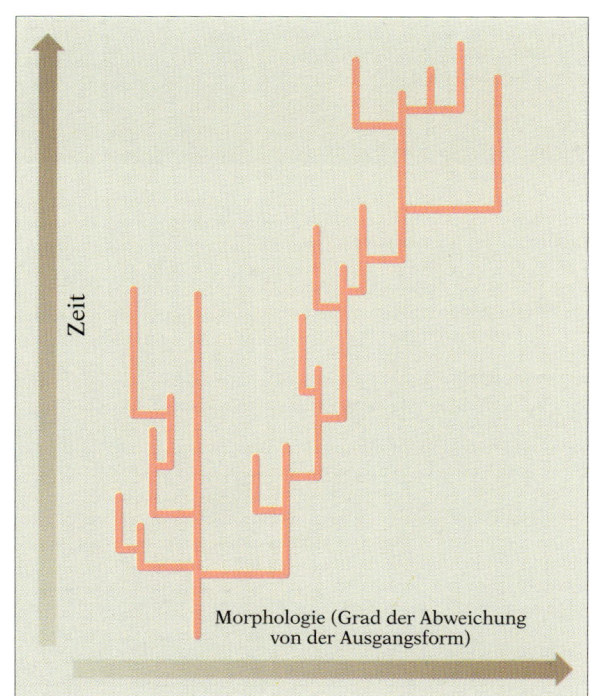

VERSCHIEDENE ANSICHTEN

Oben: der Paläontologe Stephen Jay Gould mit einem großen fossilen Ammoniten. Obwohl er überzeugt von der Darwinschen Evolutionstheorie ist, akzeptiert er doch nicht das graduelle Fortschreiten dieses Prozesses. Zusammen mit Niels Eldredge lancierte er eine neue Theorie, die besagt, daß die Spezies plötzlich und übergangslos entstanden, neue Arten sich sozusagen vom Stamm lösten und vom Beginn ihrer Existenz bis zu deren Ende unverändert blieben, während die Stammform weiterexistierte. Als Beweis führt er die in den Fossiliensammlungen fehlenden »Zwischenformen« an. Mitte: die Evolution der Spezies nach Eldredge und Gould. Sprunghaft und durch plötzliche Veränderungen an isolierten Populationen bilden sich neue Spezies, und der Baum des Lebens wächst im Laufe der Zeit. Unten: die Evolution der Spezies nach Darwin. Nach seiner Auffassung verändert sich eine Population im Laufe der Zeit kontinuierlich über einen sehr langen Zeitraum, bis sie eine neue Spezies gebildet hat. In den letzten Jahren gab es zahlreiche Fossilienfunde, die die Darwinsche Theorie bestätigten, von den Zwischenformen bis zu ganzen Serien von Fossilien, wie die Trilobiten von Wales, an denen man die Evolution der Spezies über drei Millionen Jahre beobachten kann.

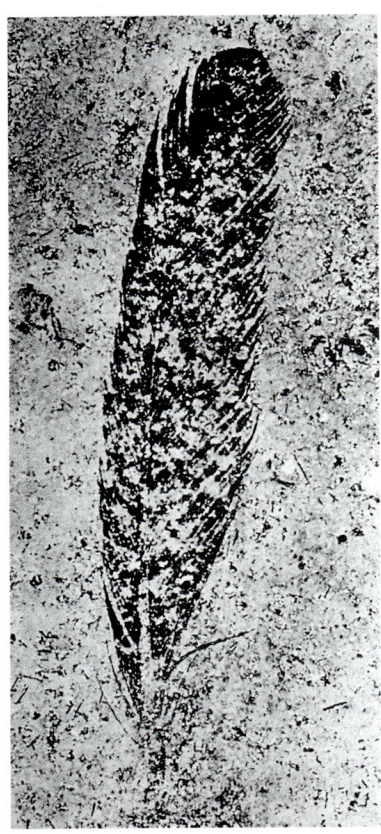

WAS IST EINE ZWISCHENFORM?

Archaeopteryx lithographica heißt die älteste bekannte Feder. Sie gehörte dem gleichnamigen Tier, einer Übergangsform zwischen Dinosauriern und Vögeln. Diese Feder war noch fluguntauglich, wie die Gradualisten meinen, sie diente vorerst nur der Wärmeisolierung und übernahm viel später in der Evolutionsgeschichte der Vögel die Tragflächenfunktion.

sie, seien deshalb rar unter den Fossilien, weil sie auch in der Natur nur selten vorkämen und eine isolierte Entwicklung in dieselbe Richtung darstellten.

Außerdem kamen nach Ansicht dieser beiden Wissenschaftler neue morphologische Charakteristika wie zum Beispiel die Federn aufgrund einer Reihe von zielgerichteten Mutationen zustande, und nicht, wie Darwin voraussetzte, zufällig. Wenn die Federn sich aus den Schuppen entwickelt haben, wozu dienten dann die Zwischenformen, die weder das eine noch das andere waren? Die neue Hypothese einer diskontinuierlichen Entwicklung bestreitet also die Gradualität der Darwinschen Evolution. Dieser Theorie zufolge entstehen neue Spezies ziemlich rasch durch erhöhten selektiven Druck in kleineren Populationen, die in Grenzgebieten zwischen zwei verschiedenen Lebensräumen isoliert sind. Dieser sprunghaften Progression folgt sodann eine längere Periode geringfügiger Veränderungen, dann wieder ein Sprung, und so fort.

Vielleicht ist die Evolution auch ein so komplexer Prozeß, daß die Ideen der Gradualisten (meist Genforscher) nicht jene der Katastrophisten (meist Paläontologen) ausschließt, wenn sie sich auch auf ideologischer Linie noch so bekämpfen. Die kontroversielle Einstellung der beiden Gruppen wird umso verständlicher, wenn man sich vor Augen hält, daß sie sich auf ihrem jeweiligen Gebiet

in ganz unterschiedlichen zeitlichen Dimensionen bewegen. Die Genetiker können morphologische Änderungen im Laufe weniger Generationen anhand des Erbmaterials feststellen und dokumentieren, die Paläontologen sind beim Studium ihrer Fossilien mit Zeiträumen konfrontiert, die durch die geologischen Schichten bestimmt werden, sie rechnen in Jahrmillionen.

Wie es scheint, erfolgt die Evolution auch nicht mit gleichbleibender Geschwindigkeit. In unstabilen Lebensräumen gehen die Veränderungen wesentlich schneller vor sich und können daher für jemanden, der in paläontologischen Kategorien denkt, sehr wohl plötzlich und unvermittelt aussehen.

Andererseits können Unterscheidungsmerkmale, die an lebenden Tieren offensichtlich sind, bei Fossilien oft nicht mehr festgestellt werden. Viele moderne Tiere unterscheiden sich voneinander zwar nicht im Knochenbau, wohl aber in ihrer Verhaltensweise, zum Beispiel bei der Fortpflanzung. Solche Unterschiede gehen im Zuge der Fossilisation natürlich verloren, und so hält der Paläontologe zwei sehr verschiedene Lebewesen womöglich für ident.

Heute glaubt man, daß neue Charakteristika bei Zwischen- und Übergangsformen nicht unbedingt gleich dieselbe Funktion haben wie bei den späteren Generationen. Die ersten Reptilschuppen, die ein wenig wie Federn waren,

wurden deshalb von der Natur positiv selektiert, weil sie die Körperwärme besser aufrechterhalten halfen. Der *Archaeopteryx* konnte mit Sicherheit nicht fliegen, er war ein Läufer. In seinen ausgebreiteten, gefiederten »Armen« verfingen sich Insekten, die er fraß. Erst spätere, weitergehende Mutationen führten zur Flugfähigkeit, und ganz am Ende dieser Kette bekam die Feder ihre heutige Rolle zugewiesen.

Die verschiedenen Teile eines Organismus entwickeln sich mit unterschiedlicher Geschwindigkeit, da sie jeweils auf selektiven Druck reagieren. Eine Zwischenform ist also ein Mosaik aus verschiedenen Charakteristika, von denen die einen noch auf die Ahnen zurückgehen, die anderen bereits auf die Nachkommen hinweisen.

Mit Hilfe der Paläontologie und dank der Vergleichenden Anatomie, der Molekularbiologie und der Genetik können wir die mögliche Geschichte der Evolution zurückverfolgen. Der Vergleich ausgestorbener mit noch lebenden Spezies enthüllt Ähnlichkeiten und Unterschiede. So wissen wir, je ähnlicher sich die beiden sind, daß sie sich vor relativ kurzer Zeit aus ein und demselben Vorfahren entwickelt haben. Je verschiedener sie sind, umso weiter müssen wir die Zeit zurückdrehen, um einen gemeinsamen Stammvater zu finden. Wir können auf diese Art und Weise die verzweigten Wege der Evolution zurückgehen.

DER URSPRUNG

Nach neuesten Erkenntnissen war die Uratmosphäre unseres Planeten vor drei Milliarden Jahren äußerst energiegeladen: Blitze fuhren vom Himmel herab, die erkaltende Erde strahlte Hitze und Radioaktivität ab, die Sonnenstrahlen fielen ungefiltert auf die Erdoberfläche, da es noch keine Ozonschicht gab. Inmitten dieser Energie entstanden die ersten organischen Moleküle.
Unten: die ältesten Fossilien. Bakterienähnliche Partikel wurden unter dem Mikroskop in einer dünnen, über drei Milliarden Jahre alten Gesteinsschicht entdeckt. Die weiße Linie mißt ein Tausendstel Millimeter.

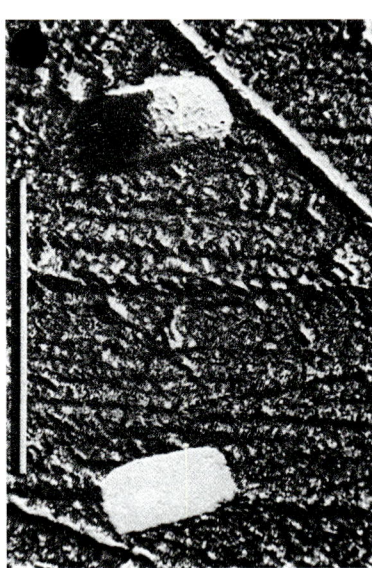

Auf unserer Reise durch die Vergangenheit begegnen uns die Dinosaurier. Um sie zu verstehen und ihre Entwicklung ebenfalls gänzlich zu rekonstruieren, müssen wir ihren Stellenwert in der Evolution erkennen und sie in die Vielfalt der Spezies einordnen, kurz, ihren Platz im Stammbaum des Lebens finden. Unser Weg führt uns an den Anfang, zu den elementarsten und primitivsten Formen wie Bakterien und Einzeller. Aller Wahrscheinlichkeit nach waren sie die ersten Lebewesen, unser aller Urahnen, die vor drei Milliarden Jahren den Planeten Erde bevölkerten.

Die ersten Organismen

Zehn Mikron Leben, ein Tausendstel Gramm Protein, verschiedene Zucker und Fette, Ribonucleinsäure, ein paar Salze und etwas Wasser: Das ist der Steckbrief eines Prokaryoten, der einfachsten Zelle, die es gibt. Zellkern, Zellorgane oder gar Chromosomen sind noch nicht vorhanden. Das genetische Material ist zusammen mit den Proteinen, Ribosomen, Enzymen und Salzen in die Zellmembran eingeschlossen. Wie eine Bakterie! So wird er wohl auch ausgesehen haben, der Keim des Lebens, der schließlich so viele verschiedene Wesen hervorgebracht hat. Immer komplexer wurden die Strukturen, immer effizienter die Organismen, und mit der Entwicklung immer besserer Techniken

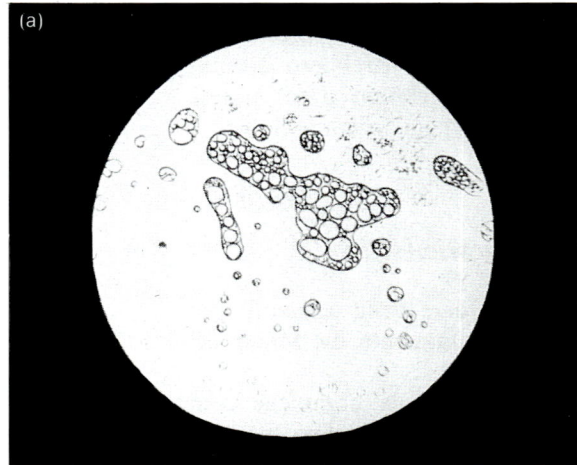

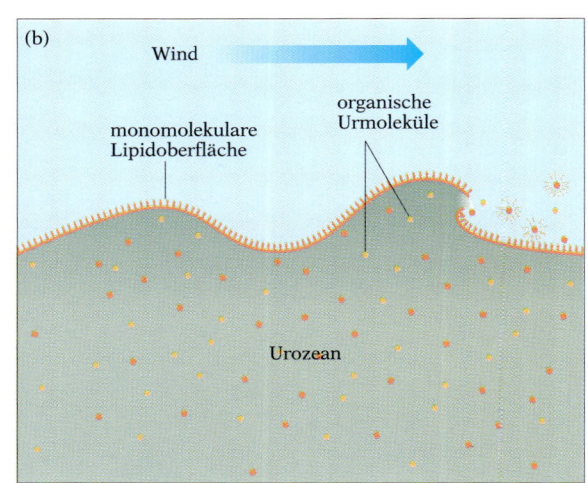

EINE HYPOTHESE ÜBER DEN URSPRUNG DES LEBENS

Die Mikrofotografie (a) zeigt eine Emulsion von Proteinen und Lipiden, ein im Labor gefertigtes Gemisch, wie es vielleicht zur Entstehung des Lebens geführt hat. Auf den folgenden Zeichnungen ist dargestellt, wie sich dieser Prozeß nach einer neuen Theorie abgespielt haben soll. Die organischen Urmoleküle, die in der Atmosphäre im Laufe von Tausenden von Jahren entstanden sind, haben im Meer eine hohe Konzentration erreicht, und die Lipide bildeten eine monomolekulare Oberfläche auf dem Urozean (b). Wind und Wellenbewegung führten zur Bildung winziger Tröpfchen (c), die beim Wiedereintauchen ins Wasser (d) in eine zweite Lipidmembran eingehüllt wurden. In diesen isolierten Tröpfchen kam es zu einfachen chemischen Reaktionen, wodurch sie verstärkt zu einer individuellen Einheit wurden (e). So sollen sich die ersten, einfachen Zellen gebildet haben, mit einer Zellmembran, die wir heute nur wenig abgewandelt in jedem Lebewesen finden können. Die Mikrofotografie eines roten Blutkörperchens zeigt die feine, doppelte Membran an seinem Rand genau (f).

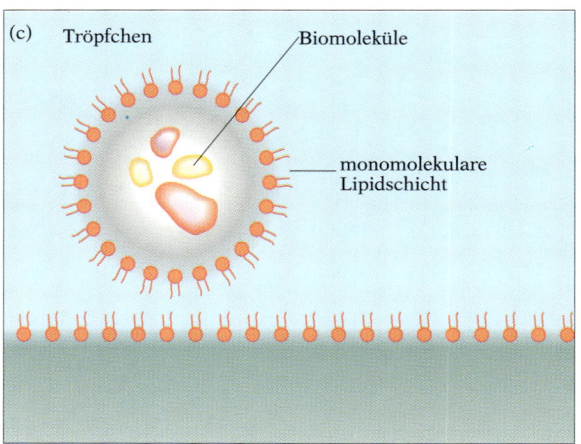

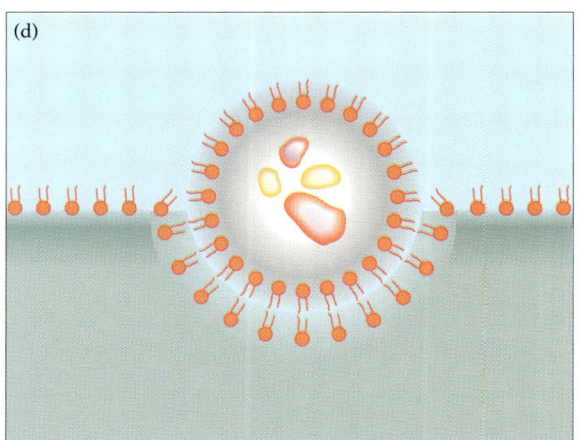

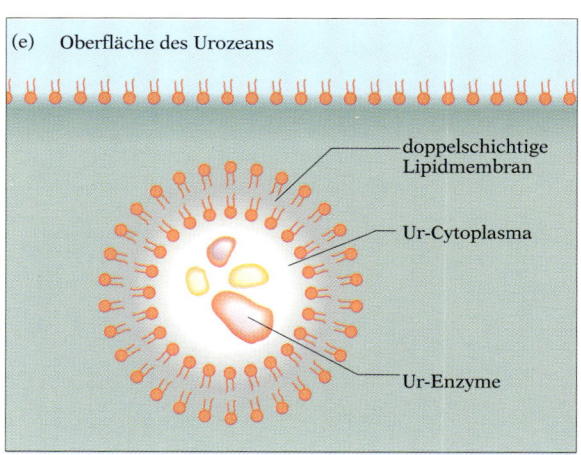

auf dem Gebiet der Paläontologie können wir sogar Fossilien dieser ersten Lebewesen untersuchen. Sie finden sich in den tieferen Schichten etwa drei Milliarden Jahre alter Gesteine und können unter dem Elektronenmikroskop beobachtet werden.

Die ersten Lebewesen hatten relativ einfache Funktionen. Sie mußten Nährstoffe absorbieren und sich durch Teilung vermehren. So entstanden viele identische Exemplare. Sie ernährten sich von organischem Material, weshalb man sie auch als heterotroph bezeichnet. Nach weitverbreiteter Ansicht bezogen sie ihre Nahrung aus ihrer unmittelbaren Umge-

bung, dem Meer. Tröpfchen aus Aminosäuren, Proteinen, Glykose und Lipiden bildeten sich in der Atmosphäre und fielen mit den Regentropfen in den Ozean, wo sie sich jahrtausendelang ansammelten. Dann, vor mehr als zwei Milliarden Jahren, begann die Nährstoffkonzentration in diesem Urbiotop immer mehr abzunehmen, da die energetische Ladung der Atmosphäre und mit ihr die Nährstoffbildung stetig zurückging.

Parasitismus und Kannibalismus konnten nicht die einzige Antwort auf den Nahrungsmangel sein: Die Natur selektierte jene Lebewesen, die von sich

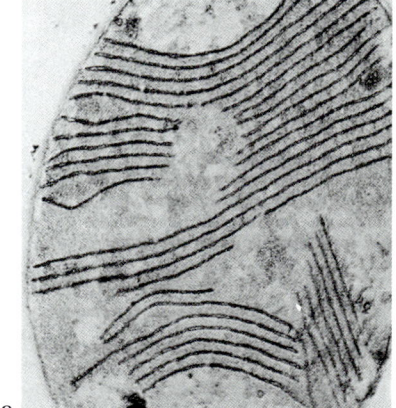

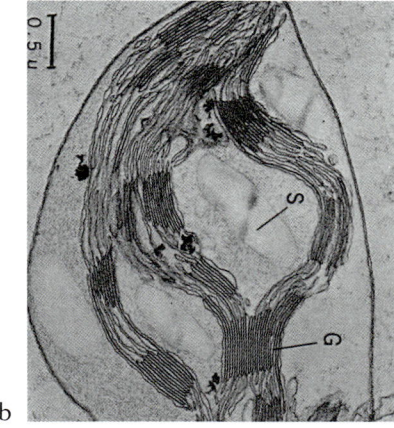

aus Energie erzeugen konnten, also autotroph waren, indem sie aus anorganischer organische Materie erzeugten. Es handelte sich um Organismen, die aufgrund ihres Stoffwechsels verschiedene Energiequellen wie chemische Verbindungen, Sonnenenergie und Erdwärme nutzen konnten. Der effizienteste Mechanismus siegte: die Photosynthese, die Sonnenlicht in chemische Energie verwandelt und aus Kohlendioxid und Wasser organische Komponenten bildet. Diese »Baumaterialien« waren überall vorhanden, und so vermehrten sich die Lebewesen, die unseren heutigen Blaualgen glichen, explosionsartig. Ihr Erfolg hatte noch einen Nebeneffekt. Sie produzierten Sauerstoff, der die Atmosphäre anreicherte und in großer Höhe durch die Einwirkung der Sonnenstrahlen die Ozonschicht bildete, die unseren Planeten vor der schädlichen UV-Strahlung schützt.

Doch der Sauerstoff brachte auch Probleme mit sich: Da er sich leicht mit dem Kohlenstoff, dem Grundbaustein aller Lebewesen, verband, waren die freien Sauerstoffmoleküle eine Gefahr für ihr Überleben. Diese neue Problemstellung übte wieder erheblichen selektiven Druck aus. Von jenen Organismen, die den freien Sauerstoff nicht neutralisieren konnten, überlebten nur die, die in den Tiefen der Meere lebten, wo er sie nicht erreichte. Einige wenige jedoch waren in der Lage, von der neuen Situation sogar noch zu profitieren. Sie konnten durch ihren Stoffwechsel die Sauerstoff-Kohlenstoff-Reaktion steuern, das heißt, die beiden Elemente in einem kontinuierlichen Prozeß miteinander verbinden und die dabei frei werdende Energie für sich nutzen. Es waren die ersten atmenden Organismen, die den Stoffkreislauf schlossen, indem sie das Endprodukt der Photosynthese absor-

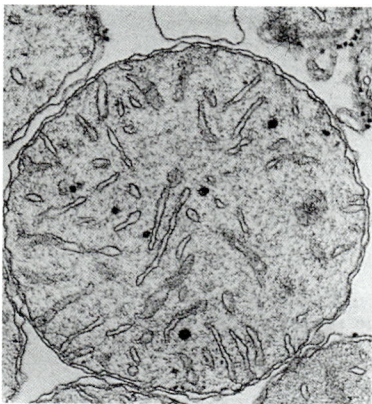

bierten. »Lebende Fossilien« dieser Urorganismen sind daher wahrscheinlich jene Teile der Zellen mehrzelliger Organismen, die man Chloroplasten und Mitochondrien nennt. Diese Organellen besitzen tatsächlich eigenes genetisches Material und sind Sitz der Photosynthese und der Zellatmung. Die komplexe Zelle oder Eukaryot, der Grundbaustein aller pflanzlichen oder tierischen Organismen, der aus Zellkern, Chromosomen und für bestimmte Aufgaben ausgerüsteten Organellen besteht, war vielleicht ursprünglich ein symbiotischer Zusammenschluß mehrerer Einzelorganismen mit verschiedenen Charakteristika. Die-

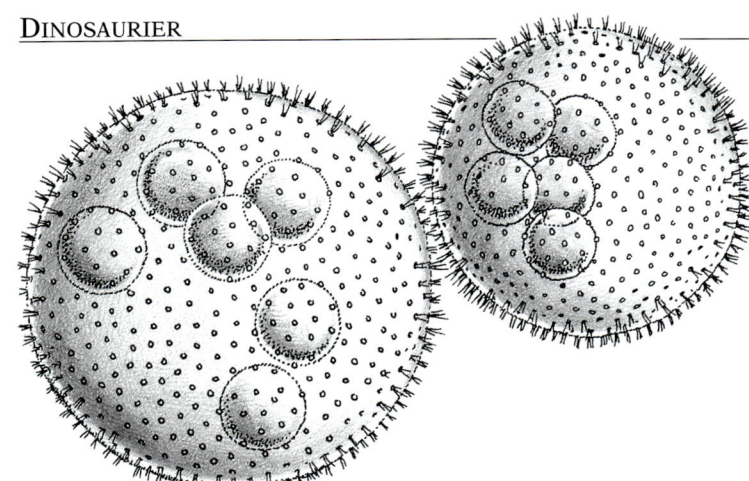

EINZELLER UND MEHRZELLER

Der *Volvox*, eine grüne einzellige Alge, die zu den Geißeltierchen gehört, lebt in Kolonien. Mehr als 50.000 Zellen bilden einen Verband in Form einer hohlen Kugel, die sich durch abgestimmte Geißelbewegungen rollend fortbewegen kann. Die Aufgaben in diesem Verband sind aufgeteilt. Die kleinen Kugeln im Inneren der Kolonie, Tochterkolonien, werden auf diese Weise gut geschützt. Jedes einzelne Mitglied des Verbandes hat die Fähigkeit zur autonomen Existenz verloren. In einem gewissen Sinne ist der *Volvox* also der Prototyp eines mehrzelligen Organismus.

Unten: Heute sind es die Protozoen, die noch am meisten an die ersten primitiven Lebewesen auf unserem Planeten erinnern. Durch ein Mikroskop kann man die zarten Schalen planktonischer Foraminiferen erkennen.

se neue Form des Lebens war zwar komplizierter, aber um ein Vielfaches effizienter als alle anderen.

Etwa zwei Milliarden Jahre blieben primitive Einzeller die vorherrschende Lebensform auf Erden. Generation um Generation vermehrten sie sich durch Teilung, die Nachkommen glichen aufs Haar ihren »Eltern«. Veränderungen kamen lediglich als zufälliges Resultat von Fehlern bei der Teilung und als Mutationen aufgrund von Strahleneinwirkung vor. Der Übergang von der

PRIMITIVES LEBEN

Die *Noctiluca* (oben) ist ein Beispiel für die Organismen, die einst unsere Meere bewohnten. Diese einzellige Alge verwendet den überschüssigen Sauerstoff, der bei der Photosynthese frei wurde, indem sie durch Biolumineszenz leuchtet.

Unten: *Vorticella* in 700facher Vergrößerung. Die ersten Lebewesen, die den Meeresgrund bevölkerten, glichen wahrscheinlich diesen im Süßwasser lebenden Wimpertierchen.

ungeschlechtlichen zur geschlechtlichen Vermehrung stellte einen bedeutenden Fortschritt dar und steigerte die Variabilität der Populationen, die dem Selektionsprozeß unterworfen waren, um ein Vielfaches.

Das Erscheinen der Eukaryoten, die mit den heutigen Protozoen vergleichbar waren, verursachte einen weiteren Qualitätssprung in der Evolution und beschleunigte sie beträchtlich. Ziemlich rasch erfolgte der Übergang von einzelligen Lebensformen zu Zellkolonien. Ein gutes Beispiel hierfür ist der *Volvox*: Über 50.000 strukturell nicht differenzierte, identische Zellen bilden einen Verband, in welchem sie die verschiedenen Aufgaben verteilen. Die einen sind für Vermehrung zuständig, andere für Fortbewegung oder Nahrungsaufnahme. Jeder einzelne profitiert von dieser Symbiose und kann ohne die anderen nicht mehr existieren. Der nächste Schritt führte schließlich zu komplexen Organismen, die aus verschiedenartigen, für bestimmte Aufgaben ausgerüsteten Zellen aufgebaut sind. Zweifellos ist das Leben in dieser Form einfacher zu bewältigen, denn die Widerstandskraft wächst, Nahrungsquellen werden durch spezialisierte Bereiche besser genutzt.

Es gäbe noch viel mehr Vorteile des Mehrzellers aufzuzählen, die er einem Einzeller, der mit allem allein fertig werden muß, voraus hat. Vor etwa 700 Millionen Jahren wurden die Weichen gestellt, und das Leben steuerte auf eine riesige Artenvielfalt zu. Indem sich die Zellen spezialisierten, Gewebe und Organe bildeten, verloren sie die Fähigkeit, für sich allein zu existieren und bauten höhere Lebewesen, Tiere und Pflanzen auf, die nach und nach die Erde eroberten.

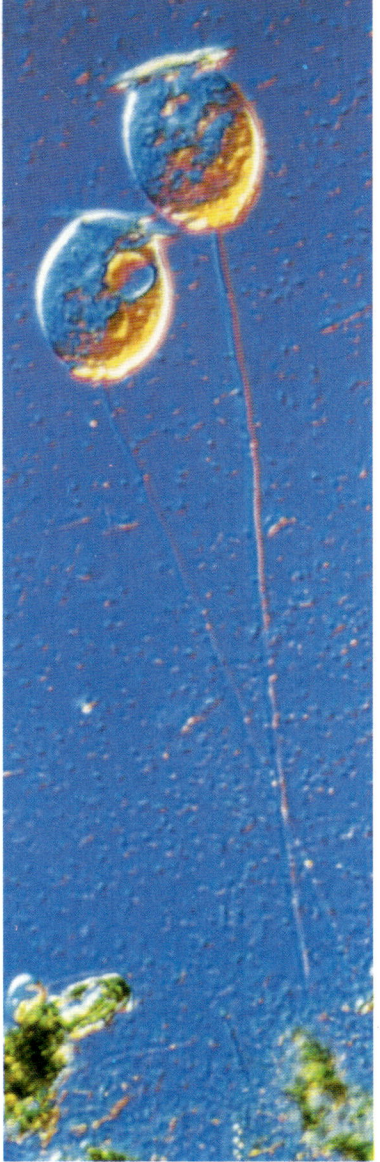

DIE VIELFALT DES LEBENS

DIE VIELFALT DES LEBENS
Das Labyrinth einer Koralle; daneben eine hauchzarte Qualle mit feinen opalisierenden, radial angeordneten Tentakeln. Die ersten mehrzelligen Lebewesen waren wahrscheinlich ebenso einfach gebaut wie diese modernen Meeresbewohner.

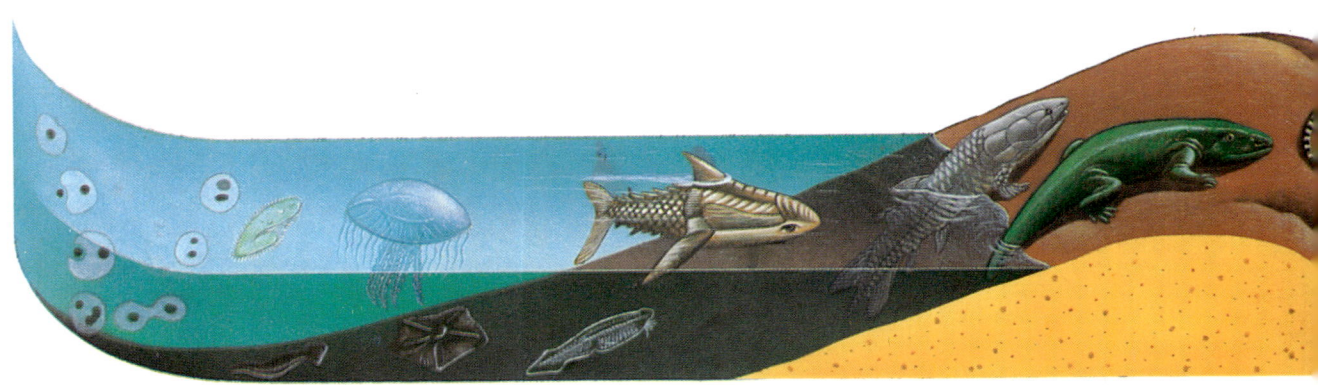

Die ersten Tiere

Es gibt nicht viele Fossilien der ersten Mehrzeller. Man ist heute der Ansicht, daß sie einen weichen Körper hatten und den modernen Quallen und Schwämmen glichen, Mollusken also, die im allgemeinen nicht lange erhalten bleiben, und Hohltiere, ebenfalls ohne härtere Körperteile. Vermutlich bestanden sie aus einer Art Doppelschlauch aus zwei Schichten Zellgewebe, zwischen welchen eine gallertartige Masse lag. So konnten sie das Wasser zwischen den Geweben hindurchpumpen und Nahrung herausfiltern. Sie könnten aber auch in Symbiose mit Algen gelebt haben. Die wenigen Fossilien, die uns geblieben sind, zeigen eine überwiegend flache Form, wie bei Blattpflanzen, die mit ihrer Oberfläche möglichst viel Licht auffangen müssen. Die *Dickinsonia* zum Beispiel war ellipsoid und ca. 60 cm lang, dabei nur 6 mm stark. Von nun an ging alles sehr schnell. Im Kambrium, dem Zeitraum von vor 570 bis vor 505 Millionen Jahren, zeigen die Fossilien bereits eine große Vielfalt. Alle wirbellosen Meerestiere sind in ihrer Urform vorhanden: die Schwämme, die Hohltiere (Korallen und Quallen), die Anneliden oder Ringelwürmer, die Glie-

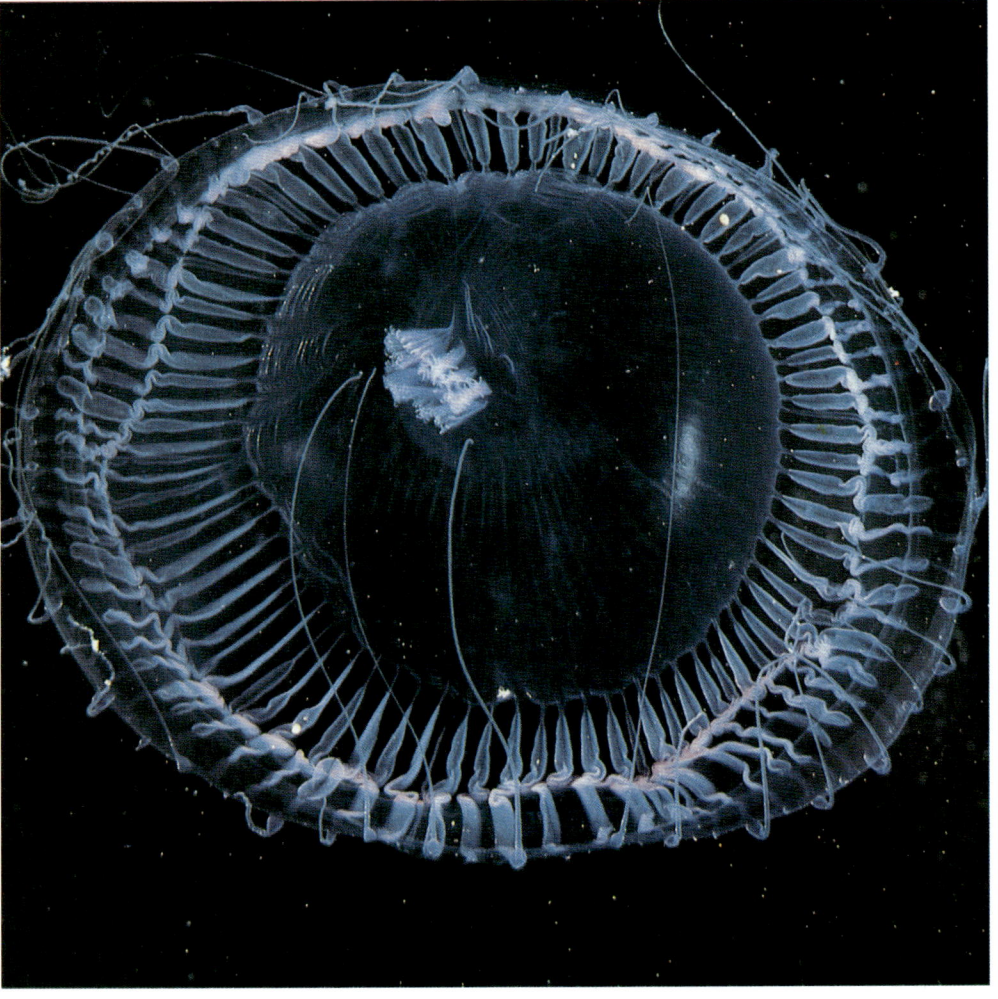

NOCH MEHR LEBEN
Rechte Seite, oben: Ein fossiler Stachelhäuter, *Onychocrinus exsculptus,* lebte in den Gewässern des Karbons. Er ähnelt heute lebenden Haarsternen.
Unten: Ein versteinerter Ammonit, ein Kopffüßer, der auch ansehnliche Dimensionen erreichen konnte. Die Gruppe der Ammoniten war in den Meeren weit verbreitet, bis sie vor 65 Millionen Jahren gleichzeitig mit den Dinosauriern ausstarben.

derfüßer (Vorfahren der Insekten, Spinnen- und Krustentiere), die Mollusken (Vorfahren der Muscheln), die Stachelhäuter (Vorfahren der Seesterne und -igel). Vor der Entdeckung der präkambrischen *Dickinsonia* glaubte man, das Leben habe erst vor 570 Millionen Jahren eingesetzt. Deshalb nahmen die Wissenschaftler diese Periode als Scheidepunkt und nannten alles, was zuvor gewesen ist, Präkambrium, und den Zeitraum von vor 570 bis vor 505 Millionen Jahren das Kambrium.
Im Kambrium hatten die Tiere eine außerordentlich hohe Fortpflanzungsra-

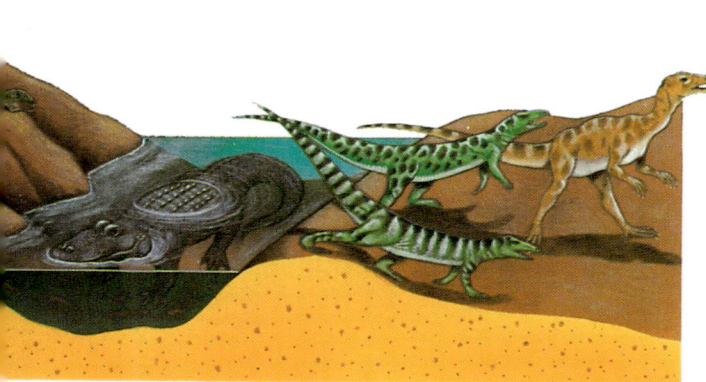

DIE EROBERUNG DES FESTLANDES

Von der ersten Zelle zum ersten Dinosaurier. Die Tiere kommen aus dem Wasser und bevölkern das Festland. Dieser Prozeß, der Milliarden Jahre gedauert hat, ist hier schematisch nach den heute gängigsten Hypothesen dargestellt.

te erreicht, einen komplexen Stoffwechsel und Kreislauf ausgebildet, also die besten Voraussetzungen für ihre weitere Existenz, die Entwicklung einer größeren Körpermasse und höherer Arten geschaffen. Sie verfügten nun schon über Verdauungsapparate, Fortpflanzungs- und Atmungsorgane, ein Kreislaufsystem und Sinnesorgane, die sie befähigten, mit der Außenwelt zu kommunizieren. Zangen, Scheren und Gliedmaßen, die zupacken konnten, zeugen davon, daß es bereits Räuber gab: ein weiterer Evolutionssprung, ein Glied, das der Nahrungskette hinzugefügt wurde, eine neue ökologische Nische.

Im Kambrium begegnen uns die ersten Bißspuren an Mollusken und Schalentieren und an den Füßen der Trilobiten. Das Auftauchen dieser Urraubtiere führte auch zu den ersten Verteidigungsstrategien: Panzer und Stacheln entstanden.

Gleichzeitig, im Zeitraum von vor 550 bis vor 530 Millionen Jahren, entsprang ein Hauptzweig am Baum des Lebens, eine Gruppe unter den kambrischen Organismen, die als Vorfahre aller Wirbeltiere, der Fische genauso wie der Amphibien, Reptilien, Vögel und Säugetiere, auch des Menschen, gilt, die *Chordatiere*. Alle Individuen dieser Gruppe haben ein gemeinsames Charakteristikum: die Chorda, eine primitive Form der Wirbelsäule, mit der alle anderen Teile des Knochengerüstes verbunden sind. Unsere ältesten Vorfahren waren wahrscheinlich Stachelhäuterlarven, die ihre Geschlechtsreife vor dem Erwachsenensta-

dium erreichten. Noch heute durchlaufen die primitivsten Meeresstachelhäuter die Metamorphose vom Ei über eine sogenannte pelagische Larvenphase, in der die Larve die Gewässer durchstreift wie ein kleiner Fisch, bis zum geschlechtsreifen, erwachsenen Tier, das auf den marinen Lebensraum angewiesen ist.

Die Hypothese unterstellt, daß einige dieser Larven sich vermehrt haben könnten, ohne daß sie die Form des erwachsenen Tieres angenommen hatten und so eine völlig andere Richtung in der Entwicklung einschlugen. Das ist gar nicht so abwegig: die Neotenie, wie

dieses Phänomen in der Wissenschaft genannt wird, ist in der Natur eine gängige Erscheinung. Auch wir Menschen könnten, nach Meinung einiger Fachleute, Abkömmlinge von Primaten sein, die früh geschlechtsreif wurden und deren kindliches Aussehen wir noch heute haben.

300 Millionen Jahre vor den Dinosauriern erschienen also die ersten Wirbeltiere im Meer. Sie sahen wahrscheinlich aus wie Lampreten, ca. 20 cm lang und mit feinen Membranen anstelle der Flos-

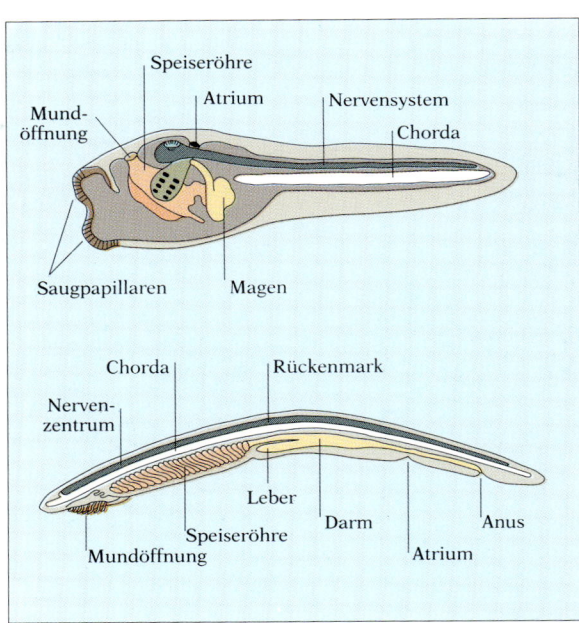

DIE WIRBELTIERE ENTSTEHEN

Die ersten Tiere, die ein stützendes, rudimentäres Rückgrat, die Chorda, besaßen, glichen wahrscheinlich den heutigen Chordaten. Die Zeichnung stellt die anatomische Struktur einer pelagischen Larve eines Urochordaten (oben) und eines Lanzettfischchens, eines Cephalochordaten (unten), dar. Chorda, Nervensystem und Verdauungsapparat sind gleich angeordnet wie bei den Säugetieren. Unten: eine der seltenen Fotografien eines fossilen Lanzettfischchens.

UR-FISCH

Linke Seite: ein fossiles Exemplar der Spezies *Cephalaspis*. Diese Tiere haben die Meere des Silurs im Zeitraum von vor 430 bis vor 380 Millionen Jahren bewohnt. Der vordere Teil des Körpers ist gepanzert, der Schwanz segmentiert wie bei den Lanzettfischchen.

sen und des Schwanzes. Sie waren keine Raubtiere, der Beweis hierfür ist das Fehlen der Kiefer. Was von ihnen in fossiler Form erhalten blieb, ist hauptsächlich eine Verteidigungsstrategie: ein Panzer aus einem neuartigen Gewebe, der Knochensubstanz.

Da sie relativ schwer waren, lebten sie am Grunde der Flüsse, Meere und Seen und filterten ihre Nahrung – organische Materie – aus dem Schlamm. Mit der schrittweisen Verwandlung der ersten drei Kiemenbögen in Unter- und Oberkiefer erreichten die ersten Wirbeltiere schließlich vor etwa 430 Millionen Jahren ein Stadium, in welchem sie beißen und kauen konnten. Durch die gleichzeitige Entwicklung von Flossen und Schwanz waren sie weniger schwerfällig und waren in der Lage, mit einer leichteren Panzerung auszukommen. Das Ergebnis? Weit beweglichere Tiere mit Schuppen anstelle der Knochenplatten, die für den Erfolg prädestiniert waren: die Fische! Sie hatten keine gleichwertigen Gegner und konnten so die immensen Ozeane beherrschen und sich ungehindert fortpflanzen. Ihre hydrodynamische Form steuerte auf immer größere Perfektion zu, ruderartige Flossen verbesserten Manövrierfähigkeit, Balance und Antrieb. Die Haie entstanden, die Knorpel- und die Knochenfische, unzählige Arten, bis Meer und Süßwasser vor 400 Millionen Jahren von glänzenden, stromlinienförmigen Körpern wimmelte. Es war dies das Devon, das Zeitalter der Fische.

Aus den Sümpfen in die Wüste

Es sollten noch 100 Millionen Jahre vor dem großen Auftritt der Dinosaurier vergehen.
Das Klima änderte sich wieder einmal, es wurde immer heißer. Flüsse und Seen

DIE EVOLUTION DER FISCHE

Oben: Dieses Chordatier stellt eine Übergangsform von den Stachelhäutern zu den Chordaten dar. Typisch für die ersteren ist die kalkhaltige Panzerung, die den Körper schützt, für die zweiten die anatomische Struktur. So stellen diese sogenannten Calcichordaten eine Entwicklungsstufe zwischen Wirbellosen und Wirbeltieren dar.
Mitte: Diese fossilen Fische gehen auf das Eozän zurück. Nachdem sie einmal ihre hydrodynamische Form und die Flossen, die Garant für ihren Erfolg in der Evolution waren, entwickelt hatten, behielten sie ihre Hauptmerkmale bis heute, wie diese beiden im Arnotal und bei Bolca gefundenen Exemplare beweisen.

RICHTUNG FESTLAND

Zwei Schlammspringer klammern sich an einer Mangrovenwurzel fest. Ihre spezielle Anpassung ermöglicht es ihnen, das am Festland in Küstennähe reich vorhandene Insektenangebot zu nutzen. Man kann sich gut vorstellen, daß die ersten Fische, die an Land kamen, ihre Flossen im Schlamm als Beine benutzten und sich so fortbewegten. So hatten sie nicht nur neue Nahrungsquellen erschlossen, sondern waren auch vor ihren Feinden sicher.

VON DEN FISCHEN ZU DEN VIERBEINERN

Unten: ein Quastenflosser, *Latimeria*, vor der Küste Madagaskars. Die Flossen dieses Fisches sind die Vorläufer der Gliedmaßen der Vierbeiner. Heute glaubt man, daß die landlebenden Wirbeltiere von einem Fisch wie diesem abstammen und betrachtet ihn deshalb als lebendes Fossil.

GRÜNES LEBEN

Millionen Jahre vor den Tieren bevölkerten bereits die Pflanzen das Festland. Im Karbon entwickelten sie sich dank des günstigen, feuchtwarmen Klimas besonders gut und bedeckten das Land mit ausgedehnten Wäldern. Hier fossile Blätter eines Farns (a), einer *Sphenopteris*, einer Art Frauenhaar (b) und des Schachtelhalms *Astrophyllitis* (c), die ca. 330–325 Millionen Jahre alt sind. Sie gehörten damals zu den vorherrschenden Arten und konnten riesengroß werden. Die Grundformen der Pteridophyten haben sich bis heute nicht sehr verändert: Der Wasserlattich existiert seit der Kreide (d), das Moos *Polytrichum piliferum* (e) spielte wahrscheinlich immer schon dieselbe ökologische Rolle, und der heutige Schachtelhalm, dessen Fortpflanzungsorgane wir hier sehen (f), hat hauptsächlich seine Größe verändert: heute werden Schachtelhalme nur etwa 50 cm hoch.

trockneten aus und hinterließen eine dürre, von der Sonne gepeinigte Landschaft. Bald standen die Süßwasserfische vor dem Problem, daß die Nahrung knapper wurde, ebenso der Lebensraum. Die Binnengewässer schrumpften, ihre Temperatur stieg an, und besonders die sauerstoffarmen Salzseen verwandelten sich in Sumpflöcher mit einigen wenigen Pfützen. Bestimmte Knochenfische, die Dipnoi, unterschieden sich von den anderen durch ihre Nasenöffnungen, die mit der Mundhöhle in Verbindung standen, und besonders durch eine rudimentäre Lunge, zu der sie ihre Schwimmblase umfunktioniert hatten. Sie kämpften zusammen mit den Kiemenfischen ums Überleben. Es wurden schließlich jene selektiert, die am längsten außerhalb des Wassers bleiben konnten, da sie sich die immer knappere Nahrung oft in verschiedenen Tümpeln zusammensuchen mußten.

Der große Moment der Lungenfische war gekommen: Sie besaßen die Fähigkeit, kurzfristig Luft zu atmen und so die Trockenheitsperioden zu überstehen. Die Dipnoi vergruben sich im Schlamm und verfielen in eine Art Lethargie, bis wieder genügend Wasser da war. Ihre

In den Regenwäldern in den Bergen Sri Lankas haben noch einige wenige Riesenfarne wie dieser Baumfarn (g) überlebt.

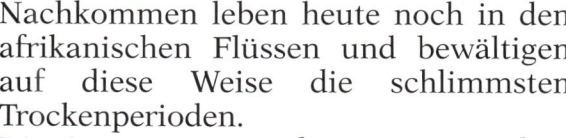

Nachkommen leben heute noch in den afrikanischen Flüssen und bewältigen auf diese Weise die schlimmsten Trockenperioden.

Die Crossopterygier hatten eine andere Taktik entwickelt. Sie streiften auf der Suche nach Wasser und Nahrung zwischen den einzelnen Tümpeln umher, indem sie ihre quastenförmigen Flossen wie Beine benutzten. Diese Extremitäten wiesen eine Besonderheit gegenüber jenen aller anderen Fische auf: Sie waren gelappt und von mehreren Knochen gestützt, die nicht fächerförmig auseinanderstrebten, sondern parallel verliefen, ähnlich wie bei den Gliedmaßen moderner landlebender Wirbeltiere. Auch gab es eine gelenksartige Verbindung zwischen den Quastenflossen und der Wirbelsäule, ein rudimentärer Beckengürtel, der diesen Tieren die Fortbewegung an Land erleichterte.

Die Geschichte der Wirbeltiere, die das Land erobern, ist in Fossilien des Devon bestens dokumentiert. Sogar ein lebendes Fossil gibt noch Zeugnis davon, ein Quastenflosser, *Latimeria* genannt, der vor der Küste Madagaskars lebt. Er macht für einen Fisch eigenartige Schwimmbewegungen und paddelt mit

PERLEN AUS BAUMHARZ

Unten: In diesem Stück Bernstein kann man bei günstigem Licht deutlich eine Ameise erkennen, die ganz und gar den heute lebenden gleicht. Vor Millionen von Jahren hat ein Tropfen Baumharz sie eingeschlossen, und so ist sie uns in dieser Form erhalten geblieben. Die Wirbellosen, besonders die Insekten, waren die ersten, die nach den Pflanzen aufs Festland kamen.

DAS REICH DER AMPHIBIEN

Rechts: ein Salamander, lebender Vertreter der Amphibien. Seine Vorfahren waren viel größer und beherrschten das Festland im Karbon. Von ihnen hat er seinen Körperbau, seinen Stoffwechsel und die Abhängigkeit vom Wasser geerbt.
Unten: der fossile Schädel eines *Eryops megalocephalus*. Sein Kopf konnte 1 m lang werden, seine gesamte Körperlänge betrug bis zu 3 m.
Rechte Seite, oben: Um seine Eier vor Räubern zu schützen, baut der südafrikanische Frosch *Chiromantis xerampelina* während der kurzen Regenzeit ungewöhnliche Nester aus Schleim in die über den Teichen hängenden Zweige (a). Der vom Weibchen ausgestoßene Schleim wird während der Paarung mit den Beinen zu Schaum geschlagen (b). Die befruchteten Eier bleiben dort hängen. Nach etwa zehn Tagen löst sich das Nest auf: die Kaulquappen »tropfen« ins Wasser (c).

seinen Flossen wie etwa ein Hund mit den Beinen. An diesen Bewegungen kann man ablesen, wie sich seine Artgenossen auf dem Festland fortbewegt haben, wenn sie sich durch den Schlamm von einem Tümpel zum anderen mühten. Fast Vierbeinerart hat dieser »Gang«, der aus dem Wasser kommt. Haben die Crossopterygier beim Schwimmen nur für den Landgang geübt?

Das Festland bot den ersten Besuchern einen reich gedeckten Tisch. Weite Ebenen mit üppiger Vegetation erfreuten das Auge, denn die Pflanzen waren schon lange zuvor angekommen. Vor Jahrmillionen hatte die Natur jene Algen selektiert, die eine ausreichend harte, schützende Außenhaut und stützende Strukturen in ihrem Inneren aufwiesen, und so konnten sie sich immer weiter vom Wasser entfernen und schließlich völlig unabhängig von ihm leben. Es waren Flechten, Moose, Schachtelhalme und Farne, die als erste die Erde erobert hatten. Es folgten ihnen eine Schar Wirbelloser auf Nahrungssuche.

Diese Welt, bevölkert von urzeitlichen Pflanzen und Millionen von Spinnentieren, Insekten, Krebsen und Skorpionen bot den Crossopterygiern ein reichhaltiges Menü, Nahrung im Überfluß, ohne Konkurrenten, ohne natürliche Feinde konnten sie sich daran gütlich tun. Langsam entwickelten auch die Quastenflosser mehr Unabhängigkeit vom Wasser. Es galt, alle ökologischen Nischen und die Lebens- und Fortpflanzungsmöglichkeiten des neu eroberten Territoriums zu nutzen.

Gegen Ende des Devon, vor ca. 350 Millionen Jahren, erschien die *Ichthyostega*, eine Übergangsform zwischen Fisch und Amphibie. Der Schwanz dieses Tieres ist noch eindeutig zum Schwimmen bestimmt, doch die Gliedmaßen sind bereits für kriechende Fortbewegung auf dem Trockenen geeignet. Wie die heutigen Amphibien waren die *Ichthyostegalia* als Jungtiere wahrscheinlich Kiemenatmer, um dann im Erwachsenenalter auf Lungenatmung überzugehen.

Die Amphibien wurden schließlich die

a

b

c

SICHERE LAICHPLÄTZE

Rechts: Auf der Unterseite eines Blattes hält ein tropischer Glasfrosch Wache vor seinen Eiern. Es ist Aufgabe des Männchens, sie feucht zu halten und gegen Feinde, wie zum Beispiel Wespen, zu verteidigen.

Unten: Sicher geborgen in ihrer Gallertkapsel, die sie vor dem Austrocknen schützt, wachsen die Kaulquappen des Rotaugenfrosches heran.

ersten echten landlebenden Wirbeltiere. Da die Befruchtung von Amphibieneiern außerhalb des Körpers erfolgt und Ei und Kaulquappe sich im Wasser entwickeln, mußten sie immer in unmittelbarer Nähe eines Gewässers leben. Außerdem brauchten die Erwachsenen das kostbare Naß dringend, da sie viel davon ausschieden und ihre Epidermis keine Hornschicht hatte, die vor Austrocknung schützte. Zudem atmeten sie zu einem erheblichen Teil durch die feuchte Haut, weil ihre Lungen noch nicht genügend ausgebildet waren und allein den ganzen Körper nicht mit Sauerstoff versorgen konnten.

Nun änderte sich das Klima von neuem. Langsam begann eine feuchte, warme Periode, die den Pflanzen und Tieren, die noch weitgehend wasserabhängig waren, das Vordringen bis ins Innerste des Kontinentes Pangäa ermöglichte. Große, üppige Urwälder entstanden. Farne und Bärlapp wurden zu riesigen, 20 m hohen Bäumen, Schachtelhalme erreichten sogar bis zu 30 m. In den Regenwäldern des Karbons gab es Wasser im Überfluß, und alle profitierten davon. Auf dem sumpfigen Waldboden gediehen Moose, genährt von den vermodernden Stämmen der riesigen Bäume, die keine richtigen Wurzeln hatten und daher leicht umfielen.

Überall wimmelte es von Leben. Die wirbellosen Pflanzenfresser bildeten, nach der enormen Menge an Biomasse, die der Urwald darstellte, das zweite Glied in der Nahrungskette. An dritter Stelle standen die wirbellosen Karnivoren, Millionen von Spinnen, Insekten und Krebstieren, die sich gegenseitig fraßen. Und ganz am Ende befanden sich, unangefochten und konkurrenzlos, die Amphibien, die eine riesige Artenvielfalt entwickeln und sich ungehindert entfalten und vermehren konnten. Viele von

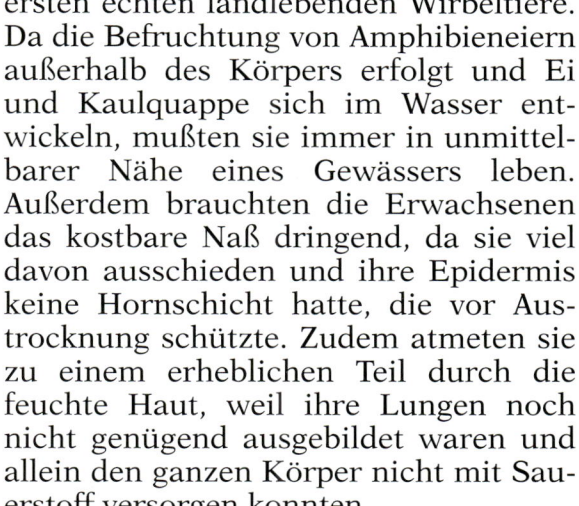

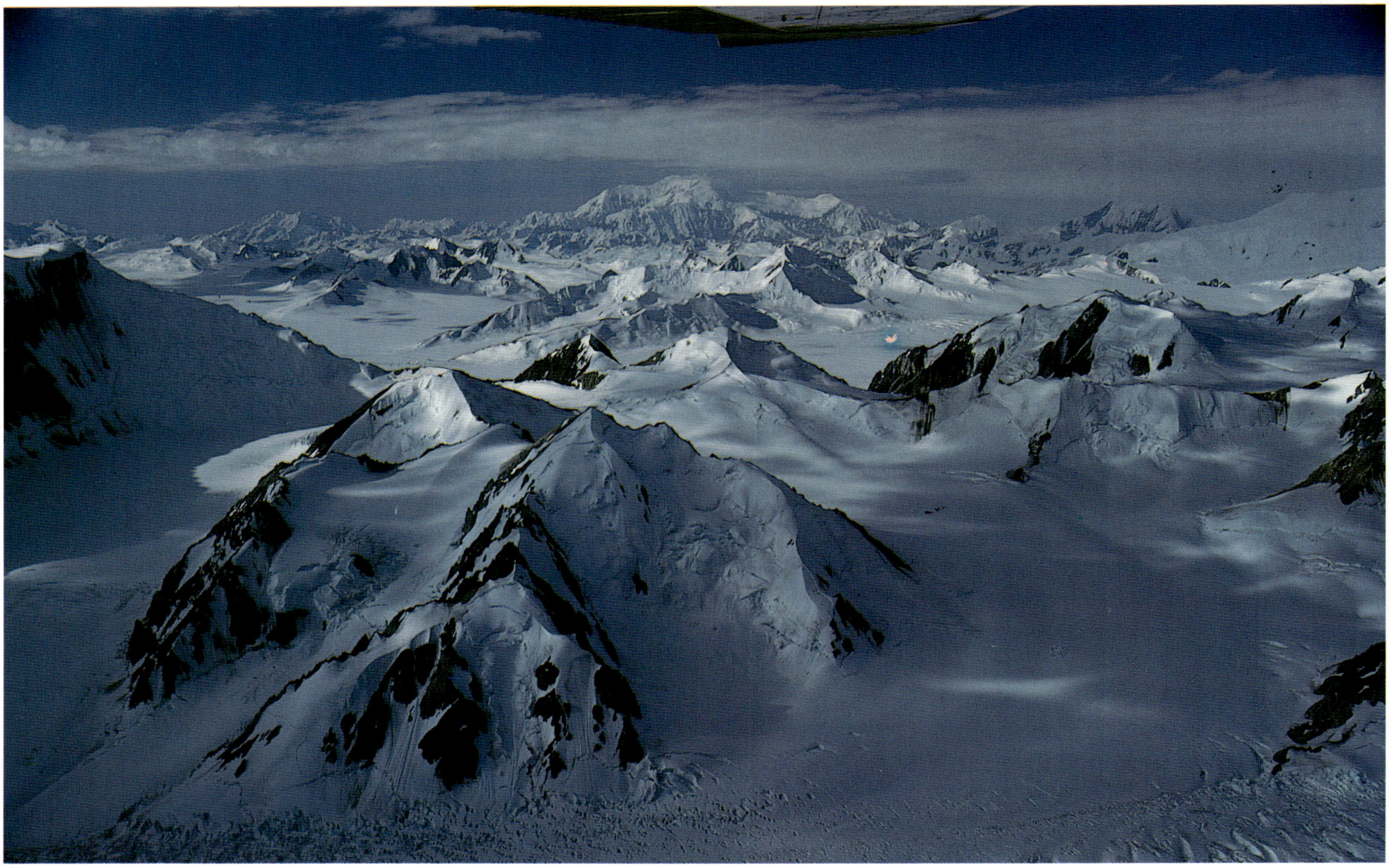

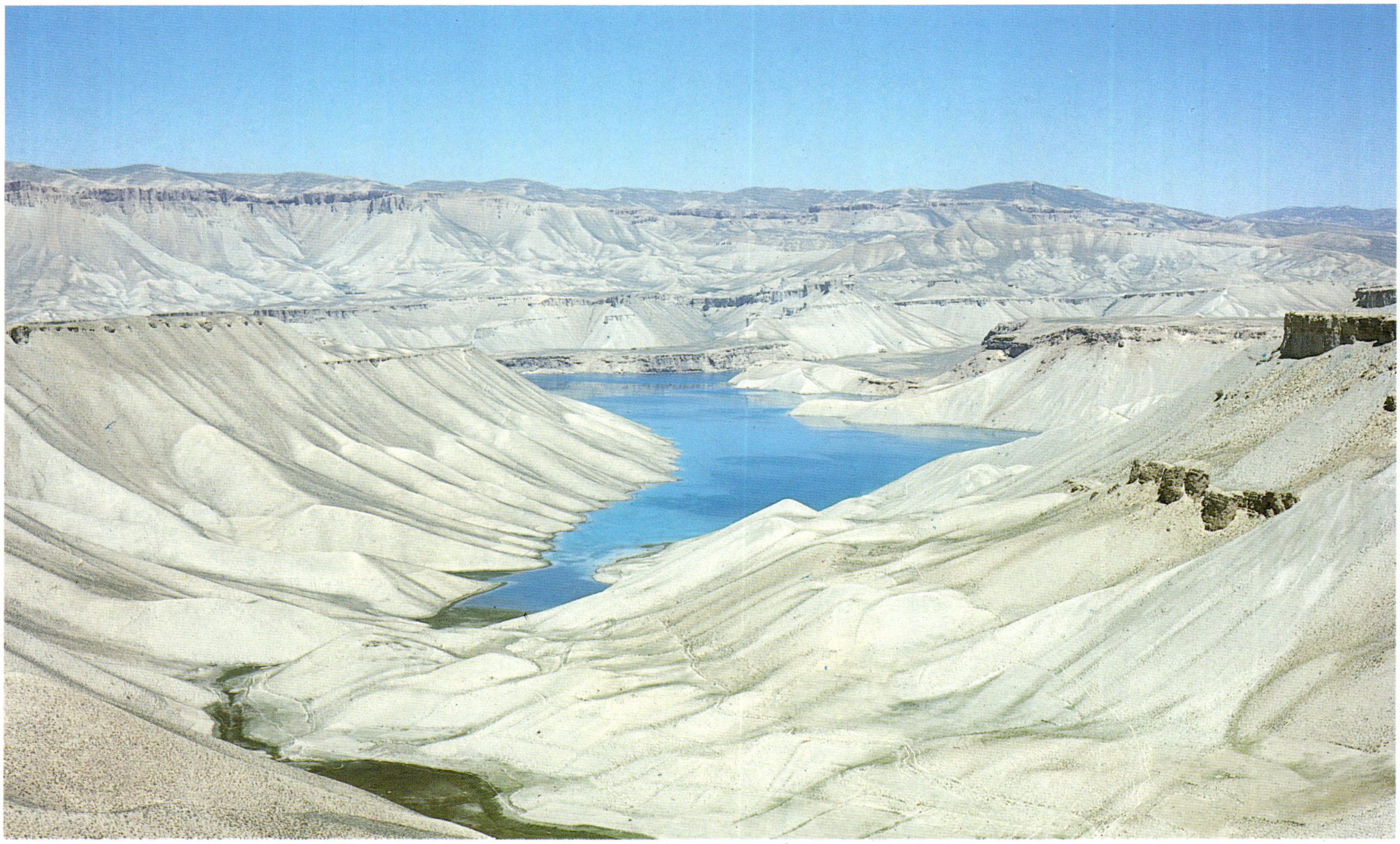

ihnen wurden sehr groß: *Eryops* zum
Beispiel wurde 3 m lang, davon maß
1 m nur allein sein Kopf.

Dann, nach etwa 250 Millionen Jahren,
geschah mit einer Gruppe von Labyrin-
thodontia etwas Besonderes: Sie entwickelten ein Verhalten, das sie in jenen
fernen Tagen unabhängiger vom aquatischen Lebensraum machen sollte. Sie
begannen, wie einige moderne tropische
Froscharten, ihre Eier nicht mehr im
Wasser, sondern im Körper zu befruchten und sie sodann in Baumhöhlen und
auf den Unterseiten von Blättern abzule-
gen. Da gerade damals viele Räuber, die
den Laich ihrer Artgenossen fraßen, die
Gewässer unsicher machten, erzielten
alle, die nicht im Wasser ablaichten, viel
bessere Fortpflanzungsergebnisse. Die
Eier mußten allerdings über einen
Schutz vor dem Austrocknen verfügen.
Vermutlich hatten diese Ur-Eier bereits
rudimentäre Eihäute, ein Amnion, das
den Embryo schützte, eine Allantois, die
die Atmungsfunktion erfüllte, und einen
Dottersack, der Nährstoffe enthielt.
Bei den bereits erwähnten tropischen
Fröschen ist ebenfalls all das in primitiver Form angelegt. Der Embryo ist
durch eine Membran geschützt, eine
zweite versorgt ihn mit Sauerstoff, und
ein winziger Nährstoffbeutel enthält
alles, was er zum Wachsen braucht.

Der erste Schritt zum amniotischen Ei
war getan, und mit ihm begann der
Übergang von den Amphibien zu den
Reptilien. Zuerst entwickelte sich der
Embryo auf dem Festland, während
seine Eltern wahrscheinlich noch
hauptsächlich im Wasser oder jedenfalls
in aquatischer Umgebung lebten, da sie
besser schwimmen als kriechen konnten.

Doch bis jetzt konnte diese Theorie
nicht bewiesen werden, da die ersten
fossilen Eier, amniotische Reptileier,
»erst« 180 Millionen Jahre alt sind, Millionen Jahre jünger als die eben
beschriebenen Ereignisse.

Nichtsdestoweniger begannen einige
Amphibien schon ab dem Karbon
damit, reptilienspezifische Charakteristika zu entwickeln. Die *Seymouria*
schließlich, die im Perm lebte, besaß
zwar noch den großen, flachen Schädel
der Amphibien, doch die Struktur der
Wirbelsäule, der Schulterblätter und der
Gliedmaßen glich bereits jener der Rep-

UR-REPTILIEN

Eine fossile *Seymouria*. Sie stellt
eine Übergangsform zwischen
Amphibien und Reptilien dar.
Ihr Kopf gleicht noch ersteren,
während die Gliedmaßen und
die Wirbelsäule reptilientypisch
ausgebildet sind.

ERFOLGSGEHEIMNISSE

Das Ei mit Amnion und Schale der Reptilien (links, Mitte) hüllt den Embryo in Flüssigkeit, die er zu seiner Entwicklung braucht: Dank dieser »Erfindung« können Reptilien auch weit vom Wasser entfernt leben und sich fortpflanzen. Ihr Stoffwechsel und ihre Haut ermöglicht ihnen die Existenz auch in extremen Wüstengebieten (links oben).

Links unten: Dieser Galapagos-Leguan ernährt sich von Algen und ist darauf spezialisiert, in Küstennähe zu leben. Er kann mehrere Minuten unter Wasser bleiben. Durch ihre große Anpassungsfähigkeit können Reptilien aber auch das Wasser erobern, einst Hoheitsgebiet der Amphibien.

Unten: Ein Krokodil taucht aus einem algenbedeckten Teich auf.

tilien. Man vermutet heute, daß sie amniotische Eier legte.

Wie es auch immer soweit gekommen sein mag, fest steht, daß am Ende des Karbons der *Hylonomus* bereits ein richtiges Reptil war und einer Echse glich. Er war kaum 30 cm lang, fraß Insekten und lebte wahrscheinlich in Sümpfen, da er sich sehr schwerfällig fortbewegte. Trotz dieses Mangels hatte er eine große Zukunft. Alle Eigenschaften, die zum Erfolg der Reptilien führten, waren in ihm bereits angelegt.

Am Ende des Perms endete auch die Ära der Amphibien. Das feuchtwarme Klima blieb wohl noch eine Weile erhalten, und so behaupteten sie sich noch etwa 70 Millionen Jahre auf dem Festland als unangefochtene Herrscher, doch als eine

wicklung der Reptilien begünstigte, da solch ein Tier völlig auf sparsamen Wasserhaushalt ausgerichtet ist. Das beginnt schon bei den amniotischen Eiern, die die Reptilien an Land legen. In so einem Schutz aus drei Membranen verbringt das Junge sein Kaulquappenstadium. Das Amnion umschließt das Kleine bis zur Geburt in Flüssigkeit, der Dottersack ist mit den Verdauungsorganen verbunden und versorgt es mit Nahrung,

HAUTSTRUKTUREN IM VERGLEICH

Großes Bild: An diesem Leguan kann man sofort erkennen, was das Besondere an Reptilienhaut ist: Sie ist ganz von einer wasserundurchlässigen Hornschicht bedeckt. Verdickungen dieser Schicht wechseln mit elastischeren Hautpartien ab, um die Beweglichkeit zu gewährleisten. Rechts oben und rechts: die Schuppen eines Knochenfisches und ein Stück Amphibienhaut. Hier fehlt die Hornschicht fast völlig, daher sind diese Tiere Flüssigkeitsverlust ungeschützt ausgesetzt und müssen ohne Wasser jämmerlich zugrunde gehen.

Kälteperiode über die Südhalbkugel hereinbrach und das klimatische Gleichgewicht störte, war ihr Ende besiegelt. Eisberge bildeten sich, das in der Atmosphäre enthaltene Wasser wurde zu Eis und so der Luft entzogen. Dadurch trockneten Flüsse, Seen und Sümpfe aus. Es wurde auf der südlichen Hemisphäre immer kälter und gleichzeitig auf der nördlichen immer trockener und heißer. Es war Zeit für die Amphibien, abzutreten, die Bühne des Lebens für die neuen Protagonisten zu räumen: die Reptilien.

Welch ein Glück, Reptil zu sein

Das immer trockenere Klima bildete neue ökologische Nischen, die die Ent-

damit es auch in karger Umgebung keine Probleme hat.

Doch solche Tiere können weder ein Zuviel an Hitze noch an Kälte vertragen, denn sie besitzen keinen Schutz gegen den Verlust oder das extreme Ansteigen der Körperwärme. Kein Fettpolster schützt sie, und in sehr kalten Zeiten verfallen sie, als einzige Verteidigung, in eine Art Lethargie, eine Winterstarre. Wie die meisten Lebewesen können sie höchstens 40 °C Körpertemperatur ertragen. Wenn sie also in der Sonne genügend aufgewärmt sind, begeben sie sich sofort in den Schatten, unter Bäume oder in Felsenhöhlen.

Im Gegensatz zu Warmblütern können wechselwarme Tiere kaum über längere Zeit einer intensiven körperlichen Betätigung nachgehen, da ihr Kreislauf und vor allem ihr Herz noch ziemlich primitiv sind. Arterielles und venöses Blut vermischen sich in ihrem sogenannten offenen Kreislaufsystem.

Doch die Haut hat es in sich: ihre oberste Schicht besteht aus abgestorbenen Hautzellen. Diese Hornschicht schützt sie vor Flüssigkeitsverlust durch Verdunsten.

Ihre Atmung erfolgt nicht mehr, wie bei den Amphibien, größtenteils durch die Haut, die Lunge versorgt vielmehr den ganzen Körper. Sie besteht aus zahlrei-

Evolutionskarriere der Reptilien

Bereits am Ende des Karbons, gleich nachdem der erste *Hylonomus* erschienen war, bildeten sich sogleich verschiedene Verzweigungen an seinem Stammbaum. Die vier Hauptlinien lassen sich anhand der Anzahl der Öffnungen im Schädel unterscheiden. Die primitivsten Reptilien besaßen, zusätzlich zu den Nasen- und Augenöffnungen, die für alle Wirbeltiere typische Höhle, die Sitz einer primitiven Lichtwahrnehmung war. Bei den höheren Reptilien kommen weitere seitliche, sogenannte Temporalöffnungen dazu. Sie wurden wahrscheinlich aus statischen Gründen – sie machen die Schädelkonstruktion leichter – und auch aus funktionellen – sie ließen mehr Platz für die Kontraktionen der Kaumuskulatur – ausgebildet.

Die primitivsten Reptilien ohne solche zusätzlichen »Fenster« nennt man Anapside. Ihre einzigen Nachkommen sind die Schildkröten, die sich gar nicht so sehr von ihren Urahnen unterscheiden. Die Reptilien, die in der unteren Schädelhälfte eine einzige Temporalöffnung aufweisen, heißen Synapside, jene, die sie im oberen Bereich des Schädels haben, Euryapside oder Parapside.

Aus ersteren entwickelten sich später die Säugetiere, aus den letzteren die Meeresreptilien, Plesiosaurier, Placodonten und Ichthyosaurier, die am Ende der Kreide ausstarben. Die Diapsiden schließlich, mit zwei Fenstern, stellten die Gruppe der Lepidosaurier, die Vorfahren der Echsen und Schlangen, und der Archosaurier. Diese wiederum standen, als vielfältigste aller Gruppen, an der Spitze einer Linie, aus der sowohl Thecodontier, Krokodile, Pterosaurier, Dinosaurier als auch unsere heutigen Vögel hervorgingen.

Am Ende des Karbons erschienen als erste die Pelycosaurier. Kleine Insektenfresser waren sie, nicht viel größer als ein Salamander, dennoch begann bei ihnen eine Entwicklung, die sich bis zu den Säugetieren fortsetzen sollte. Sie wuchsen zusehends und hatten schließlich, im Perm, die Dimensionen eines Rhinozeros erreicht. Es ist nicht leicht, im *Dimetrodon*, einer 2,5 m langen Riesenechse mit langem Schwanz und einem enormen Kamm auf dem Rücken, einen unserer ältesten Ahnen zu erblicken. Sein eindrucksvolles, von vielen feinen Blutgefäßen durchzogenes

chen Bläschen, die ihre Oberfläche vergrößern und so einen effizienten Gasaustausch ermöglichen.

Eine Besonderheit ihres Stoffwechsels ist es, die einen noch sparsameren Wasserhaushalt gewährleistet. Während Amphibien Ammoniak bei der Aufspaltung der Proteine produzieren und daher diese ätzende Substanz für die Ausscheidung erheblich verdünnen müssen, um die Körperzellen nicht zu schädigen – kein Problem, solange es genug Wasser gibt –, sind die Stoffwechselendprodukte der Reptilien völlig ungiftig. So kann sämtliche in den Exkrementen enthaltene Flüssigkeit im letzten Teil des Verdauungstraktes entzogen werden und im Körper verbleiben.

Auf diese Weise bestens für das herrschende Klima gerüstet, traten die Reptilien ihren Eroberungsfeldzug an. In den folgenden 150 Millionen Jahren wurden sie in jedem nur möglichen Lebensraum heimisch und paßten sich perfekt an, egal ob Festland, Wasser oder Luft.

EVOLUTION UND TAXONOMIE

Je nachdem, wieviele Schädelöffnungen sie besitzen, können die Reptilien ab dem Perm in mehrere Evolutionslinien eingeteilt werden. Der kompakte Schädel ohne zusätzliche Öffnungen ist typisch für die Anapsiden, die heute durch die Schildkröten vertreten werden. Die Synapsiden weisen eine Öffnung am unteren Teil des Schädels auf und umfassen alle ausgestorbenen Vorläufer der Säugetiere. Die Euryapsiden hatten ebenfalls nur eine Öffnung, jedoch an höherer Stelle. Zu ihnen zählen viele ausgestorbene Meeresreptilien. Zu den Diapsiden, mit zwei Öffnungen, gehören Krokodile, Dinosaurier, Vögel, Thecodontier und Pterosaurier.

EIN REPTIL-SÄUGETIER

Der fossile Schädel eines *Cynognathus,* eines am Beginn der Dinosaurierzeit weit verbreiteten Tieres, das viele Ähnlichkeiten mit primitiven Säugern aufweist.

Rückensegel diente der Temperaturregulierung. Am Morgen breitete er es aus, und die Sonne brachte sein Blut auf die richtige Temperatur, und zwar viel schneller, als es ohne dieses Hilfsmittel möglich wäre. Und wenn er sich zu sehr erhitzt hatte, hielt er sein Segel in Wind und Schatten und gab so die überschüssige Wärme rasch wieder ab.

Die Natur hatte offenbar die Wichtigkeit der Thermoregulation erkannt und suchte bereits nach Lösungen.

Am Ende des Perms, vor etwa 250 Millionen Jahren, verschwanden die Pelycosaurier. Sie machten einer neuen Reptilgruppe Platz: Die Therapsiden waren auf dem Vormarsch. Diese säugetierartigen Reptilien (Zähne, Gliedmaßen und Schädel glichen jenen der Säugetiere) hatten einen völlig neuen Körperbau. Ihr Skelett erlaubte es ihnen, sich behender und flinker auf dem Festland zu bewegen, da die Körperform kompakter und der Schwanz kürzer war. Außerdem hatten sie längere hintere Extremitäten, wodurch sie in der Lage waren, über kurze Strecken zu laufen. Manche Forscher glauben, in ihnen die ersten Warmblüter in der Geschichte der Wirbeltiere zu erblicken, sie könnten schon einen rudimentären Pelz getragen haben und so unabhängig von den Schwankungen der Außentemperatur gewesen sein.

Diagramm

TERTIÄR — KREIDE — JURA — TRIAS — PERM — KARBON

5 — 65 — 136 — 195 — 225 — 280 — 345

Schlangen
Schildkröten
Vögel
Säugetiere
Echsen
Krokodile
Plesiosaurier
Rhynchocephalia
ARCHOSAURIER
Archaeopterigide
Ichthyosaurier
THERAPSIDEN
Placodontia
Proterosuchia
COTYLOSAURIER
PELYCOSAURIER

(Millionen Jahre)

EURYAPSIDE — ANAPSIDE — DIAPSIDE — SYNAPSIDE

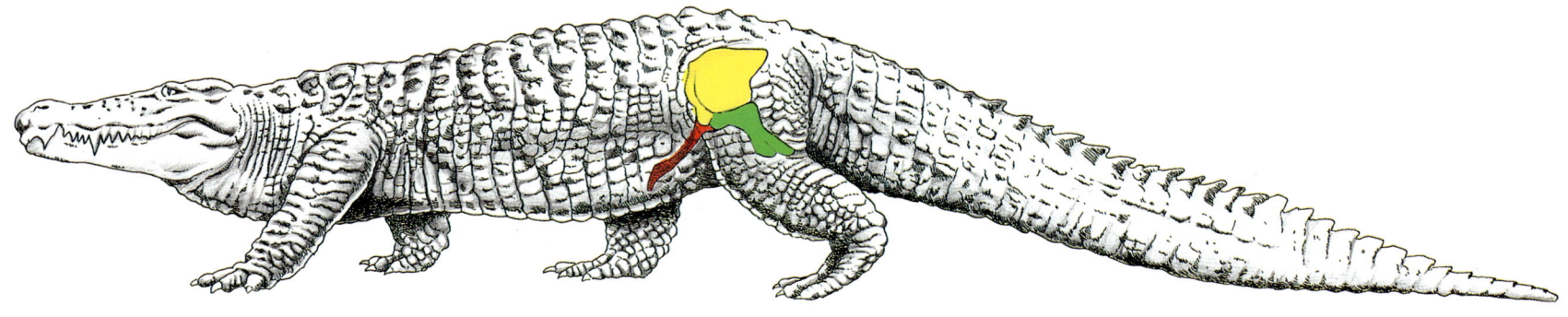

Ein wichtiges Indiz hierfür ist die Tatsache, daß sie auch Gebiete mit extremen klimatischen Bedingungen bewohnten. Es gab Pflanzenfresser unter ihnen, die Dicynodonten, die zwei Hauer im Unterkiefer trugen und ansonsten ein schildkrötenartiges Maul hatten, das ihnen ermöglichte, alle Arten von Pflanzen, von den zarten Farnen bis zu den hartlaubigen Cycadeen, abzuweiden. Sie waren die größten Wirbeltiere ihrer Zeit und lebten in Herden.

Ihre natürlichen Feinde, die Cynodonten, gierige Fleischfresser, die wie große Hunde aussahen, lauerten ihnen überall auf.

Am Ende des Perms gab es erstmals auf Erden eine Fauna, die jener der heutigen afrikanischen Savanne glich, mit Pflanzenfressern in großen Herden und kleinen, blutrünstigen Räubern, die sie jagten.

Die Ahnen der Dinosaurier

Wie wir gehört haben, verzweigte sich die Linie der Diapsiden, die ebenfalls am Ende des Perms erschienen waren, in Lepido- und Archosaurier. Erstere spezialisierten sich immer mehr: ihre Schädel wurden schließlich so flexibel wie die der heutigen Schlangen und Eidechsen, die ihre Kiefer ausrenken können, um ihre Beute zu packen und festzuhalten. Der übrige Körper blieb eher primitiv: Eine Eidechse bewegt sich nicht viel anders als die meisten Amphibien, zum Beispiel die Salamander. Ihre Beine sitzen seitlich am Leib, der erste Knochen, der Femur, verläuft parallel zum Boden, das Kniegelenk weist nach außen.

Dieser Körperbau erlaubt nicht mehr als eine Fortbewegung, die noch sehr ans Schwimmen erinnert. Die Wirbelsäule wird wellenförmig bewegt, der Bauch

DINOSAURIER IM ANMARSCH

Hier ein Vergleich zwischen Beckengürtel und Beinansatz eines Krokodils und der *Euparkeria*, einem Thecodontier, der als direkter Vorfahre der Dinosaurier gilt. Die Beine des Krokodils stehen seitlich ab und sind daher nicht in der Lage, während der Fortbewegung das ganze Körpergewicht aufzunehmen. Sein Gang ist eher ein Kriechen, nur kurze Strecken können aufgerichtet im Laufen bewältigt werden. Die *Euparkeria* ging halbaufgerichtet und konnte ihr eigenes Gewicht auf effizientere Art und Weise verteilen und auch längere Schritte machen. Rechte Seite, unten: *Coelophysis*, einer der ersten Saurischier. Er ist *Euparkeria* noch sehr ähnlich, unterschiedet sich aber auch in vielem. Zum Beispiel besitzt er fünf zusammengewachsene Lendenwirbel und einen Beinansatz, der die Gliedmaßen gerade unter den Körper bringt. Ebendiese Charakteristika unterscheiden *Coelophysis* auch von allen Reptilien, die zuvor existiert haben. Der schlanke Räuber konnte sich bereits sicher auf zwei Beinen fortbewegen und im Laufschritt eine hohe Geschwindigkeit erreichen.

bleibt mehr oder weniger am Boden. Sehr gut beobachten kann man das bei den Schlangen, Lepidosauriern, die im Laufe der Evolution ihre Beine verloren haben.

Die Archosaurier hingegen schlugen einen anderen Weg ein. Ihr Beckengürtel änderte sich, genauso wie der Bau ihrer Gliedmaßen. Ziel dieser Entwicklung war es, die Beine unter den Körper zu bringen, um so zu einer besseren Fortbewegung zu gelangen. Schon bei den Thecodonten sehen wir Hinweise in diese Richtung, weshalb sie auch als die direkten Vorfahren der Dinosaurier gelten. Sie hatten bereits einen beträchtlichen evolutiven Erfolg: In relativ kurzer Zeit schafften sie es, so gut wie alle Lebensräume des Superkontinentes Pangäa zu bevölkern. Sie lebten im Süßwasser, auf der Erde, in den Bäumen.

Die *Euparkeria* zum Beispiel, ein kleiner, echsenartiger Thecodontier, etwa 1 m lang und schlank, der mit seinem langen Schwanz das auf die Hinterbeine verlagerte Körpergewicht ausbalancierte, weist bereits viele Charakteristika der Dinosaurier auf.

Ihr schmaler Schädel ist eine leichte Konstruktion mit insgesamt zehn Öffnungen. Auffallend sind die großen Augenhöhlen und die beiden Temporalöffnungen. Die Schädeldecke ist geschlossen, doch die Kiefer haben seitliche Fenster. Der Bau des Schädels ist somit gleichzeitig leicht und sehr stabil. Die Kaumuskulatur findet genügend Raum, das Hirn ist perfekt geschützt. Diese Charakteristika waren es, die den Dinosauriern erlaubten, solch riesige Dimensionen zu erreichen wie etwa der *Tyrannosaurus*, dessen Schädel gut 1,2 m mißt.

Der Bau des Beckens und der Gliedmaßen der *Euparkeria* zeigen ebenfalls bereits all die Besonderheiten, die aus

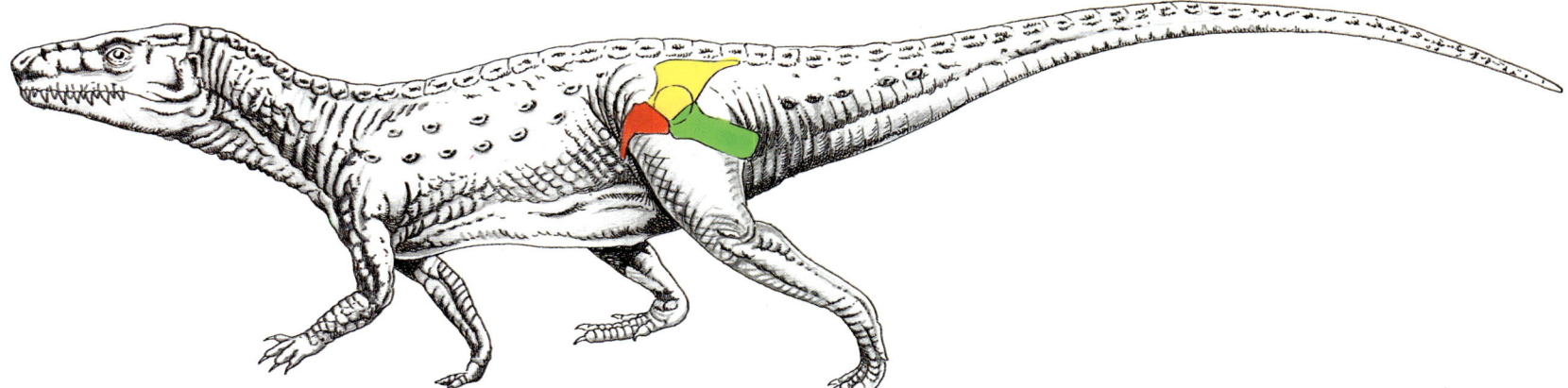

den Dinosauriern die ersten richtig laufenden Landbewohner gemacht hatten. Das langgezogene Sitzbein ist mit einem Kreuzbein verbunden, welches, gleich wie jenes der heutigen Reptilien, aus mehr als zwei zusammengewachsenen Wirbeln besteht. Die stabilere Verbindung zwischen Kreuz- und Hüftknochen weist darauf hin, daß das Becken ein erhebliches Gewicht tragen konnte und so auch schon für einen aufrechten Gang geeignet war. Darm- und Schambein sind länglich und teilweise nach vorne unten gekehrt, um dem Muskelapparat, der das Hinterbein bewegt, genügend Platz zu geben. Der Femur ist seitlich gekrümmt und hat einen ausgeprägten Gelenkskopf, der in eine aus den drei Hüftknochen gebildete Gelenkspfanne eingreift.

Diese spezielle Gelenksverbindung gestattete den Thecodontiern sowohl die Beine seitlich abzustrecken als auch sie unter den Körper zu bringen. Die vorderen Gliedmaßen waren kürzer und eher zu Greifwerkzeugen ausgebildet. Wahrscheinlich lief die *Euparkeria* aufrecht auf zwei Beinen. Alle Thecodontier hatten einen zumindest halbaufgerichteten Gang. So hörten die Reptilien endgültig damit auf, im Staub zu kriechen, sie hoben ihren Körper von der Erde! Genau so eine Beckengürtelstruktur war es, die den Dinosauriern ermöglichte, sich vollkommen aufgerichtet auf die Hinterbeine zu stellen.

Die Zähne zeigen eine weitere Besonderheit. Zum ersten Mal in der Tierwelt sitzen sie in Zahnhöhlen! Diese Eigenschaft ist so charakteristisch, daß sie der Gruppe der Thecodontier den Namen gab. Die *Euparkeria* nutzte die Vorteile einer solchen Zahnreihe, wie sie nur die höheren Reptilien haben, konnte man doch viel besser als mit einfach auf dem Kieferknochen sitzenden, schlecht verwurzelten Stiften zubeißen, zermalmen, zerreißen und zerschneiden und so die unterschiedlichsten Nahrungsquellen nutzen. Und tatsächlich ersetzten die Fleischfresser unter den Thecodontiern mit ihren kleinen, nach innen gebogenen, scharfen Zähnen alsbald die Therapsiden, die den Norden Pangäas bewohnten. Doch auch unter ihnen konnten nur die Stärksten überleben: Am Ende der Trias erschienen die ersten Dinosaurier auf der Bühne des Lebens.

Anatomische Merkmale der Dinosaurier

Bereits 40 Jahre nach der Entdeckung der Schrecklichen Echsen fand man heraus, daß es unmöglich war, sie alle in der gleichen Gruppe zusammenzufassen. Owens Einteilung war überholt, man brauchte eine neue Taxonomie, neue Unterordnungen. Bald fand man die beiden Gruppen heraus: Ornithischier und Saurischier. Man weiß heute, daß sie herzlich wenig gemeinsam haben, höchstens soviel wie mit ihren Ahnen und Verwandten, den Archosauriern. Die einzige anatomische Gemeinsamkeit ist die hohle Hüftgelenkspfanne, die von einem kammartigen Fortsatz des Hüftknochens überragt wird und so ein Herausspringen des Gelenkskopfes des Femurs unter hoher Belastung verhindert.

Diese unter den Reptilien einzigartige anatomische Besonderheit erlaubt es den Dinosauriern, die Beine gerade unter den Körper zu bringen und ebenso aufrecht zu gehen wie heute Vögel oder Säugetiere. Doch dies ist die einzige wirkliche Übereinstimmung, die die Zusammenfassung von Ornithischiern und Saurischiern unter dem Namen »Dinosaurier« immer noch rechtfertigt.

Die Entwicklung der säulenartigen Beine war in der Tat ein enormer Fortschritt in der Evolution. Die Tiere wurden dadurch nicht nur beweglicher und schneller, sondern konnten auch eine enorme Körpermasse erreichen. Der 12 m lange *Brachiosaurus* und auch der 80 Tonnen schwere *Apatosaurus* sind ohne diese Neuerung undenkbar, sie hätten ihr eigenes Gewicht niemals tragen und fortbewegen können.

Was ist nun der augenfälligste Unterschied zwischen den beiden Dinosauriergruppen? Es ist der Bau des Beckengürtels. Bei den Saurischiern entspricht er – wie der Name schon sagt – jenem der Reptilien, bei den Ornithischiern ist er dem der Vögel vergleichbar. Interessant ist, daß unsere gefiederten Freunde wohl nicht, wie man annehmen könnte, aus den Ornithischiern, sondern allem Anschein nach aus den Saurischiern hervorgegangen sind. Man kann auch noch andere, feinere Unterschiede feststellen. Die ältesten Saurischier, wie *Coelophysis*, gleichen in vielem der *Euparkeria*.

So lassen sich die ersten Saurischier also schwer von den höheren Thecodontiern unterscheiden, doch einige Charakteristika zeugen dennoch davon, daß *Coelophysis* ein echter Dinosaurier war, mit seinem leichten Skelett aus hohlen Lang- und dünnen Plattknochen, dem Schädel mit zwei zusätzlichen Temporalöffnungen, den kleinen, scharfen Zähnen, dem sehr langen Hals und ebensolchen Schwanz, den Zweibeineroberschenkeln und den kurzen Greifarmen: der typische Körperbau eines aggressiven, behenden Fleischfressers.

Auch das Becken der *Coelophysis* ist leicht von jenem eines Thecodontiers zu unterscheiden: Das breite Sitzbein ist mit dem aus fünf zusammengewachsenen Wirbeln gebildeten Kreuzbein verbunden, Darm- und Schambein sind dünn und lang. Das Darmbein ist nach vorne, das Schambein nach hinten gekehrt, es verläuft am Femur entlang, so daß der Ansatz der Muskeln, die zur Bewegung der hinteren Gliedmaßen dienen, weiter nach vorne kommt. Der Gelenkskopf des Femurs sitzt tief in der Gelenkspfanne. Dies ist auch gleichzeitig der Unterschied zwischen den Saurischiern und den Ornithischiern: Bei letzteren ist das Schambein ebenfalls nach hinten gekehrt und verliert so seine Funktion als Muskelansatz, die stattdessen vom verlängerten vorderen Teil des Schambeins übernommen wird.

Die Ornithischier haben einen kompakteren, mit nicht mehr als zehn Öffnungen versehenen Schädel. Das Rückgrat wird von verknöcherten Bändern stabilisiert und geradegehalten, die die einzelnen Wirbel untereinander verbinden. Als einzige unter den Reptilien haben sie einen Kinnknochen, der an beiden Kieferladen ansetzt. So gut wie alle Ornithischier sind Pflanzenfresser, während es unter den Saurischiern auch Fleischfresser gibt. Einige Fragen sind immer noch offen: Was für eine Verbindung gibt es

REPTILIEN IM VERGLEICH

Hier werden Skelett, Haltung, Schädel und Hüftgelenk der *Euparkeria*, eines typischen Thecodontiers, mit den entsprechenden Merkmalen von *Coelophysis*, einem primitiven Dinosaurier, verglichen. Bei den Thecodontiern ist die Haltung halbaufgerichtet, was aus dem Hüftgelenksansatz resultiert: der Oberschenkelknochen weist schräg nach unten und ist an seinem Kopf in einer runden Vertiefung des Beckens gelagert. So kann er nicht nur nach der Seite, sondern auch nach hinten bewegt werden. Die Gelenkspfanne, die den Femur aufnimmt, ist besonders deutlich am Becken des *Ticinosuchus* zu sehen (a), einem fossilen Reptil, das in der Schweiz entdeckt wurde und *Euparkeria* sehr ähnlich war. Ganz anders ist die Hüftgelenksartikulation bei *Coelophysis*. Die Gelenkspfanne ist offen und nimmt den Kopf des Femurs, der seitlich verschoben ist, auf. So kommen die Beine direkt unter den Körper, die Haltung ist aufrecht. Durch einen Knochenwulst am Darmbein kann das Bein nicht nach seitlich-oben bewegt werden und nimmt so das gesamte Körpergewicht auf. Weitere Änderungen am Skelett werden dadurch nötig, zum Beispiel die Verstärkung des Beckengürtels durch fünf zum Kreuzbein zusammengewachsene Wirbel oder die Verschiebung des Kniegelenks im Vergleich zu Hüfte und Fuß. Zum Unterschied von *Sphenodon* (b), einem halbaufgerichteten Reptil, der noch den ganzen Fuß auf den Boden setzt, gehen die Dinosaurier nur noch auf den Zehenspitzen. Auf diese Weise können sie sich ständig auf zwei Beinen fortbewegen, die ersten guten Läufer auf dem Festland werden und riesige Dimensionen entwickeln.

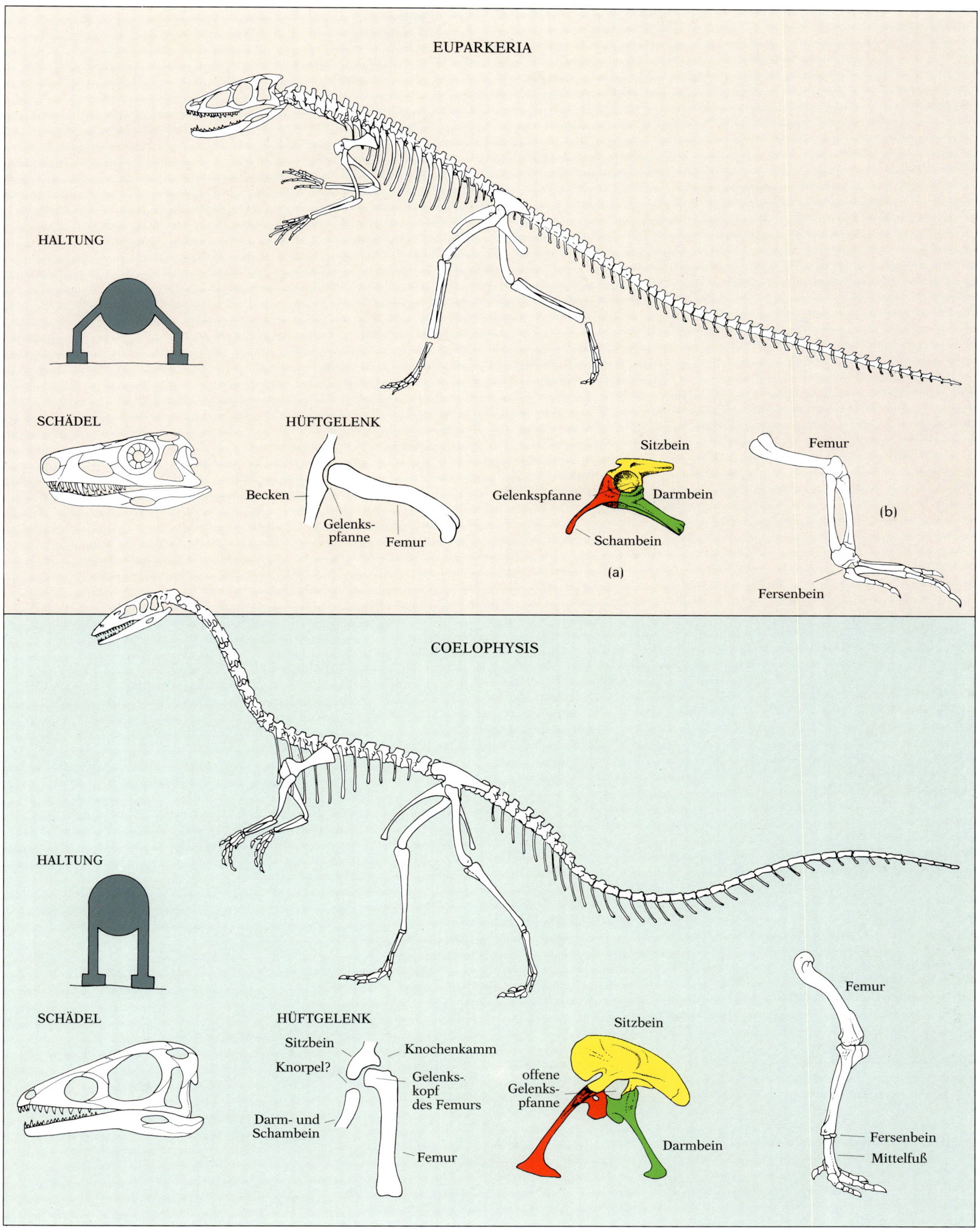

EUPARKERIA

HALTUNG

SCHÄDEL

HÜFTGELENK

Becken
Gelenks-
pfanne
Femur

Sitzbein
Gelenkspfanne
Darmbein
Schambein

(a)

Femur
(b)
Fersenbein

COELOPHYSIS

HALTUNG

SCHÄDEL

HÜFTGELENK

Sitzbein
Knorpel?
Darm- und
Schambein

Knochenkamm
Gelenks-
kopf
des Femurs
Femur

Sitzbein
offene
Gelenks-
pfanne
Darmbein

Femur
Fersenbein
Mittelfuß

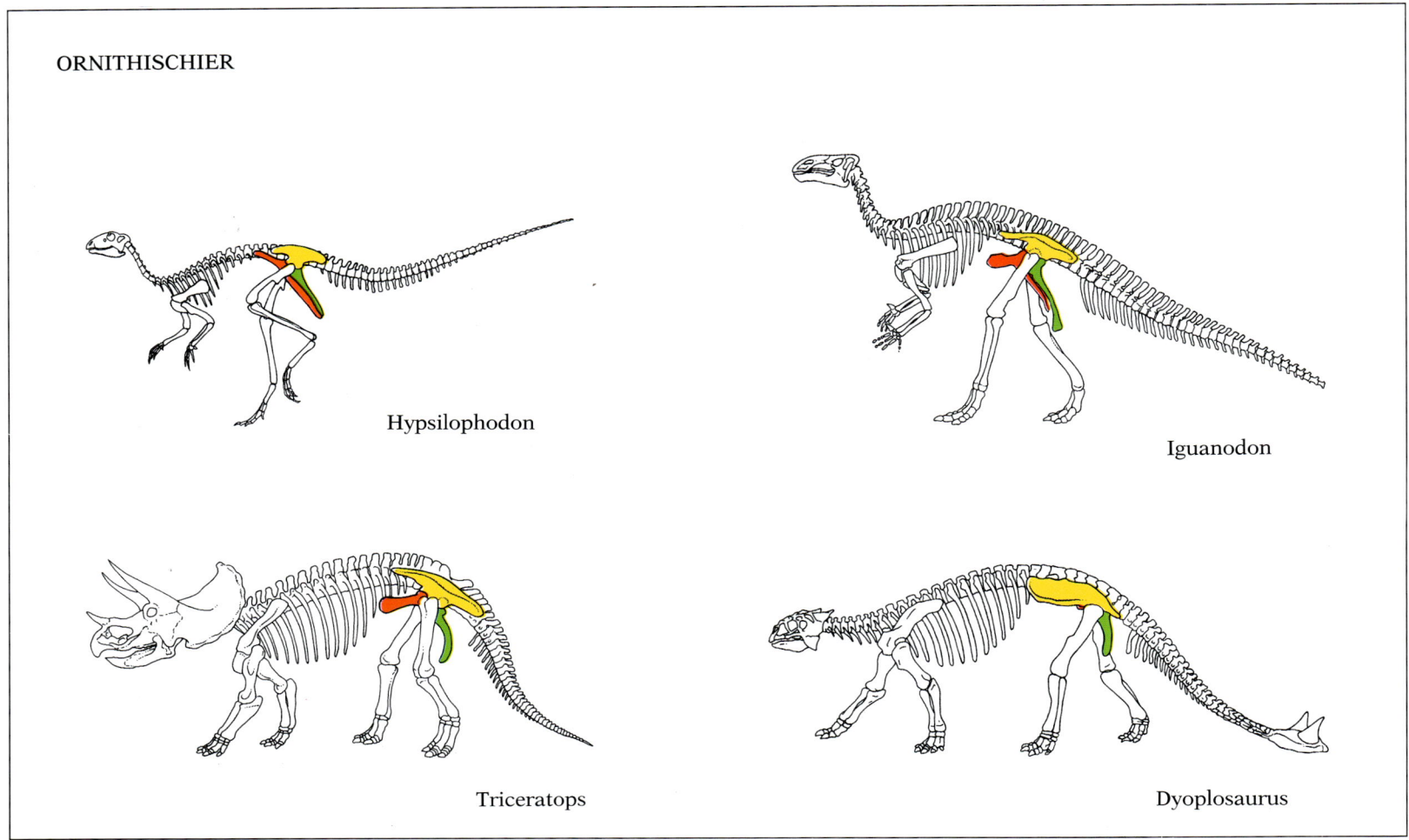

ORNITHISCHIER

Hypsilophodon

Iguanodon

Triceratops

Dyoplosaurus

zwischen den beiden Gruppen? Welchen Weg hat ihre Entwicklung eingeschlagen? Wenn die Saurischier von den Pseudosuchiern unter den Thecodontiern abstammen, woher kamen die Ornithischier?

Evolutionsgeschichte eines erfolgreichen Organismus

Da die primitiveren Formen der Saurischier und Ornithischier einander ziemlich ähnlich sind, müssen wir die Urahnen der letzteren wohl unter den Jahrmillionen zuvor ausgestorbenen Saurischiern suchen. Vielleicht ist in diesen Vorfahren die Änderung des Beckenbaus selektiert worden. Das Schambein der Saurischier könnte, so nahe am Femur, die Arbeit der Muskeln des Oberschenkels behindert haben. Für die großen vierbeinigen Pflanzenfresser mag das nicht weiter von Bedeutung gewesen sein, weil sie sich langsam bewegten. Doch bei den zweibeinigen Fleischfressern wich das Schambein immer mehr nach hinten-oben, um so Bewegungsfreiheit für die Oberschenkelmuskulatur zu schaffen.

Und dann mag es noch eine dritte Grup-

ZWEI GROSSE GRUPPEN

Obwohl neuere Untersuchungen ergeben haben, daß die Dinosaurier doch eine einheitliche Gruppe bilden, werden sie traditionell nach dem Bau ihres Beckens in zwei Ordnungen unterteilt: die Saurischier und die Ornithischier.

Die Ornithischier, auch Vogelbeckendinosaurier genannt, haben einen Beckengürtel mit nach hinten, parallel zum Darmbein verlängerten Schambein wie die heutigen Vögel; bei den Saurischiern, den Echsenbeckendinosauriern, weist das Schambein nach vorne und das Darmbein nach hinten, wie bei modernen Reptilien. Während erstere Ordnung nur aus Pflanzenfressern besteht, gibt es bei den Saurischiern sowohl Pflanzen- als auch Fleischfresser.

pe gegeben haben, die herbivoren, bipeden Saurischier, bei denen sich das Schambein nach innen drehte und das Sitzbein die Funktion des Muskelansatzes übernahm. Von dieser letzten Gruppe stammen aller Wahrscheinlichkeit nach die Ornithischier ab.

Der Ursprung der Dinosaurier bleibt jedoch immer noch im Dunkel. Das Auftreten der ersten Saurischier fällt zeitlich zusammen mit dem Verschwinden der säugetierartigen Reptilien, die bislang auf dem Festland vorherrschend waren. Wenn beide Evolutionslinien der Dinosaurier und der Säugetiere in der Trias bereits vorhanden waren, so ist nicht klar, warum nur die Dinosaurier sich durchsetzten, während die Säugetiere so lange ein Schattendasein führten, bevor sie sich zur heutigen Vielfalt entwickeln konnten.

Um den evolutiven Stellenwert der Dinosaurier besser zu verstehen, müssen wir Schritt für Schritt verfolgen, wie sie von der zunächst kriechenden Fortbewegung der Reptilien zum zumindest zeitweise aufrechten Gang der Archosaurier kamen.

Vor etwa 225 Millionen Jahren nahmen die Archosaurier die semiaquatische

SAURISCHIER

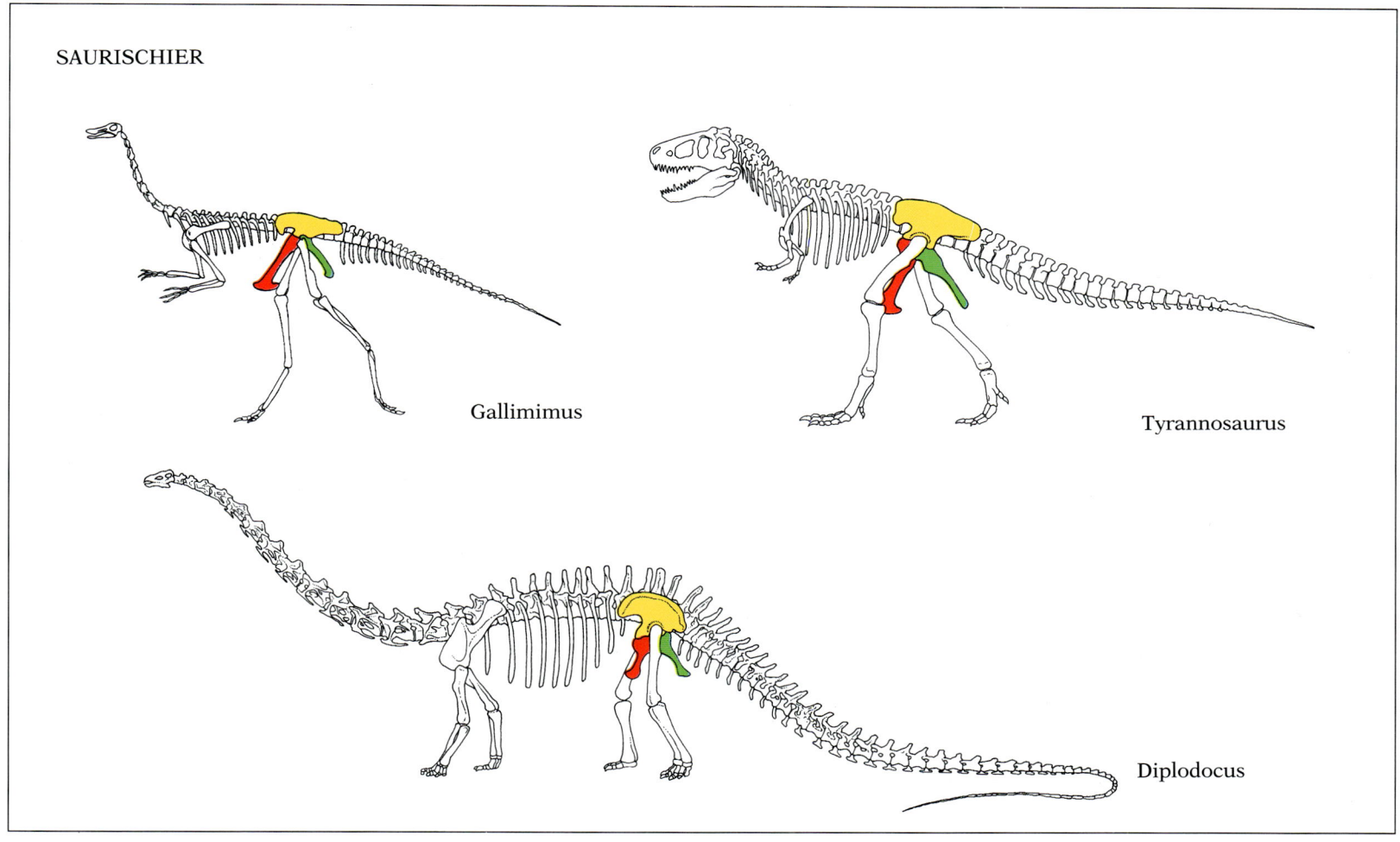

Gallimimus

Tyrannosaurus

Diplodocus

ökologische Nische ein, die das Aussterben der säugetierartigen Reptilien freigelassen hatte. Sie waren Raubtiere, die an Flüssen, Seen und Sümpfen ein ähnliches Leben führten wie die Krokodile. Sie mußten ihre Gliedmaßen im Wasser als Ruder benutzen, daher wurden jene Individuen selektiert, die kräftige Hinterbeine hatten und einen starken Schub erzeugten.

Ebenso positiv waren die Merkmale jener Archosaurier, deren Hüftgelenk so beschaffen war, daß sie ihr Bein voll ausstrecken und gut damit rudern konnten. Dieses Gelenk erlaubte ihnen als Nebeneffekt auch, ihren Körper an Land vom Boden zu heben. Sie konnten sich auf ihre Hinterbeine aufrichten und auch an Land plötzliche, schnelle Angriffe ausführen. Das Leben im Wasser hatte also jene Charakteristika selektiert, die den Dinosauriern an Land einen Vorteil gegenüber den primitiven Säugetieren verschaffte.

Obwohl sich diese Hypothese auf fossile Funde wie den *Ticinosuchus ferox* stützt, sind immer noch einige Paläontologen der Ansicht, daß es die zunehmende Versteppung und das immer trockenere Klima waren, die die dafür besser ausgerü-

steten Reptilien gegenüber den Säugern selektiv bevorzugt hatten.

Andererseits haben Untersuchungen gezeigt, daß in dieser Zeit auch viele Reptilienarten verschwanden, was wiederum für die erste Theorie spricht. Waren es vielleicht die durch das Aussterben der säugetierartigen Reptilien, der *Rhynchocephalia*, und vieler Archosaurier freiwerdenden ökologischen Nischen, die die Dinosaurier zur Entwicklung einer so großen Vielfalt nutzen konnten? So werden wohl die zahlreichen unterschiedlichen Arten, die wir bis heute kennen, entstanden sein.

Die Vielfalt der Formen

Wozu klassifizieren?

»Als ich vier war, wollte ich Müllmann werden. Mir gefiel der Lärm der Mülltonnen und der Kompressoren: ich stellte mir vor, daß der Müll der ganzen Stadt New York in einem einzigen großen Lastwagen Platz fände. Dann, mit fünf, besuchte ich mit meinem Vater das Naturkundemuseum. Wir wollten den dort ausgestellten *Tyrannosaurus* sehen. Sprachlos stand ich vor der riesigen Bestie. Als ein Mann im Saal nieste, erschrak ich und begann sofort, alle meine Gebete aufzusagen. Doch das Tier rührte sich nicht, und beim Verlassen des Museums verkündete ich voll Überzeugung, daß ich Paläontologe werden wollte.«

Und er hielt Wort: Stephen Jay Gould wurde einer der brillantesten Köpfe der modernen Paläontologie. In seinem bewegten Leben sollte er sich noch oft Auge in Auge mit einem Dinosaurier wiederfinden.

Um sich in der Vielfalt der Dinosaurier nicht zu verzetteln, braucht man einen Namen und eine dazugehörige, exakte Beschreibung für jede Gattung, die in den 140 Millionen Jahren ihrer Existenz entstanden ist. Goulds Anekdote verlöre sehr an Charme und Spontaneität, würde er, statt einfach »*Tyrannosaurus*« zu sagen, das Tier in all seinen anatomischen Einzelheiten schildern. Es ist daher für die zwischenmenschliche Kommunikation wichtig, zu klassifizieren, damit in kurzen Worten und für jedermann verständlich alles über ein bestimmtes Lebewesen gesagt ist. Das mag für unsere Leser, die dabei an langweilige Schulpraxis denken, vielleicht ebenso erschreckend klingen wie einst das Niesen des Museumsbesuchers für den kleinen Gould. Dabei katalogisieren wir Menschen im Geiste immer und

»Dann, mit fünf, besuchte ich mit meinem Vater das Naturkundemuseum. Wir wollten den dort ausgestellten *Tyrannosaurus* sehen...« Klassifikation ist unerläßlich, allein schon für die Kommunikation. Linke Seite: Dieses Skelett war einmal ein gefährlicher Fleischfresser, ein *Allosaurus fragilis*. Heute können wir ihn im Naturkundemuseum in Mailand bewundern.

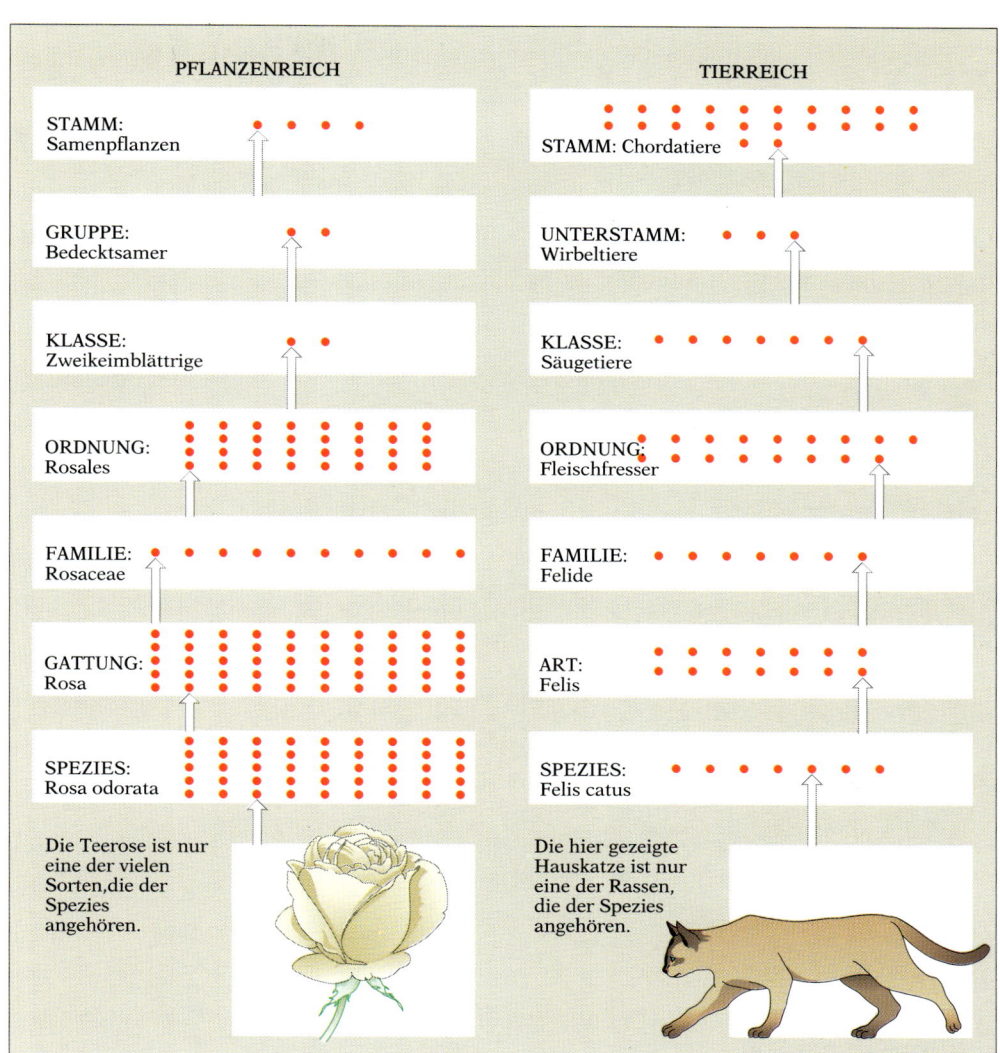

PFLANZENREICH	TIERREICH
STAMM: Samenpflanzen	STAMM: Chordatiere
GRUPPE: Bedecktsamer	UNTERSTAMM: Wirbeltiere
KLASSE: Zweikeimblättrige	KLASSE: Säugetiere
ORDNUNG: Rosales	ORDNUNG: Fleischfresser
FAMILIE: Rosaceae	FAMILIE: Felide
GATTUNG: Rosa	ART: Felis
SPEZIES: Rosa odorata	SPEZIES: Felis catus

Die Teerose ist nur eine der vielen Sorten, die der Spezies angehören.

Die hier gezeigte Hauskatze ist nur eine der Rassen, die der Spezies angehören.

alles, ohne daß wir uns dessen bewußt werden. Die Klassifizierung ist der einzige Weg, zu wissen, womit man es eigentlich zu tun hat, und zusammen mit der Rekonstruktion des Skelettes kann sie sehr spannend und faszinierend sein. Wir kennen heute mehr als zwei Millionen verschiedene Spezies von Lebewesen, eine enorme Menge, die Ordnung und System unentbehrlich macht.

Lebewesen in bestehende Ordnungen einzugliedern ist eine Arbeit, bei der jedes Detail zählt.

Das entscheidende Kriterium, das sie zu einer Gruppe zusammenfaßt, kann ihr Lebensraum sein, oder aber ein anatomisches Merkmal wie Beine, Schwanz, Wurzeln etc.

Fachleute, die sich mit Klassifizierung beschäftigen, versuchen, die unvermeidliche Subjektivität dabei so weit als möglich auszuschalten und Kategorien zu schaffen, die den in der Natur herrschenden möglichst nahe kommen.

Das Linnésche System

Von 1753 bis 1759 veröffentlichte Carl von Linné ein Werk, an dem er lange Jahre gearbeitet hatte. Zuerst erschien *Species Planetarum*, zwei Bände, in denen er sämtliche bis zum damaligen Zeitpunkt bekannten Pflanzen klassifizierte. Dann folgte *Sistema Naturae per Regna Tria Naturae*, drei Bände, in welchen alle bekannten Spezies pflanzlicher und tierischer Lebewesen beschrieben werden sollten.

Der erste der drei Bände, *Sistema Naturae*, erschien 1758 und machte ihn in der Fachwelt zur anerkannten Kapazität. Der zweite wurde im darauffolgenden Jahr publiziert und wirbelte weniger Staub auf, der dritte blieb schließlich unveröffentlicht. Was Linné erreicht hatte, war dennoch mehr als

Die hierarchische Struktur des taxonomischen Systems nach Linné: Ausgehend von der größten Kategorie klassifiziert man Stufe um Stufe in weitere Unterteilungen, bis man bei der kleinsten Einheit des Systems, der Spezies, angelangt ist. Die Spezies selbst umfaßt noch eine Vielfalt an Rassen, die man jedoch untereinander kreuzen kann. Hier sehen wir am Beispiel der Teerose und der Hauskatze, wie es funktioniert.

genug, um ihn in der Welt der Wissenschaft unsterblich zu machen.

Er fand eine Methode, alle Lebewesen in eine Ordnung zu fügen, die bis heute nicht wesentlich verbessert werden konnte und daher immer noch gilt. Sie faßt Pflanzen und Tiere, deren allgemeines physisches Erscheinungsbild deutliche Ähnlichkeiten aufweist, in Gruppen zusammen, die wiederum in verschiedene Untergruppen unterteilt sind, in welcher sodann die besonderen Merkmale berücksichtigt werden.

Je nach Tier- bzw. Pflanzenart gibt es auch hier wieder mehrere Abteilungen, bis die feinste Unterscheidung getroffen, die Klassifizierung erreicht ist. Die Spezies *(Species)* ist Kernstück dieser Ordnung und gleichzeitig kleinste Einheit, eine Gesamtheit von Lebewesen, die einander in Aussehen und Verhalten gleichen und sich untereinander paaren und vermehren können. Jeder dieser Spezies gab Linné einen Namen und einen Zunamen, in Latein natürlich, der damaligen Kultursprache. Der erste, der Familienname sozusagen, steht für die Gattung *(Genus)*, zu der das Wesen

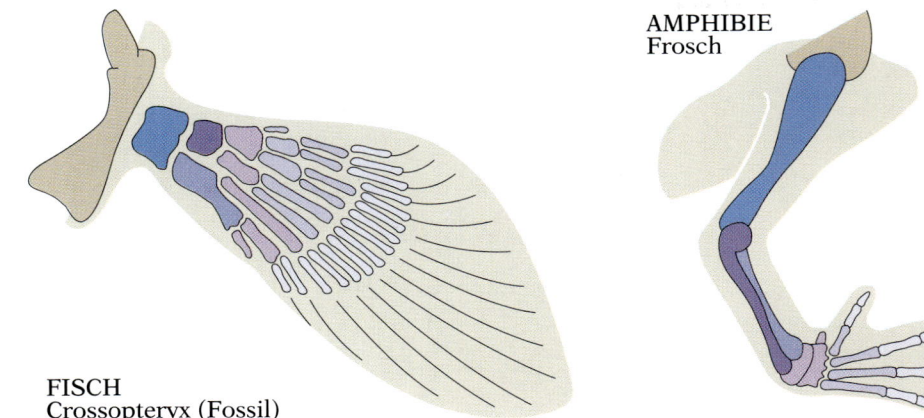

FISCH
Crossopteryx (Fossil)

AMPHIBIE
Frosch

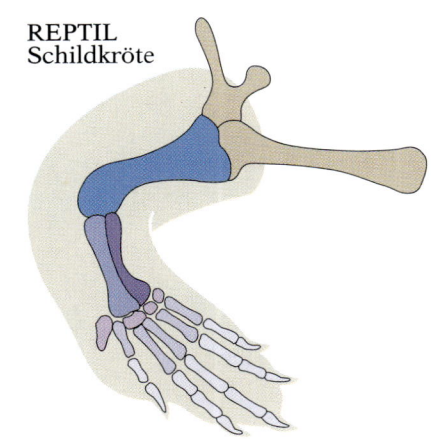

REPTIL
Schildkröte

gehört, der zweite, der Name, gibt die Spezies an.

Diese Struktur mit den Doppelnamen hat hierarchischen Charakter. So, wie die Gattung eine Vielzahl von Spezies mit gemeinsamen Charakteristika umfaßt, werden diese Gattungen auch wieder in einer größeren Einheit, der Familie *(Familia)*, zusammengefaßt. Mehrere solcher Familien bilden eine Ordnung *(Ordo)*, mehrere Ordnungen eine Klasse *(Classis)*, mehrere Klassen einen Stamm *(Phylum)*, welche jeweils zum Pflanzen- oder Tierreich *(Regnum)* gehören. Um die Einordnung zu erleichtern, wurden mehrere Zwischenkategorien mit den Vorsilben Super- und Infrageschaffen.

Wollen wir nun eine Hauskatze klassifizieren, sehen wir, wie das Linnésche System funktioniert. Zuerst müssen wir die ganz allgemeinen Kriterien betrachten. Es handelt sich um ein Tier: also Tierreich. Es hat eine Chorda, jene Anlage beim Embryo, der zur Bildung eines Rückgrats führt, und gehört somit zum Stamm der Chordatiere. Dann hat es im ausgewachsenen Zustand eine Wirbelsäule, Unterstamm Wirbeltiere. Es säugt seine Jungen, Klasse der Säugetiere. Außerdem ernährt es sich von Fleisch, Ordnung Fleischfresser also. Bis hierher würde die Klassifizierung eines Fuchses ganz gleich aussehen wie die der Katze. Nun zu den feineren Charakteristika. Ihr Aussehen und ihr Verhalten lassen sie der Familie der Katzenartigen, der Feliden, angehören, wo sie noch mit Tigern, Pumas, Löwen und Jaguaren in einen Topf geworfen wird. Die weitere Zugehörigkeit zur Gattung *Felis*, Kleinkatzen, scheidet schon die Löwen und Tiger aus. In der Spezies *Felis catus* schließlich finden wir nur noch unsere geliebte Hauskatze vor. Allerdings gemeinsam mit all den Rassen, die es

HOMOLOGIEN

Tiere, die vom gleichen Urahnen abstammen, weisen Homologien auf, das sind anatomische Entsprechungen. Eine der bekanntesten Homologien findet man bei Betrachtung der Vordergliedmaßen der Wirbeltiere: Fische, Amphibien, Reptilien, Vögel und Säugetiere haben in etwa den gleichen Knochenbau bei Oberarm, Unterarm und Hand, wenn auch in verschiedenen Proportionen. Die Unterschiede bei den einzelnen Gruppen resultieren aus der Anpassung an verschiedene Lebensräume. Aufgrund dieser und anderer Homologien bilden die Wirbeltiere eine sogenannte natürliche Kategorie.

gibt, von der Angorakatze bis zur Zibetkatze. Auf diese Art und Weise findet jedes Lebewesen seinen Platz im System von Linné.

Wie effektiv es auch sein mag, einen Fehler hat es, spiegelt es doch den damaligen Zeitgeist wider. Es ist, als seien alle Lebewesen zur selben Zeit entstanden und hätten sich seither nicht verändert. Zwischen den einzelnen taxonomischen Gruppen gibt es keinerlei Verbindung, für ausgestorbene Arten ist kein Platz. So ist das Linnésche System noch weit vom Gedanken der Evolution entfernt und sieht das Leben als eine Hierarchie eigenständiger, voneinander unabhängiger Wesen, gestaffelt von den primitivsten Protozoen bis zum Menschen, der »Krone der Schöpfung«.

Ordnet man nach diesem System beispielsweise ein Tier den Säugern zu, weil es ein Fell hat, so übernimmt es auch alle anderen Charakteristika dieser Gruppe, wie Lebendgebären, Säugen, Warmblütigkeit, das Herz mit vier Kammern und so weiter. Das kann aber nur funktionieren, solange man nicht auf Wesen stößt, die mehrere Gruppen auf einmal repräsentieren, wie die berühmten »fehlenden Glieder« der Evolutionskette. So mußte wieder einmal Darwin herhalten, um dem System von Linné eine neue Dimension zu verleihen.

Evolution und Taxonomie

Das geniale System von Linné überlebte die Darwinsche Revolution, denn es war anpassungsfähig. Die Spezies konnten tatsächlich leicht in einen evolutionären Zusammenhang gesetzt werden.

Nach allem, was wir heute wissen, ist jede Spezies Ergebnis einer eigenen Evolutionsgeschichte und damit einmalig, unwiederbringlich und unverwechselbar. Alle ihr angehörenden Individuen

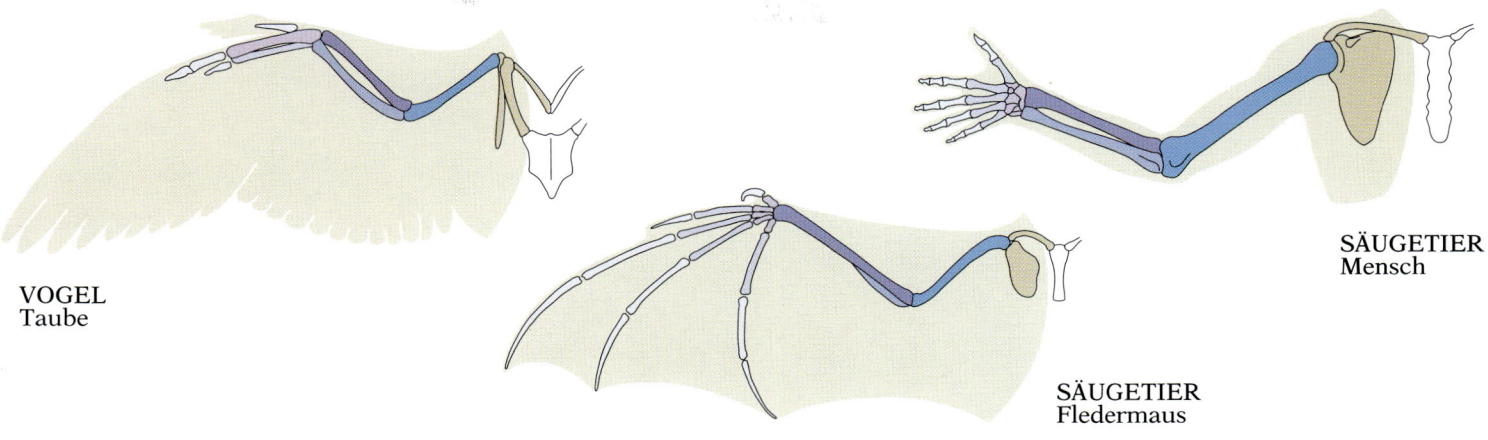

VOGEL
Taube

SÄUGETIER
Fledermaus

SÄUGETIER
Mensch

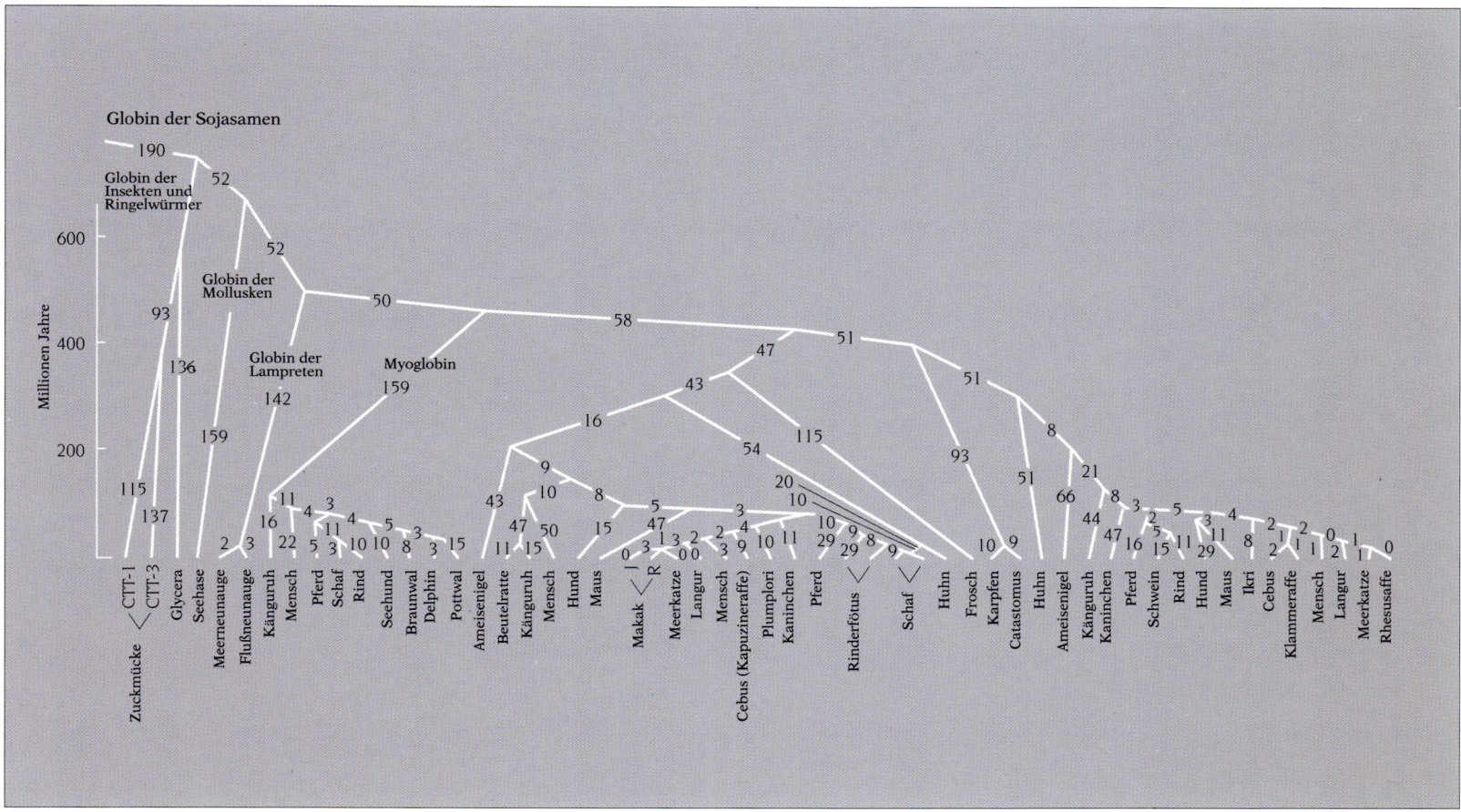

haben ein gemeinsames Erbe, die sogenannte Phylogenesis oder Stammesge-
schichte, und gemeinsame Vorfahren.
Die bestehende Vielfalt ist nur eine
Momentaufnahme, die ihre Anpassung
an die derzeit herrschenden Bedingungen reflektiert. Die Zusammenfasssung
aller Wesen in größere Gruppen wie
Gattungen spiegeln Verwandtschaft und
gemeinsames Erbgut in der Vergangenheit wider.
Die hierarchische Struktur des Linnéschen Systems verwandelt sich unter
diesem Gesichtspunkt in einen Stammbaum. Tatsächlich scheint der Klassifikation, wie sie nach Carl von Linné
praktiziert wird, eine bestehende, natürliche Ordnung zugrunde zu liegen, die

BIOCHEMISCHER STAMMBAUM

Durch Analyse der Moleküle, die
mit leichten Unterschieden auf
atomarem Niveau in so gut wie
allen Organismen vorhanden
sind, kann man auf biochemi-
scher Basis die Verwandtschafts-
verhältnisse zwischen den Lebewesen durchleuchten. Die
Zahlen stehen für die Anzahl
unterschiedlicher Aminosäuren
in den Globinmolekülen, dem
Eiweißbestandteil des roten
Blutfarbstoffes Hämoglobin, von
einer Art zur anderen. Da wir
wissen, daß die Veränderungen
in der Proteinkette mit konstan-
ter Frequenz auftreten, kann
man sie in Relation zur Zeit setzen und den Evolutionsweg
rekonstruieren.

von den stammesgeschichtlichen Beziehungen zwischen den einzelnen Spezies
bestimmt wird.
Heute versucht man so weit als möglich,
die Phylogenesis der einzelnen Gruppen
als Stammbaum darzustellen. Diese Art
der Rekonstruktion stützt sich auf Ähnlichkeiten zwischen Individuen verschiedener Spezies. Diese sogenannten Homologien weisen auf die Verwandtschaft
mit einem gemeinsamen Vorfahren in
der Vergangenheit hin.
Ein klassisches Beispiel ist die Homolo-
gie zwischen dem Arm eines Menschen,
dem Flügel einer Fledermaus, der Flosse
eines Delphins und dem Bein eines Pferdes. All diese Gliedmaßen haben dieselbe anatomische Struktur, sämtliche

EINE NATÜRLICHE KATEGORIE?

Hier eine schematische Darstellung der Klassifikation der Saurier, wie sie aufgrund neuester Erkenntnisse aussehen soll. Man hat hier die chronologische Reihenfolge, in welcher sich die verschiedenen Unterarten vom Hauptstamm gelöst haben, mehr in Betracht gezogen als morphologische Entsprechungen. Demnach bilden die Dinosaurier eine einheitliche taxonomische Gruppe: Saurischier und Ornithischier stammen beide von älteren Formen, den Herrerasauriern, ab.

Unterschiede sind Anpassungen an den jeweiligen Lebensraum. Diese und andere Ähnlichkeiten lassen vermuten, daß Mensch, Fledermaus, Delphin und Pferd von den gleichen Vorfahren abstammen und eine sogenannte natürliche Kategorie bilden.

Wenn wir jedoch dabei bleiben, nur den Bau der Vordergliedmaßen zu betrachten, müßten wir in dieselbe Kategorie noch Reptilien, Amphibien und Vögel aufnehmen, wie es im Unterstamm (Infraphylum) der Wirbeltiere auch tatsächlich der Fall ist. Doch Mensch, Fledermaus, Delphin und Pferd haben weitere Homologien, die sie von Amphibien, Reptilien und Fischen unterscheiden: Sie gebären lebend und säugen ihre Jungen. Je mehr solcher Homologien auftreten, umso näher ist auch die Verwandtschaft zwischen den einzelnen Spezies. Klassifizieren heißt also nicht mehr nur, ein Tier mit Namen und Zunamen zu versehen, sondern auch seine Entwicklung, seine Herkunft und seine Evolutionsgeschichte zu durchleuchten, seinen Platz unter den anderen Tieren zu finden und ihm einen evolutionären Stellenwert zu geben.

Mindestens genauso wichtig ist es, die sogenannten Analogien – Ähnlichkeiten, die analoge Funktionen erfüllen und bei verschiedenen, nicht verwandten Spezies Anpassungen an denselben Lebensraum darstellen – als solche zu erkennen und einzustufen. Das sind zum Beispiel die Flügel eines Vogels und die eines Insekts, die Flossen eines Fisches und die eines Wals.

Diese Art der vergleichenden Untersuchung wird auch an Fossilien betrieben, wodurch ausgestorbene Spezies ebenfalls in die Gesamtordnung einfließen. Dadurch verschmelzen die taxonomischen Kategorien in ihren Randberei-

Klasse	Unterklasse	Ordnung	Unterordnung	Infraunterordnung	Familie
REPTILIA	Archosauria	Saurischia	Theropoda	Coelurosauria	Archaeopterygidae
					Coelophysydae
					Coeluridae
					Compsognathidae
				Ornithomimosauria	Ornithomimidae
					Deinocheiridae
				Deinonychosauria	Dromaeosauridae
			Carnosauria		Baryonychidae
					Allosauridae
					Ceratosauridae
					Megalosauridae
					Spinosauridae
					Teratosauridae
					Tyrannosauridae
			Prosauropoda		Plateosauridae
		Sauropodomorpha	Sauropoda		Brachiosauridae
					Camarasauridae
					Cetiosauridae
					Diplodocidae
					Titanosauridae
	Herrerasauria				
	Ornithischia		Ornithopoda		Camptosauridae
					Fabrosauridae
					Hadrosauridae
					Lambeosauridae
					Heterodontosauridae
					Hypsilophodontidae
					Iguanodontidae
			Pachycephalosauria		Pachycephalosauridae
			Ankylosauria		Ankylosauridae
					Nodosauridae
			Ceratopsia		Protoceratopsidae
					Ceratopsidae
					Psittacosauridae
			Stegosauria		Stegosauridae
			Scelidosauria		Scutellosauridae
					Scelidosauridae

Abteilungen

- Coelurosaurier
- Carnosaurier
- Prosauropoden
- Sauropoden
- Ornithopoden
- Ornithischianer

DER STAMMBAUM DER DINOSAURIER

Dieser Stammbaum wird heute von den meisten Fachleuten anerkannt. Die Dinosaurier werden in Ornithischier und Saurischier eingeteilt. Diese beiden Gruppen stammen von verschiedenen Untergruppen der Thecodontier ab, jener Reptilien aus der Trias, die auch Stammväter der Krokodile und Flugsaurier sind. All diese Unterordnungen faßt man unter der Bezeichnung Archosaurier zusammen.

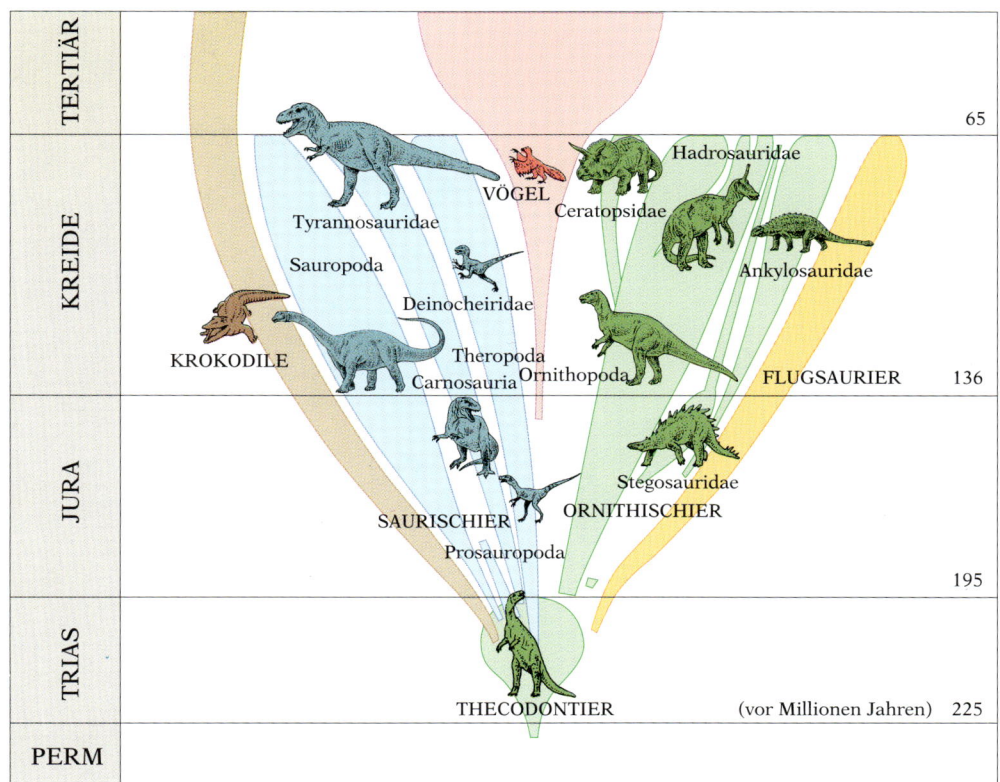

chen miteinander. Oft wird es schwierig, in dieser Grauzone zu arbeiten, denn die Fachwelt ist sich nicht immer einig. Gehört die *Seymouria* zu den Amphibien oder zu den Reptilien? Und der *Archaeopteryx,* war er ein Dinosaurier oder zählt er bereits zu den Vögeln?

Je weiter man in die Vergangenheit eindringt, umso problematischer und komplexer gestaltet sich die Klassifizierung. Häufig sind verschiedene Charakteristika, die für die Einordnung wichtig wären, verschwunden, bleiben doch viele Teile des Organismus bei der Fossilisation nicht erhalten.

Verhalten und Physiologie lassen sich kaum mehr feststellen.

Der Knochenbau ist hier der einzige Anhaltspunkt.

Einen Amphibienschädel erkennt man zum Beispiel an den Kerben, die Sitz der sogenannten Seitenlinie, eines Sinnesorgans, waren, den eines Reptils an den beiden rudimentären Knochen seitlich am Schädel, die sich später zu Hammer und Amboß umbildeten. Bei den Säugetieren sind es ebendiese beiden Gehörknöchelchen im Mittelohr, die eine zweifelsfreie Bestimmung ermöglichen.

Die Einteilung der Reptilien in verschiedene Gruppen ist von der Anzahl der seitlichen Schädelöffnungen abhängig. Bei den Dinosauriern kann gerade die Klassifikation – vorausgesetzt, sie ist korrekt – sehr hilfreich sein, weil sie Rückschlüsse auf ihre Evolutionsgeschichte zuläßt, die wir eben erst zu ergründen beginnen. Daher ist es von enormer Bedeutung für die Forschung, ihren Körperbau bis ins kleinste Detail zu untersuchen und Homologien bzw. Analogien zu anderen Spezies aufs genaueste zu definieren. Nur so können sie in das bestehende System eingefügt werden.

Sicher durch das Labyrinth der Namen

Zweifellos gehören die Dinosaurier dem Tierreich an, und es ist müßig, zu sagen, daß sie eine Wirbelsäule hatten. So steht es auch außer Zweifel, daß sie die Chorda, die embryonale Anlage dazu besaßen. Unter die Chordatiere, Untergruppe Wirbeltiere, sind sie somit schnell eingereiht. Da nun die beiden Gehörknochen vorhanden sind, ist die Feststellung, daß sie zur Klasse Reptilien gehören, ein leichtes. Die zwei seitlichen Schädelöffnungen qualifizieren sie eindeutig als Vertreter der Unterklasse Diapsiden.

Zusammen mit den Thecodontiern, Vögeln, Pterosauriern und Krokodilen bilden sie die Überordnung der Archosaurier, mit denen sie eine präorbitale Schädelöffnung gemeinsam haben, die wahrscheinlich die Speicheldrüse enthielt. Nun müssen wir, wie bei unserer Hauskatze, alle besonderen Eigenheiten der einzelnen Dinosaurier herausfinden, die sie von allen anderen Reptilien unterscheidet, um sie in kleinere Gruppen aufzuteilen.

Hier wollen wir darauf hinweisen, daß die Taxonomie der Dinosaurier in den letzten Jahren einer gründlichen Revision unterzogen wurde, die teilweise immer noch im Gange ist. Die Ergebnisse neuerer Analysen der Verwandt-

ECHSENBECKEN

Eine mögliche Entwicklung der Beckenstruktur der Saurischier durch drei geologische Perioden, ausgehend von einem Thecodontier-Vorfahren.

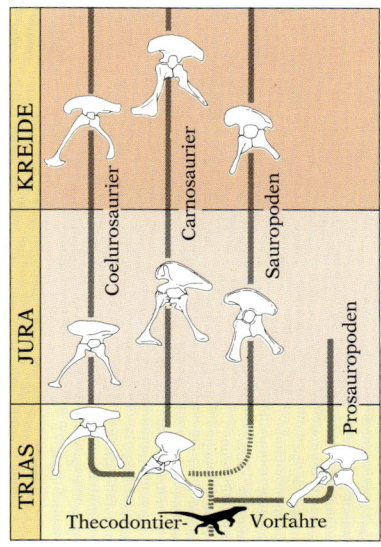

schaftsverhältnisse unter ihnen haben zu der Annahme geführt, daß sie alle von primitiven Vorfahren (den Herrerasauriden) abstammen und daher doch eine einzige natürliche Kategorie (die der Dinosaurier) darstellen, die wiederum in kleinere Gruppen unterteilt ist.

Da weitere Beweise, wie auch größere Einigkeit unter den Forschern, bislang noch abzuwarten bleiben, wollen wir inzwischen bei der traditionellen Ordnung bleiben, die Alan Charig 1965 definierte wie folgt: »Die Dinosaurier sind eine einheitliche Gruppe mit einer groben Unterteilung in Saurischier und Ornithischier, welche jeweils von verschiedenen Vorfahren abstammen.«

Durch Homologien werden diese Ordnungen in Unterordnungen, Familien und Spezies unterteilt.

Außer diesen natürlichen, auf erwiesenen phylogenetischen Homologien basierenden taxonomischen Gruppen gibt es noch andere konventionelle Einteilungen, die während der ersten paläontologischen Studien aufgrund morphologischer Ähnlichkeiten getroffen wurden. Sie gelten bis heute nicht als sicher erwiesen und fassen oft auch Tiere, die in verschiedenen Zeitaltern lebten, zu ein und derselben Gruppe zusammen. Daher wollen wir diese Gruppierungen mit einer Bezeichnung belegen, die nicht aus dem Linnéschen System stammt und sie »Sektionen« nennen.

Ordnung Saurischier

Die Charakteristika dieser Ordnung (nach vorne gekehrtes Schambein, nach hinten weisendes Sitzbein) gelten nicht nur für die betreffende Gruppe der Dinosaurier, sondern auch für Thecodontier und Krokodile. So gesehen sind die Saurischier keine einheitliche, natürliche Kategorie.

Am Ende der Trias entwickelten sie sich wahrscheinlich aus den Pseudosuchiern. Die anatomischen Merkmale ihres Beckens förderten die aufrechte Haltung beim Gehen, da der Ansatz für die Muskulatur zur Bewegung des Oberschenkels am Schambein sitzt, das parallel zum Femur verläuft.

Ihr Schädel ist eine leichte Konstruktion mit zwei zusätzlichen Öffnungen, eine präorbital und eine mandibular, zwischen welchen Knochenverbindungen in Form von Querbrücken für Stabilität

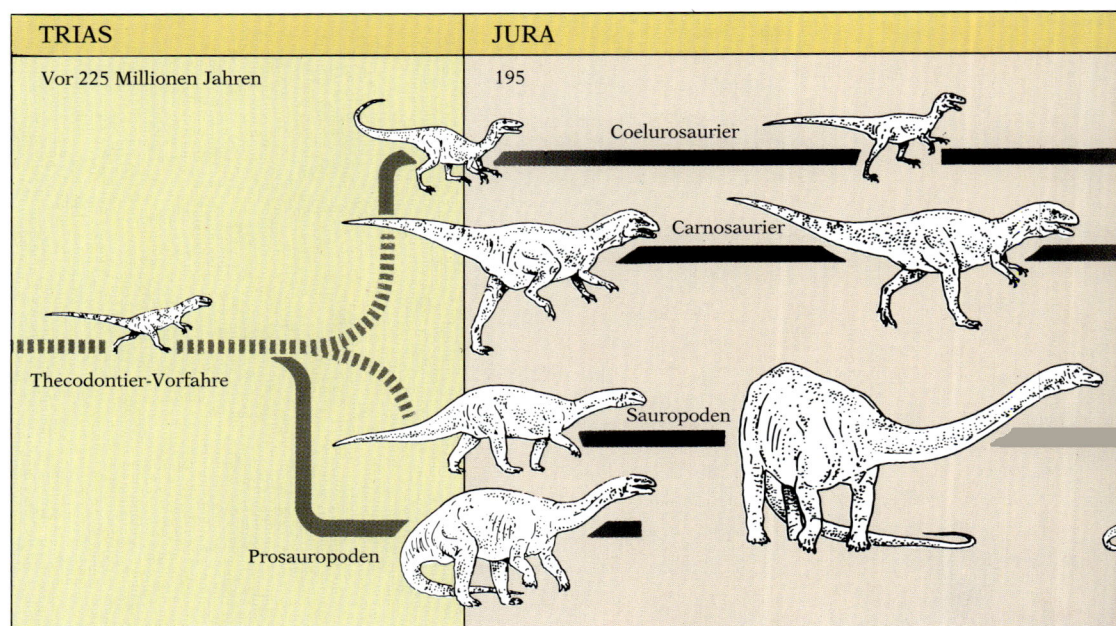

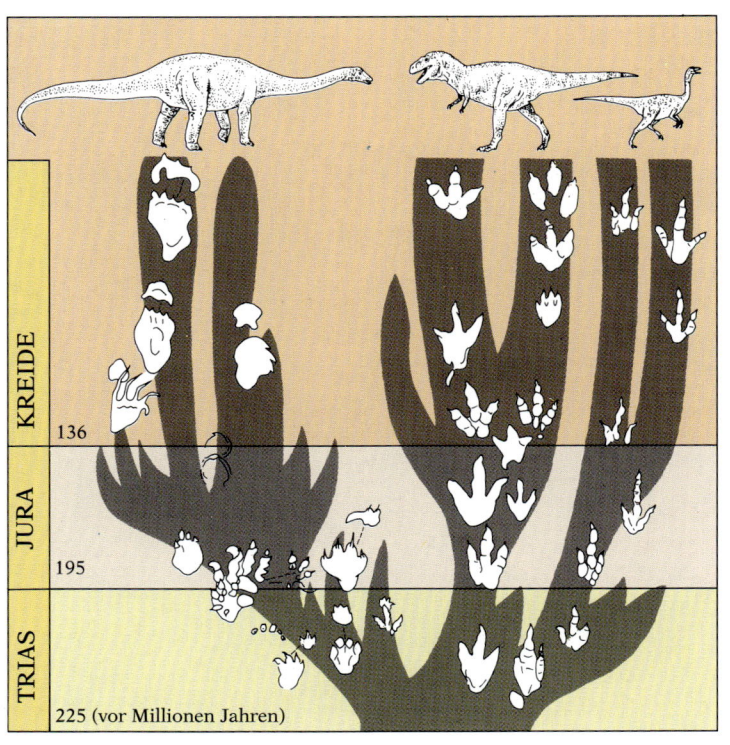

EVOLUTION DER SAURISCHIER

Ganz oben: Aus den Thecodonten der oberen Trias gingen die vier Unterordnungen hervor, in die man die Saurischier einteilt: die Fleischfresser, die wiederum in Coelurosaurier (von kleinerer Statur) und Carnosaurier (Giganten) unterteilt sind, und die Pflanzenfresser, die aus den Prosauropoden (primitivere Arten, die im unteren Jura ausstarben) und den Sauropoden (die bis zum Massensterben in der Kreide überlebten) bestehen. Oben: Dieselbe Evolution, diesmal anhand der verschiedenen Fußspuren, die die Tiere hinterließen.

sorgen. Im Laufe ihrer Evolutionsgeschichte teilen sie sich in zwei weitere Unterordnungen auf: die Sauropodomorpha und die Theropoda, was übersetzt Elefantenfuß- bzw. Raubtierfuß-Dinosaurier bedeutet.

Unterordnung Theropoda: Hier finden wir die Fleischfresser oder Karnivoren, die besonders kräftige, spitze Zähne besitzen. Sie sind Zweibeiner und haben daher stark entwickelte Hintergliedmaßen, während die vorderen sehr kurz, oft sogar schwächlich und zur Fortbewegung ungeeignet erscheinen. Stattdessen fallen sofort die Krallen an den Händen auf, die zum Packen der Beute und

KREIDE
136
65

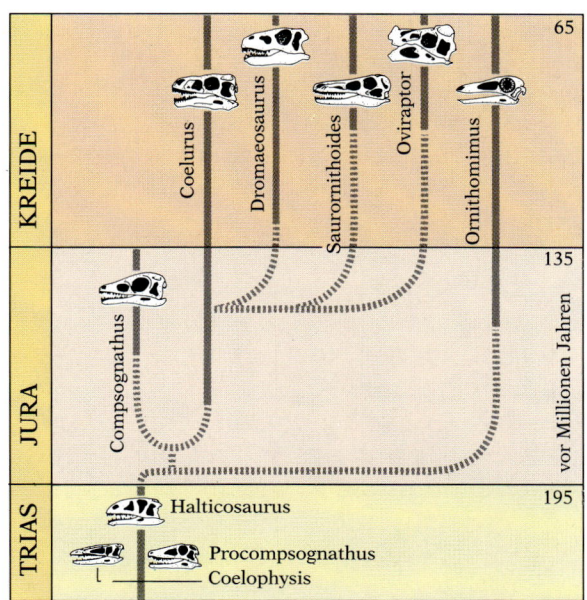

EVOLUTION DER COELUROSAURIER

Mögliche Verwandtschaftsbeziehungen zwischen den verschiedenen Familien der Unterordnung Coelurosaurier. Rechts: Hier nach Schädelform dargestellt.

als Waffen im Kampf wertvolle Dienste leisteten. Wir unterscheiden zwei Sektionen: die Coelurosaurier und die Carnosaurier.

Sektion Coelurosaurier: Die schlanken, oft kleinen Vertreter dieser Gruppe zeichnen sich durch einen leichten, zierlichen Körperbau aus. Da nun gerade die Kadaver kleiner Tiere aufgrund ihrer geringeren Stabilität schneller verrotten und ihre Knochen oft in alle Richtungen verstreut werden, sind die fossilen Überreste, die wir von Coelurosauriern besitzen, ziemlich unvollständig und bruchstückhaft. Zahlreiche, auf karges Beweismaterial gestützte Hypothesen tauchen immer wieder auf und müssen oft schon nach kurzer Zeit revidiert werden. Mit einiger Sicherheit kann man jedoch sagen, daß die Coelurosaurier in der oberen Trias erschienen und die ersten echten Dinosaurier waren. Sie weisen noch viele Ähnlichkeiten mit den Thecodontiern auf.

Während der 140 Millionen Jahre, die dem Großen Sterben am Ende der Kreide vorangingen, waren sie die verbreitetsten aller Wirbeltiere und entwickelten eine enorme Formenvielfalt. Als schnelle Läufer hatten sie einen leichten Knochenbau mit hohlen Langknochen und einem kleinen Kopf. Der lange, schlanke Hals diente zusammen mit dem eher muskulösen Schwanz zum Ausbalancieren des Körpergewichts vor allem beim Springen. Man nimmt an, daß die Dromaeosauriden und die Ornithomimiden Sprünge von bis zu 3 m Länge machen und im Lauf eine Geschwindigkeit von

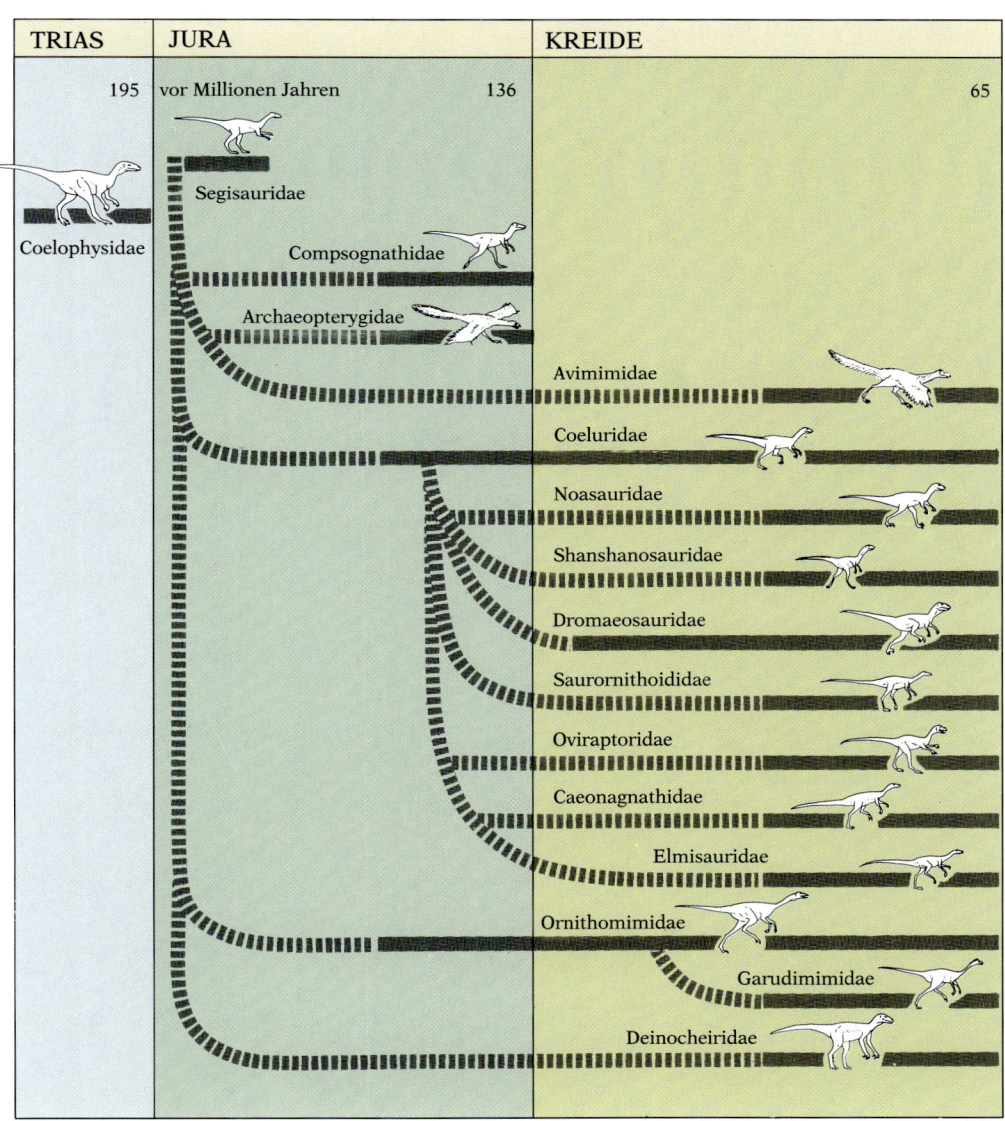

ca. 70 km/h erreichen konnten. Auch durch ihre weiteren Eigenschaften, angefangen von den beweglichen, krallenbewehrten Greiffingern bis hin zu den großen, wachsamen Augen, erscheinen sie wie prädestiniert für das Jägerleben.

Die Schädelregion zwischen den beiden Augenöffnungen ist breiter als bei allen anderen Dinosauriern und erinnert an jene der Vögel. Wahrscheinlich saß dahinter ein Gehirn mit ausgeprägten Sehlappen, die komplexe Bewegungsabläufe koordinieren konnten. So reizempfänglich und reaktionsfähig, wie sie uns aufgrund all dieser Merkmale erscheinen, mußten sie wilde, sehr aggressive Räuber gewesen sein, die sowohl den überraschenden, taktisch intelligent vorbereiteten Angriff als auch die Geschwindigkeit zum Erhaschen ihrer Beute nutzen konnten. Auf diese Weise widerstanden sie der Konkurrenz anderer Fleischfresser, die schwerer und langsamer waren und bei der Jagd mehr auf Ausdauer und Kraft setzten.

Sektion Carnosaurier: Hier sind die größten Fleischfresser versammelt, die die Erde je gesehen hat. Der berühmte *Tyrannosaurus* gehört dazu, ebenfalls der *Allosaurus* und der *Megalosaurus*. Die Abstammung dieser Tiere ist nicht ganz klar. Einige Fachleute vertreten die Ansicht, daß sie von den Coelurosauriern abstammen, andere halten die Prosauropoda für ihre Vorfahren. Sie wurden über 6 m hoch, waren kräftig gebaut und hatten enorm große Köpfe, einen kurzen, massigen Hals und starke Hinterbeine. Auch bei ihnen fällt der leichte Schädel mit vielen Öffnungen und Verstrebungen auf. Sie hatten diese gewichtssparende Bauweise sogar besonders nötig, da allein schon ihr Kauapparat eine erhebliche Last für die Halswirbel bedeutete. Er bestand aus wenigen wirklich soliden Teilen, nämlich aus Kiefer und Kinnlade zum Aufnehmen der Zähne.

Massiv gebaut war sonst nur noch der Hinterkopf, der die Schutzfunktion für das Gehirn übernahm und gleichzeitig der Halsmuskulatur Halt gab. Die Kämme und Fortsätze auf dem vorderen Gesichtsschädel dienten der mächtigen Kaumuskulatur als Widerlager, denn sie hatten messerscharfe, seitlich abgeflachte, sehr spitze Zähne mit gesägten Rändern, die fest im Kiefer eingebettet

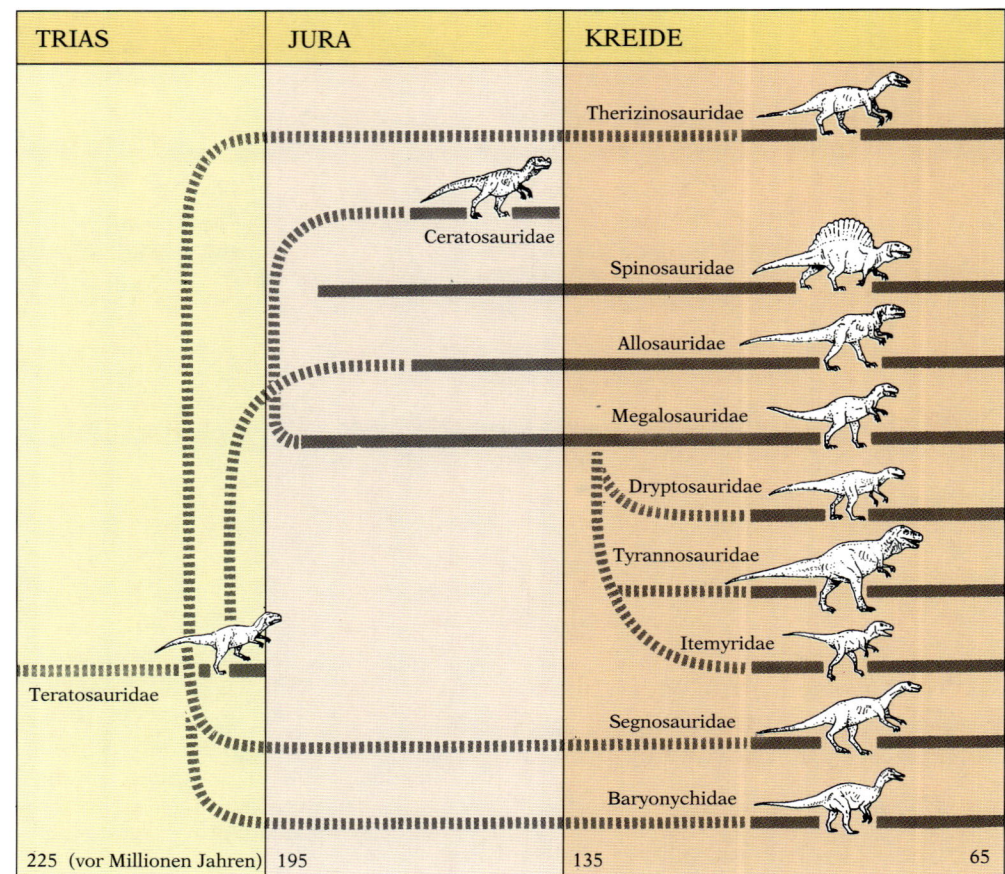

TRIAS	JURA	KREIDE

Therizinosauridae

Ceratosauridae

Spinosauridae

Allosauridae

Megalosauridae

Dryptosauridae

Tyrannosauridae

Itemyridae

Teratosauridae

Segnosauridae

Baryonychidae

225 (vor Millionen Jahren) 195   135   65

CARNOSAURIER: PERFEKTE JÄGER
Hier der wahrscheinliche Stammbaum der Unterordnung der Carnosaurier. Sie spalteten sich im unteren Jura in mehrere Evolutionslinien auf. Die Giganten unter ihnen erschienen vorwiegend in der Kreide, als Jäger und Beute sich gegenseitig unter selektiven Druck setzten. Die einen wollten fressen, die anderen nicht gefressen werden, so kam es zu einem evolutionären »Wettrüsten«. Unten: das Skelett eines typischen Carnosauriers. Scharfe, spitze Zähne, kompakter und beweglicher Körperbau, lange Hinterbeine und ein ebensolcher Schwanz zum Ausbalancieren des Körpers in schneller Bewegung, kurze Greifarme und Saurischierbecken.

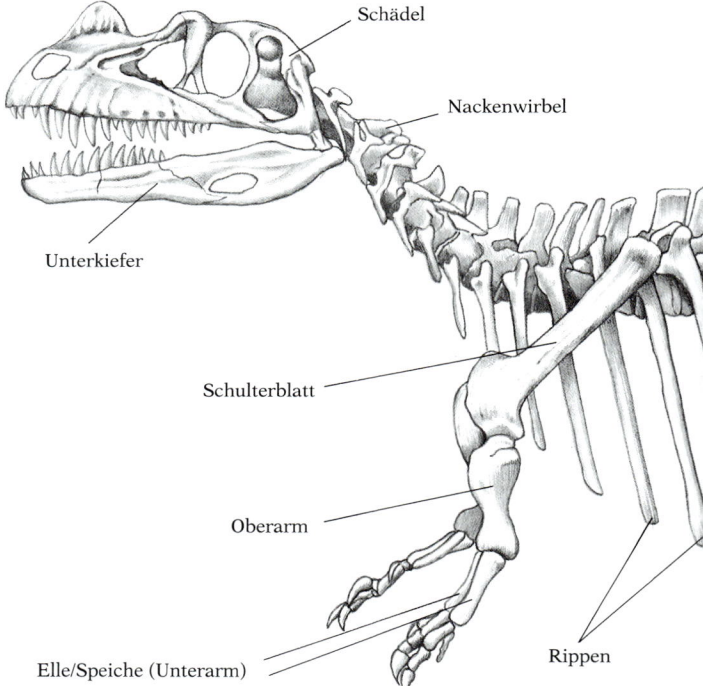

Schädel

Nackenwirbel

Unterkiefer

Schulterblatt

Oberarm

Rippen

Elle/Speiche (Unterarm)

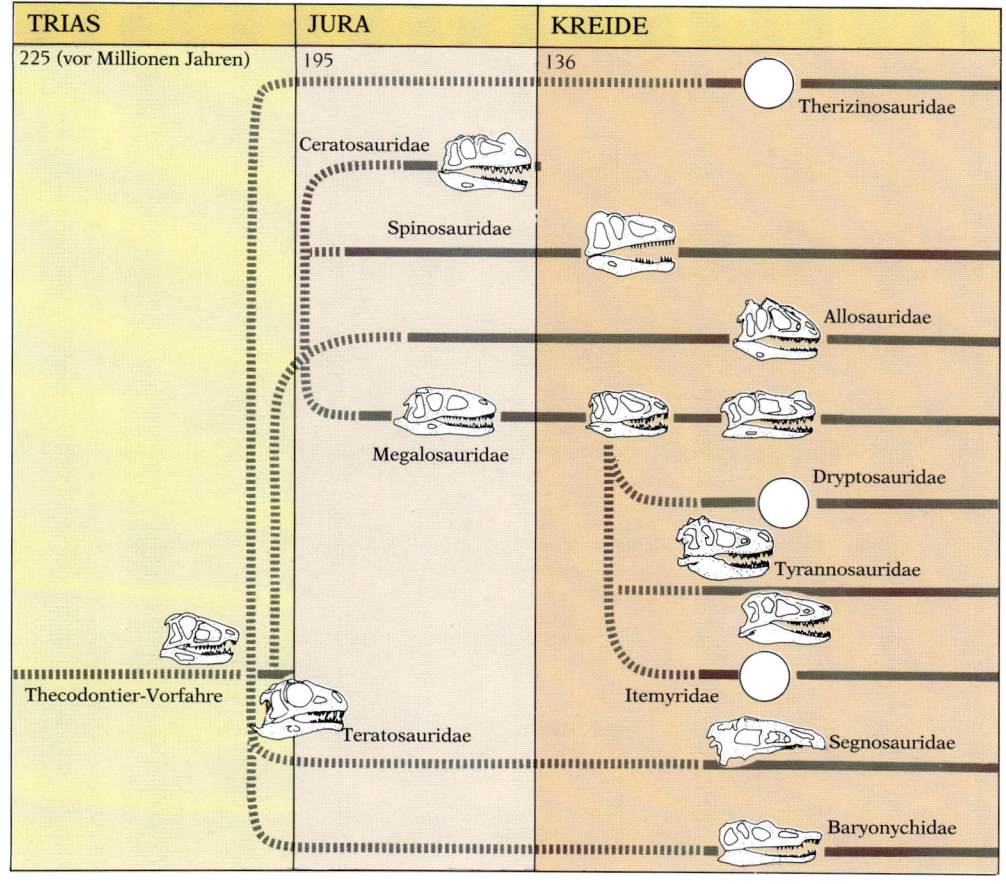

TRIAS	JURA	KREIDE
225 (vor Millionen Jahren)	195	136

Therizinosauridae

Ceratosauridae

Spinosauridae

Allosauridae

Megalosauridae

Dryptosauridae

Tyrannosauridae

Thecodontier-Vorfahre

Teratosauridae

Itemyridae

Segnosauridae

Baryonychidae

waren, zu bewegen. Der ganze Körperbau strahlt gewaltige Kraft aus.

Und Gefahr: Schon an den Gliedmaßen kann man ablesen, daß man es hier mit einem hochkarätigen Räuber zu tun hat. Die kurzen Greifarme enden in drei gebogenen langen, kräftigen Fingern mit furchterregenden Krallen. Selbst die dreizehigen Füße waren mit ähnlichen Klauen bestückt, die außer für sicheren Tritt auf glitschigen Böden auch zum mühelosen und schnellen Zerfleischen der Beute nützlich sein konnten. Wahrscheinlich hatten diese Tiere einen vogelartigen, schaukelnden Gang und benutzten den Schwanz zum Ausbalancieren ihrer Bewegungen.

Unterordnung Sauropodomorpha: Hierbei handelt es sich um die größten Wirbeltiere, die jemals auf der Erde lebten: Pflanzenfresser, die mehr als 20 m lang und 75 Tonnen schwer werden konnten. Sie waren Vierbeiner, die sich aus halbaufrechten Formen wie dem *Plateosaurus* entwickelt hatten. Ihre Hinterbeine sind nur um weniges länger als die vorderen. Sehr charakteristisch ist der im Vergleich zu ihrer Körpergröße sehr kleine Kopf mit stiftförmigen, wenig spezialisierten Zähnen. Man unterscheidet zwei Sektionen: Prosauropoda und Sauropoda.

Sektion Prosauropoda: Sie lebten am Ende der Trias und im unteren Jura. Nach den säugetierartigen Reptilien waren sie die ersten landlebenden Wirbeltiere, die sich ausschließlich von Pflanzen ernährten, ein Attribut, das allerdings unter den Wissenschaftlern noch umstritten ist. Sie bevölkerten bald das gesamte Festland. Von ihnen stam-

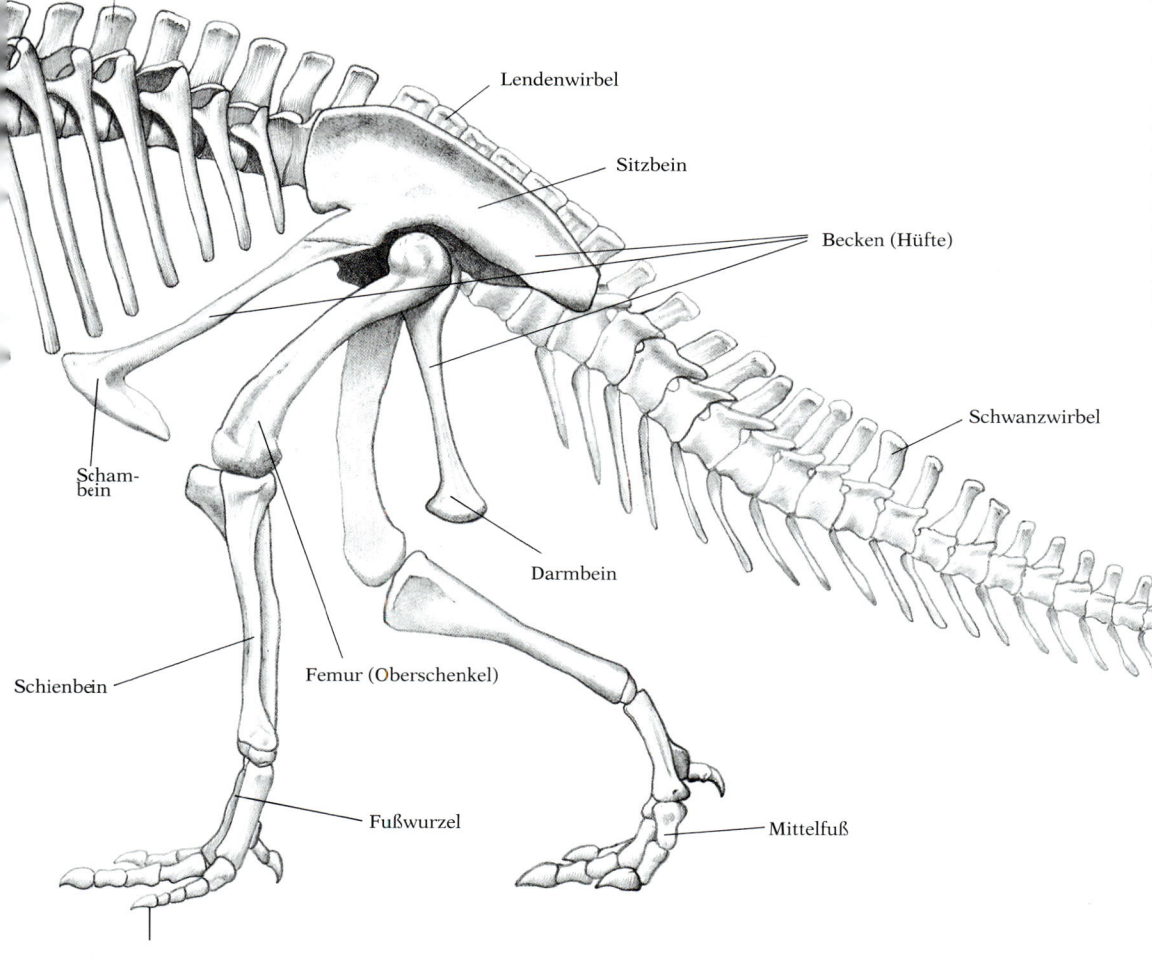

Rückenwirbel

Lendenwirbel

Sitzbein

Becken (Hüfte)

Schwanzwirbel

Scham-bein

Darmbein

Schienbein

Femur (Oberschenkel)

Fußwurzel

Mittelfuß

men die gigantischen Sauropoda ab, die aufgerichtet auf den Hinterbeinen dank ihrer langen Hälse so gut wie jeden Baumwipfel erreichen konnten. Ebendiese ihre Nachkommen machten ihnen wahrscheinlich aufgrund des erwähnten Vorteils so stark Konkurrenz, daß sie schließlich ausstarben.

Es ist unklar, wer ihre direkten Vorfahren gewesen sein könnten. Manche Fachleute meinen, sie hätten sich aus den Vorläufern des *Staurikosaurus* entwickelt, also aus zweibeinigen Fleischfressern, die ihren Speiseplan geändert und sich daher zurück auf alle viere begeben haben. Was so unlogisch nicht wäre, denn für einen Pflanzenfresser ist es tatsächlich unerläßlich, vierbeinig zu sein.

Aufgrund des geringen Nährwertes seiner Nahrung muß er große Mengen zu sich nehmen, die wiederum nur von einem großen, leistungsfähigen Verdauungsapparat bewältigt werden können. Deshalb hat er am Gewicht seiner Eingeweide eine schwere Last zu tragen, die auf vier Beinen wesentlich besser verteilt ist. Bei den Prosauropoda nimmt auch das nach vorne gekehrte Schambein eine zusätzlich Stützfunktion für den Leib wahr. Nun ist es bis heute nicht gänzlich sicher, wie der Speisezettel dieser Sektion eigentlich aussah, denn die ersten Prosauropoda waren Zweibeiner und hatten so viele Gemeinsamkeiten mit den Pseudosuchiern, daß man genausogut annehmen könnte, sie seien Fleischfresser, ja sogar Räuber gewesen. Auch hatten sie Zähne mit sägeartigen Rändern. Andererseits kommen beim südamerikanischen Leguan, der sich erwiesenermaßen lediglich von Pflanzen ernährt, ebenfalls solche Kauwerkzeuge vor.

Was die Zähne angeht, bleiben also alle Möglichkeiten offen. Manche Paläontologen sind der Ansicht, sie seien Allesfresser gewesen, sozusagen das Bindeglied zu den richtigen Pflanzenfressern, den Sauropoden.

Doch vorherrschend ist immer noch die Meinung, die Prosauropoda seien als primitive Pflanzenfresser zu betrachten, die noch nicht in der Lage waren, Zellulose aufzuspalten und zur Gänze zu verwerten. Die heutigen Pflanzenfresser tun das mit Hilfe der Magensäfte und symbiotischer Bakterien im Verdauungsapparat. Die Prosauropoda wandten vermutlich eine andere Methode an: Bei

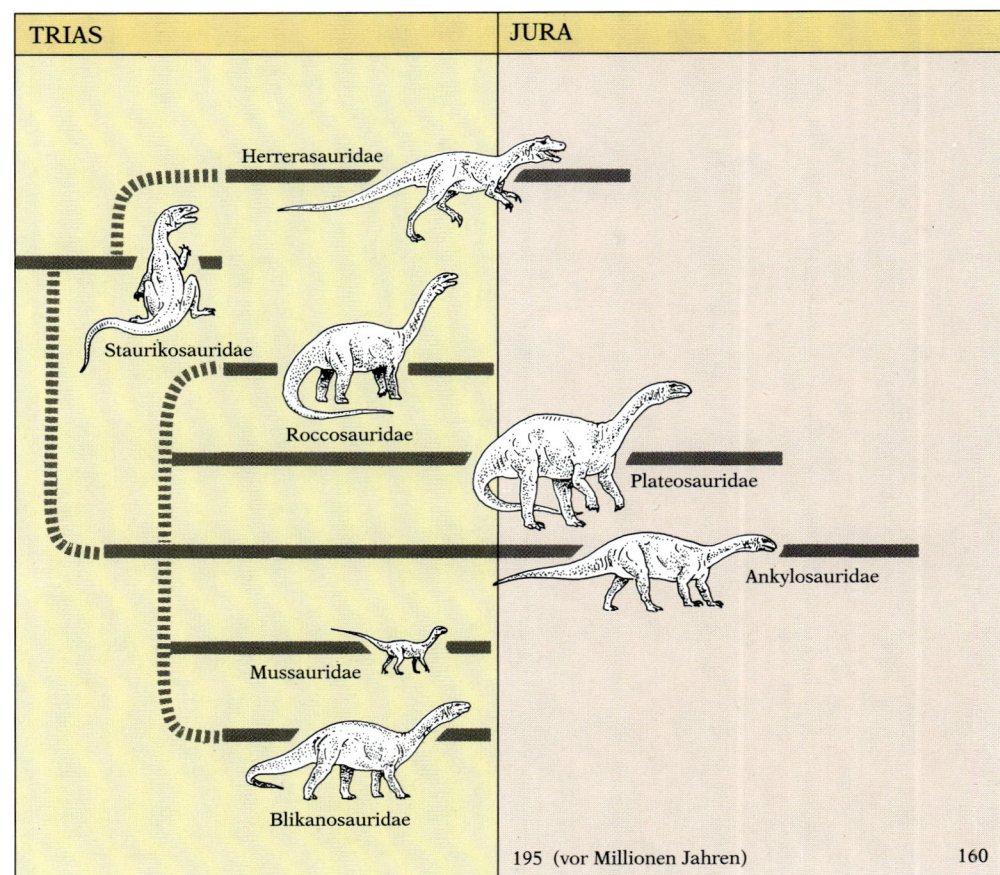

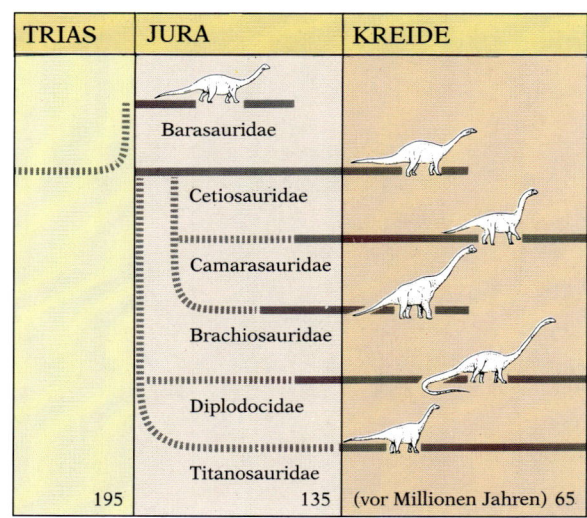

den Überresten eines *Massospondylus* wurden zahlreiche sogenannte Magensteine gefunden. In einem Muskelmagen ähnlich jenem der Vögel können sich solche Steine in den Wänden einnisten und die mechanische Zerkleinerung der Nahrung zu einem leichter verdaulichen Brei vornehmen.

Auch ihr Körperbau läßt eher an Pflanzenfresser denken: sie waren groß, massig und schwer, mit einem langen Schwanz und gingen normalerweise auf vier Beinen. Ihr Kopf war sehr klein, der Hals lang genug zum Abweiden hoher Pflanzen. Die einzige Waffe, die sie trugen, war eine Kralle am Daumen, die

HERBIVORE PROSAUROPODEN

Oben: die prädestinierten Opfer der Carnosaurier. Auf diesem Stammbaum finden wir die Prosauropoden, die lange vor dem Erscheinen der Giganten unter den Carnosauriern ausstarben. Ihr Platz wurde von den Sauropoden (links) und den Ornithischiern eingenommen. Durch die Entwicklung von Pflanzenfressern mit Panzer, Stacheln, Hörnern etc. nehmen auch die Karnivoren gigantische Dimensionen an und verfeinern ihre Angriffstechnik.

EVOLUTION DER SAUROPODEN

Links: wahrscheinliche Verwandtschaft zwischen den größeren bekannten Sauropodenfamilien. Die Entwicklung zu immer größeren Formen steht in Zusammenhang mit der parallelen Tendenz der Carnosaurier zu mehr Körpermasse und Aggressivität.

wohl zum Entwurzeln von Pflanzen oder zum Heranholen eines Astes diente.

Sektion Sauropoda: Zu ihnen zählen die größten Pflanzenfresser, die je existierten. Sie konnten so lang werden wie vier Elefanten hintereinander aufgestellt, etwa 27 m, und ihren Kopf bis in eine Höhe von 12 bis 18 m heben. Lebten sie heute, wäre es ein leichtes für sie, im sechsten Stock eines Hauses zum

derheiten, zum Beispiel einen prädentalen Knochen, der die beiden Unterkieferseiten miteinander verbindet und das Kinn formt, sowie verknöcherte Sehnen zwischen den einzelnen Wirbeln, die diese verbinden. Zwischen vorderen Schneide- und hinteren Mahlzähnen klafft eine kleine Lücke. Sie bilden eine natürliche Kategorie und erscheinen später als die Saurischier, am Anfang des Juras.
Als Pflanzenfresser haben viele unter

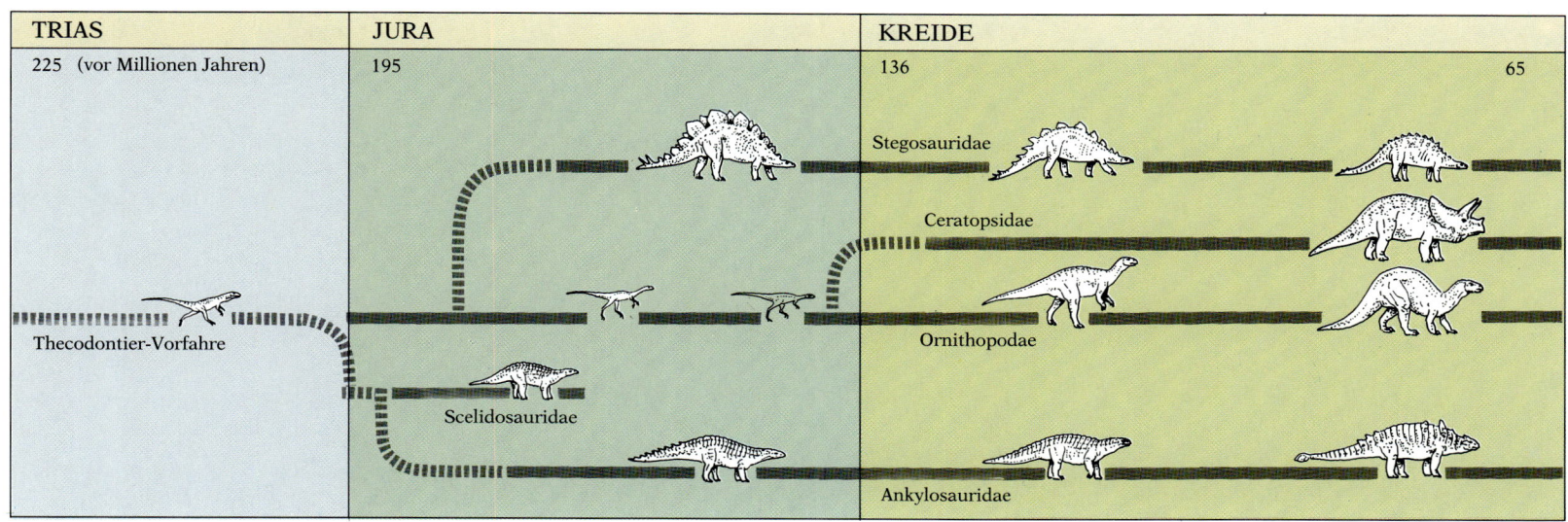

TRIAS	JURA	KREIDE	
225 (vor Millionen Jahren)	195	136	65

ORNITHISCHIER

Oben: Hypothetische Rekonstruktion des Stammbaums der wichtigsten Unterordnungen der Vogelbeckendinosaurier, ausgehend von einem Thecodontier-Vorfahren.

EVOLUTION DER ORNITHISCHIER

Rechts: Hier derselbe Stammbaum, ausgehend von den Fußabdrücken, die wir von diesen Tieren besitzen.

Fenster hineinzuschauen. Sie wogen 70 bis 100 Tonnen, soviel wie ein Dutzend Elefanten. Ein Halswirbel war bis zu 1 m dick, ein Schulterblatt 2,5 m breit. Fast alle hatten den gleichen Körperbau: ein zylindrischer, tonnenartiger Körper auf vier kräftigen Säulenbeinen, langer Hals und Schwanz, der Kopf erstaunlich klein. Die Nasenöffnungen waren groß und gleich unter den Augen, die Zähne stiftförmig, klein und irgendwie gar nicht tauglich, Tag für Tag immense Mengen hartfaseriger Nahrung zu bewältigen. Wie sie dennoch satt wurden? Es gibt, wie wir bald sehen werden, mehrere Theorien über ihre Lebensweise.

Ordnung Ornithischier

Sie unterscheiden sich von den Saurischiern wie bereits erwähnt durch die Form ihres Beckens. Scham- und Sitzbein sind, wie bei den Vögeln, nach hinten gekehrt. Diese Ähnlichkeit ist allerdings lediglich eine Analogie, denn sie haben keine gemeinsamen Vorfahren. Die Ornithischier zeigen gegenüber anderen Reptilien noch weitere Beson-

ihnen am vorderen Teil des Kiefers statt der Schneidezähne einen Hornschnabel, während hinten große Mahlzähne sitzen, eine typische Struktur für hochspezialisierte Herbivore. Der Schädel ist kompakter als jener der Saurischier, denn außer den Temporalöffnungen der Archosaurier weist er keine weiteren auf. Ihre Evolutionsgeschichte verlief etwas komplexer, und so unterscheiden

91

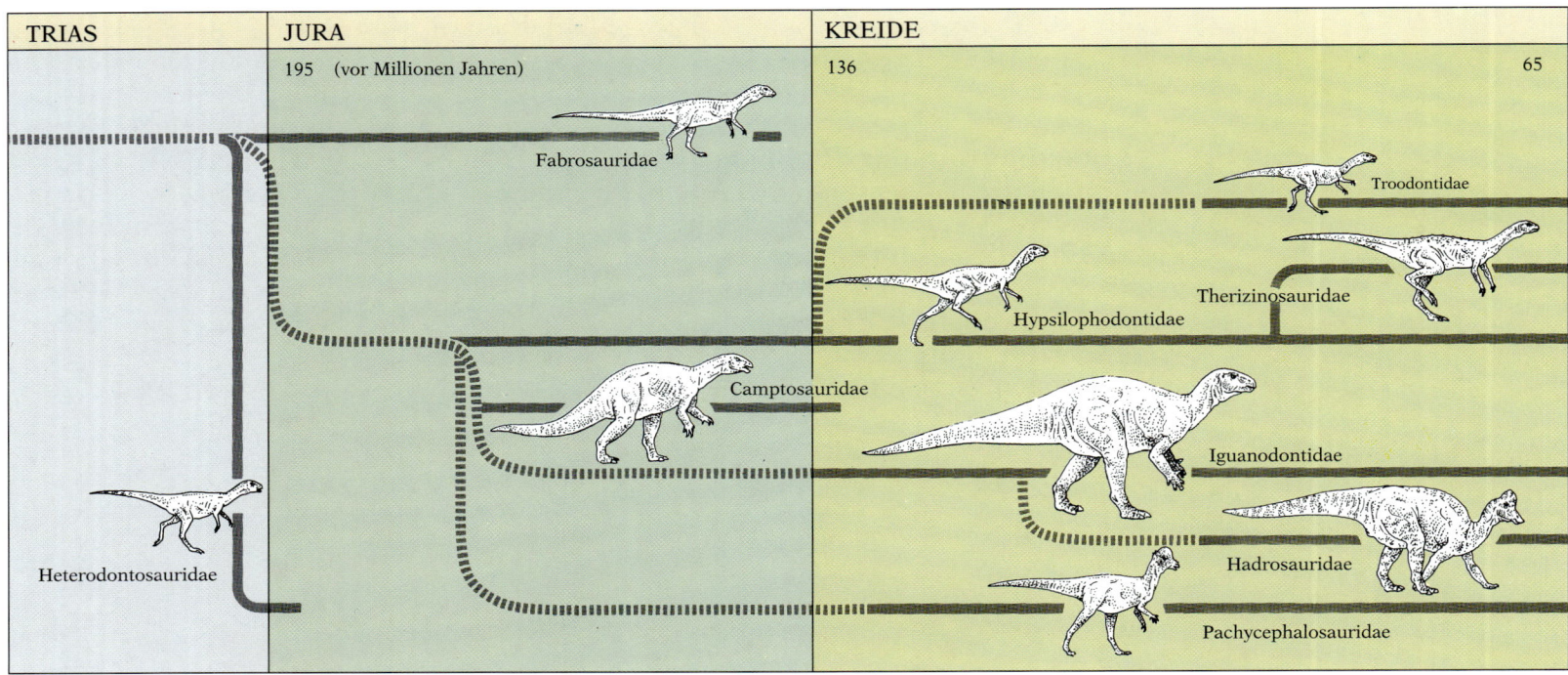

TRIAS	JURA	KREIDE
	195 (vor Millionen Jahren)	136 65

Fabrosauridae

Troodontidae

Therizinosauridae

Hypsilophodontidae

Camptosauridae

Iguanodontidae

Heterodontosauridae

Hadrosauridae

Pachycephalosauridae

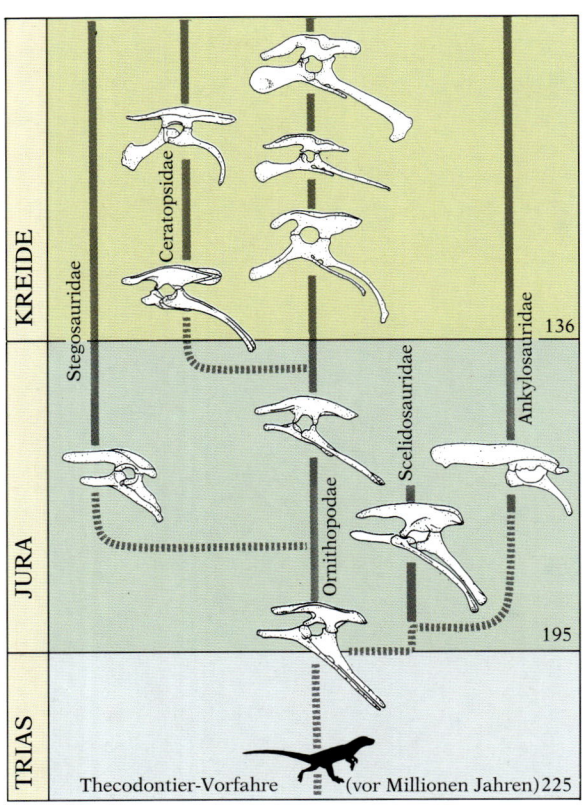

Thecodontier-Vorfahre (vor Millionen Jahren) 225

Ceratopsidae

Stegosauridae

Scelidosauridae

Ankylosauridae

Ornithopodae

ORNITHOPODEN

Oben: Hier sehen wir die wahrscheinlichen phylogenetischen Beziehungen zwischen Ornithischiern und Ornithopoden. Man betrachtet sie als die einzigen Ornithischier, die zu einem echten bipeden Gang fähig waren. Während der Kreidezeit haben sich zahlreiche Arten dieser wahrscheinlich effizientesten Pflanzenfresser mit hochentwickeltem Sozialverhalten gebildet.

VOGELBECKEN

Links Stammbaum der wichtigsten Ornithischier-Unterordnungen nach ihrer Beckenstruktur.

dae und Fabrosauridae, primitive Formen, die kaum mehr als 1 m maßen. Im Laufe des Juras und der Kreide haben die Ornithopoda immer mehr an Terrain auf dem Festland gewonnen und wurden zusehends größer, bis sie schließlich im Schnitt auf 4 bis 6 m Länge kamen und fast 1 Tonne auf die Waage brachten.

Unter den Iguanodonten und den Hadrosauriden gab es sogar noch größere Exemplare, sie erreichten bis zu 15 m Länge und ein Gewicht von 9 Tonnen. So groß die Unterschiede zwischen ihnen auch sind, sie stellen eine einheitliche Gruppe dar. Alle waren sie fähig, sich auf die starken Hinterbeine aufzurichten, doch im Gegensatz zu den Theropoda besaßen sie auch gut entwickelte Vordergliedmaßen. Das verschaffte ihnen den Vorteil, zwischen bi- und quadrupeder Fortbewegung wählen zu können. Der kräftige Schwanz half dabei: Beim zweibeinigen Laufen balancierte er das Körpergewicht aus, und blieb das Tier stehen, konnte es sich wie auf einem dritten Bein abstützen.

Man muß dabei unwillkürlich an die Känguruhs denken, die ihren Schwanz ständig als Sitzstock benutzen. Die Hadrosaurier besaßen einen effizienten Kauapparat mit umfangreichen Batterien von Zähnen in mehreren Reihen, die immer wieder nachwuchsen, wodurch sie sich nochmals unzweifelhaft als hochspezialisierte Pflanzenfresser ausweisen. Ein anderes Merkmal dieser Gruppe ist ein Kamm am Oberkopf, der

wir hier vier Unterordnungen: Ornithopoda, Stegosauridae, Ceratopier und Ankylosaurier.

Unterordnung Ornithopoda: Hier sind gut neun Familien versammelt. Ihr Merkmal ist das Becken, das jenem der Vögel ähnelt, doch nicht aus drei, sondern aus vier Teilen besteht: das Schambein hat zusätzlich einen langen, dünnen Fortsatz, der parallel zum Darmbein nach vorne verläuft. Am Ende der Trias erschienen Heterodontosauri-

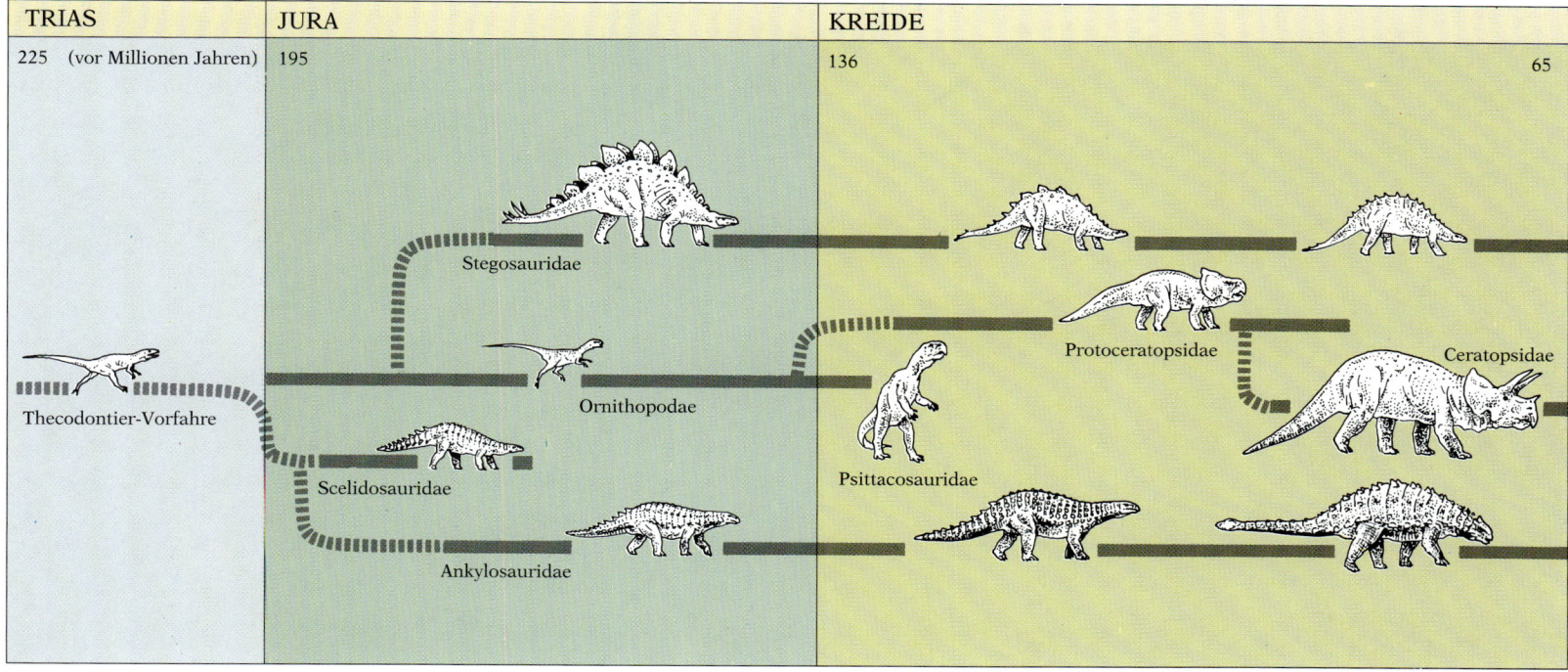

TRIAS	JURA	KREIDE	
225 (vor Millionen Jahren)	195	136	65

Thecodontier-Vorfahre

Stegosauridae

Scelidosauridae

Ornithopodae

Ankylosauridae

Psittacosauridae

Protoceratopsidae

Ceratopsidae

vielerlei Formen haben konnte und aus der Verlängerung des Nasenbeins gebildet ist. Über die Funktion dieser Kopfbedeckung gibt es allerdings nur Hypothesen.

Sektion Ornithischianer: Hier finden wir alle pflanzenfressenden quadrupeden Dinosaurierspezies, die einen Panzer trugen. Im Jura und in der Kreide waren sie, zusammen mit den Ornithopoda, die Beutetiere der großen Fleischfresser wie *Tyrannosaurus* und *Deinocheirus*. Der Hauptunterschied zwischen ihnen und den Ornithopoda ist ihre Körpermasse. Waren die einen gerade noch in der Lage, vor einem Räuber zu fliehen, so sind diese zu schwerfällig und konnten sich daher nur mittels einer starken Panzerung verteidigen. Stegosauridae, Ankylosauridae, Nodosauridae und Ceratopsidae besaßen aber nicht nur diesen passiven Schutz. Oft trugen sie auch Waffen wie einen mit Stacheln bestückten Schwanz, mit dem sie empfindliche Hiebe austeilen konnten.

Die primitivsten Ornithischianer waren *Scutellosaurus* und *Scelidosaurus*. Ihr am Rücken und an den Seiten mit dicken Schuppen, Platten und konischen Fortsätzen bedeckter Körper diente ganz und gar der passiven Verteidigung. Auch die Ankylosaurier und Nodosaurier machten es allem Anschein nach wie die Schildkröten und verließen sich auf ihre dicke Panzerung, die aus Knochen- und starken, verhornten

DIE ORNITHISCHIANER

Hier stellen wir den Stammbaum der quadrupeden Ornithischier, ausgehend von einem Thecodontier-Vorfahren, dar. Man kann sehr gut die einzelnen Strategien der Verteidigung sehen, die diese Pflanzenfresser entwickelten: Panzer bei den Ankylosauriden, Hörner und Nackenschild bei den Ceratopiern, Stacheln bei den Stegosauriern.

Hautplatten bestand, die zudem oft noch mit Stacheln und dornartigen Fortsätzen besetzt waren. Doch nicht nur: Die Ankylosaurier hatten außerdem noch eine Verdickung am Schwanzende, die sie als Keule eingesetzt haben könnten. Die Stegosauriden schließlich taten das ganz sicher, denn sie trugen gar eine Art Morgenstern mit sich herum: Am Schwanzende besaßen sie lange, spitze Stacheln.

Überhaupt hatten sie eine Menge unverwechselbarer Merkmale, wie zum Beispiel den sehr kleinen Kopf in Verbindung mit einem hochgewölbten Leib, der entlang der Wirbelsäule bei manchen Spezies mit ein oder zwei seitlich versetzten Reihen senkrechter Knochenplatten besetzt war, über deren Funktion man sich noch nicht ganz klar geworden ist. Ebenfalls zu dieser Gruppe gehören die Papageienschnabel- bzw. Horndinosaurier. Die primitivsten Formen waren die zweibeinigen Psittacosauriden, die aus den kleineren Ornithopoden hervorgegangen zu sein scheinen. Am Hinterkopf weisen sie bereits einen rudimentären Nackenschild auf, der sich bei den späteren Formen über den ganzen Hals und auch den Rücken erstrecken konnte und als Ansatz für die mächtige Halsmuskulatur diente.

Die folgenden Protoceratopier waren Vierbeiner, und der typische Nackenschild zeigte sich schon deutlicher. Die Ceratopier schließlich lebten am Ende der Kreide und zeichneten sich unter den Pflanzenfressern durch besondere

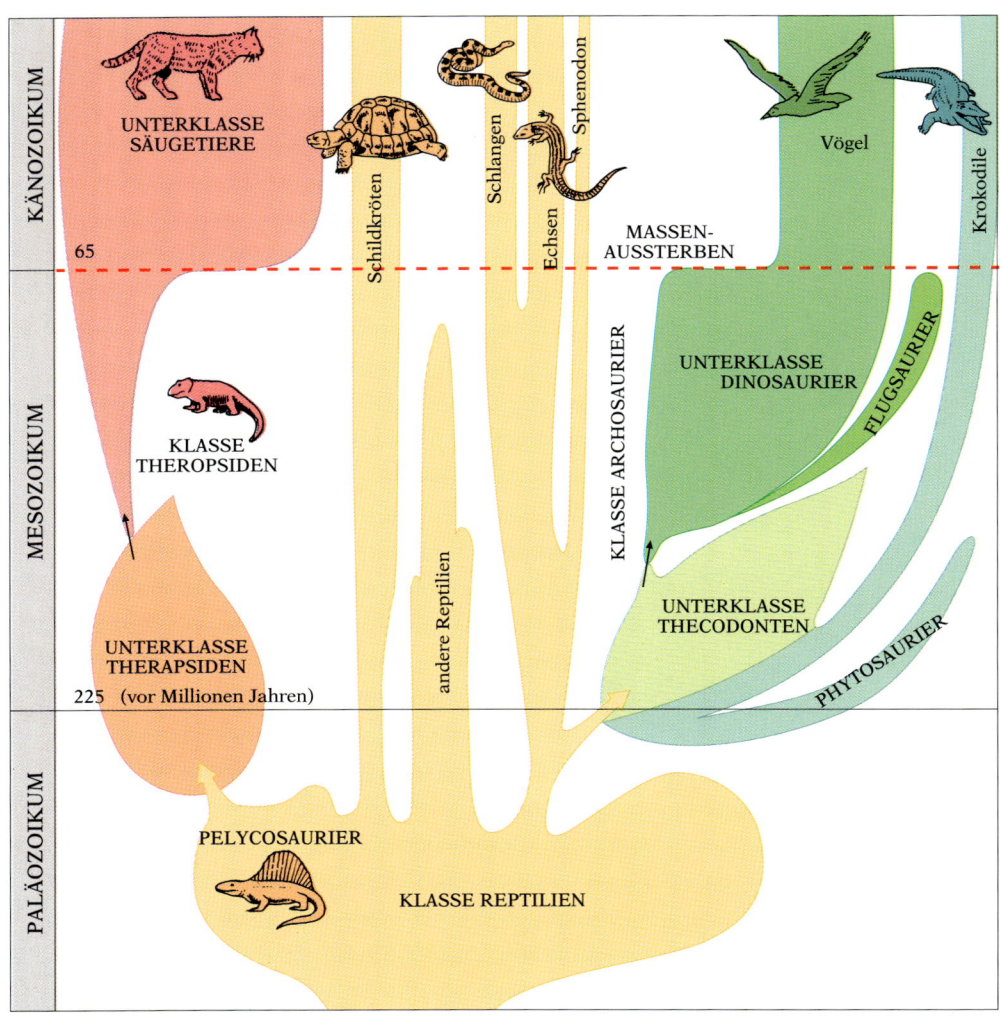

KÄNOZOIKUM

UNTERKLASSE SÄUGETIERE

Schildkröten

Schlangen

Echsen

Sphenodon

Vögel

MASSEN-AUSSTERBEN

Krokodile

65

MESOZOIKUM

KLASSE THEROPSIDEN

UNTERKLASSE DINOSAURIER

FLUGSAURIER

KLASSE ARCHOSAURIER

andere Reptilien

UNTERKLASSE THECODONTEN

UNTERKLASSE THERAPSIDEN

225   (vor Millionen Jahren)

PHYTOSAURIER

PALÄOZOIKUM

PELYCOSAURIER

KLASSE REPTILIEN

DIE NEUE EVOLUTION

Nach Bakker muß die Evolution der Reptilien auch nach Entwicklung warmblütiger und kaltblütiger Tierarten betrachtet werden. Eine neue Klasse, die der Theropsiden, umschließt als Unterklassen die modernen und ausgestorbenen Säugetiere sowie die Therapsiden, von welchen die Säugetiere abstammen. In der Klasse der Reptilien verbleiben die primitiven Pelycosaurier des Perms und ihre modernen Nachkommen, die Schildkröten, Schlangentiere, Echsen und Rhynchocephalia *(Sphenodon)*. Die Überordnung Archosaurier wird zu einer neuen Klasse, welche Phytosaurier, Thecodonten, Flugsaurier, Saurischier, Ornithischier, alles ausgestorbene Arten, sowie die modernen Krokodile und Vögel enthält. Nach dieser Klassifikation wären Vögel moderne Dinosaurier.

Wehrhaftigkeit aus. Sie wogen 3 bis 4 Tonnen, wurden 8 m lang und trugen zusätzlich zu der furchteinflößenden Halskrause große, spitze Hörner auf Nase und Stirn. Die Fleischfresser fanden hier keine leichte Beute. Auch bei dieser Familie gebührt dem ausgeklügelten, hocheffizienten Kauapparat ein erheblicher Anteil am evolutionären Erfolg.

Neue Ansätze zur Klassifizierung

Hier haben wir nun die klassische Klassifizierung vorgestellt, die heute vom überwiegenden Großteil der Wissenschaftler angewandt wird. Doch neue Fossilienfunde und oft auch die Neuinterpretierung früherer Stücke stellen immer wieder in Frage, was schon fast als unverrückbar gegolten hatte. Nach dem großen Fortschritt, all die rätselhaften Fossilien früherer Jahrhunderte zu »Dinosauria« zusammenzufassen, teilte man sie alsbald mühsam wieder auf, in Ornithischier und Saurischier. Nur, um dann wieder darauf zurückzukommen, daß sie wahrscheinlich doch als einheitliche Gruppe zu behandeln sind. Dar-

über diskutiert man nun, während neue biologische Erkenntnisse ihre bisherige Klassifizierung überhaupt in Frage stellen.

Robert T. Bakker hat eine Theorie aufgestellt, die, wie wir gleich sehen werden, die Welt der Dinosaurier und die Vorstellung, die wir von ihnen haben, völlig auf den Kopf stellt. Dieser Forscher behauptet, die Warmblütigkeit sei vor den Säugetieren bereits mindestens zweimal aufgetreten, und zwar erstmals bei den Therapsiden des Perms. Jene säugetierartigen Reptilien bewohnten das südliche Gondwana, das damals zum Großteil von Eis bedeckt war und dessen spärliche Vegetation hauptsächlich aus dem kleinen Farn *Glossopteryx* bestand, der solchen Temperaturen gut standhielt. Vielleicht produzierten die Therapsiden eine niedrigere Körpertemperatur als moderne Säugetiere, etwa 30 °C dürften ausreichend gewesen sein. Heute noch existente, primitive Säugetierarten wie der australische Ameisenigel und der madegassische Tenrec sind der lebende Beweis.

Auch die Verteilung der Lebensräume moderner Reptilien gibt Bakker recht: Die Größeren unter ihnen kommen nur in tropischen Zonen vor, wo sie keine Probleme haben, die notwendige Körpertemperatur aus ihrer Umgebung zu beziehen. In weniger warmen Gebieten gibt es nur die primitiveren, kleineren Formen, die in Löchern unter der Erde überwintern und so Kälteperioden überstehen. Die Therapsiden, die etwa die Größe eines Rhinozeros erreichten, konnten sich schlecht im Boden eingraben, sie mußten also ihre Körpertemperatur auf andere Weise aufrechterhalten und fast zwangsläufig einen inneren Mechanismus dazu besitzen. Es ist sogar möglich, daß sie nicht nur eine hohe Stoffwechselrate wie Warmblüter hatten, sondern auch ein Fell oder einen vergleichbaren Kälteschutz trugen.

Die zweiten waren laut Bakker die Thecodontier der Trias. Völlig unabhängig von den Therapsiden entwickelten sie, die ebenfalls das südliche Gondwana bewohnten, die gleiche Strategie, da auch in jener geographischen Periode der Kontinent eben erst eine Eiszeit erlebt hatte, und das Klima daher ziemlich rauh war. Sie verfügten wahrscheinlich ebenfalls über eine isolierende Körperbedeckung, die vor Wärmeverlust schützen sollte, wie Schuppen oder Fell.

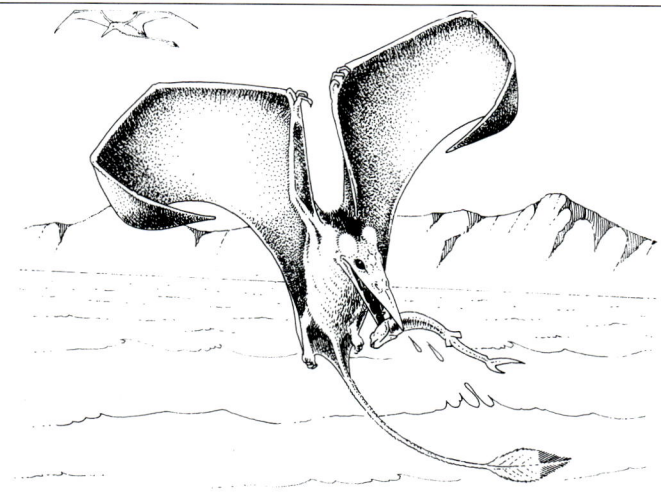

Das ist zwar schwer zu beweisen, doch einige Hinweise finden sich wohl in den Fossilien. *Longisquama* zum Beispiel, ein kleiner Thecodontier aus der Trias, war, wie sein Name schon sagt, am ganzen Körper mit langen Schuppen bedeckt, die dachziegelartig übereinander lagen und so eine Schicht warmer Luft um den Körper hielten. Diese Schuppen gelten heute als die Urform der Federn. *Sordes pilosus*, ein jurassischer Pterosaurier, trug einen dichten Pelz.

Geht man nun davon aus, daß die Therapsiden des Perms, die Thecodontier der Trias, einige Pterosaurier, die Dinosaurier und die primitiven Vögel wie *Archaeopteryx* Warmblüter gewesen wären, wie Bakker behauptet, so müßten wir die bisher gültige Klassifizierung der Spezies gründlich revidieren. Die traditionelle Unterscheidung zwischen Säugetieren und Vögeln müßte mangels Berechtigung fallen, an ihrer Stelle blieben Therapsiden und Archosaurier übrig. Diese beiden neuen Klassen würden die bioenergetische Evolution der Säugetiere, Vögel und Reptilien viel besser wiedergeben. Und da insbesondere bei den Dinosauriern alle Merkmale ihrer direkten Nachfahren, der Vögel, wie Warmblütigkeit, innere Temperaturregelung, höherer Stoffwechsel und wärmeisolierende Schicht, bereits gegeben sind, müßten diese beiden Gruppen eine Klasse für sich bilden.

Nach dieser neuen Klassifizierungsmethode wären die Vögel also lebende Dinosaurier, die einzigen, die das Große Sterben überlebt haben. Robert T. Bakker stützt sich dabei hauptsächlich auf die Tatsache, daß die Dinosaurier vor 200 Millionen Jahren bereits all jene ökologischen Rollen gespielt haben, die heute die Säugetiere bekleiden. Und das sei seiner Meinung nach nur möglich gewesen, weil sie bereits über all jene anatomischen und physiologischen Neuerungen verfügten, die ihren Erben heute dieselbe herausragende Rolle ermöglicht. Waren sie etwa wirklich Warmblüter? Hatten sie vielleicht schon ein in vier Kammern unterteiltes Herz und einen perfekt getrennten Lungen- und Körperkreislauf, der ihnen erhöhte körperliche Aktivität erlaubte?

Um diese Theorie auf die Probe zu stellen, müssen wir mehr in Betracht ziehen als nur die Skelette. Wir müssen die Biologie dieser Tiere rekonstruieren, sie betrachten, als lebten sie noch. Wie waren sie wirklich, die Schrecklichen Echsen der Urzeit?

Aus dem Leben der Dinosaurier

Eine knifflige Frage

Was ist ein Dinosaurier? Diese Frage ist gar nicht so einfach zu beantworten. Es fängt schon damit an, daß man nicht alle Gattungen in einen Topf werfen kann. Und schier unmöglich erscheint es, dabei mit einigen knappen Worten auszukommen, so verschieden waren sie untereinander: klein, groß, mit oder ohne Panzer, Räuber, harmlose Pflanzenfresser, Sumpf- oder Wüstenbewohner... Suchen wir nun einen gemeinsamen Nenner für sie alle, haben wir eine recht schwierige Aufgabe übernommen. An die biologische Identität der Dinosaurier gehen Wissenschaftler vor allem mit der Vergleichenden Anatomie heran. Man studiert alle modernen Tiere, die als ihre nächsten Verwandten gelten. Nach einer Vielzahl von Untersuchungen versucht man sich mit Hilfe der so gewonnenen Daten vorzustellen, wie wohl die Fossilien dieser aktuellen Lebewesen in einigen Jahrmillionen beschaffen sein würden. Findet man auf diese Weise ein fossiles Merkmal, das wie eines der Dinosaurier aussieht, glaubt man zu wissen, daß die Ähnlichkeit auch am lebenden Tier vorhanden war. So suchen die Wissenschaftler minutiös und sorgfältig nach Hinweisen und plausiblen Antworten auf die vielen Fragen, die ein fossiles Skelett aufwirft.

Doch kaum hat man eine mögliche Antwort gefunden, erscheinen unweigerlich auch diejenigen auf der Bildfläche, die mit der Interpretation nicht einverstanden sind und eine eigene vorschlagen. Ein und dasselbe Indiz kann auf verschiedene Weise interpretiert werden und muß oft als Argument sowohl für die Befürworter als auch für die Gegner einer Hypothese herhalten. Bei der Rekonstruktion der Biologie, der Physiologie und des Verhaltens auch nur

einer der Dinosaurierspezies sind wir nach jahrelanger Forschungsarbeit noch weit von unserem Ziel, einer allseits akzeptierten, möglichst wirklichkeitsnahen Darstellung, die auf wissenschaftlichen Fakten basiert, entfernt. Was wir haben, ist höchstens ein grober Entwurf, ein paar einander widersprechende Skizzen, Ausgangspunkte für weitere Theorien und Hypothesen, die wohl noch oft geändert werden müssen.

Es ist daher nicht weiter verwunderlich,

ENDOTHERMIE

Links: amerikanische Bisons in tiefverschneiter Landschaft. Den Vorteil, auch bei Minusgraden aktiv zu sein, genießen nur die Warmblüter, auch Homöotherme genannt, die die lebensnotwendige Körpertemperatur durch »Verbrennen« von Nahrung produzieren.

EXOTHERMIE

Oben: Ein Laubfrosch wärmt sich in der Sonne auf. Kaltblüter, auch Wechselwarme oder Heterotherme genannt, beziehen ihre Körpertemperatur von außen, und so können sie schwer in rauhen Klimazonen existieren. Neuere Fossilienfunde in der Antarktis, speziell in Zonen, wo das Klima auch im Mesozoikum sehr unwirtlich war, haben ergeben, daß unsere Freunde auch dort vertreten waren. Einige Dinosaurier müßten also warmblütig gewesen sein.

daß gerade auf dem Gebiet der Biologie die meisten Kontroversen und die schärfsten Debatten stattfinden. Dieser Bereich ist nicht zuletzt deshalb so wichtig, weil die biologischen Qualitäten eines Tieres der Schlüssel zu seinem evolutionären Erfolg sind. Wenn heute in der Welt der Wirbeltiere die Säugetiere und Vögel aufgrund ihrer enormen Vielfalt eine Vormachtstellung einnehmen, so können sie das nur dank ihrer »Warmblütigkeit«, die man präziser Endothermie nennen sollte. Es handelt sich dabei um die Fähigkeit, durch körpereigene Stoffwechselprozesse Wärme zu erzeugen, die sie unabhängig von der in der Außenwelt herrschenden Temperatur macht.

Die Reptilien, die als Kaltblüter diese Eigenschaft nicht besitzen, haben zwar keineswegs wirklich »kaltes Blut«, sind aber in ihrer Aktivität bei niedriger Außentemperatur erheblich eingeschränkt und spielen daher mit gerade vier Ordnungen eine untergeordnete Rolle. Endotherme haben eine etwa viermal höhere Stoffwechselrate als die auch als »wechselwarm« oder auch heterotherm bezeichneten Exothermen, die die für körperliche Betätigung notwendige Körpertemperatur aus der Umwelt beziehen und sie nur regeln können, indem sie sich in der Sonne aufwärmen bzw. im Schatten abkühlen. Durch ihren höher entwickelten Stoffwechsel sind Säugetiere und Vögel, deren Pelz bzw. Gefieder sie zusätzlich vor Wärmeverlust schützt, selbst bei sehr niedrigen Temperaturen und in kühleren Regionen aktiv.

Reptilien, die keine solche Thermoisolierung und auch keine Fettschicht besitzen, können da kaum mithalten. So kommen bestimmte Lebensräume für sie gar nicht erst in Frage. Bereits nach einer kalten Nacht oder einem bewölkten Tag können sie sich nicht mehr richtig bewegen. Die Endothermie dagegen hält die Körpertemperatur immer innerhalb eines gewissen Rahmens, was eine Grundbedingung für die Entwicklung eines komplexen Nervensystems ist. So konnten Vögel und Säugetiere immer größere Gehirnmasse entwickeln und sich aufgrund

Dimensionen einer Spitzmaus. Nur im Schutz der Dunkelheit zeigten sie sich, tagsüber räumten sie das Feld für ihre mächtigen Konkurrenten und wagten es erst, auf die Jagd zu gehen, wenn diese schliefen. Und das, obwohl sie mit ihrer Pelz- und Fettschicht, die die Körpertemperatur aufrechterhielt, ihrem Gebiß, das so differenziert war, daß sie sich von allem möglichen ernähren konnten, ihrer Fähigkeit, Embryos im Körperinneren zu entwickeln und ihrem im Vergleich zur Körpermasse verhältnismäßig großen Gehirn bereits alle Trümpfe in der Hand hielten, um Tausende von Spezies hervorzubringen und jede nur denkbare ökologische Nische zu besetzen.

Doch offenbar konnten sie das nicht, und die dominierende Rolle wurde von den Dinosauriern, die ungefähr zur selben Zeit entstanden waren, bekleidet. Aus diesen Tatsachen muß man fast zwangsläufig schließen, daß letztere den Säugern etwas voraushatten und ihr damaliger Stellenwert eher mit jener der Säugetiere und Vögel heute zu vergleichen ist als mit dem der Reptilien. Vielleicht hat dieser entscheidende Vorteil etwas mit einem bestimmten Stoffwechsel- oder Blutkreislaufsystem zu tun, wie es in der modernen Fauna der Fall ist? Waren die Dinosaurier etwa Reptilien, die mit ihren charakteristischen Eigenschaften im Klima des Mesozoikums besonders gut zurechtkamen, und gleichzeitig endotherm, mit all den Vorteilen, die diese Qualität mit sich bringt? Auf diese Argumentation stützt sich Robert Bakker von der Universität Colorado, wenn er behauptet, die Dinosaurier dankten ihren Erfolg der Warmblütigkeit.

Ostrom und Bakker: Aufbruch zu neuen Perspektiven

Der zentrale Angelpunkt der Endothermie-Hypothese ist die Ernährung der Dinosaurier. Die Warmblütigkeit ist ziemlich »kostenintensiv«, denn ca. 80 Prozent der Nahrung werden im Körper verbrannt, um Temperatur zu erzeu-

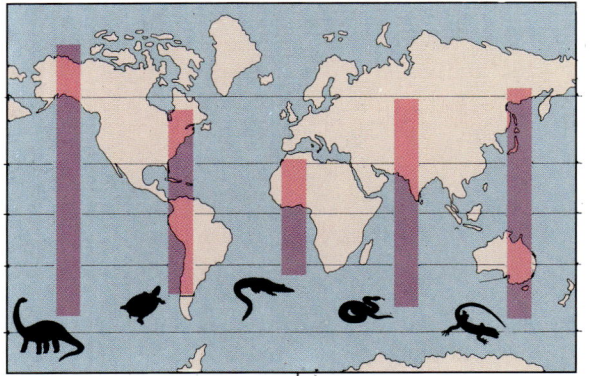

DIE ENERGIEPYRAMIDE

Der Energietransport von den Pflanzen auf unterster Ebene zu den Primärkonsumenten, den Herbivoren, auf zweiter Ebene, von dort zu den Sekundärkonsumenten, den Karnivoren, auf dritter Ebene, bis zu den Superräubern an der Spitze. Mit größter Wahrscheinlichkeit wechselten damals wie heute nur 10 Prozent der vorhandenen Energie auf die jeweils höhere Stufe. Der Rest verteilte sich zur Erhaltung des Ökosystems. Unsere Graphik ist nicht repräsentativ für die Gesamtheit der Dinosaurierarten. Proportionen sind ebensowenig berücksichtigt wie andere Reptilien, Amphibien, Fische und Wirbellose, die ebenfalls Nahrungsquelle für die Karnivoren waren.

REPTILIEN AUF DER GANZEN WELT

Links: Hier sehen wir das Vorkommen moderner Reptilien nach geographischer Breite im Vergleich zu den bis heute entdeckten Dinosaurierfossilien.

dessen immer besser gegenüber ihren Konkurrenten im Überlebenskampf behaupten.

In der Vergangenheit, genauer gesagt im Mesozoikum, schien die Situation jedoch 140 Millionen Jahre lang umgekehrt gewesen zu sein. Die Dinosaurier, eindeutig Reptilien, beherrschten die Welt, während die Säugetiere ein regelrechtes Schattendasein führten. Es gab nur sehr wenige Spezies, und die größten unter ihnen kamen gerade auf die

FLEISCH- UND PFLANZEN- FRESSER

Ein Räuber auf 20 Herbivore: Das ist das Verhältnis, das sich ergibt, wenn man alle in Alberta, Kanada, gefundenen Fossilien aus der oberen Kreide zueinander in Bezug setzt. Vielleicht kann man dieses Faktum als Indizienbeweis für die Theorie sehen, daß zumindest die Räuber warmblütig waren. Doch ist die Fossilisation ein Produkt so vieler Zufälle, daß dieses Ergebnis mit Vorsicht zu genießen ist.

gen. Deshalb muß ein Warmblüter etwa zehnmal soviel Kalorien zu sich nehmen wie ein gleich großer Wechselwarmer. Wenn Biologen ein Ökosystem analysieren, so erstellen sie eine sogenannte Nahrungspyramide, die das zahlenmäßige Verhältnis zwischen Pflanzen und Tieren, Pflanzen- und Fleischfressern graphisch darstellt. In jeder solchen Pyramide gibt es Stufen, die jene Lebewesen umfassen, die sich auf die gleiche Weise, das heißt von der gleichen Quelle ernähren. An der Basis befinden sich die Autotrophen, vor allem Pflanzen. Etwas höher finden wir die Pflanzen-, darüber die Fleischfresser, und an der Spitze die sogenannten Superräuber. In einer Population von Säugetieren sind die Raubtiere immer in viel kleinerer Anzahl vertreten als die Pflanzenfresser, sie repräsentieren etwa 1 bis 6 Prozent.

Die geniale Idee des Robert Bakker war, dieses ökologische Prinzip auch in der paläontologischen Forschung anzuwenden, um zu sehen, ob man in den Fossilbelegen einer Dinosaurierpopulation in etwa dieselben Verhältnisse vorfinden konnte. Eine zahlenmäßige Übereinstimmung dieser Relationen bedeutete für Bakker einen stichhaltigen Beweis, ein wertvolles Indiz zugunsten der Endothermie-Hypothese, wie er sie vertrat.

Begeistert von seiner Idee entschloß er sich, die bisher gefundenen Fossilien, die in allen Museen der Welt verstreut waren, statistisch auszuwerten. Nach zehn Jahren des mühevollen Aufspürens, Zählens und Auswertens verstaubter Knochen kam er schließlich auf ein Verhältnis von 3 bis 5 Prozent Räuber unter der Dinosaurierpopulation des Mesozoikums. Natürlich repräsentierten diese Zahlen nur die von ihm einbezogenen Fundstücke, doch hatte er sich um größtmögliche Vollständigkeit bemüht. Man sah deutlich, daß im Mesozoikum ebenso wie heute die Räuber erheblich seltener waren als ihre Beutetiere.

Bakker war überzeugt, daß diese Zahlen bei den Fossilbelegen die Situation unter der lebenden Population widerspiegelten, und daher sicher, hier einen Beweis für die Warmblütigkeit der Dinosaurier gefunden zu haben.

Wie gewöhnlich gab es eine erkleckliche Anzahl an Paläontologen, die seine Ansicht ganz und gar nicht teilten und sie zu widerlegen suchten, wo sie nur konnten. Ihr Hauptargument war, daß man kaum die gleiche Art von Beobachtung an heute lebenden Populationen, beispielsweise in der Savanne, wo jedes Detail erkennbar und nachprüfbar ist, auf Fossilien anwenden kann. Man könne Daten, die man aus einem lebenden, aktuellen Ökosystem bezieht, nicht so ohne weiteres auf eine unvollständige, bruchstückhafte Sammlung in einem Museum umlegen, die gar nichts über die damals herrschenden Bedingungen aussagt.

Da sich Fossilien ganz und gar zufällig bilden und schon ziemlich zerstört sind, wenn man sie findet, können sie nicht als Spiegel einer realen Situation gelten. Niemals würde man mit Sicherheit zu sagen wissen, was alles schon verlorengegangen sei. Außerdem würde Bakker argumentieren, als sei die Population der Pflanzenfresser nur durch die der Räuber in Grenzen gehalten worden, und jene wiederum nur durch den Druck der anderen. In Wirklichkeit könnten aber viele Faktoren hier eine wichtige Rolle innehaben, wie Krankheiten zum Beispiel oder eine niedrige Geburtenrate, eine hohe Jungtiersterblichkeit, erhöhte Nahrungskonkurrenz

GIGANTEN DES FESTLANDES

Eine Gruppe Elefanten streift in der Savanne umher. Sie sind die größten landlebenden, modernen Tiere und haben daher einen hohen Futterbedarf. Um genügend davon zu finden, müssen sie lange Wanderungen unternehmen. Die Tagesration dieser Siebentonner beträgt 250 kg, eine Größe, die uns bei der hypothetischen Berechnung des täglichen Nahrungsbedarfs der Dinosauriergiganten hilft. Wären sie echte Warmblüter gewesen, hätten sie täglich 1 Tonne Grünpflanzen aufnehmen müssen, eine Menge, die sie in 24 Stunden unmöglich finden und schon gar nicht zerkauen hätten können. Diese Tatsache erhärtet den Verdacht, daß die Pflanzenfresser im Grunde exotherm waren, doch ihre Körpertemperatur aufgrund ihrer Masse gut konstant halten konnten.

DIE NAHRUNGSKETTE

Die Verteilung der Nahrung im oberen Jura. Spezialisierte Pflanzenfresser (grün) teilten sich die verschiedenen Vegetationszonen: Die Stegosauriden weideten den Boden ab, während Camptosauridae und Diplodocidae die höheren Zonen bevorzugten. Auch die Fleischfresser (braun) hatten ihre Spezialgebiete, jeder jagte bestimmte Beutetiere, wobei sie auch Aas nicht verschmähten.

HERBIVORE

KARNIVORE

sein Knochenbau vermuten läßt – seine Beute mit einem tödlichen Hieb seiner »schrecklichen Kralle« tötete, während er auf dem zweiten Bein balancierte. Doch wie gesagt, nichts hindert uns daran, anzunehmen, daß er gerade einen Kaltblüter erlegte.

Bakkers Lehrer, John Ostrom, Geologieprofessor an der Universität Yale, denkt so. Dieser Fachmann ist immerhin weltweit als Experte auf dem Gebiet der paläontologischen Forschung anerkannt, war doch er es, der den *Deinonychus* entdeckte, der nicht nur eines der erstaunlichsten Raubtiere in der Geschichte der Erde, sondern auch eine Schlüsselfigur in der Evolutionslinie von den Dinosauriern zu den Vögeln darstellt.

Ostrom war der erste, der die Hypothese von der Warmblütigkeit der Dinosaurier lancierte. Je weiter man mit der Forschung an dem faszinierenden Raubtier *Deinonychus* kam, umsomehr nahm diese Idee in Ostroms Geist Gestalt an. Sein Schüler Bakker, das *enfant terrible* der Universität Yale, stürzte sich sofort Hals über Kopf in die neue Theorie, doch der Professor selbst blieb vorsichtig und versuchte, das Ganze von einem objektiveren Standpunkt aus zu beleuchten.

Der stärkste Widerspruch zur Hypothese der Endothermie ist, wie er sagt, eben die Ernährung. Wieviel Nahrung konnten die Riesendinosaurier wohl verschlingen, um ihren Stoffwechsel auf so hohem Niveau zu halten, wie es für eine konstante Körpertemperatur notwendig ist? Wenn man davon ausgeht, daß ein Afrikanischer Elefant 250 kg Grünfutter pro Tag verbraucht, so mußte ein *Apatosaurus*, der vier- bis fünfmal so viel wog, wohl weit mehr als 1 Tonne konsumieren. Und diese Menge wiederum ist für jedes Lebewesen undenkbar. Denn bereits der Elefant frißt 15 Stunden am Tag, und so hätte unser *Apatosaurus* einfach nicht genügend Zeit für die Nahrungsaufnahme.

Doch es ist auch eine unbestrittene Tatsache, daß viele herbivore Ornithopoden, insbesondere Hadrosaurier und Ceratopier, ausgeklügelte Kauapparate mit ganzen Batterien hochspezialisierter Zähne besaßen, die heute ihresgleichen suchen und höchstens noch mit den Mahlzähnen der Elefanten verglichen werden können. Deshalb kann man nicht ausschließen, daß sie doch Warmblüter waren und die entsprechende

oder evolutionärer Druck, was möglicherweise ebenfalls das Verhältnis Raubtier–Beutetier verzerrte.

Bakkers Zahlen, hält man sie nun für repräsentativ oder nicht, mögen wohl etwas über die möglicherweise endotherme Physiologie der Räuber aussagen, nicht aber über die der Beutetiere. Wenn die Dinosaurier schon eine so große Artenvielfalt entwickelt haben, wieso hätten sie nicht über zwei verschiedene Stoffwechselsysteme verfügen sollen? Räumen wir ruhig ein, daß die Räuber Warmblüter waren. Nichts zwingt uns dazu, von den Beutetieren dasselbe anzunehmen. Der Körperbau eines 5 m hohen *Allosaurus* etwa, mit den kräftigen Hinterbeinen eines leistungsfähigen Schnelläufers, läßt schon auf einen höheren, einen »Athletenstoffwechsel« schließen.

Diese Überlegung muß noch mehr für den *Deinonychus* gelten, der zwar etwas kleiner, doch wieselflink war, und – wie

SCHRECKLICHE KRALLEN
Hier sehen wir den Hinterfuß eines karnivoren Theropoden. Diese typischen Merkmale für einen aggressiven Jäger haben zum ersten Mal, dank der Entdeckung und Untersuchung des *Deinonychus* 1904, zu der Annahme geführt, die Dinosaurier könnten endotherm gewesen sein.

Nahrungsmenge bewältigen konnten. Die Sauropoden dagegen hatten ganz unspezialisierte Zähne, die nicht in der Lage waren, große Pflanzenmengen schnell zu zerkleinern. Für sie scheidet die Möglichkeit der Endothermie höchstwahrscheinlich aus. Stattdessen könnte es ihre große Körpermasse gewesen sein, die im trockenen, warmen Klima des Mesozoikums ausreichend Schutz gegen Temperaturverlust bot und andere Thermoregulationsmechanismen zum verzichtbaren Luxus machte.

Denn je größer die Masse eines Körpers ist, umso länger braucht er nicht nur, um sich um einige Grade zu erwärmen, er kühlt auch nur sehr langsam ab. Man kann sich also vorstellen, daß diese Gruppe sogenannte »inerte Homöotherme« waren, das heißt eine stabile Körpertemperatur halten konnten, ohne wirklich über innere Mechanismen zur Thermoregulierung zu verfügen. Gleich mitgeliefert bekommen wir dabei die Information, daß die Körpermasse der Dinosaurier aus mehreren guten Gründen entwickelt wurde. Sie ersetzte völlig das Nahrungsverbrennen, Schwitzen bzw. Hecheln der Säugetiere.

Laut Ostrom können wir also davon ausgehen, daß die Dinosaurier je nach Gruppe verschiedene thermoregulative Mechanismen hatten. Zweibeiner und Ornithopoden zählten zu den Endothermen, während die Giganten unter den Vierbeinern zu den Exothermen gehörten, aber dennoch über eine gleichbleibende Körpertemperatur verfügten. »Warum auch nicht?« fragte sich Ostrom, »diese Art der inerten Homöothermie funktioniert ebensogut und ist nicht so verbrauchsintensiv wie die Warmblütigkeit. Wenn auch noch so viele Gründe für die Endothermie vorliegen, so gibt es doch keinen schlüssigen Beweis dafür.«

Aus den Untersuchungen der Fossilien können wir immer nur indirekte Schlüsse ziehen, und manchmal scheinen diese für die Warmblütigkeit zu sprechen. Doch wie wir noch sehen werden, können dieselben Argumente einfach ganz anders interpretiert werden, so daß sie plötzlich das Gegenteil aussagen und ebensogut den Gegnern wie den Verfechtern dieser Hypothese dienen. Vielleicht ist Ostroms Theorie wirklich die realistischste Antwort auf diese schwierige Frage, denn sie trägt der Tatsache Rechnung, daß die Dinosaurier aller

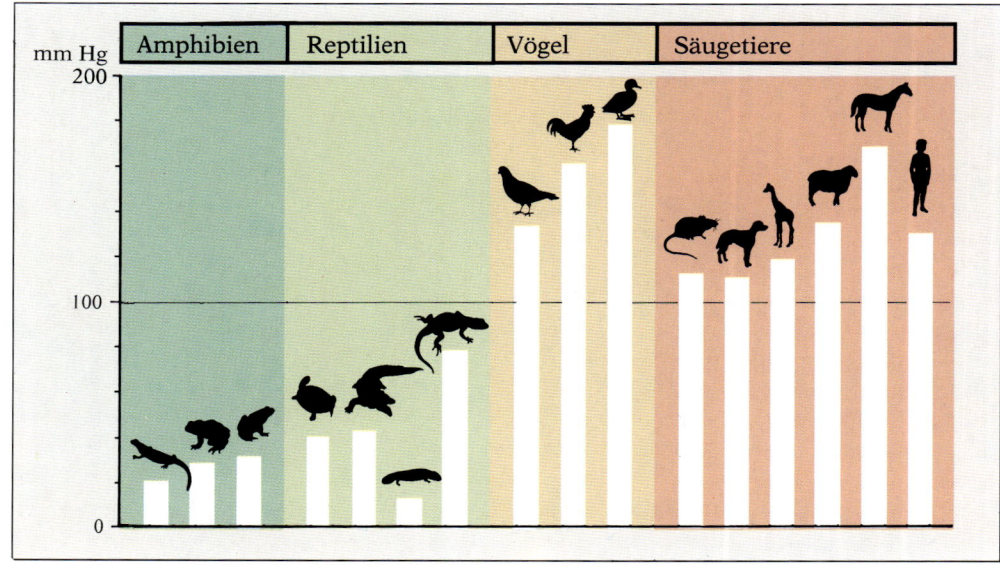

ENTSCHEIDENDER BLUTDRUCK
Die obere Grafik setzt die Entfernung zwischen Herz und Gehirn (in Metern) in Bezug zum geschätzten Blutdruck (in mm Hg) von vier Dinosaurierarten. Für drei von ihnen wurden mehrere Höhen angenommen, da sie gruppenintern sehr verschieden sein können. Die Werte wurden aufgrund vergleichbarer Daten moderner Wirbeltiere ermittelt. Darunter: moderne Gruppen im Vergleich. Liegt das Gehirn weit vom Herzen entfernt, so ist ein höherer Blutdruck nötig, um es entsprechend zu versorgen. Nur ein Herz mit vier Kammern wie das der Vögel oder Säugetiere kann dies gewährleisten.

Wahrscheinlichkeit nach nicht ohne eine höhere Stoffwechselrate auskamen, aber dennoch nicht so hohe Nahrungsmengen wie echte Endotherme verbrauchten.

Theorien zur Physiologie der Dinosaurier

Nach Robert Bakker ist die Tatsache, daß die Dinosaurier die aufrechte Haltung sowohl im Stand als auch in der Fortbewegung beherrschten, ein Beweis für ihre endotherme Physiologie. Tatsächlich sind heute keine Kaltblüter dazu fähig, alle kriechen mehr oder weniger auf dem Boden entlang.

Doch so schlüssig und logisch diese Behauptung, die auf Beobachtung der Natur beruht, uns auch erscheint, es

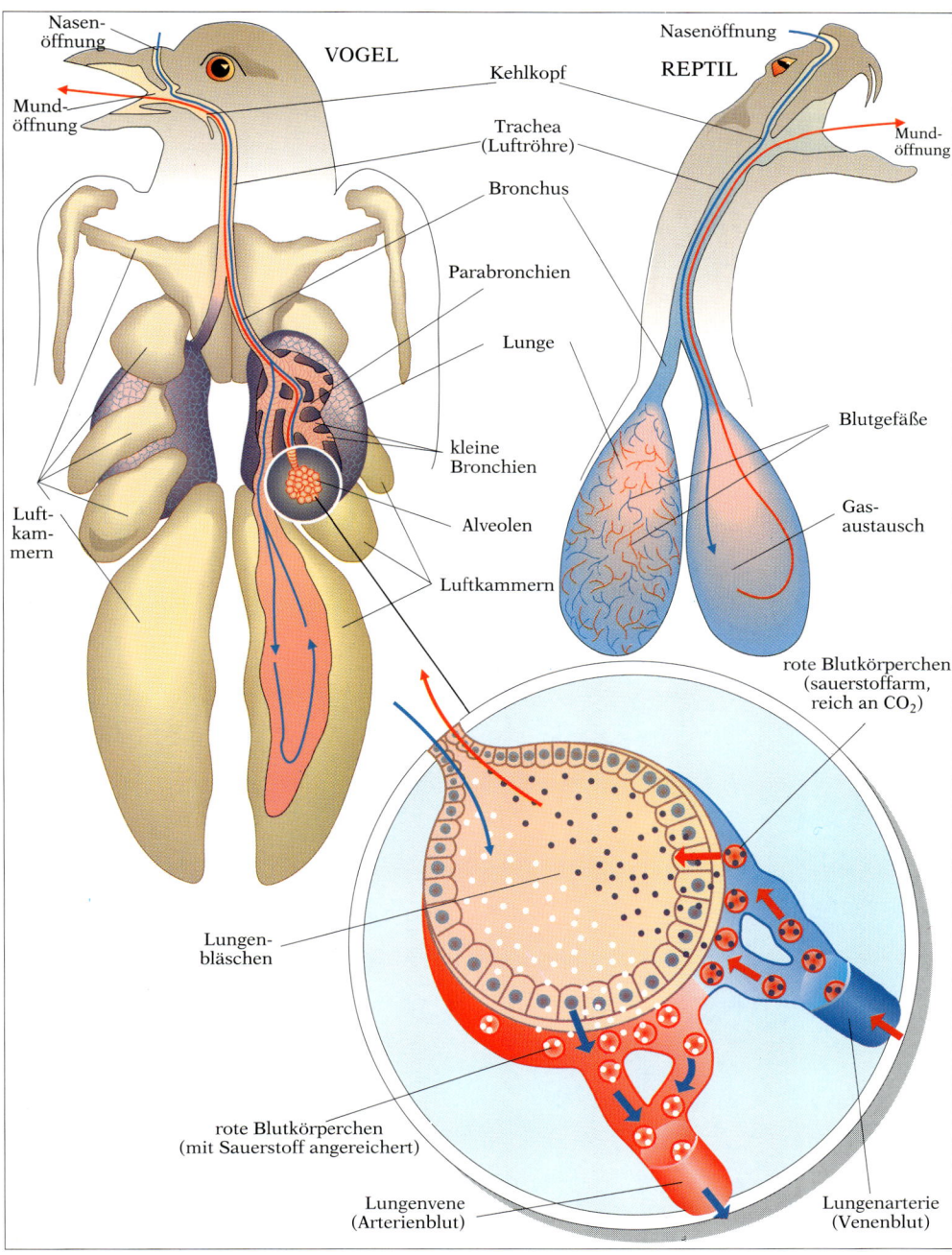

VOGEL

Nasen-öffnung
Mund-öffnung
Luftkammern
Lungen-bläschen
rote Blutkörperchen (mit Sauerstoff angereichert)
Lungenvene (Arterienblut)

REPTIL

Nasenöffnung
Kehlkopf
Trachea (Luftröhre)
Bronchus
Parabronchien
Lunge
kleine Bronchien
Alveolen
Luftkammern
Mund-öffnung
Blutgefäße
Gas-austausch
rote Blutkörperchen (sauerstoffarm, reich an CO_2)
Lungenarterie (Venenblut)

Druck zu erzeugen, um die Versorgung des Gehirns zu gewährleisten.

Nun haben moderne Reptilien aber ein sogenanntes offenes Kreislaufsystem, wobei das Blut Herz wie Lunge mit demselben Druck durchströmt. Einem Blutdruck, wie er nötig ist, um eine Distanz von 6 m zu überwinden, könnte die Lunge des *Brachiosaurus* nicht standhalten. Die Kapillargefäße würden platzen und das Tier müßte jämmerlich zugrundegehen. Diese Überlegung führt zwangsläufig zu dem Schluß, daß die Dinosaurier unmöglich ein Kreislaufsystem ohne separaten Lungenkreislauf haben konnten. Nur ein in vier Kammern unterteiltes Herz, wie es Vögel und Säugetiere besitzen, erfüllt die Voraussetzungen, um mit einer solchen Problemstellung fertig zu werden.

Führt man diese Argumentation ein wenig weiter, kommt man zu dem Resultat, daß das Herz der Säuger und Vögel allein nicht genügte, die Lebensweise mancher Dinosaurier zu ermöglichen. Geht man von den körperlichen Merkmalen und den rekonstruierten Gewohnheiten beispielsweise des *Allosaurus* oder des *Deinonychus* aus und schließt dabei auf eine höhere Stoffwechselrate, so liegt der Gedanke nahe, daß außer einem kräftigen Herzen auch eine effiziente Sauerstoffversorgung vorhanden gewesen sein müßte. Die Lungen herkömmlicher Reptilien scheinen solchen Anforderungen nicht gewachsen, setzen sie sich doch aus zwei einfachen Säcken zusammen, die nicht einmal besonders viel Volumen aufnehmen können.

Beim Säugetier dagegen bestehen die Säcke bereits aus stark vaskulärem Gewebe, wobei die Innenseite in viele kleine Hohlräume aufgeteilt ist, um die für den Gasaustausch taugliche Oberfläche zu vergrößern. Durch die Bronchien strömt Luft ein, versorgt das Blut in den Alveolen mit Sauerstoff und wird sodann, mit Kohlendioxid angereichert, auf demselben Weg wieder ausgestoßen. Bei den Vögeln stehen wir vor einem noch effizienteren Apparat. Ihre Lungen besitzen eine variable Anzahl von Ausstülpungen, sogenannten Divertikeln, die die Funktion einer Art Blasebalg erfüllen. Sie sitzen in Hohlräumen zwischen den Brustmuskeln, den Därmen oder in Röhrenknochen. Solche Luftsäcke gibt es auch bei sehr wenigen heute lebenden Reptilien. Sie sind

gibt dennoch Kritiker, die auch sie zu widerlegen suchen. Laut Bakkers Gegnern geht aufrechte Haltung nicht notwendigerweise mit Warmblütigkeit Hand in Hand. Denn das einzige, was man mit Sicherheit davon ableiten kann, ist die Tatsache, daß der Knochenbau der Dinosaurier so beschaffen sein mußte, daß er statisch mit einer gewissen Körpermasse fertig wird. So gesehen spräche das Argument der bipeden Haltung mehr für die inerte Homöothermie. Dennoch sind Bakkers Überlegungen nicht von der Hand zu weisen, denn die aufrechte Haltung bringt den Kopf eines Tieres höher als sein Herz. Man denke nur an einen *Brachiosaurus*, bei dem der Höhenunterschied etwa 6 m ausmachte. Sein Herz mußte also in der Lage sein, bei jeder Kontraktion beträchtlichen

DER VORTEIL DER VÖGEL

Der Atmungsapparat eines modernen Reptils im Vergleich mit dem eines Vogels. Das Kreislaufsystem des Reptils ist »offen«, das heißt, das Blut aus Lungen- und Körperkreislauf vermischt sich. Das ist typisch für Exotherme, wie die Lungen, die aus nicht besonders hoch entwickelten, wenig strukturierten Bälgen bestehen, während Vögel wie Säugetiere ein dichtes Netz von Bronchien, Parabronchien und Alveolen besitzen. Da die Vögel viel Energie zum Fliegen brauchen und gleichzeitig leicht sein müssen, haben sie noch spezielle Ausläufer der Parabronchien, die zu Luftkammern in Körper- und Knochenhohlräumen umgebildet wurden.

103

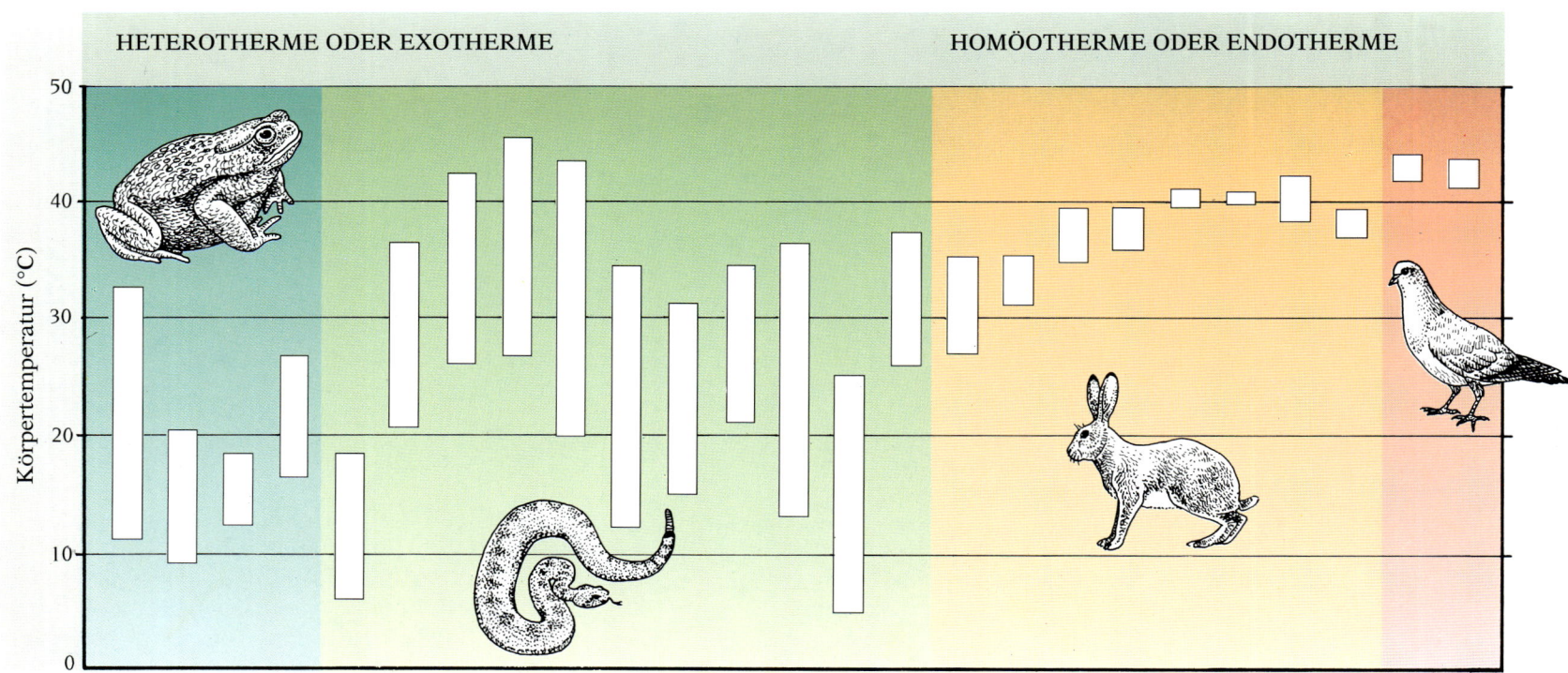

HETEROTHERME ODER EXOTHERME

HOMÖOTHERME ODER ENDOTHERME

Körpertemperatur (°C)

DIE KÖRPERTEMPERATUR

Oben: Bei einem *Apatosaurus*, der seine Körpertemperatur aufgrund der Masse konstant hält, müßten Extremitäten und Kopf kälter sein als der Leib.
Unten: Die Körpertemperatur der modernen Kaltblüter ist im Gegensatz zu jener der Warmblüter erheblichen Schwankungen ausgesetzt.

eigentlich überlange Ausläufer einiger Bronchien, die aus der Lungenoberfläche herausragen. Ihr Gewebe ist relativ wenig durchblutet, denn sie dienen nicht der Sauerstoffgewinnung, sondern als Reserveluft- und Druckausgleichskammern.

Die Luft tritt durch die Bronchien ein und wird in diese Reservoirs gepumpt, von wo sie durch die Muskelbewegung des Tieres kontinuierlich in die Lungenalveolen gepreßt wird und dort das Blut mit Sauerstoff versorgt, und zwar viel effizienter, als das eine Säugetierlunge könnte. Die Laufrichtung des Blutes und der Luft sind in den Alveolen entgegengesetzt, so daß sowohl Sauerstoffaufnahme als auch Kohlendioxidausstoß nochmals optimiert werden. Die verbrauchte Luft wird durch den ständigen Frischluftzufluß aus den Luftsäcken ausgestoßen. So können die Vögel einen kontinuierlichen, an die Körperaktivität

exakt angepaßten Gasaustausch gewährleisten. Diese Lunge erlaubt nicht nur eine optimal gesteuerte Sauerstoffzufuhr ins Blut, die unbedingt vorhanden sein muß, um die Kräfte für den Flug zu gewährleisten, sondern reguliert auch auf sehr funktionelle Weise die Körpertemperatur: Eine eventuelle Überhitzung kann sofort abgegeben werden. Wir können mit einiger Wahrscheinlichkeit annehmen, daß viele Dinosaurier solch einen Atmungsapparat besaßen: Man hat in ihren Rückenwirbeln Hohlräume gefunden, die jenen der Vogelknochen auffallend gleichen.

Fast sicher scheint es beim *Apatosaurus* und beim *Allosaurus* solch eine Lunge gegeben zu haben, da dies die einzig vorstellbare Möglichkeit ist, solch riesige Körper in Aktion ausreichend mit Sauerstoff zu versorgen. Die Divertikel in den Wirbeln dürften allerdings nicht ausreichend gewesen sein. Höchstwahrscheinlich gab es zahlreiche weitere in ihrer riesigen Brust und zwischen den umfangreichen Därmen. Außerdem waren viele Dinosaurier dank ihres sekundären Gaumens, der die Nasen- von der Rachenhöhle trennt, in der Lage, gleichzeitig zu kauen und zu atmen, wie die modernen Säugetiere. Die Sauropoden und die Hadrosaurier besaßen sogar einen besonderen Gang, durch den der eingeatmete Luftstrom direkt, ohne Umweg durch den Rachen, von den Nasenöffnungen in die Luftröh- re floß.

Ein Tier, das beim Kauen nicht mit dem Atmen aufhören muß, kann auf diese Weise sein Futter lange und ausgiebig mit den Zähnen bearbeiten. Das ver- schafft ihm den großen Vorteil, sehr fle- xibel bei der Nahrungsaufnahme zu sein, da auch hartfaseriges, schwerver- dauliches Material mühelos zu einem nahrhaften Brei zerkleinert wird. Außer- dem kann es große Nahrungsmengen bewältigen. Dennoch bleibt der Zweifel aufrecht: Handelt es sich hier tatsäch- lich um eine notwendigerweise mit Warmblütigkeit einhergehende Eigen- schaft, oder aber einfach um eine Anpassung der Tiere an ihre eigene, gigantische Körpermasse?

Wie wir wieder einmal feststellen, kön- nen ein und dieselben Argumente ver- schiedene Theorien unterstützen. Kaum ist die Hypothese von der Endothermie ein wenig untermauert, müssen wir ein- räumen, daß die inerte Homöothermie ebenso die Ursache für die beobachteten Phänomene sein könnte.

Weitere Indizien: Gehirn und Nervensystem

Große Tiere, die sich schnell bewegen, brauchen ein komplexes Nervensystem, das Impulse schnell und unmißverständ- lich in motorische Reize übersetzen und an die gewünschte Stelle tragen kann. Sinneswahrnehmungen müssen ebenso rasch und exakt transportiert und verar- beitet werden. Für die Dinosaurier, ob groß oder klein, ob Fleisch- oder Pflan- zenfresser, war ein leistungsfähiges Gehirn, das ihnen erlaubte, blitzschnell auf äußere Gegebenheiten zu reagieren, eine Frage des Überlebens.

Doch Nervengewebe ist gegen Tempera- turschwankungen äußerst empfindlich. Und ist es einmal beschädigt, so kann es sich nicht regenerieren. Unter diesen

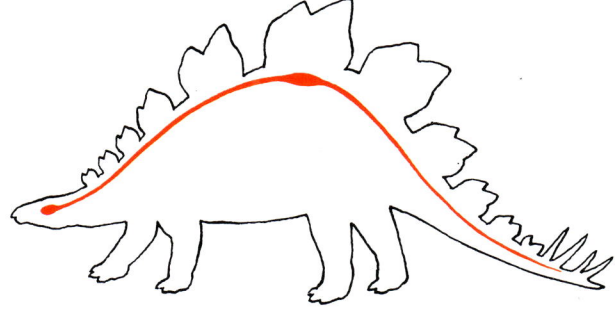

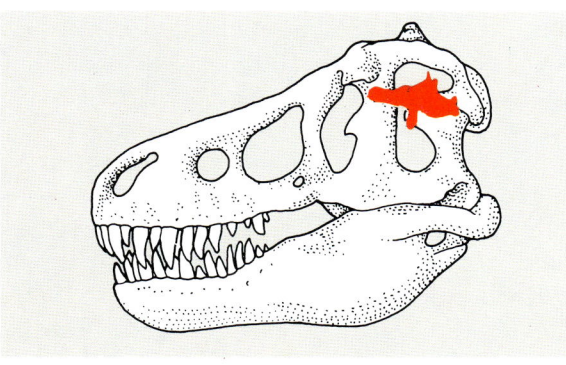

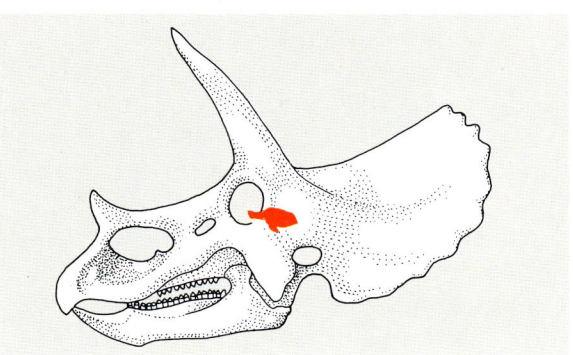

Voraussetzungen muß man davon aus- gehen, daß ein Gehirn, das auf die klein- sten äußeren Reize reagiert, Tieren vor- behalten bleibt, die über eine mehr oder weniger konstante Körpertemperatur verfügen.

Die Größe eines Dinosauriergehirns, die sich aus dem Volumen der Hirnschale ergibt, stellt noch kein Argument für die Endothermie dar. Gemessen an seinem Körpergewicht hatte zum Beispiel ein Stegosaurier ein 30mal kleineres Gehirn als ein Afrikanischer Elefant. Doch zum Unterschied von diesem besaß der *Stego- saurus* noch eine Art zweites Hirn, eine Verdickung des Rückenmarks in Beckenhöhe, die sicherlich weniger zum »Denken« als zum Koordinieren des hinteren Bewegungsapparates und zur Verarbeitung der Sinneswahrnehmun- gen der hinteren Körperhälfte diente.

Bei vielen anderen Dinosaurierarten wurde dieses doppelte Hirn, wenn auch

EIN DOPPELTES GEHIRN?

Außer der Gehirnmasse im Schä- del besaßen die Dinosaurier noch eine Verdickung des Rückenmarks im Beckenbereich. Diese existiert zwar bei allen landlebenden Wirbeltieren und dient der Sinneswahrnehmung und Bewegungskoordination der hinteren bzw. unteren Körper- hälfte, bei den Dinosauriern ist sie jedoch sehr ausgeprägt. Beim *Stegosaurus* war sie sogar 30mal so groß wie das Gehirn.

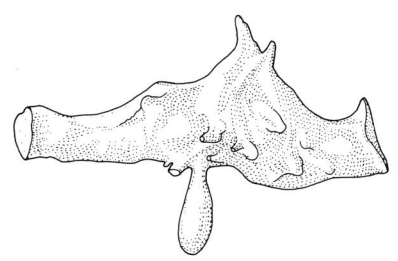

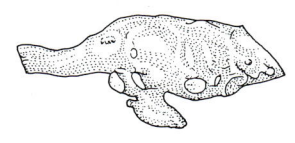

GEHIRNE IM VERGLEICH

Ein Abguß der Hirnschale kann uns einen Richtwert für das Volumen eines Dinosaurierge- hirns vermitteln. Hier können wir das eines *Carnosaurus* (oben) mit dem eines Ceratop- piers (unten) vergleichen. Aus dem Verhältnis zwischen Kör- per- und Gehirnvolumen können wir auf die geistigen Fähigkeiten seines Besitzers schließen. Hier schneidet eindeutig der *Carno- saurus* besser ab: Kein Wunder, er brauchte List und Geschick- lichkeit zum Jagen.

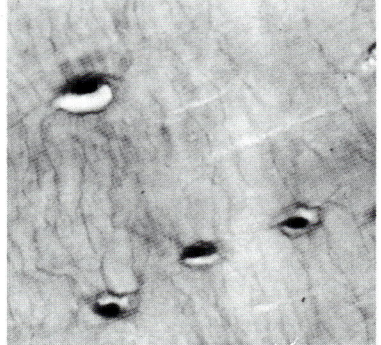
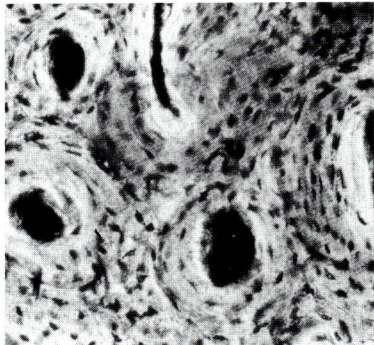
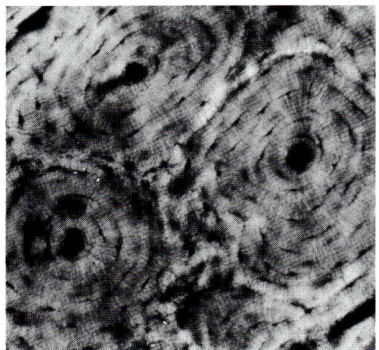

SCIENCE-FICTION

Was wäre wohl aus den Dinosauriern geworden, wären sie nicht ausgestorben? Dale Russell ist der Meinung, die Entwicklung des *Stenonychosaurus*, wie sie sich bereits in der Kreide abzeichnete, hätte zu einem Wesen geführt, das auf unheimliche Weise an den Menschen erinnerte: ein Zweibeiner mit aufrechtem Gang, nach vorne gerichtetem Blick und Greifhänden.

KNOCHEN IM VERGLEICH

Links: Von oben nach unten sehen wir hier Mikrofotografien der Knochen einer Eidechse, eines Dinosauriers und eines Säugetiers. Während im ersten Bild die kompakte Gewebsstruktur mit nur wenigen Hohlräumen auffällt, entdecken wir beim zweiten und dritten die Haversschen Kanäle, die konzentrisch um die Blutgefäße angeordnet sind. Die Ähnlichkeit zwischen der Knochenstruktur der Dinosaurier und der Säugetiere

erhärtet den Verdacht, daß wenigstens einige der Schrecklichen Echsen endotherm gewesen sein könnten. Doch muß man einräumen, daß manche moderne Kaltblüter ebenfalls ähnliches Knochengewebe aufweisen.

weniger deutlich ausgeprägt, ebenfalls festgestellt. Laut Bakker wäre damit erwiesen, daß die Gesamthirnmasse eines Dinosauriers in Relation zu seinem Körpergewicht in etwa das gleiche Verhältnis ergibt wie bei modernen Reptilien. Andererseits gibt es Untersuchungen an lebenden und ausgestorbenen Reptilarten, die belegen, daß im Vergleich zu ihrer Körpermasse einige Theropoda viel größere Gehirne hatten als die heutigen Krokodile.

Fossile Abdrücke können uns manchmal mehr über die Intelligenz und Lernfähigkeit der Schrecklichen Echsen verraten. Fußspuren und Gelege zum Beispiel erzählen von einem Sozialverhalten, das typisch für Tiere mit höher entwickelten Gehirnen ist. Bei manchen Spezies ist sogar erwiesen, daß ihre Vertreter sehr intelligent waren.

Dale Russell vom Canadian National Museum zum Beispiel hat eine solche faszinierende Entdeckung gemacht: Er fand die Abdrücke zweier großer Mittelhirnlappen in der Hirnschale eines *Stenonychosaurus*, eines etwa truthahngroßen Räubers. Russells Berechnungen ergaben ein Hirnvolumen, das in etwa mit jenem eines heutigen Vogels vergleichbar ist.

Die Gattung *Stenonychosaurus* durchlief eine vergleichsweise schnelle Evolution, wodurch sie nicht nur weite Verbreitung erfuhr, sondern auch bis zum Ende der Kreide überleben konnte. Dale Russell versuchte nun, sich vorzustellen, wie ihre Entwicklung wohl weiterverlaufen wäre, hätte sie auch noch die Krise am Ende der Kreidezeit überlebt. Das Bild, das der Wissenschaftler von ihnen zeichnet, gleicht in erschreckender Weise dem Menschen: Sie würden etwa 45 kg wiegen, aufrecht auf zwei Beinen gehen, hätten Vordergliedmaßen mit Greifhänden, einen Kopf mit ausgeprägter Stirn

zur Aufnahme eines großen Gehirns und frontal angeordnete Augen. Zugegeben, die Vorstellung, daß sich ein solches Wesen aus einem Kaltblüter entwickelt haben sollte, ist schwer zu akzeptieren. Doch auch dieses Argument ist kein echter Beweis, bestenfalls ein Indiz.

Wachstum und Stoffwechsel

Ein junger Hadrosaurier wog bei der Geburt ca. 16.000mal weniger als seine Mutter: nicht ganz 200 Gramm gegenüber 3 Tonnen. Bevor er die Geschlechtsreife erreichte, mußte er noch viel wachsen, und das ziemlich rasch, mindestens gleich schnell wie ein Rhinozeros oder ein Büffel. Die Wachstumsgeschwindigkeit hängt vom Stoffwechsel proportional ab. Eine Katze beispielsweise ist in sechs Monaten geschlechtsreif, eine Schildkröte braucht dazu zehn Jahre.

Informationen über die Wachstumsschübe bei den Dinosauriern erhalten wir aus der Untersuchung eines Knochenquerschnitts. Das Knochengewebe ist im allgemeinen von den sogenannten Haversschen Kanälen durchzogen, welche die Blutgefäße aufnehmen, die die für das Wachstum und die Erhaltung notwendigen Nährstoffe transportieren. Bei den heutigen Reptilien ist dieses Gewebe sehr kompakt, Haverssche Kanäle sind nicht gerade zahlreich vorhanden, der Knochen ist wenig durchblutet. Bedingt durch Kälteperioden, in denen die Reptilien in eine Art Starre fallen und sämtliche Körperaktivitäten, auch das Wachstum, auf ein Minimum beschränken, weist der Knochenquerschnitt dunklere und hellere Ringe auf, je nach Durchblutung, die man mit den Wachstumsringen der Bäume vergleichen könnte.

An Knochen von Säugetieren sind sol-

che Jahresringe sehr selten, das Knochengewebe ist von vielen Kanälen durchzogen und gut durchblutet, was auf schnelles, nicht durch Kälteperioden beeinflußtes Wachstum und höheren Stoffwechsel schließen läßt. Verallgemeinernd kann man feststellen, daß Reptilien langsam und stetig wachsen, und das ihr ganzes Leben lang, während Säugetiere zu Anfang ein um vieles schnelleres Wachstum haben, das mit der Geschlechtsreife abgeschlossen ist. Die fossilen Knochensegmente der Dinosaurier gleichen in verblüffender Weise jenen der heutigen Säugetiere. Die Jungtiere machten ein Phase durch, in der sie sehr schnell an Größe und Gewicht

ANGRIFFSSTRATEGIEN

Anhand einiger Fossilienfunde wissen wir, daß manche Räuber wie der *Deinonychus* im Rudel jagten und daher auch Beute schlagen konnten, die viel größer war als sie selbst.

zunahmen. Doch anscheinend hatten sie auch mit den Reptilien etwas gemeinsam: Sie waren mit der Geschlechtsreife nicht ausgewachsen. Ihr Wachstum verlangsamte sich zwar zusehends, ging aber das ganze Leben lang weiter. Und so ein Leben konnte durchaus bis zu einem Jahrhundert dauern.

Laut Robert Bakker und auch Armand de Ricqlès von der Universität Paris stellen die gut durchbluteten Knochen der Dinosaurier einen weiteren Beweis für deren Warmblütigkeit dar.

Doch, wie dem aufmerksamen Leser bereits klar sein dürfte, auch hier gilt das bereits Gesagte: Wieder kann die große Körpermasse der einfache Grund

dafür gewesen sein, daß die Dinosaurier elastische und gleichzeitig stabile Knochen brauchtes. Diese mußten daher zwangsläufig gut durchblutet sein, um die Tragfähigkeit des Skelettes zu gewährleisten, was nicht unbedingt voraussetzt, daß sie tatsächlich endotherm wie die Säuger waren.

Angriff und Verteidigung

Fossile Fußspuren und Gelege zeigen, daß viele Dinosaurier in sozialen Gemeinschaften lebten. Pflanzenfresser wie der *Diplodocus* bildeten große Herden und hielten bei Wanderungen die Jungtiere immer in der Mitte, um sie nicht den Überfällen der ständig irgendwo lauernden Allosaurier auszusetzen. Das Leben in der Gemeinschaft hat seinen Preis. Man bezahlt dafür mit höherem Ansteckungsrisiko bei Krankheiten und mehr Konkurrenz bei der Nahrungsbeschaffung oder Paarung. Doch wenn der Druck durch Räuber groß oder, wie im Falle einiger Fleischfresser, die Nahrungsbeschaffung schwierig ist, so überwiegen die Vorteile des Herden- bzw. Rudellebens alle Nachteile deutlich. Auf diese Weise entstehen verschiedene Formen des sozialen Verhaltens. Die kleinen Räuber wie *Coelophysis*, aber auch junge Tyrannosauridae konnten bei der Jagd auf ein größeres Beutetier sicherlich nur in der Gruppe Erfolg haben.

Der Vorteil für die Pflanzenfresser liegt ebenfalls auf der Hand: Das Individuum vermindert in der Herde sein Einzelrisiko, einem Räuber zum Opfer zu fallen. Und man konnte auch wirksame Verteidigungstaktiken entwickeln, die bis heute unverändert überlebt haben. Die Ceratopier zum Beispiel bildeten einen Kreis um ihre Jungtiere und boten den Angreifern einen schier undurchdringlichen Wall aus Hörnern und Halskrausen, wie es heute noch die Moschusochsen beim Angriff eines Wolfsrudels tun.

Doch wenn auch, damals wie heute, soziale Gruppierungen viele Probleme der Nahrungsbeschaffung und des Überlebens lösen, so ersetzen sie dennoch nicht völlig die Qualitäten des Individuums, die ihm helfen, im Überlebenskampf zu bestehen.

Jeder einzelne mußte, ob Jäger oder Beute, über ausgeklügelte Waffen oder zumindest eine gute Taktik verfügen, sei es zum Angriff oder zur Verteidigung aktiver oder passiver Art. Niederlage bedeutet das Aus für eine Spezies, die Tilgung vom Antlitz der Erde. Räuber und Beutetiere befinden sich in einem steten evolutionären Wettlauf, in welchem die natürliche Selektion nur den Besten eine Chance gibt. Jede Art entwickelt sich unter dem Druck der anderen, und so ist es in den vergangenen Jahrmillionen zu einer Art Wettrüsten gekommen.

Im Mesozoikum entwickelten die Pflanzenfresser alle möglichen Arten der Panzerung: Knochenplatten, Schilder, Schuppen.

Auch Hörner, Krallen, Stacheln und keulenartige Verdickungen an den Schwänzen nahmen zu, da sie ein probates Mit-

VERTEIDIGUNGSSTRATEGIEN

Linke Seite: Zwei hungrige Fleischfresser der Spezies *Daspletosaurus* greifen eine Gruppe von Pflanzenfressern *(Anchiceratops)* an. Gleich wie moderne Pflanzenfresser, die ebenfalls über Hörner verfügen, stellten sich die Ceratopier im Kreis um die Jungtiere auf und boten den Angreifern einen Wall aus Nackenschildern und Hörnern. Am Beispiel der Moschusochsen sehen wir, wie wirksam diese Strategie heute noch ist.

AKTIVE VERTEIDIGUNG

Oben: Ein Kampf zwischen einem Karnivoren *(Tarbosaurus)* und einem Herbivoren *(Tarchia)*. Der Ankylosaurier ist nicht nur mit Stacheln und Knochenplatten gepanzert, sondern hat auch eine wirksame Waffe zur Verfügung: Die knöcherne Verdickung am Ende macht aus seinem Schwanz eine gefährliche Keule.

tel gegen Angreifer darstellten. Rasch wurden ihre Träger von der Natur bevorzugt, umsomehr, je größer und wirksamer diese Waffen waren.

Folglich kamen auch die Karnivoren, wollten sie fressen, nicht umhin, sich anzupassen, denn nur die geschickten, schnellen und effizienten kamen durch. So entwickelten sie Reißzähne wie Mordinstrumente, um auch den dicksten Panzer zu durchdringen, reaktionsfähige, kräftige Kiefermuskulatur, bewegliche Gelenke für den schnellen Todesbiß, Greifarme mit messerscharfen Krallen, immer noch stärkere Hinterbeine für schnelleren Lauf, sichereren Sprung, alles auf das Überwinden der immer besseren Verteidigung ihrer Beute ausgerichtet.

Nicht nur die Waffen, auch die Körpergröße spielte dabei eine wichtige Rolle. Je größer der Pflanzenfresser, umso besser die Verteidigung. Und je größer der Räuber, desto besser konnte er große Pflanzenfresser erlegen.

Im Jura und in der Kreide kam es zum Höhepunkt dieses Wettrüstens. Manche Räuber, wie der *Allosaurus* und der *Ceratosaurus*, hatten im Vergleich zu

Coelophysis und den anderen primitiven Arten der Trias einen ziemlich massiv gebauten Schädel und Kiefer, die aus mehreren, miteinander nicht fest verbundenen Knochen bestanden. Zwischen diesen Teilen gab es Dehnungszonen, die ihr Maul so flexibel machten, daß sie ihre Beute in einem Stück verschlingen konnten, ähnlich, wie es heute die Schlangen machen.

Der *Tyrannosaurus*, ebenfalls ein Produkt dieser Entwicklung, war der perfekteste Killer, den die Evolution je hervorgebracht hat. Der massive Schädel krönte in seiner ganzen schauderhaften Größe die imposante Körperhöhe von 12 m. Sein Kiefergelenk, das einzige bewegliche Teil an seinem Maul, bildete ein kräftiges Scharnier, das die eindrucksvollen Batterien zahlreicher bis 18 cm langer, spitzer Zähne mit sägeartigem Rand mit der ganzen Kraft der umfangreichen Kiefermuskulatur zuschnappen lassen konnte. Diese Zähne zerteilten ihre Beute wie Fleischermesser und schnitten auch durch massive Knochen wie durch Butter. Mit solchen Waffen bestmöglich ausgestattet, konnte der *Tyrannosaurus* zum größten Raubtier der Erdgeschichte werden.

Angesichts so schrecklicher Feinde mußten sich auch die Pflanzenfresser wieder etwas einfallen lassen. Die Ankylosaurier zum Beispiel waren gänzlich mit Knochenplatten und -stacheln bedeckt und besaßen zudem noch am Schwanzende eine knöcherne Verdickung, mit der sie empfindliche Hiebe in alle Rich-

EIN GIGANT IN DER DEFENSIVE

Hier überfällt ein aggressiver *Allosaurus* einen schwerfälligen *Diplodocus*. Dieser richtete sich zur Verteidigung wahrscheinlich auf die Hinterbeine auf und schlug mit den Krallen der vorderen Gliedmaßen nach seinem Gegner. Außerdem schwang er den langen, biegsamen Schwanz wie eine Peitsche.

tungen austeilen konnten. Es gab noch Einfallsreicheres: Jene Stacheln, die der *Stegosaurus* am Schwanz trug, zählen zu den effizientesten Verteidigungswaffen, die je ein Pflanzenfresser einsetzen konnte. Man stelle sich einen Morgenstern vor, den ein 2 Tonnen schwerer Pirat mit voller Kraft schwingt! Auch die bis zu 90 cm langen, spitzen Hörner am Schädel des *Triceratops* konnten selbst einen Räuber wie den *Tyrannosaurus* erfolgreich abwehren und haben wohl nicht selten einen tödlich verletzt.

Jene Arten, die lediglich einen Panzer trugen, wandten wahrscheinlich andere Strategien zu ihrer Verteidigung an, indem sie sich etwa zu Boden warfen, um die ungeschützte Bauchseite nicht zu entblößen. Nun sollte sich der Gegner

Linke Seite, unten: die Paarung zweier Dinosaurier. Höchstwahrscheinlich verlief sie ähnlich wie bei den modernen Echsen: Das Männchen bestieg das Weibchen von der Seite.

Rechts: Zwei *Pachycephalosaurus*-Männchen kämpfen um ein Weibchen. Die besondere Struktur der Schädeldecke führte durch Vergleich mit der modernen Tierwelt zu der Annahme, daß diese Spezies Rivalitätskämpfe in einem heftigen »Tête-à-tête« austrug.

Mitte rechts: Eine Tansania-Agame signalisiert durch lebhafte Farben, daß es sich hier um das dominante Männchen der Gruppe handelt. Es kontrolliert das Revier und ein halbes Dutzend Weibchen. Die untergeordneten

Männchen sind braun. Waren die Farben für die Dinosaurier vielleicht von ähnlicher Bedeutung? Drückten sie auch bei ihnen den sozialen Rang aus oder halfen bei der Eroberung eines Geschlechtspartners? Mitte links: Hornkämme und -sporen schmücken das Haupt eines Leguanmännchens. Ähnlicher Kopfschmuck findet sich auch bei den Dinosauriern. Möglicherweise hatte er dieselbe Bedeutung.

die Zähne ruinieren! Der riesige *Diplodocus* könnte seinen langen, beweglichen Schwanz wie eine Peitsche verwendet haben, und die Entenschnabeldinosaurier schlugen mit den Hinterbeinen aus.

Auch die Tarnung mag, besonders bei den kleineren Arten, eine Rolle gespielt haben. Totstellen und Unbeweglichbleiben führte zur Verschmelzung der Färbung des Tieres mit seiner Umgebung. So wurde es nicht gesehen und entging einem Angriff. Doch man muß einräumen, daß diese letzte Schlußfolgerung eine reine Hypothese ist. Wie alles, was nicht fossil erhalten bleibt, ist auch die Färbung ein Rätsel, das vielleicht nie gelöst werden wird.

Dinosaurier und die Liebe

Paarung und Fortpflanzung sind Schlüsselmechanismen der Evolution. Die Paa-

rung gewährleistet innerhalb einer Population alle genetisch möglichen Kombinationen, die die Unterschiede zwischen den Individuen ausmachen und schließlich von der Natur positiv oder negativ selektiert werden. Zweck eines jeden Lebewesens ist die Fortpflanzung, denn so überwindet es den Tod, indem es seine Gene in der Nachkommenschaft weiterleben läßt. Aus diesem Grunde konzentrieren sich die Energien jedes ausgewachsenen Tieres ausschließlich darauf, und es gibt bestimmte Riten und Modalitäten sowohl beim Finden eines Partners als auch bei der Paarung und schließlich bei der Brutpflege, die einen Vergleich zwischen den Individuen herbeiführen. Seit 1970 suchen die Paläontologen nach Hinweisen auf das Sexualverhalten der Dinosaurier. Zweifellos bevorzugt die natürliche Selektion jene Individuen, die durch ihren Körperbau erhöhte

111

Fortpflanzungsfähigkeit signalisieren. Ein so beschaffenes Männchen gewinnt entweder die Oberhand im Kampf mit Nebenbuhlern, oder die Wahl des Weibchens fällt auf ihn.

Man geht davon aus, daß es damals nicht anders verlief als in der modernen Tierwelt und das Weibchen den Partner sorgfältig auswählte, um nicht seine kostbaren Eier zu verschwenden.

Deshalb ist es eine logische Folgerung, daß die Männchen ornamentale Geschlechtsmerkmale trugen, wie etwa Farben oder mehr oder weniger nutzlose, aber auffällige Hautfortsätze, Kämme und sonstige An- und Umhängsel, um die Aufmerksamkeit des Weibchens zu erregen. Die geschlechtsreifen Weibchen könnten aber auch anatomische Besonderheiten, die der sexuellen Stimulierung dienten, bevorzugt haben.

Die Tatsache, daß manche fossile Skelette Knochenteile aufweisen, die offenbar keine andere als eben nur eine solche Funktion erfüllten, mag hier als Indiz gelten. Der *Protoceratops* hatte zum Beispiel eine Halskrause, die hinter dem Nacken nach oben ragte. Bei manchen Individuen ist dieser Nackenschild stärker, bei anderen schwächer ausgeprägt. Hierbei könnte es sich um ein Merkmal handeln, das sowohl Nebenbuhler einschüchterte als auch Weibchen beeindruckte, frei nach dem Motto: »Je größer die Halskrause, desto größer die Nachkommenschaft!« Die Pachycephalosauriden hingegen hatten eine verdickte, sehr massive Schädeldecke, die dem Kopf ein merkwürdig birnenförmiges aussehen gab. Allem Anschein nach wurden diese »Dickschädel« beim Kampf um ein Weibchen als Rammböcke eingesetzt.

Die Rivalen krachten mit den Köpfen zusammen, freilich ohne sich dabei ernstlich zu verletzen, denn natürliche Selektion favorisiert erwiesenermaßen immer anatomische und verhaltenspsychologische Charakteristika, die den tödlichen Ausgang solcher Liebesduelle verhindern. Wie sollte auch derjenige, der in so einem Kampf stirbt, seine Gene weitergeben? Analog können die knöchernen Vorsprünge auf dem vorderen Gesichtsschädel des *Tyrannosaurus*, des *Allosaurus* und des *Dilophosaurus* als »unblutige« Waffen bei der Austragung amouröser Konflikte gesehen werden.

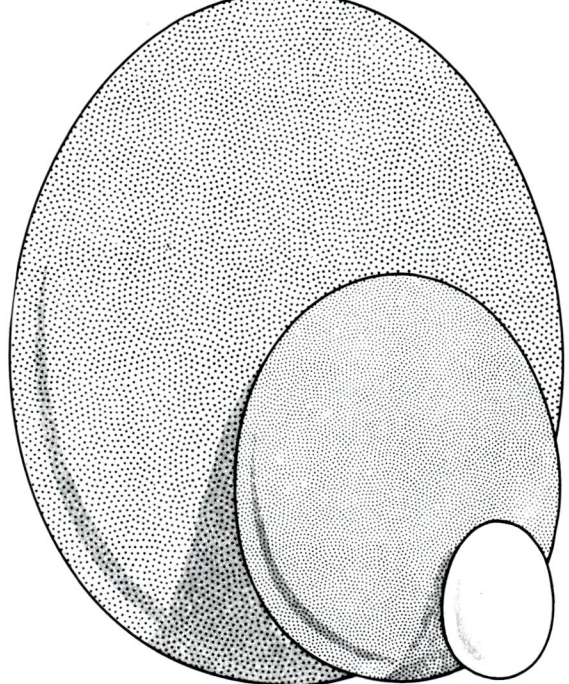

BRUTPFLEGE

Oben: Zwei Hadrosaurier kümmern sich um ihre Nester. Man hat Brutkolonien mit noch geschlossenen Eiern, eben geschlüpften Jungen und ausgewachsenen Tieren gefunden. Unten: Größenvergleich zwischen einem Hühnerei (rechts), einem Straußenei (Mitte) und dem eines *Titanosaurus* (*Hypselosaurus*, links).

Außer diesen anatomischen Details und der Färbung gab es höchstwahrscheinlich auch unter den Dinosauriern stereotype Verhaltensweisen, sogenannte Riten, die bei der Paarung zur Anwendung kamen. Die Hadrosaurier bewegten möglicherweise ihre langen Schwänze rhythmisch, um die Weibchen zu stimulieren. Dieses Schauspiel aber verblaßt im Vergleich zu dem sonoren Spektakel, das die Entenschnabeldinosaurier zelebriert haben könnten. An ihren Schädeln wurde nämlich eine außergewöhnliche Knochenformation entdeckt, ein raffiniertes System von Gängen und Kämmen, die aus Ausläufern des Nasenbeins bestehen und wie eine Riesentrompete funktionierten.

Die Fachwelt ist der Ansicht, daß die Luft, die vor dem Austritt aus den Nasenlöchern diese Röhren passieren mußte, durch den großen Druck aus der kräftigen Lunge weithin hörbare Töne

Keines der heute lebenden Reptilien, weder Schildkröten noch Schlangen, Eidechsen oder Krokodile haben ein so feines Ohr. Und wozu auch? Außer den Krokodilen stößt keines von ihnen je Laute aus. Zum Unterschied von all jenen Reptilien, die das Ende der Kreidezeit überlebten, haben die Dinosaurier also auch vokal kommuniziert und ihren Gehörsinn benutzt. Die Luft des Mesozoikums muß wohl von den Klängen ihrer Brunftschreie, Warnsignale und sonstigen Gesänge vibriert haben.

erzeugte. Die Liebesgesänge dieser Dinosaurier müßten somit zum Lautesten gehören, das man je aus einer tierischen Kehle gehört hat.

Vielleicht war es wie bei den Hirschen: Je lauter der Brunftschrei, umso besser wurden Rivalen eingeschüchtert und Weibchen angelockt.

Die besten und lautesten Sänger fanden am ehesten einen Partner und konnten sich fortpflanzen.

Waren die Hadrosaurier auch vielleicht die lautesten, so kann man durchaus annehmen, daß Töne auch bei anderen Spezies eine große Rolle spielten. Alle hatten nämlich ein gutes Gehör, wie man aus den im Schädel vorhandenen Kerben schließen kann, die das Trommelfell gut gespannt hielten.

Außerdem besaßen sie alle feine, sensible Mittelohrknochen ähnlich jenen der Vögel, durch die sie vermutlich auch sehr hohe Frequenzen wahrnehmen konnten.

EIERVARIATIONEN

Zwei verschiedene Bilder von Dinosauriereiern. Die Form variiert zwischen beinahe kugelrund bis länglich-oval, wie das *Protoceratops*-Ei auf Seite 28. Sie wurden im allgemeinen in konzentrischen Kreisen in ein in den Sand gegrabenes Loch oder in einen eigens dafür gebauten Krater gelegt.

Brutpflege und Familienleben

Die intensiven Aktivitäten, welchen die Dinosaurier bei Jagd und Verteidigung, Liebeswerben und Sozialleben nachgingen, sind für Bakker Beweise, die seine Endothermie-Hypothese unterstützen. Doch das ist noch nicht alles, weitere Rückendeckung erhalten jene, die den Dinosauriern einen höheren Stoffwechsel zuerkennen wollen, durch die Ergebnisse aus der Untersuchung neuentdeckter Gelege. Art und Intensität der Brutpflege geben in der Tat wertvolle Hinweise.

Vor 80 Millionen Jahren war Nordamerika der Länge nach durch einen Meeresarm in zwei Teile geteilt. Am östlichen Rand verliefen die Rocky Mountains, beiderseits lagen weite Ebenen mit Sedimentablagerungen. Entlang der Küste, in der dichten Vegetation des feuchten Monsunklimas, in den Flußdeltas und Sümpfen, gab es reichlich

Fische, Wassertiere und kleine, primitive Säuger. Und Dinosaurier. Die friedlichen herbivoren Hadrosaurier, die Ceratopier mit ihren langen Hörnern, große Räuber wie die Carnosaurier und kleine Coelurosaurier. Sie lebten hier, doch die meisten suchten sich zum Brüten einen anderen, einen sichereren Platz.

Zur Paarungszeit zogen sich die Hadrosaurier, Ceratopier und Hypsilophodonten nach Osten zurück, in die Nähe der Berge, wo es trockener und ruhiger war. Dort bauten sie ihre Nester, legten Eier und bebrüteten sie. Wo früher eine Halbinsel und eine Insel in einem großen Salzsee lagen, hat man die fossilen Überreste einer richtigen Brutkolonie gefunden: Unmengen von Gelegen, eines neben dem anderen, frisch geschlüpfte Jungtiere, halbentwickelte Embryonen und alle möglichen Pflanzenreste. Die Hadrosaurier bauten ihre Nester aller Wahrscheinlichkeit nach aus Schlamm, indem sie einen Krater von ca. 2 m Durchmesser und 1 m Tiefe anlegten. Es sieht aus, als ob die Tiere jedes Jahr hierher zurückkamen und dasselbe Nest wiederbezogen, wie es viele moderne Zugvögel machen, wenn sie zu ihren Nistplätzen zurückkehren.

Im Inneren dieses Kraters legten sie 20 bis 25 längliche, etwa faustgroße Eier in konzentrischen Kreisen ab. Diese friedliebenden Dinosaurier konnten sich nicht sehr gut verteidigen. Bei einem Angriff richteten sie sich wahrscheinlich auf, doch sie konnten nur langsam auf zwei Beinen gehen, nicht fliehen und sicherlich nicht wirksam angreifen. Vielleicht versammelten sie sich aus diesem Grund in dichten Gruppen, um so ihre Nester nahe beisammen zu bauen und ihre Überlebenschancen zu erhöhen. Am Beispiel vieler moderner Vögel kann man sehen, wie wirkungsvoll diese Strategie ist. Möwen, Pinguine und Albatrosse zum Beispiel suchen ebenfalls den Schutz der Gruppe und warnen einander bei Gefahr.

So auch die Hadrosaurier. Doch ein gewisser Abstand zwischen den Nestern wurde immer eingehalten: die Länge eines ausgewachsenen Tiers. Dies ist ein Mindestabstand, der allgemeingültig bei allen brütenden Vögeln beobachtet werden kann. Somit steht wohl außer Zweifel, daß auch unsere Hadrosaurier brüteten.

Teilweise wurden die Nester auch mit Pflanzen bedeckt, die durch Verrottung ebenfalls Wärme erzeugten. Ein neuerliches Zeichen, daß sie brüteten. Die Pflanzen dienten als Decke, um die Eier oder die Kleinen warmzuhalten, wenn das brütende Elternteil das Nest für einige Zeit zur Nahrungssuche verlassen mußte. All diese Beobachtungen können als indirekte Beweise für die Warmblütigkeit der Dinosaurier gewertet werden. Denn der Embryo eines echten Endothermen entwickelt sich nur bei gleichbleibender Temperatur. Darum müssen die Eltern das Ei mit ihrem Körper warmhalten, bis der Embryo gelernt hat, selbst Wärme zu entwickeln.

Waren sie schließlich soweit, schlüpften die kleinen Dinosaurier, die kaum 30 cm maßen und das Nest nicht verlassen konnten, bevor sie nicht imstande

BEHÜTETE KINDERSTUBE

Oben: Die Jungen schlüpfen unter der Obhut eines Elternteiles. Auch im Mesozoikum gab es Nestplünderer, weswegen immer eine große Anzahl Eier gelegt werden mußte, um ein paar Jungtiere durchzubringen. Auch der Schutz der Kleinen half dabei, die Art zu erhalten.
Rechts: Eine Gruppe Sauropoden unternimmt eine Wanderung. Aus den fossilen Fußspuren kann man lesen, daß sie die jüngeren Tiere in der Mitte der Herde laufen ließen, damit sie nicht so leicht Räubern zum Opfer fallen konnten. Auch heute noch halten es zahlreiche Pflanzenfresser so.

waren, sich selbständig zu ernähren. So brachten die Eltern, genau wie bei den Vögeln, das Futter ans Nest: Es gab Samen, Beeren, Zweige und Blätter. Die Jungtiere stellten naturgemäß leichte Beute für Räuber dar, da sie sich noch nicht verteidigen konnten, und so mußten die Hadrosaurier sich wohl gegenseitig beim Bewachen der Nester geholfen haben. Sobald Gefahr im Verzug war, stießen sie Warnschreie aus.

Die Hypsilophodonten legten ihre Eier in einer Spirale. Auch sie bauten ihre Nester im Abstand von 2 m, der Länge eines ausgewachsenen Tiers. Doch nach dem Schlüpfen bewachten sie ihre Jungen nicht mehr. Diese konnten wahrscheinlich schon in den ersten Stunden ihres Lebens sehr schnell laufen und selbst für ihre Nahrung sorgen. Sie blieben zusammen, bis sie imstande waren, den Ort ihrer Geburt zu verlassen. Auch diese soziale Gruppierung diente der Verteidigung. Gemeinsam konnten sie schneller Gefahr ausmachen und die anderen warnen, um rechtzeitig zu fliehen. Außerdem verminderten sie so, wie viele Pflanzenfresser, das Risiko des einzelnen.

Doch auch in der Brutkolonie war man nicht gänzlich sicher vor Räubern. Die Pterosaurier observierten die Nistplätze aus der Luft und stießen plötzlich herab, um sich ein unvorsichtiges Jungtier zu greifen. Sie mußten wohl die gefürchtetsten Nestplünderer gewesen sein. Auch die Waraniden dürften, gierig auf der Suche nach Eiern, die Kolonie heimgesucht haben, wie die zerstörten und zertrampelten Gelege zeigen. Manche Raubtiere hatten sich sogar darauf spezialisiert, selbst in der Nähe ihrer Beutetiere zu brüten, um von der großen Menge an verfügbarer Nahrung für den Nachwuchs zu profitieren.

Ähnliche Phänomene kennt man auch heute zur Genüge. Der *Troodon*, ein kleiner, besonders auf Hadrosaurierbrut ausgerichteter Fleischfresser, baute sein Nest grundsätzlich in unmittelbarer Nachbarschaft.

Diese Beobachtungen über Nestbau und Brutpflege werden durch zahlreiche Fossilienfunde immer wieder bestätigt, eine einheitliche Linie läßt sich jedoch nicht ableiten. Alles weist darauf hin, daß es ebenso viele verschiedene Verhaltensweisen bei der Brutpflege gab wie Dinosauriergattungen.

Im Laufe unserer Bemühungen, die biologische Identität dieser faszinierenden Tiere zu rekonstruieren, mußten wir bereits mehrmals hinnehmen, daß das Bild, das wir von den Dinosauriern hatten, revidiert wurde. Erst stellten wir fest, daß sie keineswegs alle schwerfällig und plump, sondern flink und agil waren, sodann, daß sie nicht dumm und stumpfsinnig ihr Leben fristeten, sondern es wach und intelligent meisterten. Schließlich mußten wir einräumen, daß wir es vielleicht nicht mit Kaltblütern zu tun haben, sondern mit Tieren, die einen höheren Stoffwechsel besitzen, der bei den kleineren Gattungen durch die thermoregulativen Mechanismen der Endothermie und bei den Giganten durch ihren aufgrund der großen Masse thermisch inerten Körper aufrechterhalten wird.

Die Trias: Morgendämmerung eines neuen Zeitalters

TRIASSISCHE LANDSCHAFT

Diese nicht maßstabsgetreue Reproduktion zeigt Tier- und Pflanzenwelt der Periode der Trias von vor 225 bis vor 193 Millionen Jahren. Die in der Zeichnung dargestellte Landschaft ist frei erfunden, daher sind die Konturen nur angedeutet. Vor diesem undeutlichen Hintergrund stechen einige Bilder hervor: Trotz des immer trockeneren Klimas und des zunehmenden Wüstencharakters haben Schachtelhalme und Farne in den verbleibenden feuchteren Regionen überlebt. Die eleganten Pteridophyten der Spezies *Pleuromeia* (14) gab es nur in der Trias, neben primitiven Baumfarnen, *Marattiales* (15) und *Equisetaceae* (16), von welchen nur die Gattung *Equisetum* heute noch übrig ist. Das Klima selektierte zunehmend Pflanzen, die weniger vom Wasser abhängig sind wie Samenfarne, die sogenannten Pteridospermae (19), *Cycadeen* (17), primitive Nacktsamer, die bis heute überlebt haben, und die ursprünglichsten Koniferen wie *Voltzia* (18), die die damaligen Wälder bildeten. Bei den Tieren verläuft die Evolution ähnlich: Der *Mastodontosaurus* (12) gehört zu den letzten großen Amphibien. Die Reptilien dominieren das Landschaftsbild, die ersten Dinosaurier erscheinen. Es sind dies die großen Plateosauriden (1), die Teratosauriden (2), Coelophysidae wie *Syntarsus* (3) und die kleinsten unter ihnen, die Heterodontosauriden (13). In allen Lebensräumen sehen wir Reptilien: Der *Proterosuchus* (4) im Fluß gleicht unseren modernen Krokodilen, *Proganochelys* (8), ein Landbewohner, erinnert an die Schildkröten, und *Eudimorphon* (9), einer der ersten Flugsaurier, hält die Stellung in der Luft. *Longisquama* (5) lebt auf den Bäumen,

und *Kuhneosaurus* (6) jagt gerade eine Libelle (11). Wirbellose wie diese sind überall vorhanden und erfüllen eine wichtige Funktion in der Nahrungskette. Auch im Meer gibt es Reptilien: der *Nothosaurus* (7) führt ein ähnliches Leben wie moderne Seelöwen. Ein wichtiges Ereignis findet auch noch in der Trias statt: das Erscheinen der Säugetiere. *Morganucodon* (10) ist der Anfang einer langwierigen Entwicklung, die zum *Homo sapiens* führen sollte.

Am Ende der Trias, vor 200 Millionen Jahren, erschienen die ersten Dinosaurier auf Erden. 200 Millionen Jahre: eine unvorstellbar lange Zeit. Es ist nicht weiter erstaunlich, daß damals unsere Erde noch ganz anders aussah als heute. Und es ist auch nicht verwunderlich, daß bis auf versteinerte Schichten von dieser Welt nichts geblieben ist. Der Name Trias stammt aus der Geologie und wurde 1834 von F. Alberti vorgeschlagen, da er festgestellt hatte, daß die

geologischen Formationen von vor 225 bis vor 195 Millionen Jahren in Europa fast überall dreigliedrig waren. Drei Schichten, die sich deutlich voneinander unterschieden, waren übereinander abgelagert.

Die Trias ist der Beginn des Mesozoikums, des Erdmittelalters, und bedeutet für unseren Planeten den Übergang von der Ur- zur Neuzeit, genau wie das Mittelalter der Zivilisationsgeschichte für uns Menschen.

Damals gab es nur einen einzigen, riesigen Kontinent: Pangäa. Ausgedehnte Tief- und Hochebenen erstreckten sich auf dieser geologisch noch ziemlich homogenen Festlandmasse, die von Panthalassa, dem endlosen Ozean, umgeben war. Nur ein Golf, der Tethys, unterbrach die Kontinuität im Osten.

Die endogenen Kräfte der Erde und die ständige Ausdehnung des Meeresbodens übten enormen Druck auf die Landmasse aus, und bald wurde sie von zwei großen Bruchlinien durchzogen. Die erste verlief parallel zum Äquator und trennte als nördlichen Block Laurasia, das aus dem heutigen Nordamerika und Eurasien bestand, von Gondwana, dem heutigen Südamerika mit Afrika, Indien, Australien und der Antarktis, im Süden. Der zweite Bruch führte zur Entstehung des Indischen Ozeans, indem er Indien von Pangäa loslöste und langsam vom Festland Richtung Norden wegdriften ließ.

Zur Zeit jedoch, als unsere Geschichte beginnt, gab es noch keine natürlichen Hindernisse zwischen den Erdteilen, alles war vereint. Weder Gebirge noch Schluchten, keine Landengen und auch keine Binnenmeere hielten den Wanderer auf. Die Tiere konnten, nur ihren Bedürfnissen nach Nahrung und Wärme folgend, Pangäa ungehindert von einem Ende zum anderen durchstreifen. Heute findet man die Beweise dafür: Die Plateosaurier zum Beispiel, die am weitesten verbreiteten landlebenden Wirbeltiere jener Zeit, haben in Nord- und Südamerika, in Europa, in China, in Südafrika und in Australien ihre Spuren hinterlassen.

Ständig auf der Suche nach neuem Weideland, wie heute die Gnus in der afrikanischen Savanne, führten sie ihre Wanderungen in jedes noch so entlegene Gebiet. Die Landschaften der Trias wiesen zwar aufgrund der nach Breitengraden verschiedenen klimatischen Bedingungen eine Vegetationsvielfalt auf, die wir von der heutigen Erde kennen – große Wälder im Äquatorialbereich, ausgedehnte Sümpfe, Seenlandschaften, Sand- und Felswüsten mit grünen Tälern und Oasen entlang der Flüsse, weite Grassteppen – und doch unterschied sich die triassische Welt in vielem von der unseren. Besonders augen- oder besser »ohrenfällig« war die Stille: Nirgends hörte man Vogelgesang. Die Säugetiere existierten ebenfalls noch nicht.

Während der 40 Millionen Jahre, die die Trias umfaßt, kam es zu einer langsamen, doch entscheidenden Klimaänderung: Die Vergletscherung, die seit dem Ende des Paläozoikums im südlichen Gondwana im Gange war, entzog der Atmosphäre Wasser und band es in Form von Eis. So wurde aus dem extrem feuchten Klima des Karbons und des Perms ein immer trockeneres, und die Durchschnittstemperaturen stiegen. Im Binnenland herrschte bald ein typi-

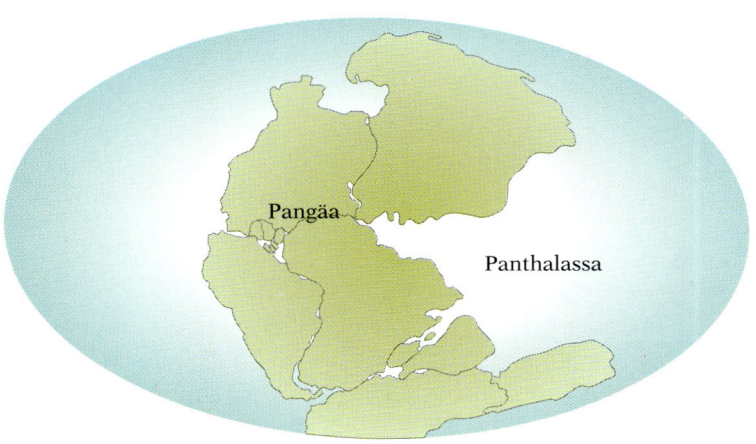

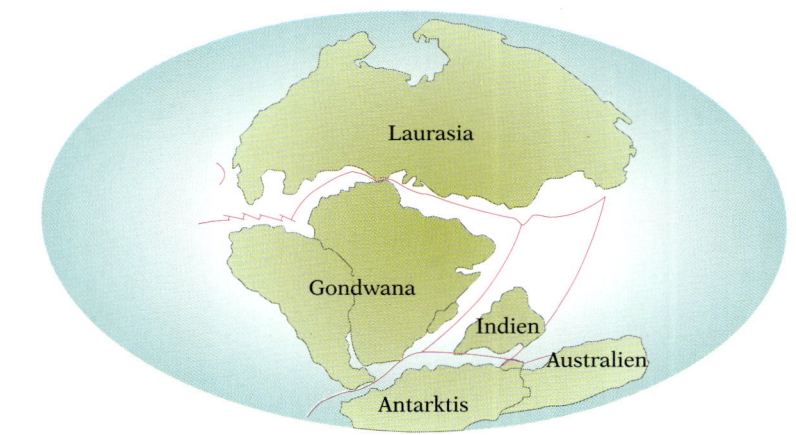

sches Kontinentalklima mit langen Trockenperioden, an der Küste und an den großen Flüssen überlebten noch subtropische und tropische Zonen. Der zunehmende Wüstencharakter verursachte tiefgreifende Veränderungen in Flora und Fauna: Pflanzen und Tiere, die sehr auf Wasser angewiesen waren, verschwanden allmählich und wichen jenen Spezies, die sparsamer damit umzugehen verstanden.

Die Selektion in diese Richtung wurde immer restriktiver, bis die Flüssigkeitsökonomen schließlich überwogen. Die großen Amphibien starben auf diese Weise aus, und gleichzeitig kam es zu einem radikalen Umschwung bei den

DIE ERDE IN DER TRIAS

Nach den gängigsten Hypothesen bilden am Anfang dieser Periode sowohl die Kontinente noch eine Einheit, namens Pangäa, als auch die Ozeane (Panthalassa). Es gibt aber bereits einen großen, durch den Tethysgolf verursachten Einschnitt im Osten, ein erster Vorbote der Brüche, die die große Landmasse einst durchziehen würden. Am Ende der Trias war Pangäa bereits in zwei große Blöcke geteilt: Laurasia im Norden und Gondwana im Süden. Gondwana ist ebenfalls schon von Brüchen durchzogen und beginnt zu zerfallen. Indien treibt nach Norden ab, Australien, noch vereint mit der Antarktis, nach Süden.

Pflanzen: Riesenschachtelhalme, Baumfarne, Bärlapp und die Farne, Flechten und Moose, die im Karbon so häufig und für die Bildung der großen Kohlelagerstätten verantwortlich waren, zogen sich in die tropischen Zonen zurück, wo sie noch ausgedehnte, feuchte Regenwälder bildeten, ein einzigartiges Biotop inmitten der wachsenden Wüsten.

Die Stunde der Nacktsamer war gekommen. Im Binnenland, wo das trockene Kontinentalklima vorherrschte, verzeichneten sie einige große Vorteile. Sie konnten Wasser speichern, hatten holzige Früchte, lange Wurzeln und erwiesen sich überhaupt als sehr widerstandsfähig gegenüber extremen klimatischen

EIN NAME FÜR EINEN FELS

Eine Kalkdecke aus der Trias bei Levione (Gran Paradiso). Die Bezeichnung Trias, die der Geologe F. Alberti 1834 vorgeschlagen hatte, bezieht sich auf die Tatsache, daß in Mitteleuropa Gebirgsformationen, die zwischen 225 und 195 Millionen Jahre alt sind, fast immer deutlich aus drei voneinander gut unterscheidbaren Schichten bestehen. In Gesteinen wie diesen findet man so gut wie immer für diese Periode charakteristische Fossilien.

Bedingungen. Es waren die ersten Eiben und Pinien, die noch heute die sogenannten Extremzonen der Erde bevölkern, ob Meeresküste oder Hochgebirge, ob trocken und heiß oder extrem kalt und rauh, sie überlebten.

In der Trias geschah zum ersten Mal das Wunder, das ihre Fortpflanzungsfähigkeit optimierte: Die Bäume entließen Pollenwolken in den Wind, um so die weiblichen Pflanzenteile zu befruchten. Ihre so entstandenen Samen konnten den Keim des Lebens auch über lange, karge Jahre hinweg bewahren, um ihn dann, wenn die Zeiten wieder besser waren, aufbrechen und wachsen zu lassen. Ihre Wurzeln suchten in den tief-

sten Tiefen nach Wasser, und ihre Stämme waren von einer dicken, schützenden Rinde bedeckt. Die Blätter, eigentlich Nadeln, widerstanden Kälte, Hitze und Dürre dank ihrer robusten Chitinoberfläche.

Angesichts der Konkurrenz so geschickt vorbereiteter Kollegen starben die ersten primitiven Nacktsamer, die bereits im Perm aufgetaucht waren, bald aus. Zugleich erschienen die *Cycadeen*, palmartige Pflanzen mit farnähnlichen Blättern, die alsbald weite Verbreitung erfuhren, bis sie eine der wichtigsten Nahrungsquellen für Pflanzenfresser, auch für einige Dinosaurier, darstellten. Schließlich gesellten sich noch *Taxidae* und *Ginkgotae* dazu, es folgten die Koniferen, die letzten, die in dieser Zeit der Verwandlung entstanden. Manche dieser Bäume erreichten gigantische Ausmaße, wie die Sequoia, die auch als Mammutbaum bekannt ist und bis zu 100 m hoch wurde. Der Durchmesser ihres Stammes betrug 5 m und mehr.

In dieser neuen, grünen Welt gab es auch reichlich Tiere. Seit 200 Millionen Jahren schon überwogen die Wirbellosen zahlenmäßig alle anderen Populationen: Zahllose Insekten, Tausendfüßler, Krustentiere und Mollusken bevölkerten Land und Wasser. Sie ernährten sich,

DIE FLORA IM MESOZOIKUM

Bis zur unteren Kreide herrschte in der Pflanzenwelt des Mesozoikums eine relative Monotonie. Das immer trockenere Klima reduzierte die Zahl der Feuchtbiotope, die in Karbon und Perm so häufig waren, beträchtlich. Die Pteridophyten zogen sich auf einzelne, inselhafte Bestände zurück, ebenso die Lycopoden wie *Sagillaria* (1) und *Lepidodendron* (2), deren vernarbten Stamm man hier auch sehen kann. Riesenschachtelhalme wie *Neocalamites* (3) und *Equisetis* (4) und Baumfarne wie *Megaphyton* (15), *Asophyllites* (7), *Matonidium* (12) und *Psaronius* (9) bleiben ebenfalls nur in tropischen Regionen vertreten, wo manche von ihnen heute noch anzutreffen sind. Von der Evolution bevorzugt wurden nun die sogenannten Spermatophyten oder Samenpflanzen, die sich rasch entwickelten und differenzierten. Bis ins mittlere Mesozoikum dominierten die Gymnospermae oder Nacktsamer: die vielgestaltigen Leptosporangiatae (6), die heute fast ausgestorben sind, die Bennettitaceen wie *Williamsoniella* (13), *Williamsonia* (14, 17) und *Cycadeoidea* (18) sind heute gänzlich verschwunden. Einige Samenfarne wie *Medullosa* (10) und

außer von ihren Artgenossen, auch von Pflanzenteilen und verrottender Biomasse. Manche von ihnen bevorzugten das Parasitenleben. Dieses krabbelnde, flatternde, kriechende Heer bildete die Basis der Nahrungspyramide. An ihrer Spitze befanden sich Amphibien und Reptilien, die Räuber unter den Wirbeltieren.

Eben jetzt, als ihre Ära zu Ende ging, zeigten die Amphibien in den letzten Feuchtbiotopen entlang der Flüsse und Seen den größten Artenreichtum. Sie sahen ein wenig aus wie die modernen Salamander, unterschieden sich jedoch wesentlich von ihnen, was die Größe betraf. Neben *Micropholis stowi*, die kaum 20 cm maß, gab es auch Lurche, die 5 m lang wurden. Gegen Ende der Trias starben die extrem großen Arten allerdings aus und wurden in ihrer ökologischen Rolle langsam aber sicher von den Reptilien ersetzt, die besser an die herrschenden klimatischen Bedingungen angepaßt waren.

Schon ganz zu Anfang dieser neuen Ära zeichnete sich deutlich ab, daß die Reptilien die Gewinner sein würden. Die Therapsiden eroberten Gondwana, während in Laurasia die Thecodontier herrschten. Erstere, auch säugetierartige Reptilien genannt, hatten 70 Millionen

palmenähnliche Zykadophyten wie *Podoza-mites* (10), *Palaeocycas* (11) und *Nilssoniales* (16) haben in warmen Regionen überlebt. Gegen Ende der Trias erfuhren *Voltzia* sowie *Pseudovoltzia* (23) größere Verbreitung, um im Jura auszusterben. Araukarien wie *Pro-araucaria* (5), die es heute nicht mehr gibt, oder *Araucaria* (24), heute eine geschätzte Zierpflanze, Eiben wie *Taxus baccata* (21), die einzige europäische Spezies, deren männlichen blühenden Sproß wir hier sehen, bilden ausgedehnte Wälder. Bis heute geblieben sind große Sequoienbestände (25) in Ostasien und Nordamerika. Manche dieser Bäume sind über 3000 Jahre alt, bis zu 100 m hoch und haben einen Durchmesser von ca. 8 m. Der Ginkgo war bereits im Perm erschienen und entwickelte in der Trias eine größere Artenvielfalt. Am häufigsten kam *Baiera* (22) neben neuen Formen wie *Ginkgo huttoni* (20) vor, der unserem heutigen *Ginkgo biloba*, übrigens dem einzigen Überlebenden der Klasse, sehr ähnlich ist. In der oberen Kreide erschienen die Angiospermae oder Bedecktsamer auf der Bildfläche und gewannen rasch Terrain, da sie die Nacktsamer und Farnpflanzen in der Fortpflanzungsrate mühelos überholten. Die verbreitetsten unter ihnen waren die Weiden (19), die Magnolien mit den Gattungen *Lyri-odendrum*, *Magnolia* und *Myristica* sowie die Rosengewächse, die noch heute zahlreich in unseren Gärten anzutreffen sind.

Jahre lang alle nur möglichen ökologischen Nischen okkuppiert und befanden sich bereits in der Phase des Niedergangs, zweitere waren eben erst aufgetaucht und standen am Anfang einer raschen, steilen Evolutionskarriere. Es gab Pflanzen- und Insektenfresser, fleischfressende Räuber, Wasser- und Festlandbewohner unter ihnen, ja sogar Spezies, die in den Bäumen wohnten. Sie bevölkerten rasch ganz Pangäa und wurden sowohl in der Sandwüste als auch in Feuchtbiotopen, im Wald, auf der Hochebene oder an Süßwasserseen heimisch.

Sogar in den Seen waren sie vertreten. Dort lebten die gefürchtetsten Räuber dieser Gruppe, Parasuchier, die einen ähnlichen Panzer trugen wie die Krokodile, einen kräftigen Schwanz und ein langes, mit furchterregenden Zähnen besetztes Maul besaßen. In den Koniferenwäldern sah man Vertreter der Spezies *Longisquama insignis* und *Popterix mirabilis* häufig, wie sie von einem Ast zum anderen segelten, ganz nach der Art der modernen Agamiden, die die tropischen Wälder Indochinas bewohnen. So übernahmen die Thecodontier

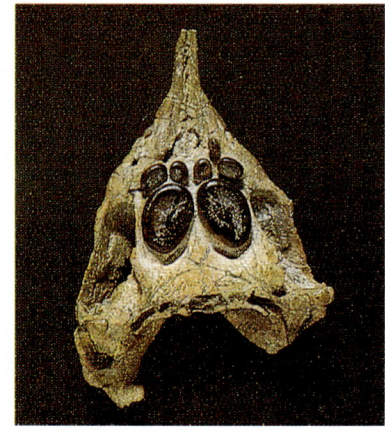

vermehrten. Die bis zu 8 m langen Tiere hatten ihre Beine in Flossen verwandelt. Da sie lebend gebaren, mußten sie nicht einmal zur Eiablage zurück aufs Festland. Sie waren vom Land völlig unabhängige Meeresbewohner geworden.

Doch die größte Umwälzung in der Trias war zweifelsohne das Erscheinen zweier neuer Lebensformen, deren Bestimmung zu sein schien, einst das Festland zu beherrschen: Säugetiere und Dinosaurier. Die besonderen Eigenschaften der Säuger, die höhere Stoffwechselrate,

Schritt für Schritt die Rolle der Therapsiden und ersetzten diese schließlich völlig. Im Laufe ihrer raschen Entwicklung brachten sie Pterosaurier, Krokodile und Dinosaurier hervor.

Überallhin waren die Reptilien mittlerweile vorgedrungen. Schildkröten, die – in ihren knöchernen Panzern perfekt geschützt – während Jahrmillionen kaum ihr Aussehen veränderten, bevölkerten den Küstenbereich, an den Felshängen sonnte sich der eidechsenartige *Trilophosaurus*, höchstwahrscheinlich ein Insektenfresser, die Rhynchocephalier, die bis zu 4 m lang wurden und eine Art Schnabel hatten, vermehrten sich so zahlreich, daß es keinen Flecken auf ganz Pangäa gab, wo sie nicht vorkamen.

Heutzutage sind sie sehr viel seltener, ihr einziger überlebender Verwandter, *Sphenodon punctatus*, zeigt sich dann und wann auf einigen verlassenen Inseln Neuseelands. Die dominierenden Herrscher waren, damals wie heute, die Räuber: Protosaurier wie *Tanystropheus longobardicus*, der einen bis zu 3 m langen Hals hatte und damit vom Ufer aus fischte, ohne ins Wasser zu müssen, machte die Strände unsicher; die Nothosaurier und die Placodontier, die wie Schildkröten einen dicken Panzer besaßen und mit ihrem harten Gaumen und dem kräftigen Gebiß auch die widerstandsfähigsten Schalentiere knacken konnten, setzten der Herbivorenpopulation zu.

Selbst die Tiefen der Meere wurden von Reptilien dominiert: Ichthyosaurier, wie zum Beispiel der stromlinienförmige *Mixosaurus*, der verblüffend unseren Delphinen glich, weil er sich genau wie sie an ein Leben auf hoher See anpassen mußte, hatten eine komplexe Evolution hinter sich. Sie waren vom Land zurück ins Meer übersiedelt, wo sie sich rasch

REPTILIEN ZU WASSER UND ZU LANDE

Oben: fossile Überreste eines Placodontiers, der bei Bergamo in den triassischen Sedimentgesteinen gefunden wurde. Daneben eine Detailaufnahme des Gaumens eines solchen Tieres. Sehr gut zu sehen sind die abgeflachten Mahlzähne, mit denen sie wahrscheinlich die harten Schalen der Muscheln, ihrer Lieblingsspeise, zermalmten. Unten: Der *Rhynchosaurus* gehört zu den Rhynchocephalia, einer der in der Trias am weitesten verbreiteten landlebenden Reptilgruppen. Heute ist alles, was davon geblieben ist, der kleine, auf einigen Inseln Neuseelands lebende *Sphenodon punctatus*.

das thermoisolierende Fell, die Lebendgeburt und das Säugen der Jungtiere, hinterlassen keine Spuren. Sie gehen bei der Fossilisation unwiederbringlich verloren.

Daher bleibt es ein unlösbares Rätsel, zu welchem Zeitpunkt sie tatsächlich erstmals auftraten. Andererseits zeigen einige fossile Überreste der Therapsiden bereits Details im Knochenbau (Schädel, Zähne, Gliedmaßen), die jenen der Säugetiere gleichen. Das einzige, was sie eindeutig als Reptilien identifiziert, ist die noch rudimentäre Ausprägung der beiden Mittelohrknochen, die erst bei den Säugern vollends zu den Gehörknöchelchen Hammer und Amboß umgeformt sind.

Die ersten eindeutig identifizierbaren Säugetierfossilien gehen auf die Trias zurück. Es handelt sich um Tiere, wie

zum Beispiel *Morganucodon,* die meist nicht größer wurden als 10 cm. Wahrscheinlich ernährten sie sich, wie die Spitzmaus, von Insekten. Durch ihre Warmblütigkeit konnten sie bei Nacht aktiv sein, wenn alle anderen schliefen und sie weder Feinde noch Konkurrenz zu fürchten hatten. Sobald es dämmerte, begaben sie sich auf die Jagd nach Gliederfüßern, Spinnen, Skorpionen, kleinen Amphibien und Reptilien, wobei sie ihren Speisezettel vielleicht auch mit Samen und Wurzeln ergänzten.

140 Millionen Jahre, die ganze Zeit der Herrschaft der Dinosaurier, führten sie ein Leben im Schatten und unter dem Druck ihrer dominanten Konkurrenten. Immer im Schutz der Dunkelheit, stets auf der Suche nach einem neuen Versteck, fristeten sie ihr Dasein als unbedeutende, nächtliche Kleintierjäger.

Die ersten Dinosaurier erschienen am Ende der Entwicklung der Pseudosuchier vor 200 Millionen Jahren. Man kann auch hier nur schlecht den genauen Moment bestimmen, in welchem dies geschah, wie es überhaupt schwierig ist, das Auftreten einer neuen Spezies mit einiger Genauigkeit zeitlich festzulegen. Solche Vorgänge spielen sich, wie wir seit Darwin wissen, schrittweise ab, und unser Klassifizierungssystem trägt dieser Tatsache nur wenig Rechnung. Außerdem bilden die Fossilbelege bei

AUF DEM FESTLAND

Oben: ein *Trilophosaurus,* ein schwer einzuordnendes Reptil, das vielleicht zu den Verwandten der Dinosaurier zählt. Er besitzt einen Hornschnabel mit breiten, messerscharfen Zähnen und kommt in Fossilbelegen Nordamerikas und Großbritanniens (Memphis) vor.
Unten: *Cynognathus crateronotus,* ein säugetierähnliches Reptil, ein in der Trias weitverbreiteter Fleischfresser. Das Tier war etwa 1 m lang und hundeähnlich. Besonders das Gebiß mit den langen Eck- und den kräftigen Mahlzähnen erinnert an einen Wolf oder Hund. Fossilien kommen im unteren Teil des triassischen Systems in Südafrika vor.

weitem kein kontinuierliches, chronologisches Spektrum. Daher sieht es so aus, als seien die frühesten Dinosaurier mit dem typischen Saurischierbecken urplötzlich aufgetaucht.

Da waren sie, die ersten coelophysiden Coelurosaurier, zweibeinige, schlanke, reaktionsschnelle Karnivoren von kleiner Statur, sehr aktiv und aggresssiv, die jedes kleinste Detail in ihrer Umgebung sofort wahrnahmen und immer bereit waren, einer potentiellen Beute blitzschnell nachzustellen und sie mit den Vordergliedmaßen zu packen. Wegen ihrer geringen Körpergröße mußten sie selbst auch auf der Hut vor Räubern sein, stets vorbereitet, einem Feind zu entfliehen und ihn mit schnellen Richtungswechseln zu überraschen. Doch wer sollte dieser Feind sein?

Ganz einfach: ein Verwandter! Parallel zu den Coelurosauriern entstanden aus denselben Vorfahren noch andere Dinosaurierarten, die um einiges größer und robuster gebaut waren: die Carnosaurier und die pflanzenfressenden Prosauropoda. Diese beiden Familien übten so starken Druck aufeinander aus, daß sie immer noch mehr Körpermasse entwickelten, bis sie schließlich gigantische Dimensionen erreichten. Aus einigen zweibeinigen Fleischfresserformen gingen durch die Anpassung an eine ökologische Nische, wo Nahrung knapp war, die pflanzenfressenden Plateosauriden hervor. Aufgerichtet auf den Hinterbeinen konnten sie die Baumwipfel erreichen und abweiden.

Diese hartfaserige Nahrung führte zur Entwicklung eines leistungsfähigen, umfangreichen Verdauungsapparates, der unerläßlich für die Aufschließung der Nährstoffe in der Zellulose ist. So wurden sie schließlich vom Gewicht ihrer langen Därme gezwungen, auch die vorderen Gliedmaßen wieder auf den

123

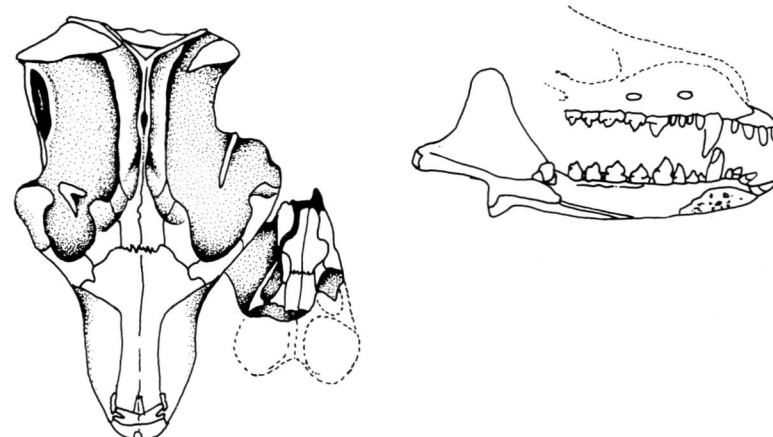

Oben links: *Thrinaxodon*-Schädel verschiedener Größe. Untersuchungen des Knochenbaus haben ergeben, daß es sich wohl um die Schädel eines erwachsenen und eines neugeborenen Tiers handeln muß, was durch die Lage der Fundstücke bestätigt wird.

Oben rechts: Ober- und Unterkiefer eines *Morganucodon* (Originalgröße 2 cm), eines der ersten Säugetiere, die auf Erden erschienen sind. Im Unterschied zu den Reptilien ist ihr Gebiß in kleine, scharfe Schneidezähne, lange, spitze Eckzähne und massive Backenzähne eingeteilt. Sie mußten den modernen Insektenfressern ziemlich ähnlich sein.

Rechts: das fossile Skelett eines *Thrinaxodon*, das in natura nicht länger als 10 cm war. Die zusammengerollte Stellung ist typisch für Säugetiere, die sich im Winterschlaf befinden. Sie umgeben sich so optimal mit ihrem Pelz und verhindern Wärmeverlust. Daß, wie hier, Hinweise auf das Verhalten und die Lebensgewohnheiten des Tieres mit seinem Kadaver zusammen fossilisieren, ist ein in der Paläontologie äußerst seltener Glücksfall.

BEGEGNUNG UNTER DINOSAURIERN

Rechte Seite: Im dichten Unterholz eines triassischen Urwaldes stürzt sich ein *Coelophysis* auf einen kleinen *Heterodontosaurus*. Solche Begegnungen zwischen diesen eben erst erschienenen Reptilien, die bereits aufgrund ihrer revolutionären Säulenbeine für den Erfolg bestimmt waren, mußten sich so oder ähnlich ziemlich oft abgespielt haben.

Boden zu bringen und fortan als Vierbeiner zu leben. Die Evolutionslinien der Saurischier waren bereits gezogen, als die Ornithischier auf der Bildfläche erschienen. Als zweibeinige Pflanzenfresser mußten sie in einer von Räubern beherrschten Welt schnell sein, um jederzeit fliehen zu können, was sie durch ihre kräftigen Hinterbeine und den straußenartigen Laufstil mühelos erreichten.

Bevor Saurischier und Ornithischier nun ihren evolutionären Siegeszug durch ganz Pangäa antreten konnten, mußten sie sich noch mit den anderen Reptilien messen. Was ihnen auch bestens gelang. In jeder Hinsicht hatten sie ihren Verwandten etwas voraus, sie waren einfach besser, sei es als geschickte Jäger und Räuber oder als Pflanzenfresser, die auch mit schwerstverdaulichem Blattwerk fertig wurden. Damit

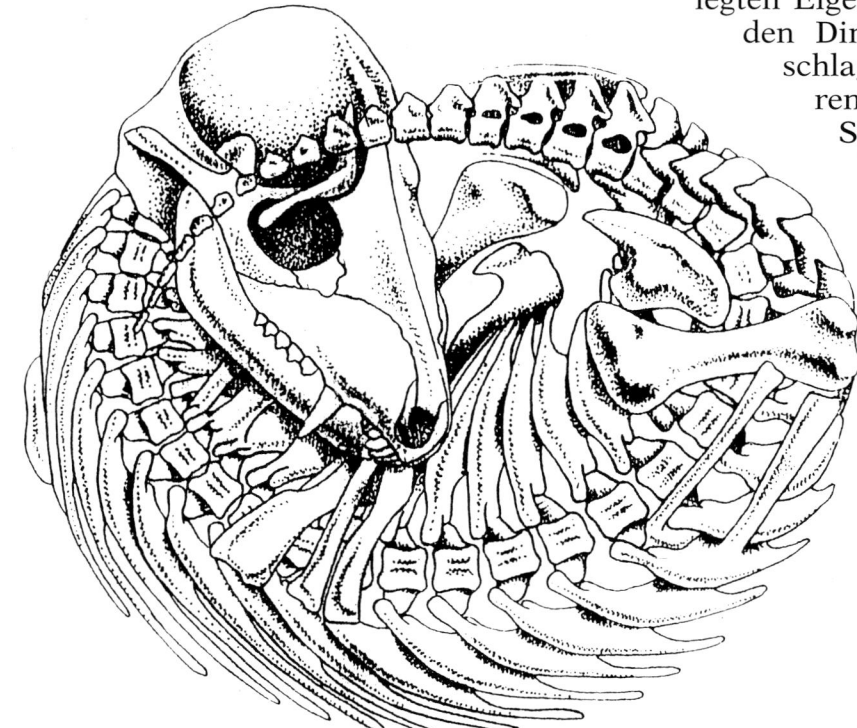

konnten die meisten herkömmlichen Reptilien nicht konkurrieren, eine drastische Veränderung in der Tierwelt zeichnete sich ab. In all ihren ökologischen Rollen, in jeder Nische, jedem Lebensraum, mit Ausnahme der Ozeane und der Lüfte, von den neuen Dominatoren übertroffen, starben Therapsiden und Thecodontier schließlich aus.

Dabei war der erste Auftritt der Dinosaurier ganz im stillen verlaufen. Die primitivsten Saurischier und Ornithischier schienen auf den ersten Blick nichts weiter als kleine, aufrechtgehende Echsen zu sein. Doch all jene Eigenschaften, die aus ihren Nachfahren die schnellsten Läufer, die gefährlichsten Räuber und die besten Nahrungsverwerter machen sollten, waren in ihrer Erbmasse bereits vorhanden. Die Kraft des *Tyrannosaurus*, die gigantische Masse des *Apatosaurus*, die Effizienz des *Triceratops* sollte aus den in der DNS angelegten Eigenschaften entstehen und den Dinosauriern ihren durchschlagenden Erfolg garantieren. Der Aufstieg der Schrecklichen Echsen begann in der Trias, als die ersten von ihnen sich vermehrten und über ganz Pangäa ausbreiteten. Ihr Erfolg sollte noch zwei weitere geologische Perioden überdauern.

Maße im Vergleich: der Mensch als Maßstab. Einmal wird er dem kleinsten unter den Coelophysiden, *Saltopus*, der höchstens 60 cm lang wurde, einmal dem größten, *Halticosaurus*, mit 5 m Körperlänge gegenübergestellt. Mitte: Verschiedene Fundstätten für Coelophysiden-Fossilien auf der ganzen Welt sowie ein Paar *Coelophysis*-Skelette aus der oberen Trias, die in New Mexico ausgegraben wurden. Innerhalb des Brustkorbs des einen finden sich Überreste eines kleineren Artgenossen, was beweist, daß auch Kannibalismus existierte. Unten: eine lebhafte Darstellung eines *Coelophysis* in Angriffsstellung. Sein leichter, schlanker Körperbau erlaubte blitzschnelle Richtungswechsel und machte ihn zu einem Meister des Überraschungsangriffs.

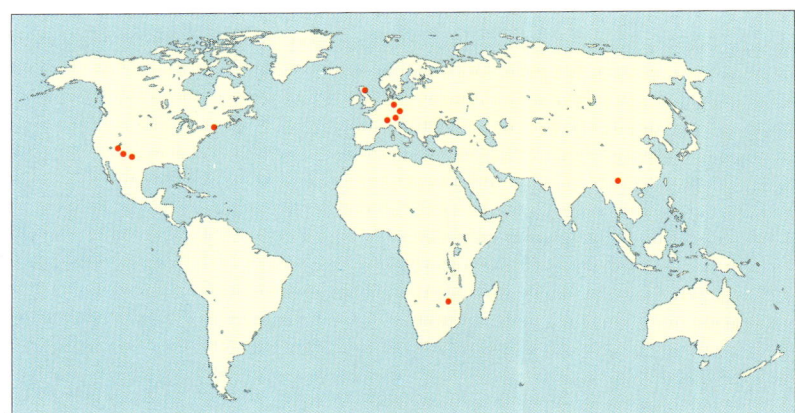

Coelophysidae

Die Coelophysiden machten den Anfang, als sie am Ende der Trias erstmals auftraten. Die große Anzahl der fossilen Fundstücke beweist, daß sie sehr verbreitet waren und auf ganz Pangäa vorkamen. Seit 1947 sind sie uns Menschen bekannt: Edwin Colbert, Thomas Ieraldi und George Whitaker fanden bei Ghost Ranch in New Mexico Dutzende bestens erhaltener *Coelophysis*-Skelette. Heute ist der in der Nähe des Dorfes Abiquiu gelegene Fundort ein felsiges Tal, dessen Grund aus einstigen Sümpfen besteht, die damals für die Tiere eine tödliche Falle darstellten. Individuen ein und derselben Spezies starben, eines über dem anderen, ein Wirrwarr von Hälsen, Köpfen, Beinen und Rippen. Die meisten Skelette waren unvollständig. Deshalb konnte man nur einige wenige Spezies genau rekonstruieren. Die phylogenetischen Beziehungen, die die einzelnen Arten verbinden, sind sehr schwer zu bestimmen.

Alle Coelophysiden zeichneten sich durch einen leichten Knochenbau aus. Besonders der Schädel, der mehrere Öffnungen aufwies, und die hohlen Langknochen trugen zur Reduzierung des Körpergewichts bei. Der kleinste, *Saltopus*, wog nicht einmal 1 kg, im Durchschnitt brachten sie es ungefähr auf einen halben Zentner. Der *Avipes* und der *Procompsognathus* waren ca. 1 m lang, die Spezies *Lukousaurus*, *Coelophysis* und *Syntarus* etwas länger, der Größte ihrer Vertreter, der *Halticosaurus liliensterni*, erreichte 5 m Länge und ein Gewicht von 100 kg.

An ihren langen Schwänzen, den schlanken Hälsen und den stromlinienförmigen Köpfen sowie den vogelartigen Hinterbeinen erkennt man sie sogleich als ausgezeichnete Läufer. Die langen, mit Krallen besetzten Zehen gaben Halt auf schlüpfrigem Boden, verbesserten den Raumgriff und leisteten gute Dienste bei der Jagd. Als Räuber konnten sich die auf diese Weise optimal ausgestatteten Coelophysiden jedenfalls bestens behaupten. Mit den ebenfalls krallenbewehrten Greifarmen packten sie rasch und sicher zu, so daß ihnen eine einmal ergriffene Beute kaum je entwischen konnte. Wahrscheinlich jagten sie in Rudeln und hatten einen abwechslungsreichen Speiseplan, der Insekten, Amphibien und Thecodontier ebenso einschloß wie andere, kleinere Saurier. Bei zwei *Coelophysis*-Skeletten fanden sich sogar die Knochen eines Jungtieres derselben Spezies im Bauchraum; man hat es hier zwangsläufig mit Kannibalismus zu tun.

Maße im Vergleich: Hier wird der Mensch einem *Heterodontosaurus* (links) und einem *Teratosaurus* (rechts) gegenübergestellt. Die Teratosaurier sind schwer zu klassifizieren, da sie in Fossilbelegen nur sehr unvollständig vorkommen. Heute glaubt man, daß sie eher zu den Thecodontiern als zu den Dinosauriern gehörten und etwa 6 m lang und 7 Zentner schwer wurden.

Heterodontosauridae und Teratosauridae

Am Ende der Trias erschienen auch die ersten Ornithischier. Die moderne Paläontologie faßt sie in der Gruppe der Heterodontosauriden zusammen. Von kleiner Statur, kaum 1 m lang, benutzten sie ihre vorderen Gliedmaßen, um den Boden nach Nahrung abzusuchen und Wurzeln auszugraben. Sie gingen wahrscheinlich normalerweise auf allen vieren, richteten sich aber zum schnellen Laufen auf. Sehr charakteristisch ist ihr Gebiß: Wohl bestand es zum Großteil aus den typischen Pflanzenfresserzähnen, doch beobachtete man bei manchen auch zwei lange Karnivoren-Eckzähne. Diese Hauer stellten vielleicht ein geschlechtsspezifisches Merkmal der Männchen dar. Rein vom Gebiß her könnte man sie als Säugetiere klassifizieren, wären da nicht die typischen Merkmale wie der Archosaurierschädel und der prädentale, für Dinosaurier bezeichnende Kinnknochen. Die Backentaschen charakterisieren sie als sehr effiziente Pflanzenfresser. Es ist bisher ungeklärt, warum sie ausgestorben sind.

Vielleicht waren sie auf eine bestimmte Pflanzenart spezialisiert, die verschwand und sie so ohne Nahrung ließ.

Nach der Meinung einiger Paläontologen waren die Teratosauriden die ersten Carnosaurier. Natürlich gibt es auch Gegner dieser Ansicht, die als Argument ins Treffen führen, daß die fossilen Überreste dieser 200 Millionen Jahre alten Tierart nicht vollständig genug sind, um sie in eine eigene Familie zusammenzufassen, deshalb seien sie unter die Thecodontier einzureihen.

Tatsächlich hat man ihre Morphologie aus wenigen Knochenfragmenten mit weit mehr Fantasie als erwiesenen Tatsachen abgeleitet. Was dabei herauskam, sind stämmige Fleischfresser mit kurzem, robustem Hals und großem Kopf, die ca. 6 m lang und 4 bis 7 Zentner schwer waren. Mit den Krallen an den Armen und den dreizehigen Füßen könnten sie die gefürchtetsten Räuber der Trias gewesen sein.

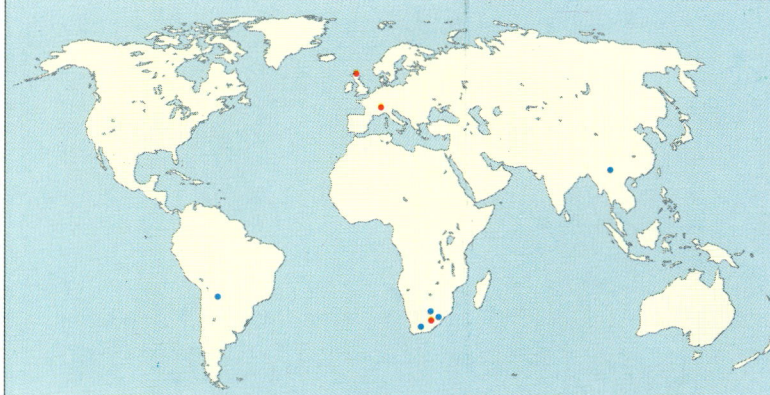

EIN HETERODONTOSAURIER AUF DER FLUCHT

Diese Tiere waren weit kleiner als die Teratosauridae (vgl. oben).
Unten: Verteilung der fossilen Überreste der Heterodontosauriden (blau) und der Teratosauriden (rot) auf der Welt.

Noch ein Vergleich: Diesmal sehen wir den Menschen im Vergleich zum *Plateosaurus*. Mit seinen 8 m Länge war dieser Pflanzenfresser der Goliath unter den Dinosauriern der Trias.
Unten links: Ein *Plateosaurus* weidet einen Baumfarn ab. Dazu stellte sich das sonst quadrupede Tier auf die zwei Hinterbeine und stützte sich auf den Schwanz.

Unten rechts: Fundstätten für Plateosauriden-Fossilien auf der ganzen Welt.
Ganz unten: Dieser fossile Schädel eines *Plateosaurus* stammt aus Deutschland.
Rechte Seite: Plateosaurier flüchten vor einem *Teratosaurus* in eine Felsenhöhle.

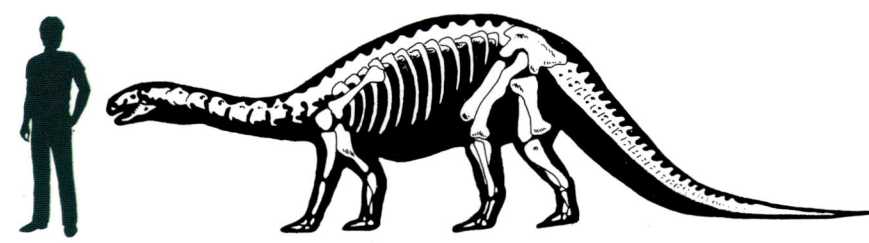

Plateosauridae

Die größten Dinosaurier der Trias, die Prosauropoda, waren sowohl in morphologischer als auch in ökologischer und ethologischer Hinsicht bereits hoch entwickelt. Daher bekleideten sie eine wichtige Stellung in der Hierarchie der Pflanzenfresser und konnten sich über ganz Pangäa ausbreiten. Die fossilen Fundstücke stammen aus der Zeit zwischen oberer Trias und unterem Jura. Sie hatten einen kleinen Kopf und einen langen, muskulösen Hals. Die Vordergliedmaßen waren kürzer als die hinteren und endeten in fünfzehigen Füßen. Normalerweise bewegten sie sich auf vier Beinen fort, konnten aber auch aufgerichtet laufen. Deshalb hinterlassen sie auch zweierlei Spuren. In ersterem Fall, wenn sie auf allen vieren liefen, kann man alle fünf Zehen beim Fußabdruck unterscheiden, während bei bipeder Haltung die äußersten Zehen seitlich abstanden. An den Vordergliedmaßen fällt auf, daß der letzte Finger nach außen gekrümmt ist, Daumen, Zeige- und Mittelfinger tragen robuste Krallen, die ein gefürchtetes Verteidigungsinstrument darstellen, aber auch benutzt wurden, um Zweige zum Maul zu führen oder das Weibchen während der Paarung festzuhalten.
Mit Ausnahme von *Aristosaurus* und *Ammosaurus*, die 1,5 bzw. 2,5 m lang waren, wurden alle ziemlich groß: Der

Massospondylus maß 4 m, der *Lufengosaurus* 6 m, der *Plateosaurus* 8 m, und der *Euskelosaurus* sogar stolze 12 m. Ein Männchen der größeren Spezies konnte bis zu 18 Zentner wiegen. Aufgerichtet auf den Hinterbeinen, mit gestrecktem Hals wurden sie 5 m hoch. Zur Verteidigung gegen Angreifer hatten sie hochentwickelte soziale Strukturen.
Da sie im Vergleich zu den Räubern ihrer Zeit recht, schwerfällig und unbeweglich waren, stellte ein einzelnes Tier leichte Beute dar. So bewegten sie sich immer in Gruppen, was für sie ebenso lebenswichtig war wie für die heutigen Pflanzenfresser. Die bei Stuttgart entdeckten Plateosaurier-Friedhöfe bestätigen diese Hypothese. Man nimmt an, daß sie periodische Wanderungen auf der Suche nach Nahrung unternahmen. Dabei fielen die schwächsten Individuen den Strapazen beispielsweise einer Wüstendurchquerung zum Opfer, was die Effizienz der natürlichen Auswahl steigerte.
Doch wieder einmal ist sich die Wissenschaft nicht einig: Die auffällige Anhäufung von Skeletten bei Stuttgart könne schließlich auch darauf hinweisen, daß die Gegend dicht bevölkert war, und die Knochenansammlung könnte von zu verschiedenen Zeiten verendeten Tieren stammen. Auch über die vielen *Plateosaurus*-Spezies, die beschrieben wurden, herrscht Uneinigkeit. Die Gattung *Euskelosaurus* beispielsweise, der sieben Spezies angehören, könnte auch in die Familie Malanosauridae eingeordnet werden. Dort würden sie auf den *Riojasaurus*, den *Roccosaurus* und den *Thotobolosaurus* treffen, die heute als Roccosauridae zusammengefaßt werden.

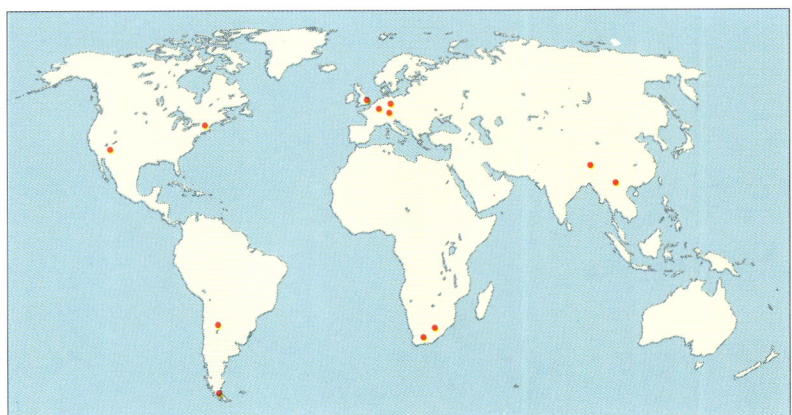

Der Jura:
Urwälder und Giganten

EINE JURASSISCHE LANDSCHAFT

In dieser Rekonstruktion sehen wir die Hauptvertreter der Tierwelt der geologischen Periode, die die 58 Millionen Jahre von vor 193 bis vor 135 Millionen Jahren überspannt. In diesem langen Zeitraum zerfiel der Superkontinent Pangäa unter dem Druck der endogenen Dynamik der Erde in mehrere Blöcke. Die damit einhergehenden Schwankungen des Meeresspiegels führen zu dramatischen klimatischen Veränderungen, der Wechsel der Jahreszeiten ist immer deutlicher zu bemerken. Es gibt noch Baumfarne (18), Farne (17), Schachtelhalme, *Cycadeoiden* (19) und palmenähnliche Zycadophyten (20). Der Ginkgobaum (15) bringt Farbe in den herbstlichen Wald, wenn er seine Blätter verliert. In den trockeneren Gebieten dominieren die Koniferen (16). Unzählige Dinosaurierarten bereichern nun schon die Fauna. Da sind die Diplodociden (2) zu erwähnen, und natürlich die Brachiosaurier (13), vielleicht die größten landlebenden Wirbeltiere aller Zeiten. Während sich diese beiden Gattungen auf ihre imposante Größe verließen, vertraute der *Dryosaurus* (5) auf seine Wendigkeit. Andere Herbivore waren richtiggehend bewaffnet, wie der *Stegosaurus* (11) mit seinen spitzen Stacheln. Auch die Karnivoren haben sich spezialisiert: Der *Compsognathus* (12) ist klein und schnell, die Ceratosaurier (8) jagten in der Gruppe, und der *Allosaurus* (3) beeindruckte durch seine Größe. Noch viele andere Reptilien finden wir überall auf der Erde vor. Im Meer sind es die Plesiosaurier (9) und die Ichthyosaurier (10), in der Luft die Ptero- oder Flugsaurier wie *Rancorhynchus* (14), und zu ebener Erde die ersten Eidechsen (4). *Archaeopteryx* (1) und *Megazostrodon* (6) sind

bereits Vorboten einer neuen Zeit. Ersterer kündigt den Erfolg der Vögel an, zweiterer die Dominanz der Säugetiere. Inzwischen bekleidet der primitive Säuger *Megazostrodon* noch eine Nebenrolle im Szenario. Gerade schnappt er sich eines der zahlreich vorhandenen Insekten.

Mittlerweile waren bereits einige wesentliche klimatische und geographische Änderungen eingetreten. Am Anfang des Juras, vor 205 Millionen Jahren, brachen die Wasser ins Festland ein und bildeten seichte Binnenmeere. Nicht zuletzt auch dadurch war der Riesenkontinent Pangäa in einige große Blöcke, Inseln und Archipele zerfallen. Die Auswirkungen der Ausdehnung der Meere konnte man besonders deutlich in Europa beobachten: Die Tethys hatte sich mit dem Nordmeer, dem Vorläufer des Arktischen Meeres, vereinigt, der Böhmerwald, die iberische Meseta, das französische Zentralmassiv und die Alpen ragten noch als Inseln aus dem Wasser hervor, ebenso das Brabanter Massiv, das aus Belgien und Südengland bestand.

Nach Osten hin erstreckte sich der Teil Laurasias, der das heutige Skandinavien und Rußland umfaßte. Im Süden schritt der große, durch die endogenen Kräfte der Erde und den stetig wachsenden Meeresboden verursachte Bruch zwischen Laurasia und Gondwana immer weiter fort. Jenseits der tiefen Wasser der Tethys, im Süden, begann Afrika bereits sich abzulösen. Der Indische Ozean entstand, wuchs stetig und ließ so Indien immer rascher von Gondwana abdriften. Auch die anderen Kontinente entfernten sich weiter und weiter voneinander.

Nordamerika war noch zum Großteil von Wasser bedeckt: Ein Meeresarm teilte es von Norden nach Süden in zwei Abschnitte, während ein anderer tief in den südlichen Teil des Kontinents einschnitt. Dann schob sich der Ozean auch in Höhe des Äquators zwischen den amerikanischen und den afrikanischen Kontinent: Der Atlantik war geboren. Während des ganzen Juras gingen die Veränderungen ständig weiter, Wasser zogen sich zurück, andere brachen über das Festland herein. Doch die verschiedenen Kontinente blieben durch Landbrücken in Verbindung. Amerika und Europa waren durch eine ausgedehnte Landschaft miteinander verbunden, deren Reste heute Grönland heißen, zwischen Europa und Afrika spielte die spätere Iberische Halbinsel die Rolle des Bindeglieds, Afrika seinerseits bildete noch mit der Antarktis, Australien, Indien und über Brasilien auch

DIE ERDE IM JURA

Die endogenen Kräfte der Erde zerreißen Pangäa. Im Norden bleibt der laurasische Block aus Nordamerika und Eurasien noch bestehen, im Süden zerfällt Gondwana in Afrika und Südamerika. Zwischen diesen beiden Kontinenten tut sich der Atlantische Ozean auf, während Indien weiter nach Norden abdriftet.

mit Südamerika eine Einheit. Der Bruch zwischen Afrika und Amerika sollte sich erst in der Kreide so richtig ausweiten und zum breiten Atlantischen Ozean, wie wir ihn kennen, werden. Der Jura war trotz all dieser Veränderungen eine ziemlich ruhige Zeit, in welcher nur langsam die künftigen Umwälzungen eingeleitet wurden. Keinerlei orogenetische Aktivität warf Sedimente zu Gebirgen auf, kein nennenswerter Vulkanismus, außer einige wenige kleine Eruptionen in den amerikanischen Kordilleren, störte die beschauliche Ruhe, die man fast Monotonie nennen möchte. Das Klima machte ebenfalls keine Ausnahme: Fast überall herrschten die gleichen feucht-warmen, tropischen Bedingungen, außer in einem einzigen Gebiet,

mer heraus. Neben Araukarien und Ginkgobäumen fanden die oft riesigen Sequoien und andere Koniferen rasche Verbreitung. Um das Nordmeergebiet, wo das Klima etwas rauher als im Binnenland war, bildete sich eine taigaartige Landschaft.

Im Tierreich konnte man immer noch den Niedergang der Amphibien beobachten. Obwohl in dieser Phase die ersten Frösche erschienen, waren es dennoch eindeutig die Reptilien, die nun die Herrschaft übernommen hatten. In alle Lebensräume drangen sie allmählich ein: Die Pterosaurier kreisten in den Lüften und warfen mit ihren Schwingen große Schatten auf die Landschaft unter ihnen. *Pterodactylus elegans* etwa, ein spatzengroßer Flugsaurier, stürzte vielleicht wegen eines Gewitters in die Solnhofener Lagune, der größere *Dimorphodon macronyx* bevorzugte die Küstenregionen Osteuropas. Ihre Schädel waren extrem leicht gebaut, denn Flieger können keinen überflüssigen Ballast brauchen.

Mehrere sogenannte Temporalöffnungen an den Seiten durchbrachen die massiven Knochen, ohne dabei die Stabilität der Gesamtkonstruktion zu beeinträchtigen, eine höchst rationelle Lösung, wie Owen fand. Ihre Flügelspannweite betrug bis zu 1,6 m, doch ihre relativ großen, plumpen Körper und einige andere anatomische Merkmale lassen vermuten, daß sie wohl weniger geschickte Flieger waren als ihre Nachfahren. *Quetzalcoatlus* zum Beispiel, der in der Kreide an der Küste Südamerikas lebte und einen 90 cm langen Schnabel hatte, war größer als ein Hängegleiter. Dank eines vierten Fingers an seiner besonders entwickelten »Flughand« konnte er bis zu 12 m Spannweite erreichen und meisterhafte Gleitmanöver vollführen.

Viele Reptilien der Trias waren nun schon ausgestorben, um neuen, perfekter angepaßten Spezies Platz zu machen, ganz, wie es die Evolution vorsah. Die Placodontier in den Meeren zum Beispiel, die sich von Mollusken ernährten, und der unersättliche Fischräuber *Nothosaurus* hatten den Plesio- und Ichthyosauriern weichen müssen, da letztere die bessere Besetzung für diese ökologische Rolle waren. Aus den Flüssen und von den Flußufern verschwanden die krokodilartigen Phytosaurier, die immer ein friedliches Herbivorenda-

der Navajo-Formation im Südosten Nordamerikas. Dort befand sich eine außergewöhnliche Dünenlandschaft, die von trockeneren klimatischen Verhältnissen zeugte.

Durch die relative Gleichförmigkeit des Klimas und der Landschaft gab es keine Anpassungsschwierigkeiten für Fauna und Flora, und die Ausbreitung des Lebens kannte keine Grenzen mehr. Dieselben Pflanzen und Tiere verbreiteten sich überall auf der Erde, bis schließlich nur noch eine einzige unendliche Landschaft mit einer homogenen Vegetation alle Teile des Festlandes überzog und denselben Populationen Heimat bot. Überall gab es ausgedehnte tropische Wälder und üppige grüne Dschungel. Die Baumfarne waren noch immer vertreten, doch als die erfolgreichsten Pflanzen stellten sich nun die Nacktsa-

EIN JURASSISCHES PANORAMA?
Möglicherweise sah das typische landschaftliche Szenario des Juras so aus: Wälder, so weit das Auge reicht, und ein unendlicher Horizont, den keine Bergkämme oder -ketten eingrenzten.

EINE GRÜNE WELT

Hier sehen wir einen Araukarienwald, wie er auch im Jura existiert haben könnte. Diese Bäume vermehrten sich damals aufgrund ihrer ausgezeichneten Resistenz gegen extreme klimatische Bedingungen zusehends. In Chile, in den Kordilleren und den Anden, gibt es sie noch in großer Zahl, da sie die einzigen Bäume sind, die wirklich gut mit den großen Temperaturunterschieden, die diese Regionen charakterisieren, zurechtkommen.
Daneben: fossiler Blattabdruck eines Schachtelhalms.
Rechte Seite: Ein Koniferenwald muß nicht monoton sein. All die Baumrinden, die wir hier abgebildet sehen, zeigen, wie mannigfaltig gerade diese Pflanzengruppe ist. Von links nach rechts: Araukarie, gemeine Lärche, Sitkatanne, Sequoia, Eibe, Sumpfzypresse, Strandkiefer, Pinie, Waldkiefer, Strobe, Bergkiefer, Panzerföhre.

sein geführt hatten, denn richtige Krokodile verdrängten sie.

Auch die Schildkröten und Eidechsen waren auf dem Vormarsch. Und noch eine große Neuheit zeichnete sich ab: Die ersten Vögel erschienen am Himmel. Sie unterschieden sich zwar noch deutlich von unseren heutigen gefiederten Freunden, doch unzweifelhaft verband sie auch nichts mehr mit den Flugsauriern.

Für die Säugetiere hatte sich nur wenig verändert, sie fristeten immer noch ihr Dasein im Unterholz, wurden vorwiegend nachts aktiv und warteten auf ihre Chance. Doch die Gunst der Stunde lag bei den Dinosauriern. Sie entwickelten eine enorme Vielfalt und hinterließen überall auf Erden ihre Spuren in den Felsen. Man hat mehrere wichtige Lagerstätten gefunden, die durch enorme Reichhaltigkeit und Formenvielfalt diesen Umstand unter Beweis stellen. Die Morrison Formation im östlichen Nordamerika, Tendaguru in Äquatorialafrika, die Region von Oxford in England und Solnhofen in Deutschland sind bisher wohl die bedeutendsten. Obwohl diese Fundstellen heute so weit voneinander entfernt sind, hat man dort die Überreste ziemlich ähnlicher tropischer Landschaften entdeckt.

Die Morrison Formation bestand im Jura wohl aus einer amazonasähnlichen Flußlandschaft. Flacher, tropischer Regenwald herrschte vor, Flüsse, Seen und Sümpfe lockerten dann und wann das satte Grün ein wenig auf. Dort lebten die Giganten unter den Sauropoden, wie der *Diplodocus,* der *Camarasaurus* und die etwas kleineren Stegosauriden, die stets von großen Räubern gejagt wurden. Es gab aber auch kleine Theropoden, Krokodile, Amphibien und Säugetiere. In Tendaguru, wo ein durch lange Sandbänke vom Meer getrenntes Flußdelta

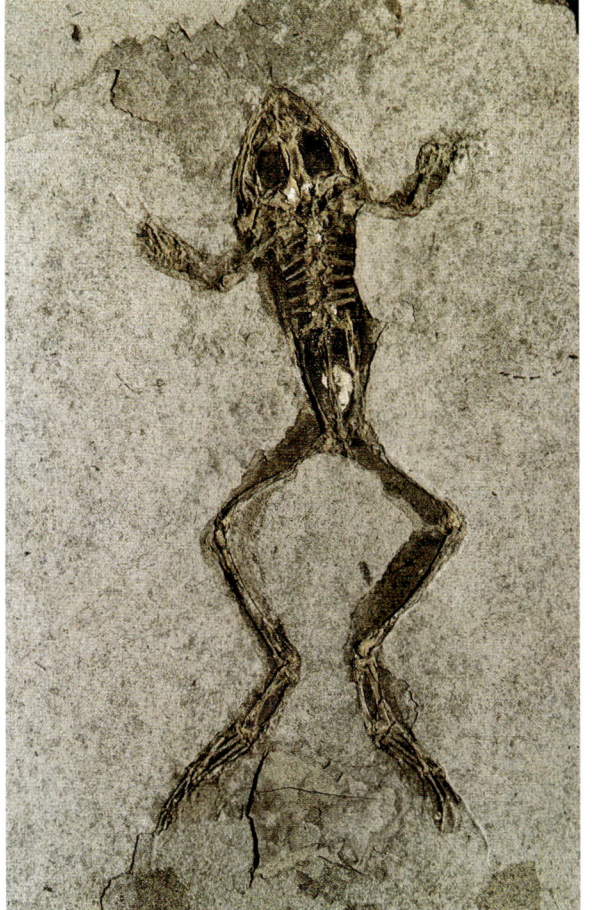

lag, bildeten die dichten grünen Wälder Nahrungsbasis für die Brachiosauriden, die größten Tiere, die je auf Erden gelebt haben.

Die englischen Felsen bei Oxford erzählen die Geschichte einer ehemaligen Insellandschaft, eines Archipels, wo die zahlreichen Pflanzenfresser oft riesigen Räubern, den Megalosauriden, zum Opfer fielen. Solnhofen war eine stille Lagune, eine Bucht mit seichtem, ruhigem Wasser, wo sich so feine Sedimente absetzten, daß im Laufe der Jahrmillionen die für Drucke so geschätzten Plattenkalke entstanden, in welchen selbst die filigranen Federn der Archaeopterigiden und die zarten Flugmembranen

REPTILIEN DER VERGANGENHEIT

Rechts oben: Der fossile Frosch zeigt bereits alle Merkmale, die typisch für diese Amphibien sind.

Unten: Hier sehen wir das fossile Skelett eines Pterosauriers, der 1973 im Val Seriana bei Bergamo gefunden wurde. Wahrscheinlich hat dieses fliegende Reptil die Küstenwinde genutzt, um auf seinen Gleitflügen nach Nahrung Ausschau zu halten.

LEBEN IN DER GRUPPE

Eine Herde Diplodocier zieht auf der Suche nach neuen Weiden durch das Land. Das Leben in größeren Gruppen vermindert das Risiko des Individuums, einem Räuber zum Opfer zu fallen. Die Jungtiere und Weibchen konnten so auch besser auf den Wanderungen geschützt werden, indem die ausgewachsenen Männchen sie in der Mitte der Gruppe laufen ließen.

der Pterosaurier vorzüglich erhalten blieben.

Es war das Zeitalter der Giganten. Sowohl Fleisch- als auch Pflanzenfresser wurden immer größer. Für die Herbivoren stellte die Entwicklung zum unbezwingbaren Riesen eine Überlebensstrategie, eine Form der Verteidigung dar, der die Räuber nur mit denselben Mitteln entgegenwirken konnten. Doch waren sie durch ihre zweibeinige Fortbewegung im Vergleich zu den quadrupeden Pflanzenfressern etwas eingeschränkt, was die Anhäufung von Masse betraf. Vier Beine tragen nun einmal mehr als zwei. So mußten sie sich zusätzlich etwas einfallen lassen und entwickelten bessere Waffen und vor allem Jagdstrategien.

Der *Supersaurus*, ein Gigant von 30 m Länge und dem Gewicht von 20 ausgewachsenen Elefanten, mochte nicht gerade eine leichte Beute sein, doch der gerade 5 m hohe *Allosaurus* wurde dennoch mit ihm fertig. Er schloß sich mit einigen Artgenossen zu einem Rudel zusammen, und die Meute griff den Riesen gemeinsam an. So optimierte man Chancen und Jagderfolg. Später sollten noch viele, noch raffiniertere Jäger diese Idee aufgreifen. Auch das Horn auf der Nase des furchterregend aussehenden *Ceratosaurus* ist nur ein Vorgeschmack, denn erst in der Kreide sollte das Wettrüsten so richtig losgehen.

Da den Pflanzenfressern nur die Masse allein keinen ausreichenden Schutz mehr bot, entwickelten sich auch bei ihnen weitere Mittel zur Verteidigung. Der lange, biegsame Schwanz des *Diplodocus* konnte Peitschenhiebe von beträchtlicher Wucht und Reichweite austeilen, der des *Stegosaurus* war mit Stacheln besetzt wie der Morgenstern eines Piraten.

Durch die Zunahme der Herbivorenpo-

pulationen gerieten die Pflanzen zusehends in Bedrängnis und begannen ebenfalls, sich zu wehren. Sie entwickelten weniger schmackhafte, durch ätherische Öle bittere, harzige oder sogar giftige Blätter, die mit ihren Stacheln und Dornen und den schwerverdaulichen, harten Oberflächen und Fasern zusätzliche Probleme beim Abweiden verursachten.

Doch die Dinosaurier kamen mit alledem glänzend zurecht und meisterten auch schwerste Prüfungen bravourös. Die Erde gehörte ihnen. Ob groß oder klein, ob Fleisch- oder Pflanzenfresser, alle trugen bereits die Anlage zu jenen Charakteristika in sich, die ihre Entwicklung in der folgenden Periode auf einen fulminanten Höhepunkt bringen sollte.

Archaeopterygidae

Am Ende des Juras war die Mitteldeutsche Schwelle noch gänzlich von Wasser bedeckt. An den Ufern lagen ausgedehnte Zykadophyten- und Ginkgowälder mit Eibenbäumen und Farnen. Die Pterosaurier stießen immer wieder wie überdimensionale Pelikane auf die Wasseroberfläche herab, um zu fischen, Libellen in allen Größen tummelten sich über den Sümpfen, und kleine Dinosaurier wie der *Compsognathus* jagten im Unterholz nach Säugetieren. Hier und dort weideten große Sauropoden, und zwischen den Bäumen lief der gefiederte *Archaeopteryx* auf der Jagd nach Insekten mit gespreizten Flügeln den Waldboden entlang. Manchmal gab es heftige, todbringende Gewitter, und die Kadaver der Tiere versanken im feinkörnigen Schlamm, der im Laufe der Jahrmillionen zu den Solnhofener Plattenkalken wurde.

Sechs Exemplare wurden zwischen 1860 und 1987 in diesem homogenen Gestein gefunden. Der *Archaeopteryx* gilt als Übergangsform zwischen Vögeln und Dinosaurier und ist wohl das berühmteste aller »fehlenden Glieder« der Evolutionskette in der Paläontologie. Denn man kann ihn nicht einfach als einen mit Federn bedeckten Coelurosaurier bezeichnen, wie Darwins Gegner es gerne taten. Er ist vielmehr ein Mosaik verschiedenster Charakteristika, das in längst vergangenen Zeiten lebende Beispiel der Begegnung zweier Evolutionslinien und Ausgangspunkt für neue, andere Formen.

Von den Dinosauriern erbte er die dünnen, spitzen Zähne, die dreifingrige, mit Krallen bewaffnete Hand, und, laut Ostrom, das nach vorne gekehrte Schambein. Von den Reptilien im allgemeinen hat er noch die kurze Verbindung zwischen Lendenwirbelsäule und Becken und den aus 23 Wirbeln bestehenden Schwanz. Doch die dreizehigen Füße gehören eindeutig zu den Coelurosauriern und den Vögeln. Wenn dem Brustkorb auch das Sternum fehlt und vor allem der Brustbeinkamm, jener Teil, wo bei den Vögeln die Muskulatur zur Bewegung der Flügel ansetzt, so hat er doch zwei ganz und gar »vogeltypische« Merkmale: das Gabelbein, das aus den zwei Schlüsselbeinen besteht, und die Federn, die nicht nur so gebaut sind, wie wir sie

Maße im Vergleich: ein Mensch neben einem *Archaeopteryx*. Unten: Die Weltkarte zeigt, wo überall Fossilien des *Archaeopteryx* gefunden wurden. Darunter: ein Vergleich zwischen den Schädeln der *Euparkeria* (oben), des *Archaeopteryx* (Mitte) und einer Taube (*Columba livia*, unten). Die Veränderungen, die im Laufe der Evolution der Dinosaurier und Vögel aufgetreten sind, kann man hier sehr gut beobachten. Homologe Kno-

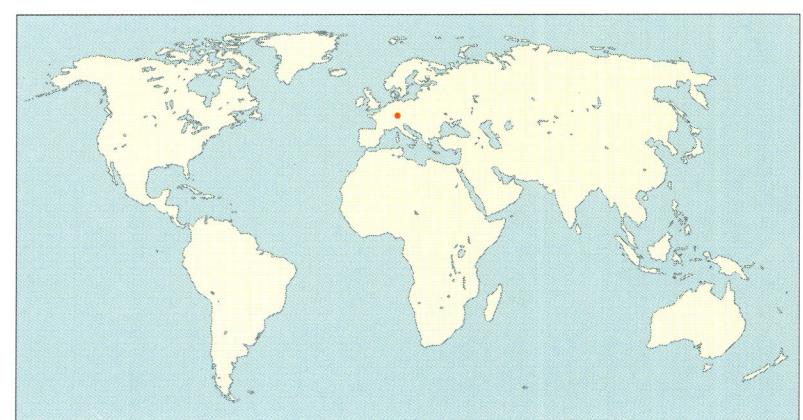

chenpartien sind durch die gleiche Farbe gekennzeichnet. Ein für Reptilien sehr typisches Merkmal, das Vorhandensein von Zähnen, ist am *Archaeopteryx* noch deutlich erkennbar.

- 🟧 Oberkieferknochen
- 🟨 Nasenbein
- 🟩 Stirnbein
- 🟥 Vorderstirnbein
- 🟦 Jochbein

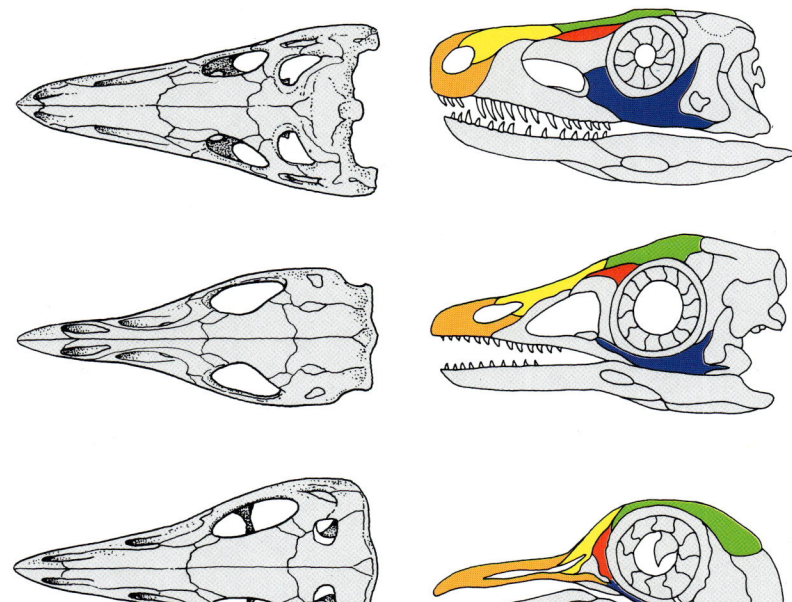

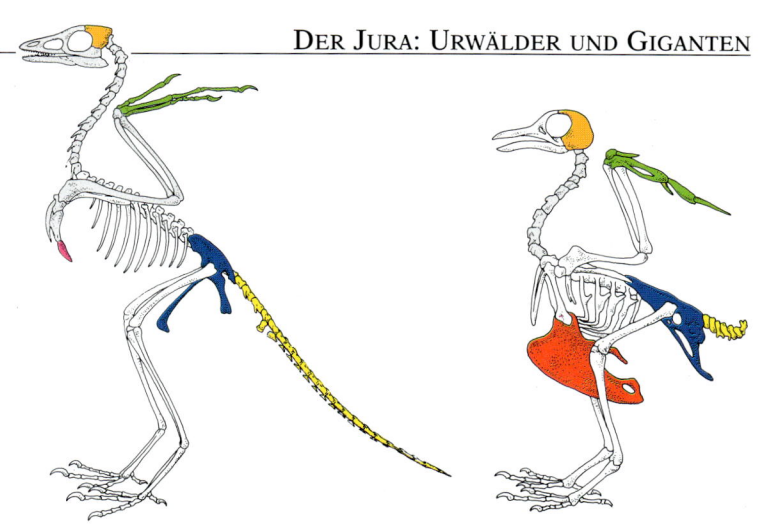

Hier sehen wir die Hauptunterschiede zwischen dem Skelett des *Archaeopteryx* und dem eines Vogels *(Columba livia)*. Typisch für den *Archaeopteryx* sind die dreifingrige, krallenbesetzte Hand, die noch relativ kurze Verbindung zwischen Wirbelsäule und Becken und der lange, aus 23 Wirbeln bestehende Schwanz. Die Vögel hingegen weisen als besondere Charakteristika die Federn und das sogenannte Gabelbein auf. Auf unserem Bild ist das Schambein, wie wir es von den Saurischiern kennen, nach vorne gekehrt.

Unten: Der *Archaeopteryx* stürzt sich auf eine Libelle. Über die Frage, ob er nun fliegen konnte oder nicht, wird viel und heftig diskutiert. Manche meinen, er kletterte auf Bäume und segelte von dort herunter, andere wieder glauben, er sei am Waldboden gelaufen und hätte sich bei seinen Sprüngen durch Flügelschlagen etwas länger in der Luft halten können.

von heutigen Vögeln kennen, sondern auch am Körper in derselben Art und Weise angeordnet waren.

Sofort nach der Entdeckung des ersten Skelettes entbrannte eine heiße Debatte, wie denn dieses Fossil nun zu klassifizieren sei. Man mußte feststellen, ob hier wirklich eine Verbindung zwischen Dinosauriern und Vögeln vorlag, oder ob Vögel und Archaeopterygidae lediglich durch parallele Evolution Analogien aufwiesen, weil sie sich beide an denselben Lebensraum, die Luft, anpassen mußten. Thomas Huxley machte als erster auf die Ähnlichkeiten zwischen *Archaeopteryx* und *Compsognathus* aufmerksam und behauptete, dies könne kein Zufall sein, die beiden seien vom phylogenetischen Standpunkt aus nahe verwandt gewesen. Doch diese Hypothese geriet mit dem Tod des Wissenschaftlers in Vergessenheit.

Noch 1926 behauptet der dänische Paläontologe Gerard Heilman, daß zwar gewisse Ähnlichkeiten zwischen Coelurosauriern und Vögeln existierten, negierte jedoch eine phylogenetische Verbindung mit dem Argument, daß die Schlüsselbeine bei den Coelurosauriern völlig fehlten. Wie sollte bei ihren Nachfahren ein Gabelbein aus nicht vorhandenen Knochen entstehen? *Archaeopteryx*, der bereits einen solchen rudimentären Knochen besaß, mußte also laut Heilman ein Urvogel sein und kein Dinosaurier. Die Ähnlichkeiten wären nur auf die Abstammung von gemeinsamen Vorfahren, die viel früher, nämlich bei den Thecodontiern zu suchen seien, zurückzuführen.

1984 schließlich erbrachte John Ostrom den Beweis, daß Huxleys Hypothese doch so abwegig nicht war. Die vergleichende Untersuchung zahlreicher fossiler

Hypothetische Evolution des Beckengürtels von den Dinosauriern zu den Vögeln. A. Schambein, B. Gelenkpfanne, C. Darmbein. Die Position des Schambeins bei *Archaeopteryx* war lange Gegenstand heftiger Diskussionen, weil sie ein Schlüsselmerkmal in der phylogenetischen Linie darstellt. Laut Ostrom müßte es, wie beim *Compsognathus* (unten), nach vorne gezeigt haben. Während der Fossilisation sei es deformiert worden und habe daher

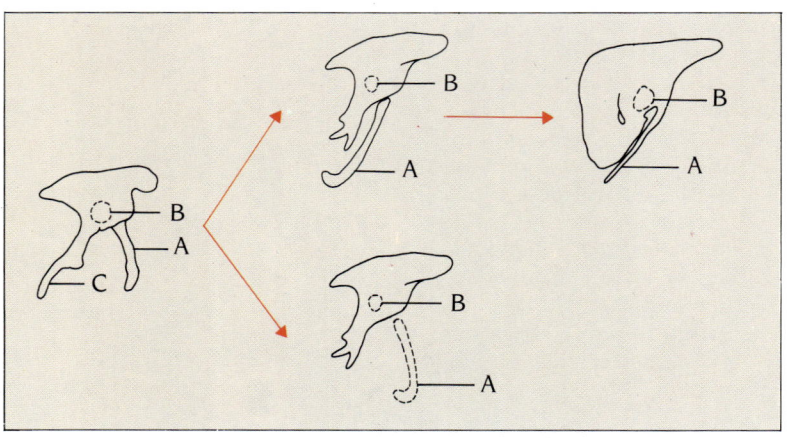

jetzt eine Stellung, die der ursprünglichen nicht entspricht. Aus diesen Dinosauriern könnten sich die Vögel durch immer weitere Mutation entwickelt haben.

Coelurosaurier-Skelette bewies, daß diese Dinosaurier sehr wohl Schlüsselbeine besaßen, und daß die Ähnlichkeit zwischen den Gliedmaßen von *Archaeopteryx*, *Compsognathus*, *Ornitholestes* und *Deinonychus* in unverkennbarer Weise auf eine phylogenetische Verbindung zwischen ihnen hinweist.

Ostrom löste auch noch ein anderes Problem, das vielfach Verwirrung gestiftet hatte. Ein Exemplar der in den Solnhofener Plattenkalken gefundenen Archaeopterigiden besaß nämlich ein nach hinten gekehrtes Schambein, was nicht gerade typisch ist. Er fand heraus, daß es in Wahrheit mit höchster Wahrscheinlichkeit nach vorne gerichtet gewesen war, erst während des Versteinerungsprozesses trat eine Verformung ein. Wenn die Diskussion auch noch nicht gänzlich beendet ist, so findet man heute unter den Fachleuten weitge-

hende Übereinstimmung mit Ostrom vor. Allerdings ist nicht nur das Skelett des *Archaeopteryx* Gegenstand zahlreicher Kontroversen. Bei den Federn herrscht mindestens ebensowenig Einigkeit. Die Vögel nutzen sie zu zwei verschiedenen Zwecken: Die kurzen Daunen nahe am Körper erfüllen die Funktion der Thermoregulation, die langen an den Flügeln und am Schwanz bilden die steuerbaren Tragflächen der Flügel.

Bis vor kurzem war man sich allseits lediglich in dem einen Punkt einig, daß der *Archaeopteryx* nicht fliegen konnte. Sein Brustbein bot der Flugmuskulatur keinen ausreichenden Ansatz, und außerdem hätte er sich wegen seines Körpergewichts kaum in die Lüfte erheben können, auch wenn sein Skelett aus noch so leichten Röhrenknochen zusammengefügt wäre. Besonders

Hier sehen wir den Arm des *Deinonychus antirrhopus* (oben), des *Archaeopteryx lithographica* (Mitte) und eines Raben (*Corvus frugileus*, unten) im Vergleich. Am Bau des Handgelenks kann man die enge Verwandtschaft zwischen den drei Spezies erkennen. In der Evolution von den Dinosauriern zu den Vögeln wird der Arm zum Flügel, die frei beweglichen Finger verschwinden, die Handknochen verschmelzen miteinander, die Fingerglieder werden kürzer. So bietet der verwandelte Arm den

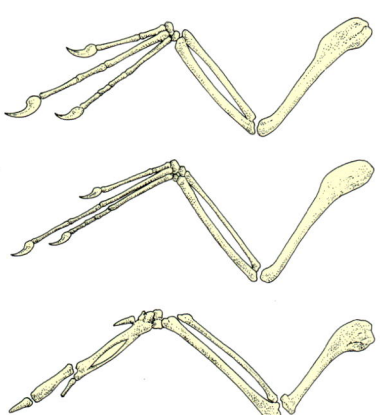

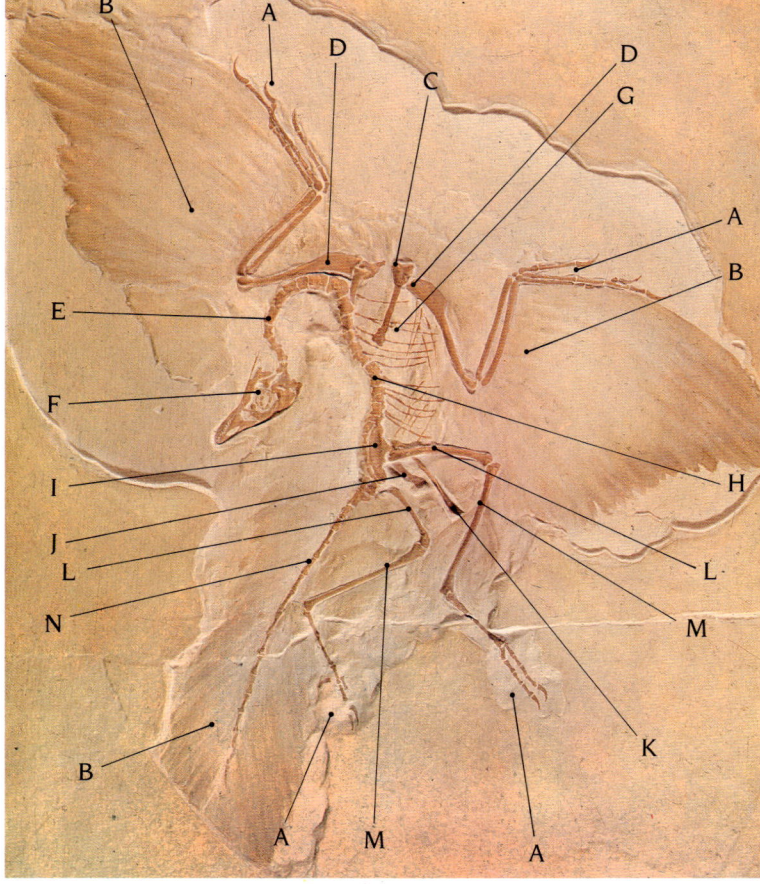

Federn mehr Ansatzoberfläche und wird auch stabiler, um die Tragfähigkeit des Flügels zu erhöhen.

Links: *Archaeopteryx lithographica*. Heute wird der 34 cm lange fossile Abdruck als »das wichtigste Stück der ganzen Naturgeschichte, vielleicht in seinem wissenschaftlichen Wert mit dem Stein von Rosette vergleichbar« bezeichnet und im Naturhistorischen Museum der Universität Berlin aufbewahrt. Unser Bild zeigt das ganze, bestens erhaltene Fossil, an dem man die charakteristischen Merkmale des Skeletts erkennen kann.

A. Finger mit Krallen
B. Abdrücke der Federn
C. Schulterblatt
D. Oberarm
E. Nackenwirbel
F. Schädel
G. Rippen
H. Rückenwirbel
I. Sitzbein
J. Darmbein
K. Schambein
L. Femur
M. Schienbein
N. Schwanzwirbel

Archaeopteryx fängt ein Insekt. Laut Ostrom soll dieser kleine Dinosaurier im Lauf seine Flügel ausgebreitet haben, um so zwischen seinen Federn die kleinen Beutetiere zu fangen. Die Flügel hätten also bei ihm die Funktion eines Keschers gehabt und nicht zum Fliegen gedient. Die Beine gleichen jenen der Coelurosauriden, der Schwanz ist bestens dazu geeignet, den Körper im Lauf auszubalancieren. Zusammen mit diesen Eigenschaften war das Federkleid sicherlich gut

sein langer, breiter Schwanz wäre viel zu schwer und beim Abheben hinderlich gewesen. Wozu also die Federn? Aus der Embryologie wissen wir, daß Federn, einfach ausgedrückt, umgebaute Reptilschuppen sind. Bei einem endothermen Tier könnten sie zuerst nur einen effizienteren Schutz gegen Temperaturverlust dargestellt haben. In zweiter Linie wäre es möglich, daß sie einem Insektenjäger auch auf andere Weise nützlich waren.

Nach Ostroms Meinung verwendete *Archaeopteryx* seine Flügel wie Kescher, um fliegende Insekten zu fangen. Er breitete sie weit aus, und seine Beute verfing sich darin. Danach brauchte er seine Mahlzeit nur noch zwischen den Federn herauszupicken. Bestimmt machte er auch Sprünge auf seiner Jagd, dabei halfen ihm die Flügel, indem sie ihm einen gewissen Auftrieb gaben, so daß er länger in der Luft bleiben konnte. Daß er vielleicht auf Bäume kletterte und sich von dort im Segelflug hinunterstürzte, ist eine umstrittene Hypothese, doch immerhin eine weitere mögliche Variante, und immer noch wahrscheinlicher, als daß er, wie einige behaupten, seine dreizehigen Füße als Scharniere benutzte und sich kopfüber von Ästen hinunterpendeln ließ.

So gibt es nun zwei kontroversielle Ansichten, wie sich der Flug der Vögel entwickelt haben könnte: durch immer größere Sprünge vom Boden hinauf oder durch immer weitere Gleitflüge von Bäumen herab. Am Ende des Juras, vor 150 Millionen Jahren, waren die Pterosaurier die Könige der Lüfte. *Archaeopteryx* konnte ihnen keine Konkurrenz machen, denn er war für ein Leben auf dem festen Boden bestimmt. Dort wiederum hätten es die Adler des Juras mit ihm nicht aufnehmen können, denn das Unterholz, wo er lebte, hätte die dünnen Flugmembranen der Pterosaurier alsbald hoffnungslos zerrissen. Da waren die Federn schon viel besser geeignet. Sie konnten sich bei Widerstand teilen oder, einmal ausgerissen, auch nachwachsen.

So entwickelte sich der *Archaeopteryx* rasch und verlor im Laufe der Zeit seinen massigen Schwanz, was ihn

für ein agiles Leben im dichten Unterholz geeignet.

Hier vergleichen wir Proportionen, Haltung und Knochenbau des *Archaeopteryx lithographica* mit dem Coelurosaurier *Compsognathus longipes*, dem kleinsten bekannten Dinosaurier. Beide sind in der Größe etwa mit einer Taube vergleichbar und lebten im Osten Deutschlands im selben Lebensraum zusammen. Die offensichtliche Ähnlichkeit zwischen den beiden weist auf eine enge verwandtschaftliche Beziehung hin und ist, laut Ostrom,

ein weiterer Beweis für die phylogenetische Verbindung zwischen den Coelurosauriern und den Archaeopterygiden.

befähigte, ebenso schnell aufrecht zu laufen wie seine Vorfahren. Auch die Zähne brauchte er für seine Insektennahrung nicht, und die Evolution eliminierte sie nach und nach. Als Vogel ist er heute ebenso perfekt an das Leben auf dem Boden wie in der Luft angepaßt, wie wir an der Vielfalt der modernen Vogelwelt sehen können.

Ceratosauridae

Diese Theropoden des Juras wurden zum ersten Mal im Jahre 1884 von Othniel Charles Marsh beschrieben. Ihr hervorstechendstes Merkmal ist der im Vergleich zu den bis zu 6 m Gesamtlänge des Tieres sehr klein anmutende Kopf mit dem spitzen Horn auf der Nase. Sie waren die einzigen unter den Dinosauriern, die solch einen Kopfschmuck besaßen. Vorausgesetzt, es handelt sich dabei um ein spezifisches Charakteristikum der Männchen, ein sekundäres Geschlechtsmerkmal sozusagen, könnte ihm bei der Austragung von Revier- und Rivalitätskämpfen entscheidende Bedeutung zugekommen sein. Die Knochenkämme oberhalb der Augen trugen weiters zum furchterregenden Aussehen dieser Räuber bei. Der ganze Körperbau des *Ceratosaurus* schien auf schnellen, effizienten Angriff ausgelegt. Der Schädel war ähnlich beweglich wie der einer Schlange, die Kiefer konnten sich so weit dehnen, daß sogar große Beutestücke mühelos in kurzer Zeit in seinem Rachen verschwanden.

Auch bei diesem Dinosaurier wurden die Schädelknochen durch mehrere Temporalöffnungen zur extrem leichten Konstruktion. Die Ansätze der Gesichtsmuskulatur bildeten die Knochenverbindungen und -brücken zwischen den Hohlräumen. Die spitzen, langen, nach innen gebogenen Zähne leisteten ausgezeichnete Dienste beim Zerfleischen großer Beute. Ihre bevorzugten Opfer waren wohl die Riesen unter den Pflanzenfressern, die Camarasauriden zum Beispiel, aber auch oft ein *Diplodocus* oder *Stegosaurus*. Besonders bei letzteren konnte man schon mal einen Zahn verlieren, hatten sie doch eine dicke, durch Knochenplatten zusätzlich verstärkte Haut.

In Como Bluff, Colorado, hat man am Skelett eines *Camarasaurus* nicht nur von messerscharfen Zähnen stammende Bißspuren, sondern auch drei Zähne gefunden, die den Täter eindeutig als einen *Ceratosaurus* identifizieren. Zahnverlust kann für einen Räuber den Hungertod bedeuten. Doch die Ceratosaurier waren gut gerüstet mit ihrem außergewöhnlichen Gebiß aus über 60 bis zu 5 cm langen Zähnen, die in Zahnhöhlen saßen, wobei in einer jeden noch vier bis fünf weitere Ersatzzähne angelegt waren, die nur darauf warteten, nachzurücken, um den Platz eines verlorengegangenen einzunehmen.

Der Körperbau der Ceratosauriden läßt vermuten, daß wir hier vielleicht vor den geschicktesten Jägern des Juras stehen. Der kurze, muskulöse Hals, die mächtigen Hinterbeine mit den spitzen Krallen an allen vier Zehen, die kurzen Greifarme mit noch schrecklicheren Klauen, die eine Beute nicht so schnell wieder losließen, suggerieren ein Bild, das nicht gerade von friedlichem Steppenleben spricht. Aufgrund von mehreren Fußabdrücken, die im Laufe der Zeit gefunden wurden, geht man davon aus, daß auch sie in der Gruppe zu jagen pflegten. Bestimmt mußten sie, wie die Raubkatzen der heutigen Savanne, ihre Beute trotz aller Aggressivität oft mit anderen Fleischfressern teilen, denn der Camarasaurier von Como Bluff wies nicht nur Zahnspuren dieser Spezies auf. Ein *Allosaurus* und ein *Coelurosaurus* hatten sich offenbar ebenfalls daran gütlich getan.

Außerdem kann man ziemlich sicher annehmen, daß die Ceratosaurier auch Aas nicht verschmähten und überdies selbst oft als Mahlzeit eines der Allosauriden endeten.

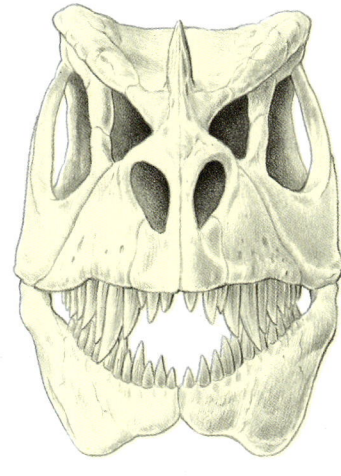

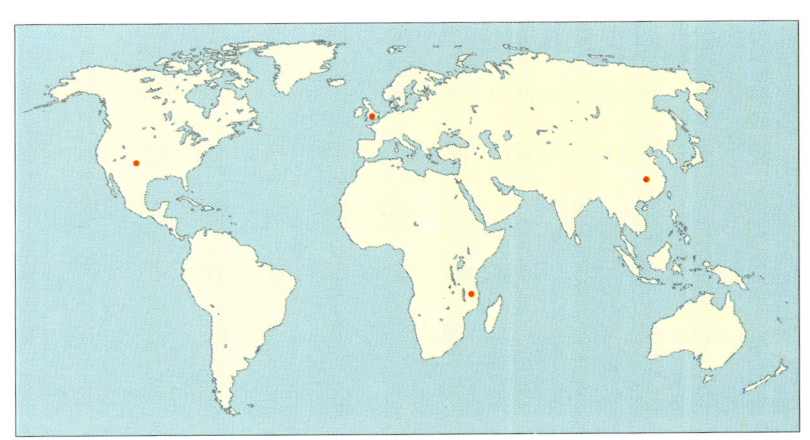

Oben: Maße im Vergleich, diesmal zwischen dem Menschen und dem größten bisher entdeckten Ceratosaurier.
Links: Der Schädel eines *Ceratosaurus*, von vorne gesehen. Auffällig sind die scharfen Zähne sowie das spitze Horn auf dem Nasenbein.
Rechts: Verteilung der Fossilbelege dieser Dinosaurierfamilie auf der Welt.
Rechte Seite: Ein Rudel hungriger Ceratosaurier greift einen jungen, von seiner Herde isolierten *Apatosaurus* an.

Allosauridae

Wenn man von der Häufigkeit des Auftretens dieser Familie in den Fossilbelegen ausgeht, sind sie wahrscheinlich die am weitesten verbreiteten Räuber des Juras gewesen. Zahlreiche Entdeckungen lieferten der Wissenschaft bis heute wichtige Informationen. Allein in Cleveland, Lloyd Quarry, hat man die Knochen 44 ausgewachsener Individuen, die bis zu 12 m Länge erreichten, nebst einiger Jungtiere gefunden, die etwa 6 m lang wurden. Auf diese Weise hervorragend dokumentiert, konnte man einige komplette Skelette zusammenstellen und ein sehr realistisches Bild dieser Tiere rekonstruieren.

Alles an einem *Allosaurus* strahlte Kraft, Macht und Energie aus. Sein enormer Schädel mit den zahlreichen Ansatzpunkten für eine extrem kräftige Kaumuskulatur beeindruckt ganz besonders.

Die Bauweise ist wieder durch große Temporalöffnungen sehr leicht gehalten, Kiefer und Schädeldecke stellen die einzigen wirklich massiven Teile dar. So war das Gehirn gut geschützt, und die dichtstehenden spitzen Zähne fanden einen festen Halt. In einer Furche vor den Augenhöhlen befand sich wahrscheinlich die Speicheldrüse, zwischen Augenhöhlen und Nasenbein hatten sie einen knöchernen, sehr stabilen Kamm. Vermutlich trugen sie ihre Revierkämpfe mehr durch Stöße mit dem Kopf als durch Bisse aus, was auch ratsam war, denn sie hätten sich sonst leicht gegenseitig töten können. Das tragische Ende von Konfrontationen zwischen Artgenossen war bekanntlich noch nie im Sinne der Natur. Mit ihrer imposanten Größe von bis zu 12 m und einem Gewicht zwischen 1 und 2 Tonnen beeindruckten sie kleinere potentielle Gegner sowieso schon zur Genüge. Der stämmige, sehr muskulöse Hals erlaubte kraftvolle Kopfbewegungen, das Rückgrat bestand aus Wirbeln mit langen Fortsätzen, die ebenfalls einem eindrucksvollen Muskelapparat als Ansatz dienten. Die nicht sehr langen, dafür umso kräftigeren Hinterbeine endeten in vier krallenbesetzten Zehen, die kurzen Arme waren dreifingrig und sehr robust. Der lange, an der Wurzel ziemlich breite Schwanz diente der Balance beim Laufen und konnte ebensogut im Angriff zu Rundumschlägen eingesetzt werden.

All diese Merkmale machten aus den Allosauriden außergewöhnlich gut ausgestattete Raubtiere, die für den Erfolg prädestiniert schienen. Ihre Lieblingsbeute waren Herbivore wie der *Apatosaurus* und der *Stegosaurus*.

Zahlreiche fossile Abdrücke und andere Hinweise erzählen Geschichten über ihre Jagden. Bei Glen Rose, Texas, zeigen Fußspuren, wie ein *Allosaurus* einen *Apatosaurus* verfolgte. Bißspuren am Schwanz eines Sauropoden erzählen von einem Angriff, bei dem der Aggressor auch einige Zähne verlor, die man unter den Schwanzwirbeln des Opfers fand.

Bei der Jagd verließ sich so ein Allosaurier höchstwahrscheinlich mehr auf seine Schnelligkeit als auf List und Taktik. Aufgerichtet auf den Hinterbeinen inspizierte er aus beträchtlicher Höhe das Gelände, um ein geeignetes Opfer auszuwählen, und wartete sodann den richtigen Moment ab, um es im Überraschungsangriff von hinten anzufallen. Nachdem er das Beutetier auf diese Weise aus dem Gleichgewicht gebracht hatte, hielt er es mit einem seiner Hinterbeine und den Greifarmen am Boden fest und begann sogleich damit, es mit seinen scharfen Zähnen zu zerfleischen. War die gewählte Beute einmal sehr groß, sammelten sich auch die Allosaurier in Rudeln. Sie griffen von mehreren Seiten gleichzeitig an, bis der Gigant schließlich strauchelte und fiel. Einmal niedergestreckt, waren seine Chancen nicht mehr sehr groß. Nun mußten sie ihre Mahlzeit nur noch vor den anderen Fleischfressern verteidigen, die ebenfalls ihren Anteil forderten. Bei dieser Aufgabe leistete ihnen ihr beweglicher Schwanz gute Dienste.

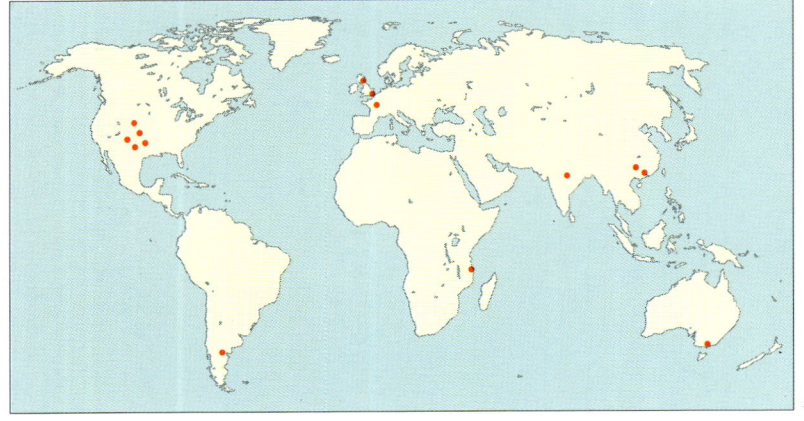

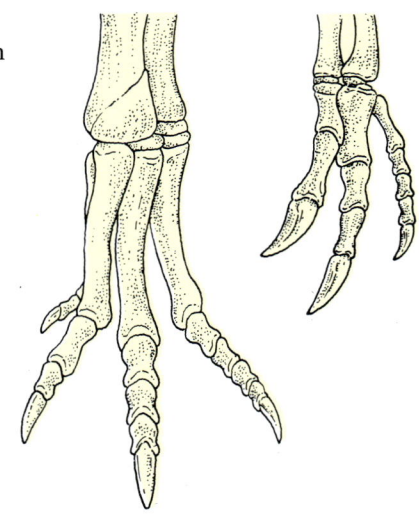

Oben: Maße im Vergleich. Der Mensch, dem Skelett des größten Allosauriden gegenübergestellt, der bisher bekannt ist.
Links: Verteilung der gefundenen Fossilien dieser Familie auf der Welt.
Rechts: Fuß (links) und Hand (rechts) eines Allosauriden. Typisch sind die langen Krallen an Fingern und Zehen.

Maße im Vergleich. Hier der Mensch vor einem der größten bekannten Cetiosaurier.
Unten links: Verteilung der Fossilienfunde dieser Familie in der Welt und maßstabsgetreue Rekonstruktion einiger im Text erwähnter Gattungen.

Unten rechts: Rekonstruktion eines *Cetiosaurus*. Der Kopf entspringt einzig und allein der Fantasie, denn man hat nie einen Schädel dieser Reptilien gefunden.

Der bekannteste unter ihnen und gleichzeitig Namensgeber der Gruppe ist der *Allosaurus*: Er wurde 1877 erstmals von O. C. Marsh beschrieben. Zahlreiche Fossilienfunde vertieften die Kenntnisse über ihn in den folgenden Jahren. So wurde man zum Beispiel in Australien, Afrika, Asien, aber vor allem in Amerika, genauer gesagt Wyoming, Colorado, Utah und Missouri fündig. In der Morrison Formation sind sie genauso vertreten wie in Como Bluff und an vielen anderen Fundorten. Weitere bekannte Arten sind der *Piatnitzkysaurus*, der *Yangchuanosaurus*, der im oberen Jura in China lebte, und der *Indosaurus* aus der oberen Kreide.

Cetiosauridae

Der Name dieser Familie bedeutet wörtlich übersetzt »Walsaurier« und erinnert an die heftigen Diskussionen, die entbrannten, als sie erstmals entdeckt wurden. Das erste zu dieser Gruppe gehörige Fossil, das bei Oxfordshire in England auftauchte, die Schwanzwirbelsäule eines Cetiosauriden, war tatsächlich von Cuvier 1830 als Walknochen identifiziert worden. Zehn Jahre später sprach Owen den Wirbeln schließlich

doch mehr Reptil- als Säugetiercharakter zu und identifizierte sie als die Knochen eines Krokodils, das nach seinen Vorstellungen ungefähr so groß wie ein Wal sein sollte. 1869 schließlich klassifizierte Huxley die Cetiosaurier als zu den Dinosauriern gehörig.
Doch noch heute scheiden sich die Geister über diese Zuordnung. Viele Fachleute nähren erhebliche Zweifel über die Existenzberechtigung dieser Familie der Sauropoden. Obwohl auf fast allen Kontinenten Fossilien der Tiere gefunden wurden, was eindeutig für ihre Verbreitung spricht, ist doch die Rekonstruktion auf recht lückenhafter Basis erfolgt. Vor allem fehlt sämtlichen zumindest teilweise rekonstruierten Skeletten der Kopf. Was man bisher kennt, ist ihre Körperlänge, die 12 bis 21 m betrug. Sie hatten einen großen, tonnenförmigen Leib und vermutlich einen relativ kleinen Kopf, dessen Kiefer mit löffelförmigen Zähnen bestückt waren. Hals und Schwanz wirkten noch weit weniger kräftig und entwickelt, die Hinterbeine jedoch schienen ebenso stämmig und stark zu sein wie

1. *Volkheimeria*
2. *Rhoetosaurus*
3. *Patagosaurus*
4. *Austrosaurus*
5. *Cetiosaurus*
6. *Haplocanthosaurus*

Die Tiere sind maßstabsgetreu aufgrund ihrer wahrscheinlichen Anatomie dargestellt, in Grün sehen wir jene Arten, von welchen mehrere Fossilbelege vorhanden sind.

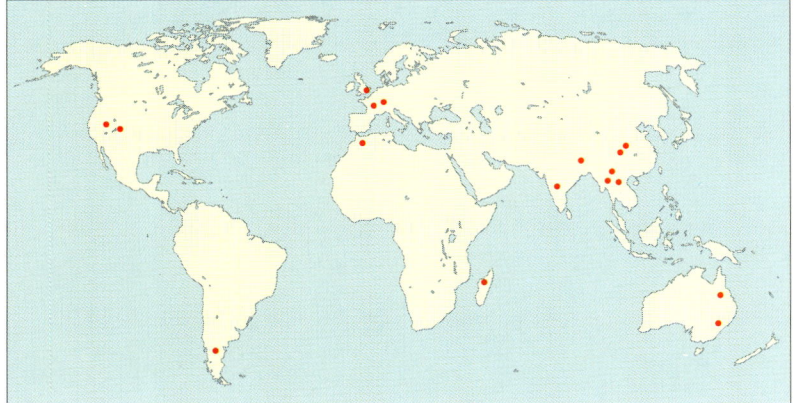

gewöhnlich bei den Sauropoden. An den Enden ihrer Zehen besaßen sie Krallen, die sicherlich der Verteidigung dienten.

Wahrscheinlich stellten auch sie sich auf die Hinterbeine, um einem Gegner zu trotzen. Charakteristisches anatomisches Detail ist ein Spalt in jedem Wirbel, der vermutlich Sitz von Bändern war, die der Wirbelsäule eine größere Stabilität gaben. So bildeten Hals und Schwanz wahrscheinlich ein Balancesystem, das dem Tier in der Bewegung Gleichgewicht gab. Der Name »Walsaurier« soll uns nicht in die Irre führen. Sie waren sicherlich keine Wassertiere. Wie der *Apatosaurus* und der *Diplodocus* lebten sie auf dem Festland und ernährten sich von Pflanzen, Samen und Koniferenfrüchten. Das größte bekannte Exemplar, *Haplocanthosaurus*, mißt 21,5 m. Arten wie *Austrosaurus*, *Cetiosaurus*, *Patagosaurus*, *Rhoetosaurus* und *Volkheimeria* gehören aller Wahrscheinlichkeit nach auch dieser Familie an.

Brachiosauridae

Das Mbemkuru-Tal an der Grenze zwischen Tansania und Mozambique und die sanften Hügel, die es umgeben, bestehen zum Großteil aus Sandstein und Mergel, zwei feinkörnigen Gesteinen, die sich aus alluvialen Sedimenten gebildet haben. Hier, in Tendaguru, hat der deutsche Bergbauingenieur W. B. Sattler 1907 eine sensationelle Entdeckung gemacht: Er fand zahlreiche riesige Dinosaurierknochen zwischen den hohen Gräsern. Manche waren vom Sand abgeschliffen, andere trugen eine Schicht Muschel- und Schneckengehäuse, wieder andere steckten zusammen mit kleinen, wirbellosen Meerestieren in fossilen Baumstämmen. Ausgrabungen, die das Berliner Naturhistorische Museum daraufhin unternahm, förderten noch viel mehr solcher Knochen zutage. Tendaguru entpuppte sich als riesiger Dinosaurierfriedhof.

Nach der Meinung einiger deutscher Paläontologen lag im Jura dort die Mündung eines Flusses sowie eine Lagune, die durch eine Sandbank vom Meer getrennt war. Hier lebten zahlreiche Tierarten, und immer wieder einmal blieb ein Tier im Schlamm stecken, wo es verendete und einsank. Das Wasser löste den Kadaver langsam auf, die Knochen blieben übrig und wurden nach und nach ringsum verteilt. Durch die Strömung getrieben, gerieten sie schließlich an den Rand der Lagune, wo sie zusammen mit anderen pflanzlichen und tierischen Überresten liegenblieben.

Andere Paläontologen wiederum meinen, hier sei einmal ein Sumpf gelegen, der die Binnenwälder von der Küste trennte. Die Tiere wären aufgrund einer langen Trockenzeit gezwungen gewesen, ihn auf der Suche nach Wasser zu durchqueren und viele seien dabei steckengeblieben und verendet. Diese Hypothese bietet gleichzeitig eine Erklärung dafür, daß man einige ihrer Beinknochen senkrecht in den Fels eingebettet gefunden hat. Manchmal könnten die Tiere auch von heftigen Stürmen überrascht worden und so, zusammenge-

Links: Maße im Vergleich. Der Mensch verschwindet neben einigen Exemplaren der größten je entdeckten Brachiosauriden. Mitte: Verteilung der Fossilienfunde dieser Familie in der Welt

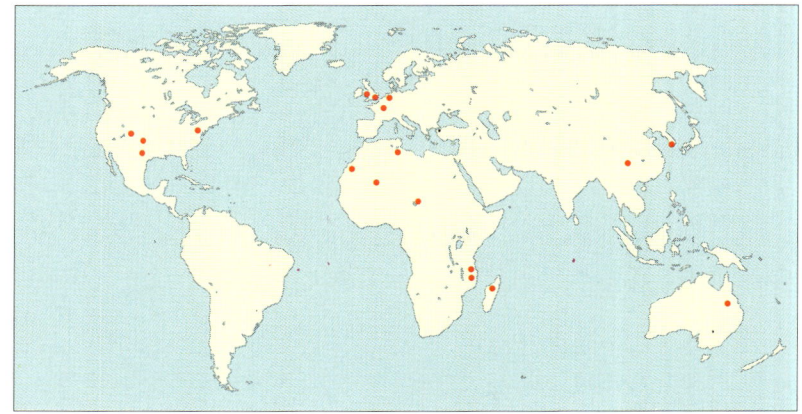

und maßstabsgetreue Rekonstruktion einiger im Text erwähnter Gattungen.

1. *Brachiosaurus*
2. *Pelorosaurus*
3. *Rebbachisaurus*
4. *Zigongosaurus*
Spezies, von welchen ein ganzes Skelett gefunden wurde, sind in Grün dargestellt.
Unten: Schädel eines Brachiosauriden.
Rechte Seite: ein Brachiosauriden-Pärchen in einem Koniferenwald.

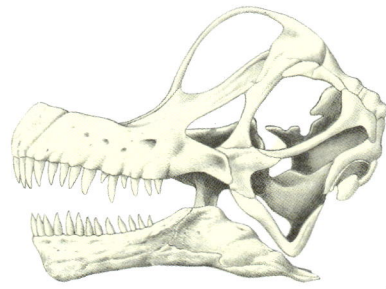

Ultrasaurus, den Jim Jansen 1979 in Colorado entdeckte. Wenn auch nur Bruchstücke des Skelettes vorhanden sind, so spricht doch die Dimension des Schulterblattes (2,5 m) und einiger Wirbel (1,5 m) eine deutliche Sprache: Er muß wohl 24 bis 36 m lang gewesen sein, konnte den Kopf bis in eine Höhe von 18 m bringen und wog an die 136 Tonnen, 20mal das Gewicht eines ausgewachsenen Elefanten. Der *Ultrasaurus* übertrifft sogar noch die Dimensionen des größten heute lebenden Tieres, des Blauwals, und lebte zudem an Land, wo kein Auftrieb beim Tragen dieses enormen Körpergewichtes hilft!

Eine solche Masse fortzubewegen, den Kopf in solche Höhe zu bringen und das Gewicht einer 260 Tiere umfassenden Kuhherde aufzunehmen ist eine unglaubliche Leistung. Wo doch die Hinterbeine, die am meisten Gewicht tragen mußten, weniger entwickelt waren als die vorderen, wie konnte jedes einzelne von ihnen, wenn es auch aus noch so stabilen, großen Knochen bestand – so mancher Femur dieser Tiere ist über 2 m lang – zwischen 20 und 45 Tonnen Belastung aushalten, ohne unter der Last zusammenzubrechen? Die einfachste Lösung wäre, die Brachiosauriden im aquatischen Lebensraum anzusiedeln. Dafür könnten auch die Nasenöffnungen sprechen, die oberhalb der Augenhöhlen lagen und das Atmen in sehr tiefem Wasser ermöglicht hätten.

Diese Argumentation erinnert an die Meeressäugetiere. Der *Brachiosaurus* könnte wie sie geatmet haben, indem er den Kopf an die Oberfläche brachte. Außerdem konnte er durch diese Anordnung ununterbrochen fressen, ohne mit dem Atmen aufzuhören. Die schwerverdaulichen, vorwiegend hartlaubigen Landpflanzen schienen, besonders bei den verhältnismäßig schwachen Zähnen des *Brachiosaurus*, nicht geeignet, den immensen Nahrungsbedarf, den so ein Tier haben mußte, zu decken. Bei zarten Wasserpflanzen konnte man sich das schon eher vorstellen, obwohl er von diesen eine noch größere Menge zu sich nehmen müßte, da sie weniger nahrhaft sind.

Doch bereits 1904 stellte der amerikanische Paläontologe Elmer S. Riggs fest, daß der *Brachiosaurus* aufgrund verschiedener anatomischer Merkmale ein landlebendes Tier gewesen sein mußte. Damals hörte niemand auf ihn, und weiterhin wurden die großen Herbivoren auf zeitgenössischen Zeichnungen samt

trieben in einem Winkel, eines über dem anderen, verendet sein. Dies wäre eine Erklärung für die große Ansammlung von *Dryosaurus*-Knochen, die man ebenfalls dort fand. Wie es auch immer zugegangen sein mag, es darf nicht unerwähnt bleiben, daß man auch zahlreiche Fleischfresserzähne hier entdeckte, als ob die Räuber ihrer ökologischen Rolle als Kadaververwerter des öfteren nachgekommen wären. Das aufsehenerregendste Resultat der Ausgrabungen von Tendaguru bleibt nach wie vor das vollständige Skelett eines *Brachiosaurus*, das im Berliner Naturhistorischen Museum aufgestellt wurde. So können wir heute das größte landlebende Tier aller Zeiten in seiner ganzen majestätischen Pracht bewundern.

Der *Brachiosaurus*, was soviel heißt wie »Armechse«, verdankt diesen Namen der Tatsache, daß seine vorderen Gliedmaßen deutlich länger sind als die hinteren, so daß der Rücken steil nach hinten abfiel. Ein Unikum unter den Sauropoden! Durch die besonders großen Wirbelkörper hatte er einen sehr langen Hals. Diese Wirbel waren hohl und daher trotz ihrer Größe extrem leicht. Zahlreiche Dornfortsätze an ihrer Oberseite bildeten den Ansatz für einen kräftigen Muskelapparat, der den Kopf bis zu 13 m hoch heben konnte. Die Gelenksverbindungen zwischen den einzelnen Wirbelkörpern gaben dem Hals zudem eine erstaunliche Beweglichkeit. Die Beine, die wie mächtige Säulen anmuten, die den schweren Körper trugen, bestanden aus massiven Knochen. Die Gesamtlänge dieser Giganten betrug bis zu 23 m, das Lebendgewicht zwischen 70 und 100 Tonnen.

Trotz dieser enormen Dimensionen wird der *Brachiosaurus* noch übertroffen von einem Artgenossen, dem

Linke Seite: Da das Gewicht und die Masse des Körpers der Brachiosauriden und auch der Diplodocier (Bild) sowie einiger anderer großer Gattungen sehr problematisch erschien, dachten die Wissenschaftler zuerst, daß sie im Wasser lebten, um vom Auftrieb zu profitieren. Doch nach genaueren anatomischen

und sonders im Wasser dargestellt. Erst 1971 gelang es Robert Bakker, die Hypothese von Riggs zu untermauern. Die Körperform sei typisch für ein Landtier, meinte er. Hätten sie im Wasser gelebt, müßten sie mehr einem Flußpferd ähneln, einen flachen Brustkorb und kurze, schwache Beine mit breit auseinanderstehenden Zehen haben, damit sie im sumpfigen Untergrund nicht einsanken. Ihre langen, starken Säulenbeine mit den in ein Hornpolster eingebetteten kurzen Zehen erinnerten jedoch mehr an Elefantenfüße.

Die Untersuchungen K. Kermacks vom University College in London, die 1951 durchgeführt wurden, zeigen überdies, daß ein bis zum Kopfansatz im Wasser stehender *Brachiosaurus* unfähig gewesen wäre, auch nur einen einzigen Atemzug zu tun, da bereits in 8 m Tiefe ein Wasserdruck von mindestens 500 g/cm² herrscht, der die Lungen des mächtigen Tieres einfach zerquetscht hätte.

Was nun die Position der Nasenlöcher angeht, so kann man auch annehmen, daß diese mit einem hochentwickelten Geruchssinn einhergeht, was noch durch die Tatsache bestätigt wird, daß sowohl Nasenbein als auch -höhlen sehr groß sind.

Im Zusammenhang mit der enormen Körpergröße des Tieres trug diese Eigenschaft dazu bei, seinen Wirkungskreis zu erweitern und Nahrungsquellen zu erschließen, die allen anderen verborgen bzw. verschlossen bleiben mußten. Auch das offenbar unzureichende Gebiß der Brachiosauriden stellt kein ausreichendes Gegenargument dar: Die Vögel beispielsweise haben gar keines und gleichen den »Mangel« durch einen leistungsfähigen Kaumagen aus, der auch Gastrolithen beinhaltet, die bei der Nahrungszerkleinerung helfen. Für eine solche Möglichkeit bei den Brachiosauriden spricht auch und vor allem, daß oft im Magenbereich von *Brachiosaurus*-Skeletten mehrere rund abgeschliffene Steine gefunden wurden.

Sie lebten also an Land, wahrscheinlich wie die Elefanten in Herden, um besser gegen Feinde geschützt zu sein. Einen Karnivoren, der sie angriff, konnten sie entweder mit Schwanzschlägen oder, wenn sie sich wie ein Pferd aufbäumten, auch mit Hieben der Vorderbeine attackieren.

Zehn Arten gehören zur Familie der Brachiosauriden, doch bei manchen ist man sich noch nicht ganz sicher. Keinen Zweifel gibt es bei *Brachiosaurus, Pelorosaurus, Rebbachisaurus* und *Zigongosaurus*.

Untersuchungen stand fest: Die Brachiosauriden waren mit Sicherheit landlebende Tiere. Die Brachiosauriden besaßen im Brust- und Abdomenbereich noch jeweils eine Verdickung des Rückenmarks, die als Nervenzentrum für die regionale Verarbeitung von Sinneswahrneh-

mung und Bewegungsimpulsen genutzt wurden.
Unten: Auf ihren Schwanz gestützt, konnten sich die Brachiosauriden wahrscheinlich genau wie der hier gezeigte *Diplodocus* auf die Hinterbeine erheben, den Hals strecken und auf diese Weise die höchsten Baumwipfel erreichen.

Vorschlag für die Titelseite des Sonntagsblattes »Domenica del Corriere« am 12. Dezember 1937:
»Das Skelett des *Brachiosaurus*, des größten, landlebenden Tieres, das je existierte, wurde in Afrika, in Tanganjika, von einem Wissenschaftler entdeckt und kann nun, mit größter Sorgfalt rekonstruiert, in einem Berliner Museum bestaunt werden. Das Monster, das in einer Zeit vor dem Erscheinen des Menschen lebte, maß vom Kopf bis zum Schwanzende 23 m, war beinahe 12 m hoch, allein sein Hals war 9 m lang!«

149

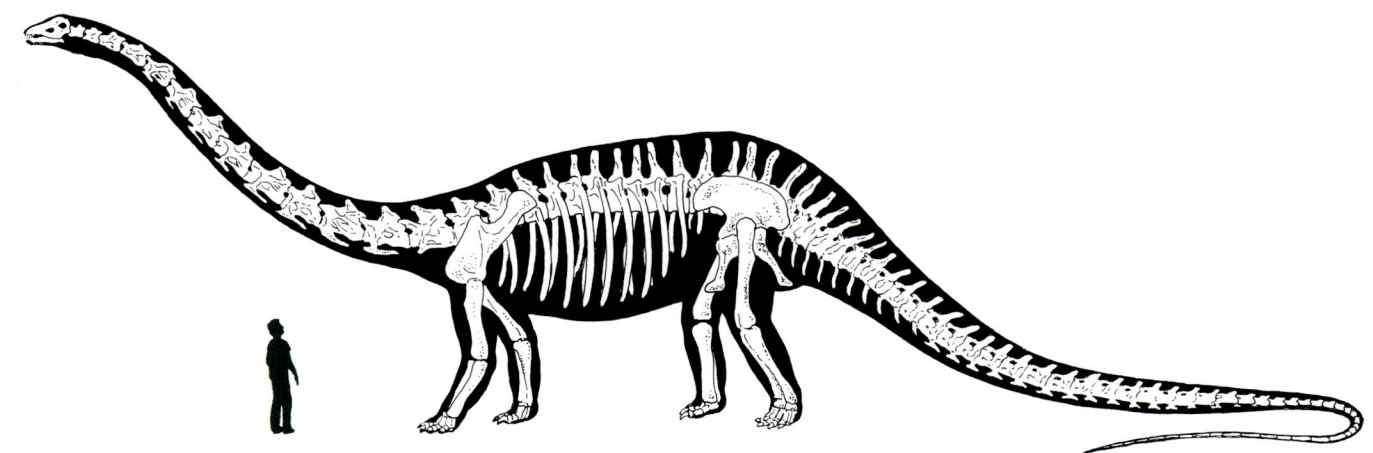

Diplodocidae

Hier sind sie, die Giganten des Mesozoikums! Gleich nach den Brachiosauriden sind sie die zweitgrößten Landtiere, die unsere Erde je gesehen hat. Erstmals traten sie 1877 in Erscheinung. Damals wurden einige Wirbel, Zähne und Kiefer in ein Paket verpackt und an einer kleinen Station der Union Pacific Railroad in Wyoming an Professor Marsh aufgegeben. Der Wissenschaftler klassifizierte sie sofort nach Erhalt als zu einem *Brontosaurus* des Juras gehörig.

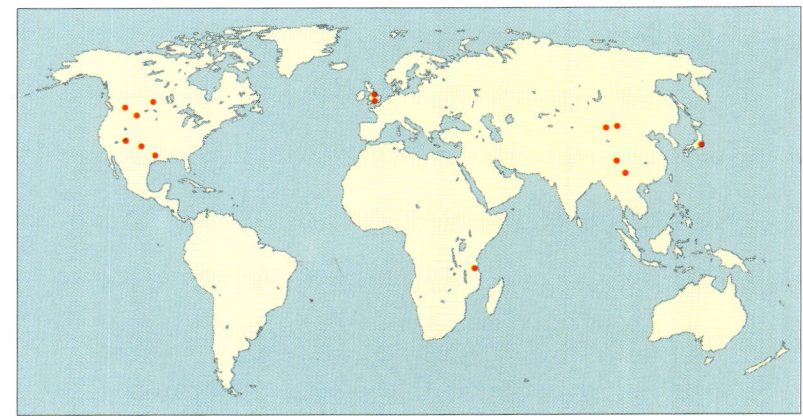

Como Bluff in Wyoming entpuppte sich in der Folge als besonders reichhaltige Fundstelle, die selbst die Morrison Formation in den Schatten stellte. Hunderte von Ausgrabungen fanden in der Folge dort statt. Manche erfolgten direkt hintereinander oder in sehr kurzen Abständen, deren Rhythmus vom jeweiligen Stand der Auseinandersetzung zwischen Marsh und Cope abhing. Jeder der beiden erbitterten Rivalen versuchte, dem anderen zuvorzukommen. So fielen die ersten Entdeckungen des *Diplodocus* und seiner Artverwandten in eine ziemlich chaotische Atmosphäre. Ungeachtet dessen veröffentlichte Marsh 1878 die erste Beschreibung eines *Diplodocus longus* und rekonstruierte 1883 das erste *Brontosaurus*-Skelett. Durch sein eiliges Bestreben, dem verhaßten Kontrahenten Cope um jeden Preis zuvorzukommen, baute Marsh im Eifer des Gefechts irrtümlich den Kopf, einige Beinknochen und auch Teile des Schwanzes eines *Camarasaurus* in das Skelett mit ein. Das Ergebnis war ein nicht existentes, viel schlankeres und graziöseres Tier, als es der *Brontosaurus* je gewesen sein konnte. Auch der *Diplodocus* hatte unter der hastigen, übereilten Vorgangsweise zu leiden: Heute noch kann man in manchen Museen *Diplodocus*-Skelette sehen, die *Camarasaurus*-Beine haben. Die Verwirrung und Hektik gipfelte in der Tatsache, daß Fossilien ein und derselben Art mehrmals verschiedenen Spezies zugeordnet wurden. Heute ist es nun endlich gelungen, Ordnung in das reichhaltige Material zu bringen und die beiden bisherigen Gattungen *Brontosaurus* und *Atlantosaurus* zum *Apatosaurus* zu vereinigen.

Sowohl dieser legendäre Riese als auch der *Diplodocus* hatten im Vergleich zu ihrem Körper einen merkwürdig kleinen Kopf, einen mächtigen, langen Hals und

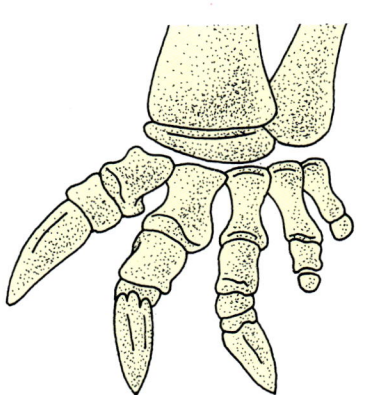

Maßstabsgetreue Rekonstruktion einiger im Text erwähnter Gattungen, in Grün jene, die in Fossilbelegen gut dokumentiert sind.
1. *Dicraeosaurus*
2. *Cetiosauriscus*
3. *Amphicoelias*
4. *Mamenchisaurus*
5. *Nemegtosaurus*
6. *Apatosaurus*
7. *Barosaurus*
8. *Diplodocus*
Links: ein Fuß, an welchem die kräftigen Zehennägel auffallen.

Linke Seite: Maße im Vergleich.
Der Mensch neben dem Skelett
des größten bisher bekannten
Diplodocus.
Linke Seite, Mitte: Verteilung
der Fossilienfunde der Familie
der Diplodociden in der Welt.

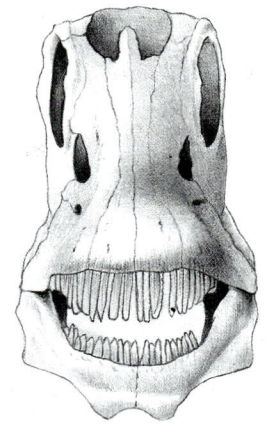

Schädel eines *Diplodocus* von
vorne und im Profil. Die ungewöhnlich hoch stehenden
Nasenöffnungen, die langen,
dünnen Zähne und die großen
Augenhöhlen fallen sofort als
besondere Merkmale auf.
Unten: ein Vergleich zwischen
dem Schädel und dem rekonstruierten Kopf eines Diplodociden (*Apatosaurus*, links) und
eines Camarasauriden (*Camarasaurus*, rechts).

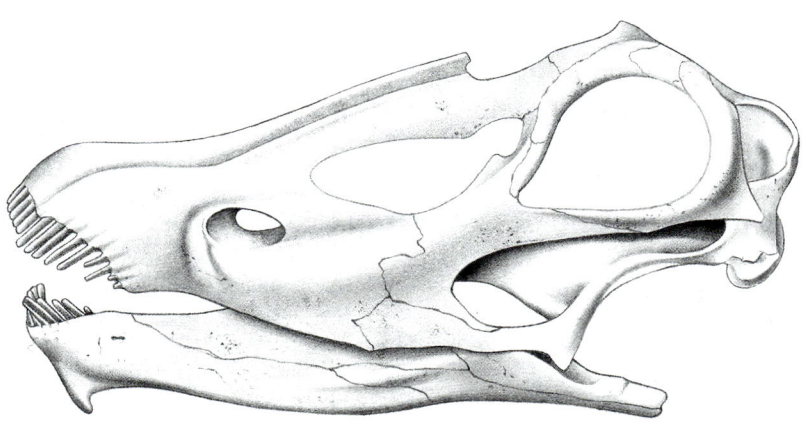

robuste, säulenartige Beine. Der *Diplodocus* war der
schlankere und weitaus langhalsigere von beiden.
Auch sein Schwanz, der aus 80 kleinen Wirbeln
bestand, konnte sich ob seiner Länge und Beweglichkeit sehen lassen. Obwohl sie größer waren als andere
Sauropoden, hatten sie ein vergleichsweise geringes
Körpergewicht. Besonders die Wirbel waren äußerst
leicht gebaut: Sie wiesen eine ganz besondere Waben-
architektur auf, wobei die Seitenwände der Hohlräume
durch vertikale und horizontale Verstrebungen optimale Stabilität erhielten. Seitliche Fortsätze und Kämme
an den Wirbeln bildeten Ansätze für den Muskelapparat. Vom Kopf bis zum Schwanzende war die Wirbelsäule des *Diplodocus* ein einzigartiges Gebilde, das
vielleicht mit einer sorgfältig geplanten Hängebrücke
verglichen werden könnte, die den in den einzelnen
Brückenabschnitten unterschiedlichen Flexibilitätsan-
forderungen hundertprozentig entspricht. Die ersten
Rückenwirbel waren noch relativ beweglich, während
die folgenden bereits mehr oder weniger starr zusam-
menhingen, mußten sie doch die Bewegungen des Halses (der Kopf konnte bis auf 12 m angehoben werden)
und das enorme Gewicht des Verdauungsapparates
tragen. Der ganze Beckengürtel zeichnete sich durch
hohe Stabilität aus, ebenso die robusten, massiven
Gliedmaßen. Die imposante Statur war gekrönt von
einem sehr kleinen Kopf, nicht größer als der eines
Pferdes, der ein Gehirn vom Volumen jenes einer
Hauskatze beherbergte.

An der Basis des Gehirns saß die Hypophyse, die für
das Wachstum verantwortliche Drüse, die offenbar bei
diesen Giganten recht gut entwickelt sein sollte. In
Beckenhöhe jedoch gab es noch ein zweites »Gehirn«,
eine Verdickung des Rückenmarks, die die Funktionen
des Gehirns ergänzte.

Die Zähne waren klein und stummelförmig. Eigentlich
eigneten sie sich wenig zum Zerkauen der hartfaserigen Nahrung, die diese Tiere zu sich zu nehmen pflegten. Vielleicht benutzten sie ihr Gebiß auch nur zum
Abreißen der Pflanzen, während das Zerkleinern und
Aufschließen der Nährstoffe in einem muskulösen
Kaumagen von den Gastrolithen vorgenommen wurde.
Natürlich wäre das schwache Gebiß auch damit
erklärt, daß sie hauptsächlich Wasserpflanzen fraßen.
Und da auch sie die Nasenlöcher ziemlich weit oben
am Schädel hatten, vermutete man wie bei den Bra-

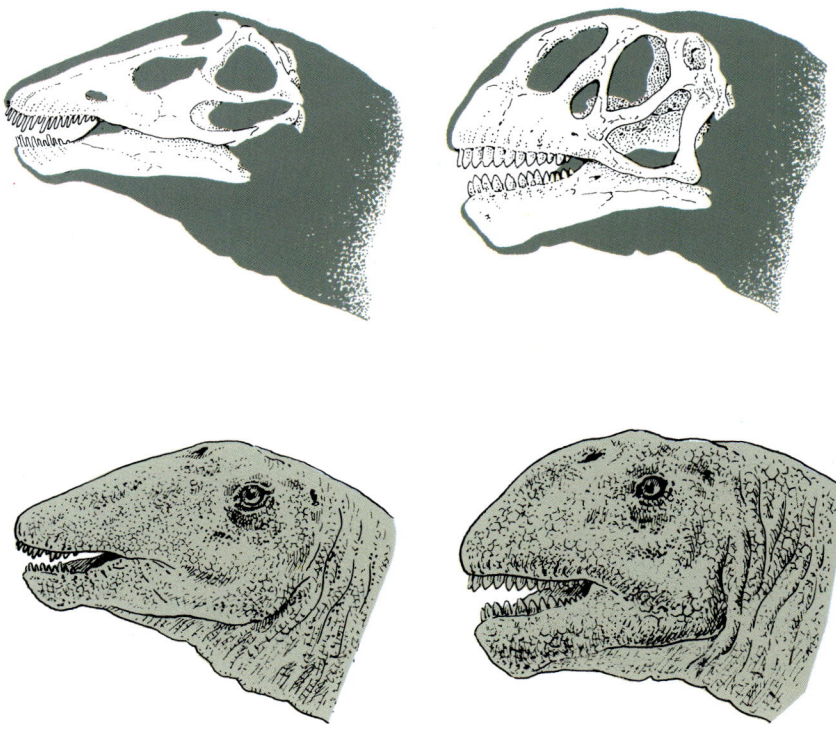

151

H. F. Osborn und B. Brown in Bone Cabin, 1897. Sie sind gerade bei der Freilegung eines gigantischen *Diplodocus*-Knochens.

chiosauriern lange Zeit, daß sie im Wasser lebten. Man argumentierte unter anderem damit, ihre Beine wären zu schwach für ihr großes Körpergewicht.

Auch hier griff Robert Bakker klärend ein. 1971 bewies er, daß ihre Beine nicht nur nicht zu schwach, sondern sogar perfekt dazu geeignet waren, viel Gewicht zu tragen. Die Struktur ihrer Füße und Zehen wiesen laut Bakker unmißverständlich auf ein Leben auf dem Festland hin, da sie für Raumgriff und Standfestigkeit auf dem Trockenen sorgten. Wie bei den Brachiosauriern hätte auch hier der Wasserdruck in 4 bis 5 m Tiefe, wo sich ihr Brustkorb befände, lebten sie wirklich im Wasser, ein Atmen unmöglich gemacht. Die Wirbelsäule und die Gliedmaßen sind typisch für landlebende Tiere, was auch von zahlreichen fossilen Abdrücken bestätigt wurde.

Was nun die vieldiskutierte Position der Nasenöffnungen betrifft, so genügt es, sich vor Augen zu führen, wieviele andere landlebende Tiere die gleichen oder ähnliche Merkmale haben, die Elefanten zum Beispiel. Was den eifrigen Theoretiker sofort auf eine neue Idee bringt: Hatten die Diplodocidae womöglich einen Rüssel?

Doch bleiben wir bei der Frage, die wir eben so schön geklärt haben: Sie lebten also doch nicht im Wasser, sondern waren perfekt für das Leben an Land ausgestattet. Oft hielten sie sich in den Gezeitenzonen, an der Küste und in sumpfigen Gegenden auf, wo sie durch die Krallen an ihren Zehen guten Halt fanden. Doch sie bevölkerten auch die Mischwälder an den

Berghängen und die ausgedehnten Täler. Durchquerten sie einmal einen Fluß, schwammen sie wie die Nilpferde und stießen sich mit den Vorderbeinen am Grund des Gewässers ab. Hinterleib und Schwanz wurden so vom Auftrieb getragen. Mit an Sicherheit grenzender Wahrscheinlichkeit bildeten sie Herden, die ihnen mehr Schutz gegenüber ihren Feinden gaben. Wenn viele Tiere gleichzeitig mit einem so langen, biegsamen Schwanz Peitschenhiebe in Richtung der angreifenden Räuber austeilten, wurden diese wohl oft zurückgeschlagen. So hatten die Fleischfresser meist nur Erfolg bei kranken oder jungen Tieren, die sich unvorsichtig weit von der Herde entfernt aufhielten.

Die bekanntesten Gattungen unter ihnen sind *Dicraeosaurus, Cetiosauriscus, Amphicoelias, Mamenchisaurus, Nemegtosaurus, Apatosaurus, Barosaurus* und *Diplodocus*.

Hier sehen wir das Skelett eines Diplodociers (Gattung *Apatosaurus*). Bemerkenswert ist die Bauweise der Wirbel, die je nach Position in der Wirbelsäule sehr verschieden sind. Grund hierfür sind die unterschiedlichen statischen Anforderungen, die an das Einzelteil dieser Stützkonstruktion je nach Lage im Körper gestellt werden. Von rechts nach links: A. Nackenwirbel – leicht und mit Hohlräumen versehen; B. Brustwirbel – sehr massiv, mit langen Fortsätzen für den Ansatz kräftiger Muskulatur; C. Schwanzwirbel – leicht, schmal mit zahlreichen Muskelansatzpunkten. Der Schwanz wurde wahrscheinlich oft wie eine Peitsche geschwungen.

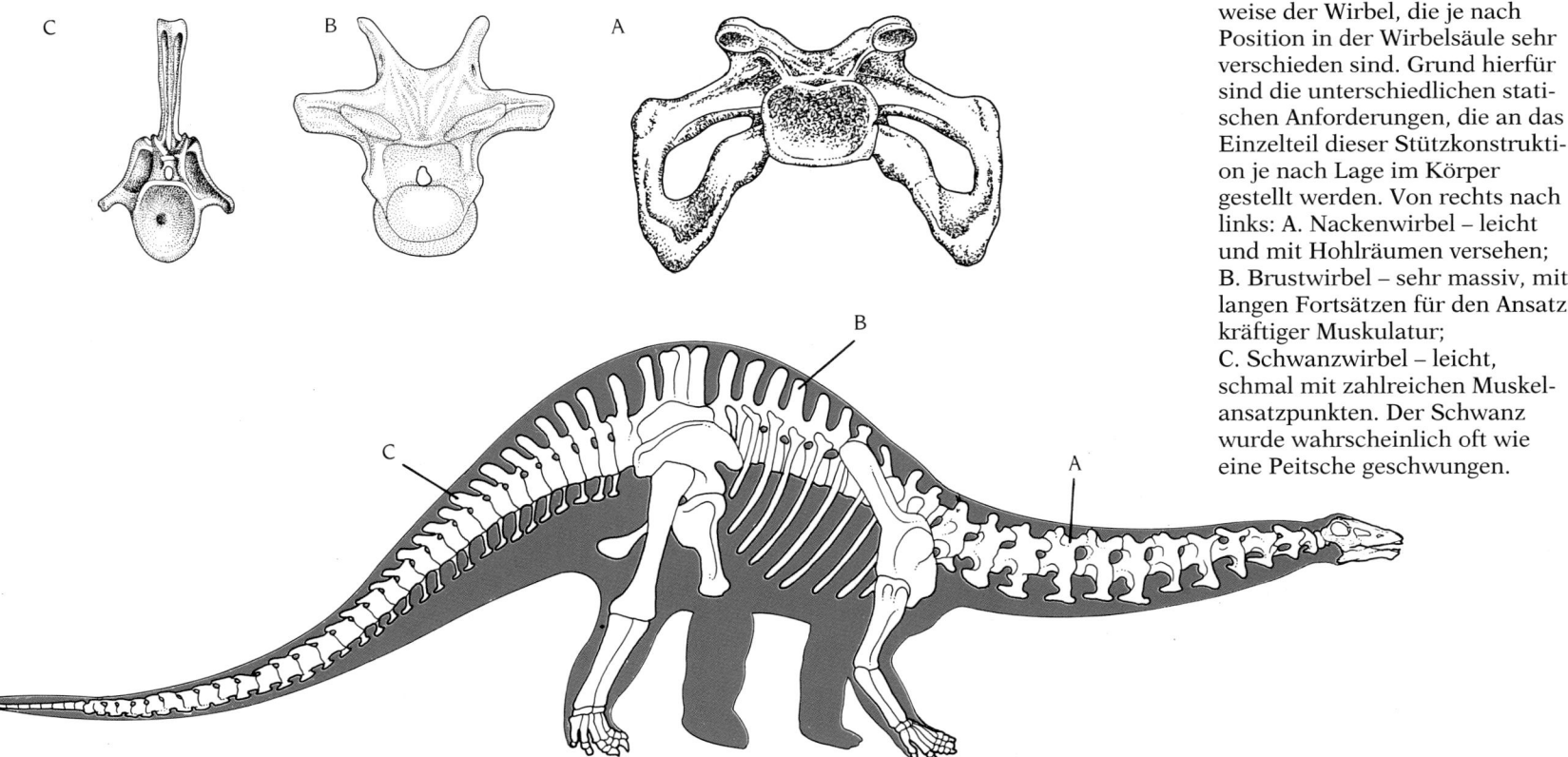

Fabrosauridae

Sie gehören, zusammen mit den Heterodontosauriden, zu den primitivsten Ornithischiern und erschienen Ende der Trias. Beschrieben wurden sie bereits vor mehr als 100 Jahren von Richard Owen, doch erst seit kurzem hat man sie aufgrund von Funden in Lesotho, Südafrika, als eigene Familie erkannt. Damals kamen verschiedene Details ans Licht, über die Owen noch nicht Bescheid gewußt haben konnte. Bestimmte Charakteristika, die »der Vater der Dinosaurier« übersah oder nicht in ihrer wahren Bedeutung erkannte, erhielten einen neuen Stellenwert. In Unkenntnis all dessen hatte Owen noch geglaubt, es handle sich um eine noch nicht bekannte Echsenart, die er *Echinodon* nannte.

1964 fand der Paläontologe L. Ginsburg das Fragment eines Kiefers mit ein paar Zähnen, die ihn sofort an jene des *Echinodon* erinnerten: klein und dünn, mit langen Wurzeln, einer abgeflachten Krone sowie seitlich geriffelten, scharfkantigen Rändern. Erst in jenem Moment wurde Owens Irrtum erkannt und eine neue Spezies identifiziert: *Fabrosaurus australis*. Die Familie der Fabrosauriden profilierte sich 1970, als R. A. Thulborn ein vollständiges Skelett beschrieb, noch deutlicher. Die Knochen stammten von derselben Fundstelle. Die Ähnlichkeit zwischen den Zähnen dieses Exemplars und jenen des *Fabrosaurus australis* war unübersehbar, doch nicht ausreichend, um beide derselben Spezies zuzuordnen. So entstand der *Lesothosaurus diagnosticus*, mit welchem diese Gattung der Fabrosauridenfamilie nunmehr vollständig repräsentiert ist.

Die Zuordnung dieser Reptilien zu den Ornithischiern stützt sich auf zahlreiche Indizien. Das Becken mit dem nach hinten gekehrten Darm- und Schambein ist vielleicht das stichhaltigste Kriterium, der prädentale Kieferknochen mit dem Hornschnabel und die langen Knochensehnen, die die Wirbel miteinander verbinden und so der Wirbelsäule größere Stabilität geben, bestätigen die Klassifizierung zusätzlich. Der *Lesothosaurus* war ein typischer Zweibeiner, der sehr schnell laufen konnte. Sein Körperbau ist ganz und gar darauf ausgerichtet. Er mißt vom Kopf bis zum Schwanzende nur etwa 90 cm, ist leicht, hat sehr lange, schlanke

Maße im Vergleich: der Mensch und das einzige bisher entdeckte vollständige Skelett eines Fabrosauriden.
Unten: Verteilung der Fossilienfunde dieser Familie in der Welt und maßstabsgetreue Rekonstruktion einiger im Text erwähnter Gattungen.

Hinterbeine und kurze Greifarme. Hals und Schwanz balancierten den Körper in der Bewegung optimal aus und halfen auch bei raschen Richtungsänderungen. Der annähernd dreieckige Kopf zeichnete sich durch große Beweglichkeit aus.

Analog zur Gesamtstatur war auch die Schädelkonstruktion leicht gehalten. Allein schon die großen Orbitalöffnungen sparten Gewicht und wiesen auf einen scharfen Blick hin. Zwei weitere Öffnungen im Kieferbereich nahmen die Kaumuskulatur auf. Die eigentliche Besonderheit dieser Ornithischier sind ihre eingangs beschriebenen Zähne. Eigentlich würde man sie einem Pflanzenfresser zuordnen, doch sind sie auch überaus geeignet für den Fall, daß ihr Besitzer Insekten bevorzugte. Durch die Art und Weise, wie sich die Kiefer schlossen, wirkten die Zähne wie scharfe Scheren. Höchstwahrscheinlich kauten diese Saurier ihre Nahrung nicht wirklich, sondern zerschnitten sie in kleine Stücke, um die weitere Verarbeitung ihrem leistungsfähigen Magen zu überlassen, wo vermutlich ein langwieriger Verdauungsprozeß stattfand.

Diese Hypothese stützt sich auf eine Analogie: *Conolophus subcristatus*, ein Galapagos-Leguan, besitzt ganz ähnliche Zähne. Dieses moderne Reptil schneidet damit Stücke aus Kakteen heraus und verschluckt sie sodann, ohne zu kauen. Doch das ist schon alles an Ähnlichkeit. Der Leguan ist ein langsamer Vierbeiner, der sich den Luxus der Trägheit wohl leisten kann, da er keine natürlichen Feinde auf der Insel hat, während der *Lesothosaurus* es mit den Räubern des Mesozoikums, den Thecodontiern und den Coelurosauriern,

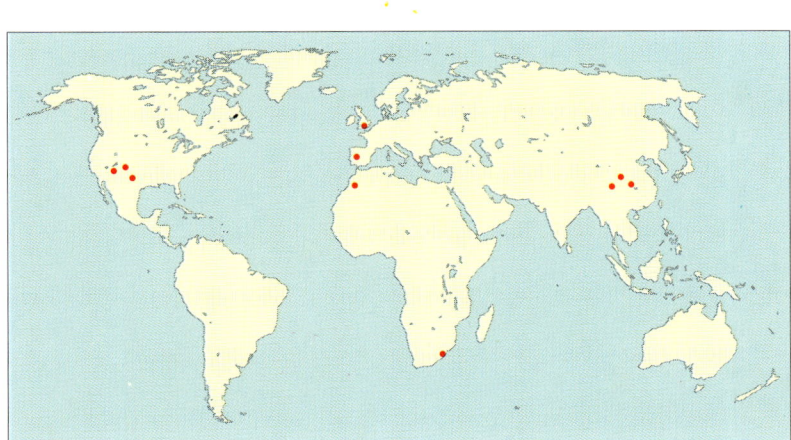

1. *Echinodon*
2. *Lesothosaurus*
3. *Fabrosaurus*
4. *Scutellosaurus*

Die Arten, die in Fossilien relativ gut dokumentiert sind, sind in Grün gehalten. Manche Wissenschaftler treten für eine eigene Familie der Scutellosauriden ein.

Rekonstruktion eines Fabrosauriden. Nach der Meinung einiger Fachautoren stammen von diesen Dinosauriern, die noch zahlreiche primitive Merkmale aufweisen, alle anderen Ornithischier ab.

aufnehmen mußte. Sein einziges Verteidigungsmittel war die Flucht, und so könnte man ihn wohl bei der Nahrung mit den Leguanen, jedoch im Verhalten eher mit den Gazellen vergleichen, die in der afrikanischen Savanne ein ähnlich gehetztes Leben führen.

Scutellosaurus, ein weiteres Mitglied der Familie, wurde 1981 von Edwin H. Colbert entdeckt. Er fällt ein wenig aus der Rolle, denn er hat Panzerplatten auf dem Rücken und besser entwickelte Vordergliedmaßen als die anderen Fabrosauriden. Einzig und allein bei dieser Gattung ist es also möglich, daß sich das Tier auf vier Beinen fortbewegte und außer der Flucht noch auf eine andere Möglichkeit der Verteidigung zurückgreifen konnte: Es brauchte sich nur zusammenzurollen und so dem Angreifer die hart gepanzerte Außenseite zu bieten, so daß auch der mächtigste Räuber seine Zähne riskierte.

Man nimmt an, daß diese Ornithischier die Trockenperioden, die am Beginn des Juras Südafrika periodisch heimsuchten, in unterirdischen Löchern überwanden. Sie hielten dort eine Art »Sommerschlaf«, wie es vielleicht auch andere Sauriergruppen taten.

Tony Thulborn brachte diese Hypothese aufs Tapet, als man eine besondere Entdeckung machte: Zwei Fabrosaurier wurden offenbar in einer Höhle vom Tod überrascht und in der Folge fossilisiert. Es sah ganz so aus, als hätten sie dort auf das Ende der Trockenzeit gewartet. Thulborn stützte seine Theorie nicht nur darauf, daß der Fund in einem Gestein erfolgte, das typisch für trockene klimatische Bedingungen ist, sondern auch auf die Tatsache, daß sich in den Kiefern der beiden Tiere neben alten, ziemlich abgenutzten Zähnen neue fanden, die fast völlig deren Platz eingenommen hatten. Er nimmt an, daß die Nahrungspflanzen dieser Dinosaurier ziemlich hartfaserig waren und sich das Gebiß deshalb schnell abnutzte.

Doch der Ersatz verbrauchter durch neue Zähne konnte nicht während der Zeit normaler Aktivität erfolgen, weil sie sonst nicht mehr richtig fressen hätten können.

Er mußte während einer längeren Ruhepause, während des Sommerschlafs also, stattfinden.

Natürlich blieb auch diese schön durchdachte, faszinierende Theorie nicht lange ohne Gegenargumente. Neben den beiden Ornithischiern wurden auch Zähne eines Saurischiers gefunden.

Die vermeintliche Schlafhöhle könnte also ebensogut ein Ort sein, an dem sich durch nachträgliche Auswaschung oder sonstigen Transport Dinosaurierskelette zufällig anhäuften.

Maße im Vergleich: der Mensch neben dem größten bisher entdeckten Stegosauriden. Neuesten Hypothesen zufolge soll dieser Dinosaurier seinen Schwanz weit mehr aufgerichtet getragen haben, als er hier dargestellt ist. Mitte und unten: Verteilung der Fossilienfunde dieser Familie in der Welt und maßstabsgetreue

Rekonstruktion einiger im Text erwähnter Gattungen.

1. *Dravidosaurus*
2. *Chialingosaurus*
3. *Craterosaurus*
4. *Huayangosaurus*
5. *Dacentrurus*
6. *Lexovisaurus*
7. *Paranthodon*

Stegosauridae

Wieder einmal war es Owen, der die ersten Stegosaurierknochen beschrieb, und zwar im England des Jahres 1875. Er sprach, ausgehend von mehreren Funden in seiner Heimat, von einem Dinosaurier, der mit ungewöhnlichen Panzerplatten bedeckt war. Er nannte ihn *Omosaurus armatus*. Heute ordnet man ihn der Gattung *Dacentrurus* zu. Bald darauf schon wurden die englischen Entdeckungen von einer amerikanischen in den Schatten gestellt: Marsh beschrieb 1877 unter dem Namen *Stegosaurus armatus* ein unvollständiges Skelett, das man in der Morrison Formation freigelegt hatte. 1886 fand man schließlich in Garden Park, Ohio, einen vollständigen *Stegosaurus*. Das Tier war vermut-

lich in einem Fluß ertrunken, von der Strömung abgetrieben und an eine Sandbank gespült worden, wo es auf dem Rücken liegenblieb.

Genau so hat man es auch in der Smithsonian Institution in Washington, wo Marsh es eingehend studierte, montiert. Er nannte das Prachtexemplar *Stegosaurus stenops*, was wörtlich »Bedeckter Saurier« heißt. Man kann sich vorstellen, daß es schwierig war, für die außergewöhnliche Einrichtung der großen Panzerplatten auf dem Rücken eine plausible Erklärung zu finden, sowohl was ihre Anordnung als auch was ihre Funktion betrifft.

Das Skelett wies noch einige andere Besonderheiten auf: Der Kopf wirkte unverhältnismäßig klein, das Gehirn, das darin Platz fand, entsprach kaum dem einer Hauskatze. Die Kiefer waren im vorderen

8. *Kentrosaurus*
9. *Wuerhosaurus*
10. *Tujiangosaurus*
11. *Stegosaurus*

Manche Wissenschaftler behaupten, daß die Gattung *Huayangosaurus* eigentlich ein Vertreter einer eigenen Familie, der Huayangosauriden, sei.

Unten rechts: Die verschiedenen Möglichkeiten der Anordnung der Knochenplatten auf dem Rücken des *Stegosaurus*: senk-

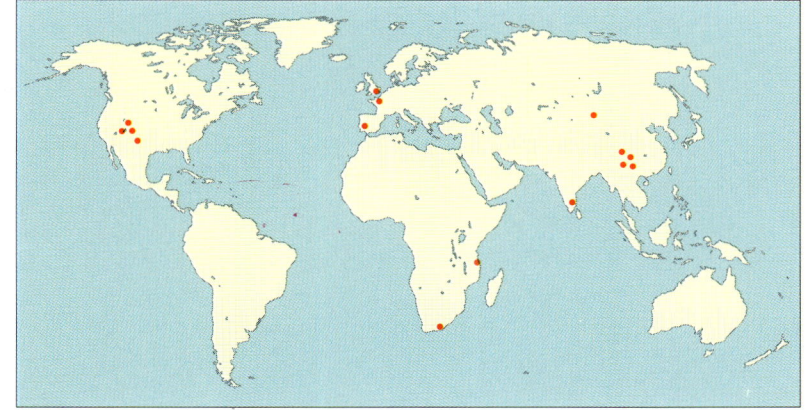

recht in versetzten Reihen, waagrecht in versetzten Reihen, senkrecht in parallelen Reihen oder, die wie man bisher annimmt wahrscheinlichste Anordnung, in zwei schrägen, versetzten Reihen. Letztere Möglichkeit erwies sich im Windkanal als am effizientesten sowohl bei der Wärmeaufnahme als auch -abstrahlung. Die roten Pfeile stellen die Windrichtungen dar.

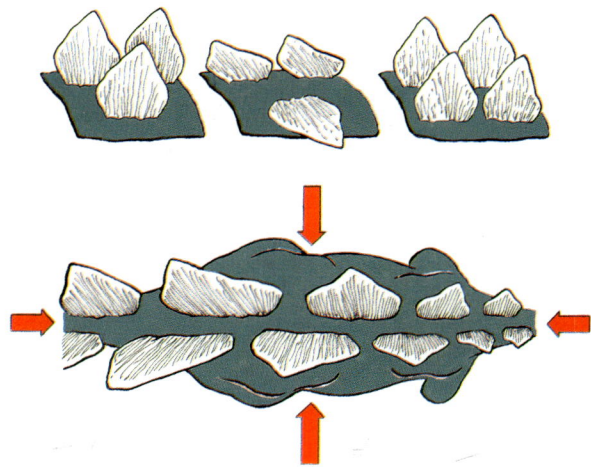

Unterschiede zwischen zwei Gattungen von Stegosauriden. Links der *Huayangosaurus* ohne Hornschnabel, rechts der *Stegosaurus* mit Schnabel und Mahlzähnen.

Bereich zahnlos, während sich weiter hinten schwache, kurze Zähne mit einer abgeflachten, mit einem Höcker am hinteren Ende, besetzten Krone befanden. Beckengürtel sowie Körper waren stark gewölbt, eine Folge der asymmetrischen Ausprägung der hinten sehr langen und vorne ziemlich kurzen Beine. Die sehr kräftig gebauten Gliedmaßen endeten in kurzen, starken Zehen, die wie jene der Elefanten ein großes Körpergewicht aufzunehmen imstande waren. Der Schwanz schließlich trug am Ende ein paar lange, furchterregende Stacheln. Die Körperlänge betrug etwa 6 m, die größten Exemplare wogen ca. 2 Tonnen.

Das auffälligste Detail stellten zweifellos die ominösen Knochenplatten dar, die vom Halsansatz bis zum Schwanz über den Rücken des *Stegosaurus* verliefen. Eine wirkliche Verbindung zwischen den Knochen der Rückenwirbelsäule und diesen Platten fehlte, und so muß man davon ausgehen, daß sie lediglich in der Epidermis verankert waren. Endlose Diskussionen entbrannten um die Frage, wie sie denn nun angeordnet gewesen seien, vertikal, horizontal, in einfacher oder doppelter Reihe. Marsh dachte an eine einzelne, geschlossene Reihe vom Kopf bis zum Schwanzende. Er argumentierte damit, daß an der Fundstelle die Platten tatsächlich eine neben der anderen gelegen hatten.

Andere Paläontologen warfen ein, daß das Gewicht darüberliegender Sedimente die Position während der Fossilisation verändert haben könnte. So blieb also nichts anderes übrig, als eine Erklärung über die physiologische Funktion dieses ungewöhnlichen Accessoires zu suchen.

Wozu dienten sie wohl?

Zuallererst dachte man an die abschreckende Wirkung für Angreifer. Denn tatsächlich hatte der *Stegosaurus* mächtige Feinde wie den *Allosaurus* und den *Ceratosaurus*. Doch die Erklärung hielt nicht stand, denn ordnete man sie nun horizontal oder vertikal an, in jedem Falle wären die empfindlichen Seiten des Tieres ungeschützt geblieben.

Außerdem schien der morgensternartige Schwanz eine ausreichende Waffe zu sein. Erst die histologische Untersuchung der Platten 1977 ergab eine plausiblere Erklärung. Man fand heraus, daß sie von einem Netz feiner Kanäle durchzogen waren, die Blutgefäße enthielten.

Mitte: Rekonstruktion dreier beinahe vollständiger Skelette verschiedener Stegosauriden-Gattungen: *Stegosaurus* (oben), *Kentrosaurus* (Mitte) und *Dravidosaurus* (unten). In einer Dinosaurierfamilie, die so viel gemeinsam hat, wie den kleinen Kopf, die kurzen vorderen und die langen hinteren Gliedmaßen, den Bau des Beckengürtels, den langen, mächtigen Schwanz und die Rückenplatten, können durchaus augenfällige Unterschiede in der Gestalt der einzelnen Gattungen auftreten.

Rechte Seite: ein *Stegosaurus*-Pärchen am Rande eines alluvialen Tals.

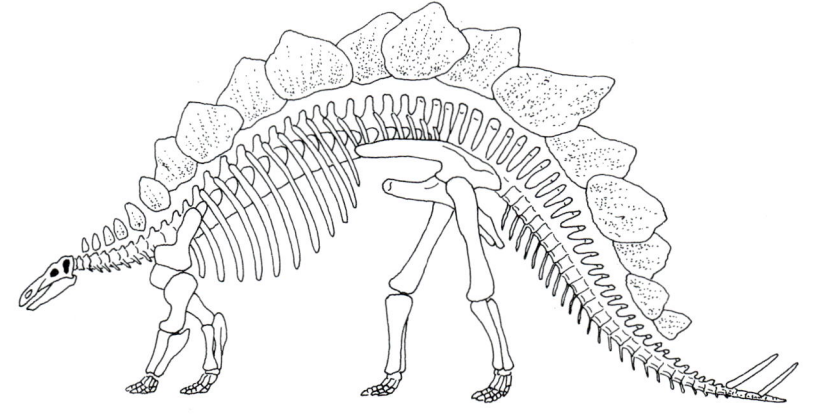

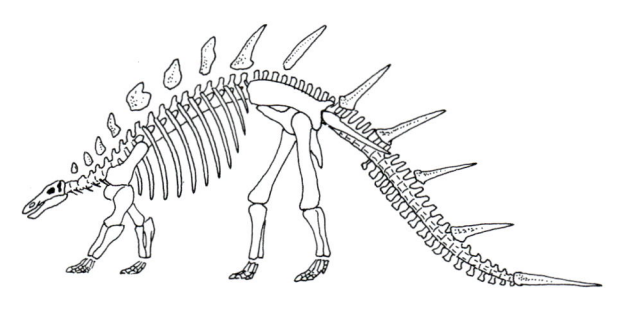

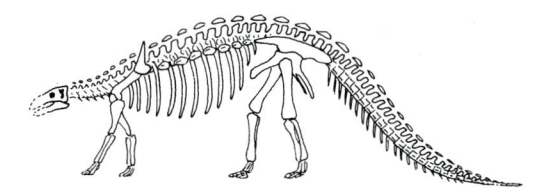

Unten: Hier sehen wir ein fossiles Stegosauriden-Skelett, so, wie es in der Natur entdeckt wurde. Ein fast unlösbar anmutendes Geduldspiel für die Paläontologen, die es zusammensetzen sollen!

Offenbar konnte das Tier selbst steuern, ob diese gefüllt wurden oder nicht. Man kann die Knochenplatten des *Stegosaurus* daher als eine thermoregulative Einrichtung sehen, die wie ein Heiz- bzw. Kühlkörper wirkte.

Im Windkanal wurde schließlich getestet, welche Anordnung die optimale Nutzung zur Wärmeabstrahlung bzw. Sonnenenergieaufnahme ergab. Nun hat man die Antwort auf diese Frage höchstwahrscheinlich gefunden, und es scheint, daß doppelte, leicht geneigte, versetzte vertikale Reihen von Kopf bis Schwanz eine solche Funktion am besten erfüllten.

Die Stegosaurier waren Vierbeiner, die sich nur langsam und schwerfällig fortbewegten. Mit ihren immer knapp über dem Boden gehaltenen Köpfen war es klar, daß sie niedere Bodenvegetation wie Farne, Cycadeen und andere kleinwüchsige Pflanzen abweideten, während ihre langhalsigen Zeitgenossen, die Sauropoden, die sich auch auf die Hinterbeine stellen konnten, Baumkronen und -wipfel bevorzugten. Die Zähne des *Stegosaurus* schnitten die Pflanzen nur ab, während die eigentliche Zerkleinerung in Magen und Darm erfolgte.

Die Dimensionen seines Gehirns sprechen nicht gerade für besondere Intelligenz: Es ist zumindest erstaunlich, daß 2 Tonnen Lebendgewicht von nur 80 Gramm Gehirnmasse gesteuert werden. Doch haben wir bereits gehört, daß manchmal eine Verdickung des Rückenmarks in Beckenhöhe einige Funktionen, besonders die motorische Koordination und vielleicht auch die Sinneswahrnehmung der hinteren Körperhälfte, übernahm.

Die Stegosauriden kamen vom Jura bis zur Kreide auf ganz Pangäa vor. Hält man sich vor Augen, daß sie 100 Millionen Jahre auf Erden überdauerten, so muß man eingestehen, daß Nervensystem und Gehirn dieser Tiere so unzulänglich wohl doch nicht gewesen sein können.

Stegosaurier-Fossilien wurden in Europa, Nordamerika, Afrika und Asien gefunden. Die bekanntesten Arten sind *Craterosaurus, Huayangosaurus, Stegosaurus* und *Wuerhosaurus*, alle mit den berühmten Knochenplatten auf dem Rücken. Die bekanntesten Arten mit Stachelrücken sind *Chialingosaurus, Dacentrurus, Dravidosaurus, Kentrosaurus, Lexovisaurus, Paranthodon* und *Tujiangosaurus*.

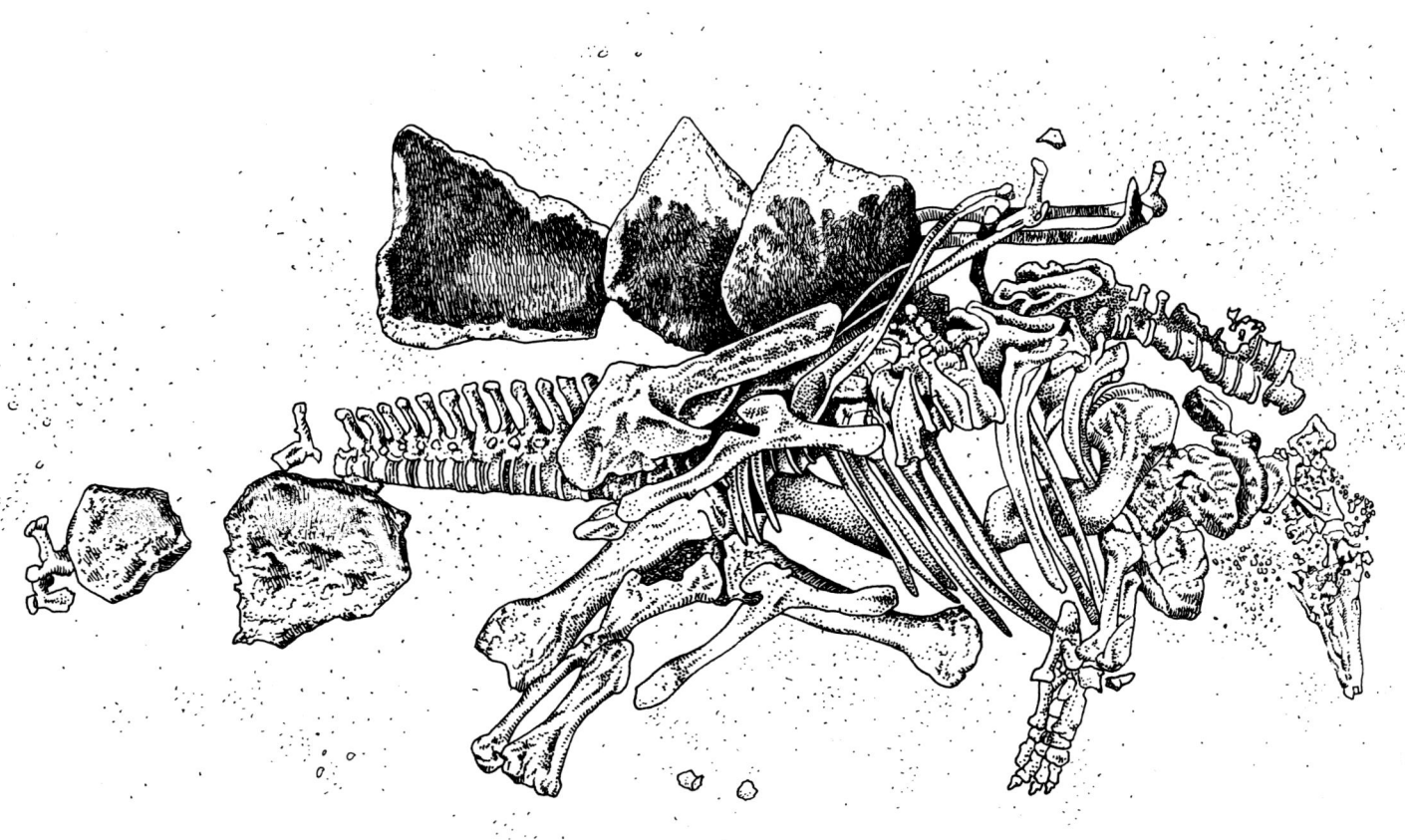

Coeluridae

Der bekannteste und auch vollständigste Fossilienfund dieser Gruppe stammt aus Wyoming. 1900 entdeckt und 1903 von Henry Fairfield Osborn unter dem Namen *Ornitholestes*, »Raubvogel«, beschrieben, gehört er schon lange zu den interessantesten Dinosauriern.

Obwohl es 100 Millionen Jahre später in einem völlig anderen Lebensraum, nämlich im feuchtwarmen Regenwaldklima des Juras, lebte, hat dieses Tier doch einiges mit den Coelurosauriern gemeinsam, die die Trockengebiete der Trias bevölkerten. Das gilt ganz besonders für die Anatomie. Beim *Ornitholestes* ist die typische Raubtierphysiognomie noch ausgeprägter, vielleicht wegen der stärkeren Konkurrenz, mit der er leben mußte. Er war ein schlanker Zweibeiner mit leichtem Körperbau, langem, biegsamem Hals und noch längerem Schwanz. Der Schädel ist robust, der Kauapparat mit einem typischen Fleischfressergebiß bestückt. Vorne sitzen einige gerade, scharfe Schneidezähne, die hinteren sind nach innen gekrümmt. Die langen Vordergliedmaßen enden in einer dreifingrigen Hand, deren erster Finger kurz und deren mittlerer eher lang ist, was einen festen, sicheren Griff gewährleistet. Mit seinen 2 m Länge ist er einer der größten Coeluriden. Seine übrigen Verwandten kommen nicht über die Maße eines Truthahns hinaus, wie *Jubbulpuria*, oder höchstens an das eines Menschen heran, wie *Coelurus*, *Inosaurus* und *Ornithomimoides*.

Der allergrößte unter ihnen war allem Anschein nach *Kakuru* mit einer Gesamtlänge von 2,5 m. Von ihm kennt man nur ein Schienbein, das in Australien von Molnar und Pledge 1980 gefunden wurde. Wahrscheinlich lebten die Coeluriden in Gruppen und jagten auch gemeinsam. Zu dritt oder zu viert verfolgten sie ihre Beute, überfielen sie dann und streckten sie mit einem tödlichen Biß in den Hals nieder. Als typische Beutetiere kann man sich kleine Waldbewohner vorstellen: Säugetiere, Reptilien, Insekten und Vögel. Wahrscheinlich fraßen sie auch Aas. In Gebieten, wo sie ihr Revier mit den großen Carnosauriern teilen mußten, folgten sie ihnen vielleicht in einiger Entfernung, warteten, bis sie ihren Hunger an einem erlegten Opfer gestillt hatten und stürzten sich dann auf die Reste ihrer Mahlzeit, genau wie die Hyänen und Schakale der Savanne. Die Coeluriden lebten vom oberen Jura bis zur oberen Kreide. Die zahlreichen fossilen Überreste zeugen von ihrer weiten Verbreitung auf allen Kontinenten.

Maße im Vergleich: der Mensch neben *Ornitholestes*. In Schwarz die Knochenteile, die in Form von Fossilien gefunden wurden. Mitte: Verteilung der Fossilienfunde der Familie der Coeluriden in der Welt und maßstabsgetreue Rekonstruktion einiger Gattungen.

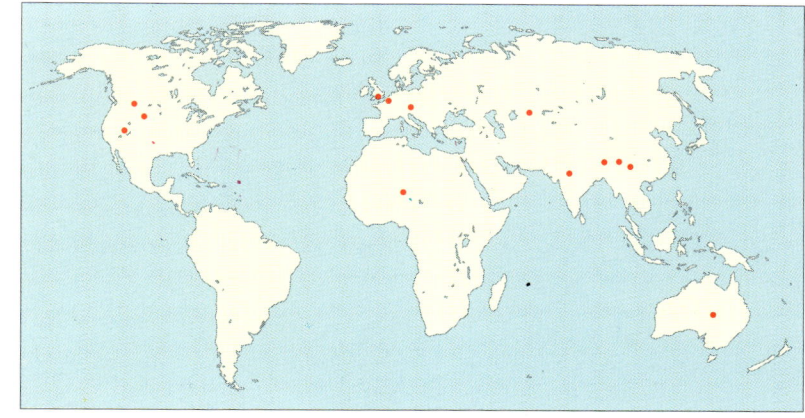

1. *Microvenator*
2. *Jubbulpuria*
3. *Coelurus*
4. *Aristosuchus*
5. *Sinocoelurus*
6. *Teinurosaurus*
7. *Inosaurus*
8. *Kakuru*

Unten: Rekonstruktion eines *Coelurus* beim Verzehr eines Krustentiers (*Mesolimus*).

159

Die Kreide:
Glanz und Niedergang

EINE WELT IM UMBRUCH

Hier sehen wir ein kreidezeitliches Szenario mit seinen charakteristischen Pflanzen- und Tierarten. Im Zeitraum von vor 136 bis vor 65 Millionen Jahren, der 72 Millionen Jahre umfaßt, wird die Erde der heutigen immer ähnlicher. Die Kontinentaldrift und der Einbruch der Meere in die einen, der Rückzug der Wasser aus den anderen Gebieten beeinflussen das feuchtwarme Klima, der Wechsel der Jahreszeiten macht sich immer deutlicher bemerkbar. Neben den primitiveren Pflanzen wie Araukarien (30) und Schachtelhalmen (28) setzen sich mehr und mehr die Angiospermen mit ihren prächtigen Blüten und den von einer Frucht umhüllten Samen durch, wie Magnolien (26) und Seerosen (27). Es folgen die Monokotyledonen wie Papyrus (29), Palmen (31) und die Gramineen. Die Evolutionslinie der Dinosaurier splittert sich durch immer weitere Spezialisierung auf. Die Zeit der Giganten ist vorüber, unter den Pflanzenfressern dominieren Gattungen mit hochspezialisiertem Kauapparat: Hadrosauride wie der *Saurolophus* (24), Ceratopside wie der *Torosaurus* (3). Auch die Mittel zur Verteidigung werden zusehends raffinierter. Panzer, Hörner, Schilde und Stacheln charakterisieren besonders die Ankylosauriden wie den *Panoplosaurus* (18). Der »Dickschädel« des *Stegoceras* (12) war wahrscheinlich ein sekundäres Geschlechtsmerkmal. Spezialisierung auch bei den Karnivoren: Ornithomimidae (17), Dromaeosauridae (23), Tyrannosauridae wie der *Albertosaurus* (8). Andere Reptilien kommen ebenfalls noch vor: *Quetzalcoatlus* (25), *Pteranodon* (7), *Mosasaurus* (14), *Plesiosaurus* (15) und *Archelon* (13). Sie alle werden aussterben, doch Salaman-

der (20), Frösche (21), Käfer (2), Schnecken (22), Schlangen (1), Krokodile (4) und Schildkröten überleben. Neue Fische entstehen: Schlammfische (10) und Störe (11). Wer aber werden die Erben sein? Die Vögel, die schon durch einige Familien wie Reiher (6), Entenvögel (16) und *Ichthyornis* (9) vertreten sind, und die Säugetiere, die sich zu differenzieren beginnen: Beuteltiere wie das Opossum (5) erscheinen.

Nach dem Großen Sterben sollte es noch einmal 10 Millionen Jahre dauern, bis das Leben auf der Erde wieder zu einer vergleichbaren biologischen Vielfalt kam.

Vor 140 Millionen Jahren begann eine Zeit des Umbruchs. Eine neue Welt wurde geboren. Während der Kreide, in einem Zeitraum, der sich über ca. 75 Millionen Jahre erstreckte, veränderten Regression und Transgression der Meere die Verteilung der Kontinente völlig. Tiefe Gräben trennten nun endgültig, was einst verbunden gewesen war. Pangäa zerbrach allmählich unter dem Druck der endogenen Kräfte der Erde. Die Kontinente lösten sich voneinander und begannen, auseinanderzudriften. Langsam, aber stetig bewegten sie sich auf die Position zu, die sie heute einnehmen.

Ganz zu Anfang dieser Periode zeichneten sich die folgenden Ereignisse gerade erst ab. Noch formte das Festland eine Einheit, oder, um genau zu sein, zwei Einheiten: Laurasia und Gondwana, die von der iberisch-marokkanischen Landbrücke vereint waren. Nordamerika, das durch Grönland noch mit Eurasien in Verbindung stand, drehte sich zu diesem Zeitpunkt ein wenig im Uhrzeigersinn, weil sich eben ein großes Meeresbecken gebildet hatte, das einmal den Golf von Mexiko und die Karibische See darstellen sollte. In Europa, das am Ende des Juras durch die Regression des Meeres sehr groß gewesen war, brach der Ozean wieder ein.

Am Ende der Kreide stand es daher von neuem großteils unter Wasser, das Meer spannte sich vom Tethysgolf bis zum Brabanter Massiv, vom Golf von Mexiko bis zum Ural.

Auch Gondwana wurde mehrmals von den Fluten heimgesucht. Zahlreiche Brüche durchzogen den großen Kontinent bereits. Die Kontinentalschollen wanderten immer weiter von Afrika ab. Am Ende der Kreide war aus Madagaskar bereits eine Insel geworden, Indien bewegte sich rasch nach Norden durch den Indischen Ozean in Richtung China und Sibirien. Die Antarktis, Australien und Neuseeland bildeten einen Block am Südpol. Südamerika wanderte durch die Expansion des Atlantischen Ozeans immer weiter nach Westen und hatte am Ende dieser Periode bereits zwei Drittel seiner jetzigen Entfernung

von Afrika zurückgelegt. Die Reibung beim Aufeinandertreffen der verschiedenen Kontinentalschollen ließ gewaltige Kräfte frei werden, die zur variszischen Gebirgsbildung führten: Die Rocky Mountains erhoben sich am Westrand der Nordamerikanischen Scholle, die Anden in Südamerika, und in Europa begann die Alpenbildung. In der oberen Kreide erstreckte sich das Meer von der Arktis bis zum Golf von Mexiko und trennte den westlichen Teil Nordamerikas vom östlichen. Auch Eurasien war, zwischen dem Uralgebiet und Ostasien, durch einen Meeresarm geteilt. Nordafrika, ein Teil Indiens und Australiens lagen ebenfalls unter Wasser. Einige Wissenschaftler glauben, daß während der Regressionszeiten einzelne Inseln und Kontinentalblöcke durch Landbrücken miteinander in Verbindung standen, so daß heute gänzlich voneinander getrennte Kontinente damals eine ähnliche Tier- und Pflanzenwelt aufwiesen.

Bedeutend waren wahrscheinlich auch die Wanderungen der Tiere zwischen Asien und Amerika über die Beringstraße, die damals noch aus dem Wasser ragte. Die Bildung großer Binnenmeere, wo die kalten Polarwasser sich mit den wärmeren aus den Golfströmen vermischten, beeinflußte das Klima: Die Durchschnittstemperaturen sanken. Das tropische Klima unterlag nun jahreszeitlichen Schwankungen, der Beweis hierfür sind die Jahresringe der Koniferen, die auf klimatisch bedingte Wachstumsperioden hindeuten. Gleichzeitig hielten die wiederkehrenden Meereseinbrüche ein feucht-warmes Grundklima aufrecht, das dem des Juras glich. In Grönland gediehen Feigen, Brotfruchtbäume und Baumfarne, und auch in 70° Nördlicher Breite, in Alaska, gab es Feigenbäume, Cycadeen und Palmen, lauter Pflanzen, die heute nur noch in viel südlicheren Breiten anzutreffen sind.

Die kreidezeitlichen Wälder hatten sich gegenüber dem Jura jedoch gewandelt. Die Bedecktsamer oder Angiospermen, die in der jurassischen Periode begon-

ÜBERRESTE DER KREIDE

Die Klippen von Mont-Klint, Dänemark. Sie ragen bis zu 143 m empor und bestehen aus kreidezeitlichem Sediment.

DIE ERDE IN DER KREIDE

Linke Seite: Die Kontinente, wie wir sie kennen, zeichnen sich nun schon klar ab. Afrika und Südamerika sind bereits voneinander entfernt und driften durch die Entstehung des Atlantischen Ozeans immer weiter auseinander. Madagaskar beginnt ebenfalls, sich abzulösen, Indien nähert sich zusehends Eurasien, das sich schon beinahe von Nordamerika losgelöst hat. Die Antarktis und Australien bilden noch einen Block ganz im Süden des Erdballs. Die Antarktis hat bereits ihre heutige Position am Südpol erreicht, Australien dreht ein wenig nach Norden ab.

163

DIE PFLANZEN

Ein fossiler Baumstamm im Perified Forest National Park in Arizona, USA. Man kann die Struktur der Baumrinde und des Holzes noch sehr gut erkennen, an manchen Exemplaren sind die sogenannten Jahresringe, die die Wachstumsphasen und damit auch die klimatischen Unterschiede im Wechsel der Jahreszeiten dokumentieren, deutlich zu sehen.
Rechts: In den kreidezeitlichen Wäldern herrschten die Angiospermen oder Bedecktsamer, das sind Pflanzen, deren Samen in eine Frucht gehüllt sind, vor. In den üppigen Regenwäldern wuchsen die Bäume in den Himmel.
Mitte: Die Landschaften der Kreide werden den heutigen Wäldern immer ähnlicher. Birken, Pappeln, Platanen und Eichen ersetzten Schritt für Schritt einige der Koniferen in den Mischwäldern. Wahrscheinlich gab es im Herbst ein ähnliches, leuchtendes Farbenspiel wie hier auf unserem Bild, kurz bevor die Laubbäume ihre Blätter in Erwartung der kalten Jahreszeit fallen ließen.

nen hatten, ihre Fortpflanzungsorgane mit duftenden Blüten zu umgeben und ihre Samen mit Früchten zu umhüllen, die also kurz gesagt über ein neues, im Vergleich zu den Nacktsamern spektakuläres Vermehrungssystem verfügten, fanden rasch weite Verbreitung. Die grüne Monotonie war gebrochen, überall bedeckten sich die Pflanzen mit farbenprächtigen Blüten. Rhododendron und Magnolie, weißstämmige Birken, Zitterpappeln und üppige Weiden kamen ebenso häufig vor wie mächtige Eichen, Nußbäume, Platanen und tiefgrüne Eukalyptusbäume. In kurzer Zeit hatten sie die Nacktsamer in Anzahl und Artenvielfalt übertroffen. Im Unterschied zu den Gymnospermen wiesen die neuen Pflanzen weniger hartes Laub auf und besaßen eine differenziertere Gewebsstruktur sowie ein komplexeres Gefäßnetz, in welchem sie ihre Säfte transportierten. Die langen, flachen Blätter konnten auch mehr Sonnenlicht auffangen und die Photosynthese optimieren. Diese Änderung der Vegetation nahm entscheidenden Einfluß auf die Tierwelt. Langsam begann sich die fast symbioti-

In der Kreide gewinnen Pflanzen mit auffälligen Blüten und Früchten die Oberhand über Nacktsamer oder Gymnosperme. Oben: erstes Stadium der Frucht eines Brotfruchtbaumes. Unten: die urtümliche Blüte einer *Magnolia grandiflora*.

sche Beziehung zwischen Pflanzen und bestäubenden Insekten zu bilden, die heute noch die Basis für die Vermehrung der Bedecktsamer ist. So kam es zu einer parallel verlaufenden Evolution, einem Wechsel von Aktion und Reaktion. Hartflügler, Schmetterlinge und andere bestäubende Insekten ernährten sich zwar hauptsächlich von Pollen, doch oft fraßen sie auch Blätter oder Früchte. Daher kamen jene Pflanzen bei der Vermehrung in den Genuß eines Vorteils, die den Tisch für ihre »Gäste« am reichhaltigsten deckten.

Gleichzeitig verbargen sie ihrerseits den süßen Nektar immer tiefer in der Blüte, damit sich die Besucher, wenn sie nach ihm suchten, ganz mit Pollen bestäubten und ihn sodann zur nächsten Blüte weitertrugen. Immer mehr Insekten frequentierten, auf diese Weise angezogen, die neuen Pflanzengattungen und wurden zum unfreiwilligen Helfer bei ihrer Fortpflanzung. Vorteile zogen beide daraus: Die Pflanze erzielte, im Gegensatz zu den Nacktsamern, die ganz auf den Wind angewiesen waren, bessere Resultate bei der Vermehrung, und die Insek-

EVOLUTIONSGEMEINSCHAFT

Einer der Gründe für den Erfolg der Bedecktsamer ist in der Tatsache zu suchen, daß der Großteil dieser Pflanzen den Pollentransport den Insekten überläßt, was eine zuverlässigere Methode darstellt, als allein auf den Wind zu vertrauen, wie es die Nacktsamer halten. Das symbiotische Zusammenspiel zwischen Tieren, hauptsächlich Insekten, aber auch Säugetieren wie zum Beispiel Fledermäusen, oder Vögeln wie dem Kolibri, und den Blütenpflanzen entsteht in der Kreide. Für beide bringt dieses Wechselspiel Vorteile. Die bestäubenden Tiere entwickeln immer perfektere Instrumente wie Rüssel und Zungen, mit welchen sie an ihre Nahrung, den Pflanzennektar, herankommen können, während die Pflanzen dann größeren Erfolg bei der Fortpflanzung haben, wenn sie ihre Helfer mit immer süßerem, nahrhafterem Nektar anzulocken verstehen.

ten fanden proteinreiche, fett- und kohlehydrathaltige Nahrung in Hülle und Fülle. So blieb ihre Verbindung bis heute eine sehr enge und für beide vorteilhafte.

Auch die herbivoren Dinosaurier, die häufigsten Wirbeltiere und die größten Pflanzenkonsumenten ihrer Zeit, trugen zur Verbreitung der Pflanzengruppe bei. Während viele der großen Gattungen, die die höheren Bereiche der Baumwipfel nach Nahrung absuchten, verschwanden, entwickelten sich zusehends mehr kleinere Spezies, die, wie der Halsansatz verrät, besonders dazu geeignet waren, die bodennahe Vegetation abzuweiden. Alle diese Arten besaßen einen ausgeklügelten Kauapparat mit mehreren Zahnreihen, der mit jeder Faser fertig wurde. Ihre Einwirkung auf die bodennahen Pflanzen wie Cycadeen, Palmfarne und Schachtelhalme, die sie lange Jahre hindurch dezimierten, erlaubte den Bedecktsamern, die viel schneller wuchsen, sich ungestört zu entwickeln. Robert Bakker meint sogar, daß wir jedesmal, wenn wir eine Blüte bewundern, dankbar an die Dinosaurier denken sollten.

Wenn dies auch noch zu beweisen steht, gibt es dennoch keinen Zweifel, daß die Dinosaurier die Hauptrolle auf der Bühne des kreidezeitlichen Lebens spielten. In dieser Periode erreichten sie ihre größte Artenvielfalt. Bei den Herbivoren bildeten sich hochspezialisierte Kiefer und Zähne ebenso wie Verteidigungsstrategien und -mittel aktiver und passiver Natur: Horn-, Haut- und Knochenschuppen, Stacheln, Panzer und Keulenschwänze, Hörner, Schilde und Klauen hatten in der Kreide ihre Blütezeit. Konnten die Nodosaurier sich auch nur passiv schützen, indem sie die verletzliche Bauchseite auf den Boden preßten und dem Angreifer ihre harte

ALTE BLÄTTER, MODERNE FORMEN

Ein fossiles Blatt einer *Zelkovia* neben einem frischen der *Zelkovia serrata*, die heute vermutlich die am engsten verwandte Art zu der einstigen darstellt. Die Ähnlichkeit zwischen den beiden Pflanzen, die durch Jahrmillionen voneinander getrennt sind, ist offensichtlich.

Mitte und unten: Einige sogenannte Phyllite, das sind Steine, die fossile Pflanzenabdrücke enthalten. Die Blätter sind manchen heute noch lebenden Pflanzenarten so ähnlich, als hätten die Sedimente sie erst gestern begraben.

Schale darboten, verstanden es die Ankylosaurier auch, selbst so richtig zuzuschlagen. Die Iguanodonten ihrerseits verteidigten sich bestens mit ihrer Krallenhand, die Ceratopier standen fest auf allen vieren und senkten den Kopf, um ihre mächtigen Hörner in Position zu bringen.

Immer noch gab es einige, die sich, wie die Hypsilophodonten, lieber auf rechtzeitige Flucht verließen, oder sich, wie die Hadrosaurier, ins Wasser retteten. Manchmal konnte der Schatten des Waldes Schutz bieten, da die Tiere wegen ihrer Tarnfarbe nicht mehr zu sehen waren. All das verlangte den Karnivoren ebenfalls Ideen und Neuerungen ab. Auch sie mußten, wollten sie überleben, ihre Strategien und ihre Anatomie optimieren. Angesichts der vielen Verteidigungsarten, die sie zu überwinden hatten, spezialisierten sie sich auf bestimmte Beutetiere.

Der 6 m hohe *Tyrannosaurus* mit dem riesigen Schädel, den langen, spitzen Zähnen und den muskulösen Hinterbeinen lauerte gerne in einem Versteck, um aus dem Hinterhalt anzugreifen, während der *Deinonychus* mit mehreren Artgenossen zusammen auf den Überraschungsangriff und die Schnelligkeit setzte. Er jagte oft Tiere, die ein ganzes Stück größer waren als er. Typisch ist sein schlanker, leichter Körperbau: die langen Beine eines hervorragenden Sprinters, eine kleine Statur von nur ca. 1 m Höhe, eine mörderische Kralle am zweiten Zeh, die er beim Laufen hochheben mußte, um nicht hängenzubleiben, Greifarme mit ebenfalls ziemlich spitzen Krallen, bewegliche Augen und ein hochentwickeltes Gehirn.

Einen so perfekten Räuber wird es wohl nie wieder geben, der wie er harmonisch alle notwendigen Eigenschaften zum Angreifen, Niederstrecken, Töten und

Zerfleischen einer Beute vereint. Oder vielleicht doch? Man hat Fossilien gefunden, die man den sogenannten Deinocheiridae zuschreibt, die die Eigenschaften des *Deinonychus* mit der Körpergröße des *Tyrannosaurus* vereinen. Doch von ihnen besitzen wir nur ein Paar beunruhigend lange Arme mit mächtigen, todbringenden Krallen an den Fingern.

Außer diesen gefürchteten Räubern gab es noch einige andere, die in den friedlichen Landschaften des Mesozoikums Unruhe auslösten. Neben den flinken Megalosauriden, die nicht viel kleiner, aber dafür umso geschickter waren als die Tyrannosauriden, fielen am häufigsten die Coelurosauriden und die Ornithomimiden auf. Die beiden letzteren Familien waren nun schon erheblich kleiner und auf ganz andere Beutetiere spezialisiert.

Sie jagten Amphibien, Säugetiere und Insekten. Doch wenn sich die Coelurosauriden zu Gruppen zusammenschlossen, konnten auch sie sich ans Großwild heranwagen, allerdings nur an kranke, junge oder von der Herde isolierte Tiere.

In der Kreide wimmelte es überall von Dinosauriern. Im Unterholz, in den Wäldern, in Wüsten und Sümpfen, an Seen, Flüssen und Meeresstränden tummelten sie sich.

Überall auf der Erde gibt es reiche Fossilienfundstellen, die davon zeugen. In Europa sind besonders Südengland und Belgien erfolgversprechend, in Asien die Mongolei und China, in Nordamerika Montana und Alberta und in Südamerika Patagonien.

Außer unseren Schrecklichen Echsen gab es natürlich auch noch andere Reptilien, die die Welt mit ihnen teilten: Schildkröten, Eidechsen, Brückenechsen, Schlangen und Panzerechsen. Und während sich auf den Bäumen lange Boas räkelten, bevölkerten Krokodile, die manchmal riesenhaft groß wurden, die Flüsse oft bis zur Mündung ins Meer.

In den Ozeanen lebten noch die Mosasaurier oder Maassechsen, riesige Wasserschildkröten und Plesiosaurier, während die Ichthyosaurier knapp vor dem Aussterben standen und immer seltener wurden.

Reptilien und Vögel teilten sich die Lüfte. Freilich gab es Rivalität, und die ersteren erreichten zwar eine beeindruckende Körpergröße – denken wir

nur an den *Quetzalcoatlus northropi*, der ca. 40mal größer war als ein *Pterodactylus* –, gehörten aber dennoch zu den Verlierern, da sie im Wettbewerb den Vögeln hoffnungslos unterlegen waren. Diese durchliefen nämlich eine rasche Entwicklung, die ihnen eindeutige Vorteile verschaffte. In den Sumpflandschaften und entlang der Flußläufe lebten bereits viele Wasservögel mit Membranen zwischen den Zehen und immer noch zahnbesetztem Maul. Es waren die ersten Stelzvögel und Zwergtaucher, die bereits hochspezialisierte, kräftige Schwimmfüße besaßen, wie zum Beispiel der *Hesperornis*.

Und schließlich gab es auch Säugetiere, wahrscheinlich schon viel zahlreicher als im Jura. Ganz im stillen hatten auch sie eine Evolution durchgemacht. Man hat in der Mongolei Fossilien des *Zalamdalestes* (ein primitiver Insektenfresser)

SÄUGETIERE HABEN´S GUT!

Ein Opossumweibchen säugt seine Jungen. Die Kleinen verbringen nach der Geburt noch ca. 14 Wochen im Beutel der Mutter. Unten: Junge *Opossum virginiana* werden von ihrer Mutter auf dem Rücken getragen, nachdem sie den Beutel verlassen haben. Die lang andauernde Brutpflege der Säugetiere gewährleistet eine bessere Entwicklung des Gehirns und eine intensive Sozialisierung. Intelligenz und Gemeinschaftssinn sind typische Eigenschaften hochentwickelter Ordnungen wie die der Säugetiere und der Vögel.

und des *Deltatheridium* (mit einem nur 6 cm langen Schädel) gefunden und festgestellt, daß ihr Körperbau bereits jenem der lebendgebärenden Säuger glich.

Die Entwicklung des Embryos im Körper der Mutter gewährleistet einen höheren Erfolg bei der Fortpflanzung, da die Tiere auch dann, wenn andere brüten müssen und leichte Beute darstellen, mobil bleiben. Überdies ist das Junge im Entwicklungsstadium keinen Nestplünderern ausgesetzt.

Diese ersten Säugetiere waren Fleisch- und Insektenfresser, die kaum größer wurden als eine Feldmaus. Dennoch trugen sie bereits den Keim dessen in sich, was aus ihnen einmal die dominierende Klasse auf Erden machen sollte.

Sie werden es sein, und nicht die gigantischen Dinosaurier, die den kritischen Punkt, den KT-Übergang, überleben.

KREIDEZEITLICHE LANDSCHAFT?

Zwei Bilder, die in der Kreide durchaus möglich gewesen wären. In dieser Periode gab es starke vulkanische Aktivität, besonders in den letzten Jahrmillionen, vor dem Übergang zum Tertiär.

Links: Erstarrte Lava wurde, damals wie heute, schrittweise mit Vegetation überzogen. Möglicherweise bedeckten sich die Felsen allmählich mit Palmen und anderen tropischen Pflanzen.

Oben: ein Sumpf mit seiner reichen Vielfalt an Pflanzen. Teiche, Tümpel und Feuchtbiotope waren immer schon Nährboden für eine Vielzahl von Lebewesen, von Vögeln wie den Ardeiden und Anatididen angefangen bis zu den Amphibien wie Fröschen, Salamandern und den Fischen und unzähligen Wirbellosen. Die Reptilien durften nicht fehlen. In der Kreide befanden sich auch Hadrosaurier unter ihnen.

Hypsilophodontidae

Diese bereits im mittleren Jura erschienene Familie hat sich bis zum Ende der Kreide kaum verändert und kann damit auf die längste Ahnenreihe zurückblicken. Unter diesen klein- bis mittelgroßen Ornithopoden, die im allgemeinen 1,7 m lang und 70 kg schwer wurden, gab es doch, wie man in letzter Zeit anhand der Untersuchung neuerer Funde festgestellt hat, einige Gattungen, die über 4 m Körperhöhe erreichen konnten. Als Pflanzenfresser besaßen sie anatomische Merkmale, die stark an die Fabrosauriden erinnern. Beide Familien umfassen in der Tat leichte, schlanke, bipede Tiere mit vierzehigen Füßen, langen Beinen, kurzen Armen und fünffingrigen Händen. Alle benutzten den besonders langen Schwanz zum Ausbalancieren des Körpers bei der Fortbewegung.

Doch die Hypsilophodonten hatten den Fabrosauriden gegenüber, von denen sie höchstwahrscheinlich abstammen und die vermutlich wegen des großen Drucks ihrer Konkurrenz im Jura ausstarben, einen entscheidenden Vorteil: Außer dem typischen Hornschnabel der Ornithopoden besaßen sie auch noch verbesserte Kauwerkzeuge, die ihnen erlaubten, einfach jede Art von Pflanzenfasern zu verwerten und in den kargsten Gebieten zu überleben. Zuerst sammelten sie die Nahrung in ihren Backentaschen, um sie dann in den hinteren Mundraum zu schieben. Dort wurde sie von einer Reihe scharfkantiger Zähne, die so eng standen, daß sie wie eine Messerschneide wirkten, zerkleinert. Auch im vorderen Teil des Kiefers besaßen sie einige solcher Zähne. Durch diese anatomischen Besonderheiten waren die Hypsilophodonten als Pflanzenfresser sicherlich effizienter als die Fabrosauriden. Doch es gibt noch andere Details, die sie von ihren Vorfahren unterscheiden: Ihr Schwanz war am Ende gerade und steif, da die Wirbelfortsätze in jenem Bereich durch verknöcherte Bänder verbunden sind.

Dank zahlreicher Funde vollständiger Skelette besitzen wir über sie ungleich mehr Information als über die Fabrosauriden. Wir wissen zum Beispiel, daß sie am Rücken und wahrscheinlich auch an den Seiten des Schwanzes mit Knochenschuppen bedeckt waren. Das Skelett der Gliedmaßen verrät, daß sie besonders schnell laufen konnten. Da man zuerst glaubte, die drei Zehen bildeten einen Greiffuß, kam James Hulke Ende des 17. Jahrhunderts auf die Idee, daß diese Dinosaurier vielleicht Baumbewohner oder wenigstens gute Kletterer gewesen sein könnten. Doch aufgrund neuerer Erkenntnisse weiß man, daß die Zehen parallel verliefen und auf diese Weise nicht zum Greifen taugten. Die Hypsilophodonten mußten typische Bodenbewohner sein, die im Lauf so hohe Geschwindigkeiten erreichen konnten wie etwa heute die Gazellen. Die Hinterbeine haben die typischen Proportionen für gute Sprinter: Der Oberschenkel ist kürzer als der Unterschenkel. Sie mußten wohl auch fähig gewesen sein, im Sprung mit ausgestrecktem Hals und Schwanz den Körper in horizontaler Lage zu halten. Die Vorder-

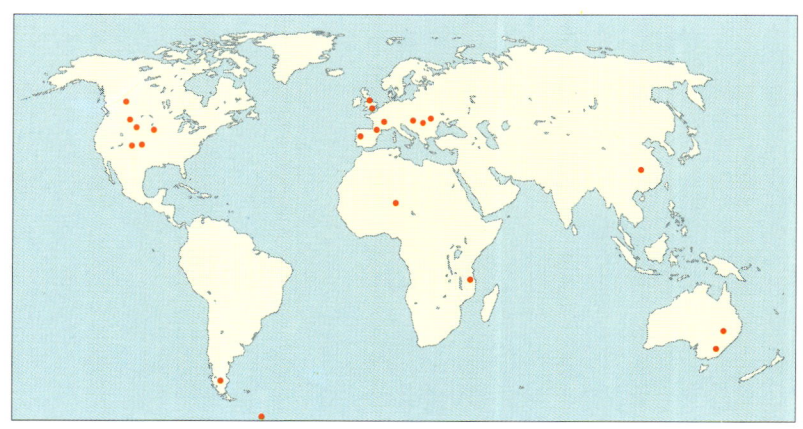

Ganz oben: Maße im Vergleich: Mensch und *Hypsilophodon*. Oben: Verteilung der Fossilienfunde dieser Familie in der Welt und maßstabsgetreue Rekonstruktion einiger Gattungen.

1. *Othnielia*
2. *Fulgurotherium*
3. *Zephyrosaurus*
4. *Loncosaurus*
5. *Parksosaurus*
6. *Valdosaurus*
7. *Dryosaurus*

Nach der Meinung einiger Fachleute bilden die beiden letztgenannten Gattungen eine eigene Familie, die der Dryosauriden, zu welcher auch der *Kangnasaurus* gehören soll.

gliedmaßen dienten wahrscheinlich nur zum Abstützen während des Fressens. Auf ihren zwei Hinterbeinen liefen sie zwischen ihren Futterpflanzen hin und her, den Kopf immer wachsam erhoben.

Ihre Augen, die von vorstehenden Brauenbogen geschützt wurden, mußten außerordentlich beweglich gewesen sein, etwa wie die der modernen Paarhufer. So nahmen sie jedes Detail sofort wahr und realisierten Gefahr blitzschnell. Fast jedem Räuber konnten sie auf diese Weise entkommen, vorausgesetzt, sie bemerkten ihn rechtzeitig, gehörten sie doch höchstwahrscheinlich zu den schnellsten unter den damals existenten Tieren. Die reichste Fundstätte für *Hypsilophodon*-Fossilien liegt bisher auf der Insel Wight, in Südengland. Dort sind auf engstem Raum 23 vollständige Skelette der Spezies *Hypsilophodon foxi* gefunden worden. Es bleibt ein ungelöstes Rätsel, warum so viele Tiere derselben Art am gleichen Ort den Tod gefunden haben und zu Fossilien wurden. Vielleicht handelte es sich um eine kleine Herde, die von einer Überschwemmung überrascht wurde oder im Treibsand oder Sumpf versunken ist. Danach könnte sich auf ihren Kadavern sofort eine Schlammschicht abgelagert haben, die die Skelette einwandfrei konservierte. Die Familie der Hypsilophodonten umfaßt mindestens zwölf Gattungen, die bekanntesten darunter sind *Hyp-*

Rekonstruktion eines *Dryosaurus*. Dieser Dinosaurier ist Zweibeiner, 3 bis 4 m lang, besitzt einen Hornschnabel und starke Mahlzähne zum Zerkleinern der Nahrung. Seit einiger Zeit bestehen in der Fachwelt Zweifel, ob er überhaupt den Hypsilophodonten zuzuordnen ist. Manche wollen ihn in einer neuen Familie, der der Dryosauriden, unterbringen.

silophodon, auch Gazellen-Dinosaurier genannt, und *Othnielia*, eine sehr kleine Art, die zum Unterschied von allen anderen die Zähne beidseitig von Zahnschmelz umgeben hatte. *Dryosaurus* gehörte ebenso dazu wie *Dysalotosaurus, Fulgurotherium, Loncosaurus, Parkosaurus, Valdosaurus* und *Zephyrosaurus*.

Ornithomimidae

Sie waren Zweibeiner, die stark an die Coelurosaurier erinnerten. So stark, daß sie, nachdem sie F. von Huene unter diese Familie eingeordnet hatte, von 1914 bis in die siebziger Jahre dort unangezweifelt verblieben. Manche Unterscheidungsmerkmale, die sie von den Coelurosauriden abheben sollen, sind heute noch oft genug Anlaß für Diskussionen. Die anatomische Vergleichsstudie läßt vermuten, daß sie von fleischfressenden Dinosauriern abstammen, wahrscheinlich sogar von einigen Coelurosauriern, die ihre Zähne verloren und deshalb zu

171

Pflanzenfressern wurden. Ausgehend von Osborns Rekonstruktion des *Struthiomimus* im Jahre 1917 kann man sagen, daß die Ornithomimiden im allgemeinen aussahen wie afrikanische Strauße oder australische Emus. Mit diesen modernen Laufvögeln haben sie nicht nur den langen Hals, den kleinen, leichten Kopf und die langen, kräftigen Hinterbeine gemeinsam, sondern auch den Hornschnabel und die zahnlosen Kiefer. Die Augen standen etwas vor und mußten, wie die großen Augenhöhlen vermuten lassen, sehr beweglich gewesen sein. Der Hals zeichnete sich ebenfalls durch hohe Flexibilität aus, während die Wirbelsäule im Brustbereich von verknöcherten Sehnen stabil gehalten und sozusagen als tragende Achse ausgebildet war. Auch der übrige Brustkorb stand ganz im Zeichen der Stabilität.

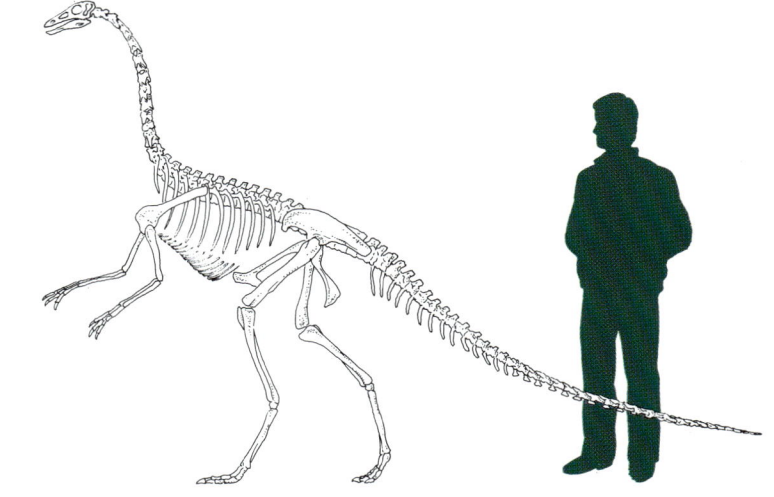

Eine Serie von Langknochen, die sogenannten Magenrippen, die man auch bei manchen modernen Reptilien vorfindet, schützten die inneren Organe vor Verletzungen und starkem Druck. Die überlangen Arme endeten in einer dreifingrigen Hand, die sich mit ihrer feingegliederten, äußerst beweglichen Struktur ausgezeichnet zum Greifen und Zupacken eignete. Die hinteren Gliedmaßen zeigen, wie wir bereits beim Vergleich mit dem Strauß gesehen haben, die typische Schnelläuferstruktur: Der kürzeste Knochen ist der Femur, während alle anderen eine beträchtliche Länge erreichen. Der dreizehige, kompakte Fuß mit Krallen an den Zehen war wie geschaffen dafür, auch bei rascher Schrittfolge festen Halt auf dem Boden zu finden. Der schlanke, lange Schwanz leistete wertvolle Hilfe beim Ausbalancieren des tiefliegenden Schwerpunkts in der Bewegung.

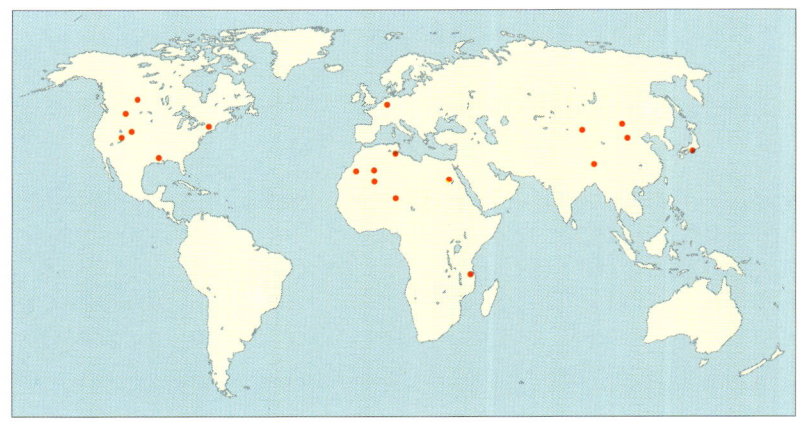

Kein Wunder also, daß man sie gerne als die schnellsten Läufer des Mesozoikums bezeichnet. Kein anderer Dinosaurier konnte sie einholen, daher war Flucht ihre beste Verteidigungstaktik. Die meisten Fossilbelege stammen auch tatsächlich aus Gegenden, wo früher ein der afrikanischen Savanne vergleichbares Ambiente lag, eine Gegend, wo die reine Geschwindigkeit über Leben und Tod sowohl der Jäger als auch ihrer Opfer entscheidet.

Bei den Ornithomimiden ist der ganze, nicht sehr große Körper – ihre Länge betrug etwa 3 bis 4 m – darauf eingestellt, Gefahr so schnell wie möglich zu bemerken, rechtzeitig die Flucht zu ergreifen und rasch eine hohe Geschwindigkeit zu erreichen. Bei alledem halfen die großen, beweglichen Augen, die bipede Haltung und die langen Beine mit den kurzen, kompakten Füßen. Wahrscheinlich konnten sie schneller rennen als ein Pferd, an die 70 km/h, und das oft über lange Strecken. Dabei hielten sie zur besseren Balance ihren Schwanz, der ihnen besonders bei Richtungsänderungen auch als Steuer nützlich war, ausgestreckt. Die Strauße machen es ähnlich und strecken noch ihre rudimentären Flügel nach seitlich oben, was die Dinosaurier sicher nicht taten, da ihre Arme kaum die gleiche Funktion erfüllen konnten. Obwohl man aufgrund der Analogien schon vermutet hatte, sie besäßen eine Art »Flugmembran« wie etwa die Fleder-

Ganz oben Maße im Vergleich: ein Mensch neben dem Skelett eines *Ornithomimus*.
Oben: Verteilung der Fossilienfunde der Familie der Ornithomimiden in der Welt und maßstabsgetreue Rekonstruktion einiger Gattungen.
1. *Tugulusaurus*
2. *Ornithomimus*

3. *Struthiomimus*
4. *Betasuchus*
5. *Elaphrosaurus*
6. *Dromiceiomimus*
7. *Archaeornithomimus*
8. *Gallimimus*
Manche Wissenschaftler halten die Zuordnung des *Tugulusaurus* zu den Coeluriden für korrekter und wahrscheinlicher.

Rekonstruktion des *Gallimimus*. Mit seinen 6 m Länge ist er der größte dieser »Straußen-Dinosaurier«. Er hat sehr große Augen, einen zahnlosen Schnabel, Klauen an den Fingern und lange, laufvogelartige Hinterbeine. Seine Körperhöhe könnte bis zu 2 m, sein Gewicht etwa 1 Zentner betragen.

mäuse, hat man bis heute keinen einzigen anatomischen Hinweis auf ein solches Merkmal gefunden.

Auch über ihre Lebensweise wurden die verschiedensten Vermutungen angestellt. Laut William Beebe ernährten sie sich von Insekten, wie die heutigen Ameisenbären. Doch wieder fehlen die Beweise, es wurde bisher nicht das kleinste Indiz festgestellt, das auf diese ökologische Rolle hindeutet, wie zum Beispiel eine lange Zunge oder zum Graben geeignete Gliedmaßen.

Barnum Brown bemerkte, daß die Knochen dieser Dinosaurier fast immer in Küstenregionen auftauchten, und nahm daher an, sie hätten ein ähnliches Leben wie die modernen Stelzvögel geführt und sich hauptsächlich von Krustentieren ernährt. Mit ihren Armen könnten sie den Sand auf der Suche nach den kleinen Beutetieren durchwühlt haben. Osborn wies diese Theorie zurück. Sein Argument basiert auf der vergleichenden Anatomie: Er konnte bei Stelzvögeln und Ornithomimiden keinerlei Ähnlichkeit der Vordergliedmaßen und des Schnabels feststellen. Er nahm vielmehr an, der *Struthiomimus* habe sich von Pflanzen ernährt und seine langen, dünnen Arme benutzt, um Zweige zu erreichen und abzureißen, von welchen er dann die zarten Blätter rupfte und zum Maul führte.

William King ging noch einen Schritt weiter. Er glaubte, die Ornithomimiden könnten Allesfresser gewesen sein wie die heutigen Strauße, die ihren Speiseplan mit Beeren, Früchten, Samen, kleinen Reptilien und Säugetieren ergänzen. Bisher scheint dies die annehmbarste aller Theorien zu sein, denn die Greifhände erfüllten tatsächlich vielerlei Funktionen. Sie waren ebenso zum Wühlen im Sand als auch zum Abreißen von Pflanzen geeignet, wie sie auch alles mögliche kleine Getier schnell und sicher ergreifen konnten. Außer dem *Struthiomimus*, den neuere Forschungsergebnisse des Kanadiers Dale A. Russell als Gattung bestätigt haben, besitzen wir mehr oder weniger vollständige Skelette der Gattungen *Archaeornithomimus*, *Betasuchus*, *Dromiceiomimus*, *Elaphrosaurus*, *Gallimimus*, *Ornithomimus* und *Tugulusaurus*.

Der *Ornithomimus* im Vergleich zum Strauß. Man muß davon ausgehen, daß diese Dinosaurier zu ihrer Zeit in offenem Gelände die schnellsten aller Tiere waren. Wenn man von den Federn und den Flügeln absieht, so sind sich Strauß und *Ornithomimus* so ähnlich, daß es nur naheliegend ist, auch eine ähnliche Lebensweise anzunehmen.

173

Dromaeosauridae

In unser aller Vorstellung ist wohl der *Tyrannosaurus* das schrecklichste Raubtier aller Zeiten. Doch vielleicht wäre es richtiger, dieses Attribut einem anderen Dinosaurier zukommen zu lassen.

John Ostrom von der Universität Yale, Leiter der Fossilienabteilung des Peabody Museums, fand ein besonderes Exemplar eines kreidezeitlichen *Coelurosaurus* im August 1964 an den kahlen Hängen eines Hügels in Montana. Er und sein Assistent Grant Meyer verbrachten bereits das dritte Jahr bei Ausgrabungen in dieser Gegend, die so reichhaltig an Fossilien aus der Kreide war. Im intensiven Licht des Sonnenuntergangs entdeckten die beiden Wissenschaftler eine riesige, dolchartige Kralle, die aus dem Fels ragte. Die folgenden Tage brachten ein paar Zähne, die unzweifelhaft einem Fleischfresser zuzuordnen waren, sowie einen Hinterfuß mit vier Zehen ans Licht. Die erste davon war verkümmert und diente wahrscheinlich dazu, sich an polymorphen Oberflächen festzuhalten, die dritte und vierte erschienen etwa gleich lang und mußten wohl für die Fortbewegung zuständig sein. Die zweite war es, die die Wissenschaftler besonders frappierte: Sie trug die bereits erwähnte, furchterregende Kralle, die an ein orientalisches Messer erinnerte, und war außerdem mit sehr beweglichen Gelenken ausgestattet. Diese Besonderheit beeindruckte Grant und Ostrom. Sofort erkannten sie, daß sie hier auf ein ganz spezielles Merkmal gestoßen waren, das in der Welt der Tiere einmalig ist. Die außergewöhnliche Beweglichkeit der Zehe bestätigte sich, als man die Sehnenansätze untersuchte. Spezielle Bänder ermöglichten dem Tier, die Zehe mit der Kralle vertikal bis fast an das Bein heran hochzuheben, um so Bodenkontakt oder Schäden bzw. Verletzungen zu vermeiden. Aus dieser Stellung ließ sich die Zehe um 180° nach unten drehen wie eine Sichel. Ganz offensichtlich handelte es sich dabei um ein Hilfsmittel für die Jagd, ein Tötungsinstrument. Angesichts der Effizienz dieser Stichwaffe nannte Ostrom die neue Spezies *Deinonychus*, »Schreckliche Kralle«.

In den folgenden Jahren fand man die Knochen dreier weiterer Individuen, und *Deinonychus* nahm zusehends Gestalt an. Die Charakteristika dieses Dinosauriers waren derartig einmalig, daß eine Vielzahl an Fragen und Schwierigkeiten bei der Interpretation seiner Merkmale auftauchten. Man mußte hier wohl von einer Jahrhundertentdeckung sprechen, von einem der außergewöhnlichsten Funde in der Geschichte der Paläontologie. Diese Spezies ist von der Statur her

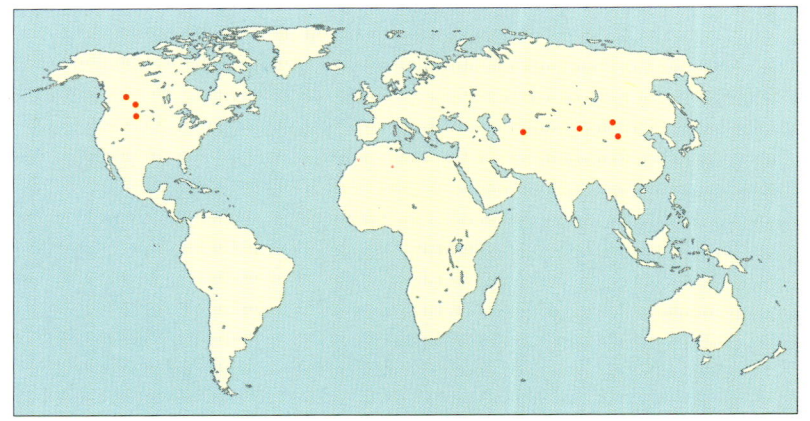

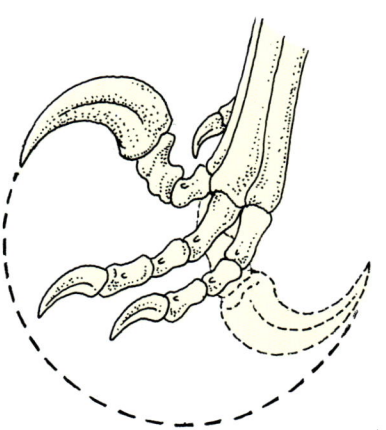

fest und stieß ihm mit den Beinen die großen, messerscharfen Krallen in die Flanken.

Ein Schwanzwirbel des *Deinonychus* mit den charakteristischen langen, dünnen Fortsätzen, die bis zu 45 cm maßen. Die Aneinanderreihung aller Fortsätze ergab ein stabiles Futteral um die Schwanzwirbelsäule, wodurch die Balancewirkung noch verstärkt wurde. Beim Laufen diente der Schwanz vermutlich auch als Steuer.

Die sichelförmige Kralle am zweiten Zeh des *Deinonychus* war ca. 13 cm lang und sehr beweglich. Beim Laufen wurde sie vertikal nach oben gehalten, um Verletzungen, Abnutzung und Hängenbleiben zu vermeiden, im Moment des Angriffs konnte sie um 180° nach unten gedreht werden.

nychus beim Angriff aus vollem Lauf nur seine Hinterbeine, eine Taktik, die ausgeprägtes Gleichgewichtsgefühl und große Geschicklichkeit erfordert. Anatomisch war er bestens dafür ausgestattet. Er besaß einen besonderen Muskel, der am Femur ansetzte und zum Darmbein führte.

Diese Besonderheit ermöglichte es dem Tier, das Bein nach vorne innen zu drehen, was ihm erleichterte, auf einem Bein zu stehen, während er mit dem anderen sein Opfer durch einen fürchterlichen Hieb niederstreckte und es mit seiner schrecklichen Kralle regelrecht aufschlitzte. Der Schwanz übernahm eine zusätzliche Balancefunktion, sowohl bei dieser eigenwilligen Angriffstaktik als auch beim Laufen. Er stand mit der übrigen Wirbelsäule durch eine Art Gelenk in Verbindung und steckte selbst in einem Futteral, das teilweise aus Knochenplatten, die mehrere Wirbel hintereinander bedeckten, teilweise aus überlangen, dünnen Fortsätzen der Wirbel selbst, und teilweise aus Muskeln bestand. Diese steife, an der Basis flexible Konstruktion stellte, wenn sie präzise bewegt wurde, ein wirksames Gegengewicht dar, das dem Tier sowohl unvorhergesehene Richtungswechsel als auch schnellen Lauf mit extrem langen Schritten ermöglichte. Mit nach vorne gerichtetem Kopf, den Körper parallel zum Boden, die Arme unter Hals und Kopf ausgestreckt, konnte der *Deinonychus* wahrscheinlich bis zu 50 km/h erreichen. Mit seiner Art des blitzartigen Überfalls aus dem Hinterhalt und mit den fürchterlichen Hieben, die seinem Opfer bei jedem Schlag tiefe Schnittwunden beibrachten, konnte er es mit so manchem Herbivoren aufnehmen. Doch nicht nur die Krallen allein machten den Erfolg dieser Spezies aus. Das Gehirn hatte einen sogar weit größeren Anteil daran. Der *Deinonychus* war intelligent, agil, aggressiv, reizempfänglich und von blitzartiger Reaktionsfähigkeit. All dies sind Merkmale, die für ein Reptil ungewöhnlich anmuten. Durch die Untersuchung dieser so besonderen Charakteristika kam John Ostrom auf die Idee, daß die Dinosaurier, zumindest die Fleischfresser unter ihnen, die sich zweibeinig fortbewegten, einen höheren Stoffwechsel und ein komplexes Nervensystem wie die endothermen Tiere haben könnten. Wenn Ostrom aus dem Studium des *Deinonychus* nur erste Ansätze für diese Theorie und keine echten Beweise bezog, konnte er doch weiter die Hypothese untermauern, daß zwischen Dinosauriern und Vögeln eine phylogenetische Verbindung bestand. Von allen Dinosauriern ist es tatsächlich der *Deinonychus*, der am meisten Homologien zum *Archaeopteryx* aufweist. Wenn auch die »Schreckliche Kralle« das bekannteste Mitglied der Familie ist, so kennen wir doch noch andere Arten: den *Velociraptor* zum Beispiel, der 1924 auf einer polnischen Expedition in der Mongolei entdeckt wurde.

eher klein, im Schnitt etwa 1 m hoch und, vom Kopf bis zum Schwanzende, 2 bis 4 m lang. Ihr Gewicht schwankte zwischen 45 und 75 kg. Der Schädel zeigt die allen Coelurosauriern gemeinsame Leichtbauweise mit mehreren Temporalöffnungen und Knochenvorsprüngen an den Stellen, wo die mächtige Kiefermuskulatur ansetzte. Die Augenhöhlen erscheinen, wie auch die Hirnschale, sehr groß. Über 70 hakenförmige Zähne, die im vorderen Kieferbereich noch eher gerade, an der Seite schon deutlich einwärts gekrümmt waren, bestückten das Maul, das sich sehr weit öffnen und mit großer Kraft zuschnappen konnte.

Der schlanke, gebogene Hals mußte ebenfalls ziemlich beweglich sein, während die Wirbelsäule im Bereich von Brust und Abdomen aus kräftigeren Wirbeln bestand, die von starken Bändern stabil und gerade gehalten wurden. So hatte dieser Zweibeiner eine wirksame Stütze, die ihm erlaubte, in nach vorne gestreckter Haltung hohe Geschwindigkeiten im Lauf zu erreichen. Die Vordergliedmaßen waren erstaunlich lange Greifarme, deren Hände ebenfalls in krallenbesetzten Fingern endeten. Unzweifelhaft ist auch hier, daß sie einzig zum Packen und Festhalten der Beute dienten. Bei den Hinterbeinen deutet bereits die Knochenstruktur auf die Qualitäten dieser Tiere als Läufer hin: Wie immer in solche Fällen war der Oberschenkel kürzer als der untere. Nur zwei der Zehen, nämlich der dritte und vierte, wurden, wie Ostrom schon angenommen hatte, beim Laufen benutzt. Der zweite diente ausschließlich als Waffe. Offenbar verwendete der *Deino-*

175

Maße im Vergleich: ein Mensch neben dem rekonstruierten Skelett eines *Baryonyx walkeri*. Laut der Ansicht einiger britischer Paläontologen erreichte dieser Theropode eine Länge von 9 bis 10 m, eine Körperhöhe von 3 bis 4 m und ein Gewicht von bis zu 2 Tonnen.
Unten: Verteilung der Fossilienfunde dieser Familie in der Welt und maßstabsgetreue Rekonstruktion des *Baryonyx*.

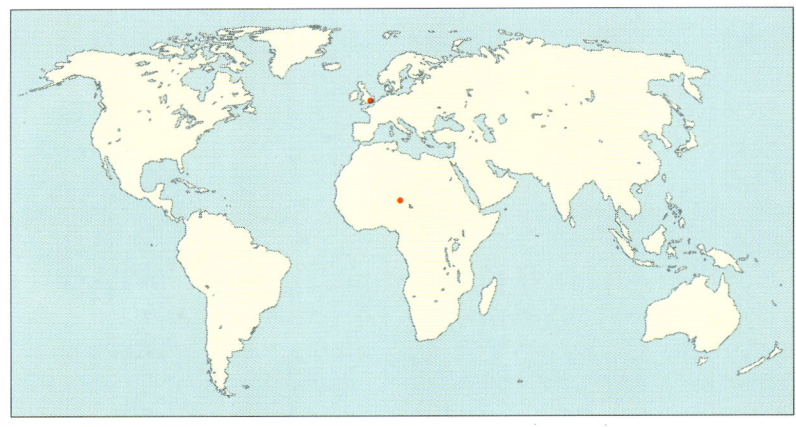

Baryonychidae

An einem kalten Jännermorgen des Jahres 1983 in einem Tonschiefersteinbruch in Surrey bei Dorking, Großbritannien, wo die Arbeit aufgrund der Winterpause eingestellt worden war, wurde für einen Installateur, der dort nach Fossilien suchte, der Traum eines jeden Amateurs Wirklichkeit: Sein Name ging in Verbindung mit einer Entdeckung in die Wissenschaft ein. Ein ungewöhnlich geformter Stein, der aussah, wie ein Rugbyball, gab nach einigen Schlägen mit dem Geologenhammer zahlreiche Knochen frei, die sich zusammengefügt als riesige, ca. 31 cm lange, gebogene Kralle erwiesen. William Walker hatte damit die ersten Teile einer bislang noch unbekannten Spezies entdeckt. Im November 1986, nach über drei Jahren harter, wissenschaftlicher Arbeit, nannten die Paläontologen des Britischen Naturkundemuseums den Neuzugang *Baryonyx walkeri*, was soviel heißt wie »Mächtige Klaue des Walker«. Nachdem dieser sie verständigt hatte, begannen die Experten des Museums unverzüglich mit den Untersuchungen, da sie die Wichtigkeit des Fundes auf den ersten Blick erkannt hatten. Mit

den modernsten, technischen Hilfsmitteln bargen die Forscher weitere verstreute Teile aus dem Felsen. Als man sie schließlich zu einem Skelett zusammengesetzt hatte, erkannte man, obwohl es unvollständig blieb, sogleich einen karnivoren Theropoden. In gewisser Weise glich er dem *Deinonychus*, war aber andererseits wieder gänzlich von ihm verschieden und wies ein paar so eigenständige Merkmale auf, daß er als Vertreter einer neuen, eigenen Familie klassifiziert werden mußte: Die Familie der Baryonychiden gab ihr Debüt. Der *Baryonyx* war ca. 3 bis 4 m hoch, 9 bis 10 m lang und wog ungefähr 2 Tonnen. Sein langer, schmaler Schädel und der Oberkiefer, der stärker ausgeprägt ist als der untere und ein S-Profil aufweist, sind primitive Merkmale, die wir auch bei den Krokodilen vorfinden. Doch die Nasenöffnungen befanden sich statt am vorderen Teil in der Mitte des Gesichtsschädels, und zwischen Stirn- und Nasenbein saß ein Knochenkamm,

Unten, von links nach rechts: Krallen (1), Oberkiefer (2), von der Seite gesehen, und Unterkiefer (3), von oben gesehen, des englischen (oben) und nigerianischen (unten) *Baryonyx*.

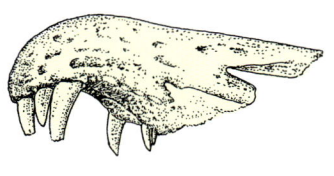

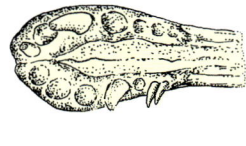

Rechte Seite, links: morphologische Konvergenz dreier Reptilienprofile. Von oben nach unten: *Allosaurus*, *Baryonyx* und *Crocodylus*, das moderne Krokodil. Die offensichtliche starke Ähnlichkeit zwischen *Baryonyx* und dem Krokodil legt die Vermutung nahe, daß die beiden auch in ähnlichem Lebensraum auf ähnliche Art und Weise lebten und dieselbe ökologische Rolle innehatten. Die Allosauriden dagegen hatten kürzere, kompaktere Schädel, ihr Maul konnte sich weiter öffnen, und die Zähne waren größer und schärfer. Hier muß man davon ausgehen, daß der *Allosaurus* und seine Artgenossen größere Beutetiere jagen und sie auch auf effizientere Weise zerteilen und verschlingen konnten als der *Baryonyx*.

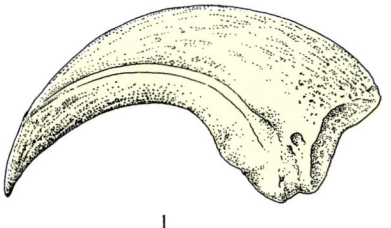

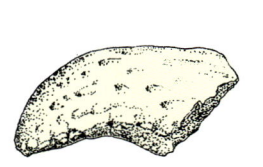

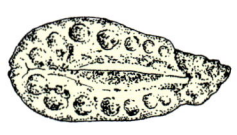

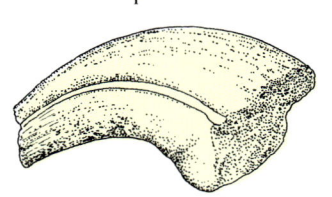

1

2

3

Die knöcherne Kralle, die am Daumen des *Baryonyx walkeri* saß, in Originalgröße. Sie konnte bis zu 31 cm lang werden. Zusammen mit dem Nagel aus Horn, der sie überzog, erreichte sie sogar 35 cm Länge.

Unten rechts: Ein *Baryonyx walkeri* beim Fischen. Paläontologen des Britischen Naturhistorischen Museums haben Untersuchungen angestellt, die ergaben, daß er sich vermutlich hauptsächlich von Fischen der Gattung *Lepidotes* ernährte. Er lauerte ihnen in seichten Gewässern auf und fischte sie heraus, wie es die nordamerikanischen Braunbären mit den Lachsen zu tun pflegten. Ein *Lepidotes* wurde bis zu 1 m lang und kam reichlich in den Gewässern des Wealden vor, der weiten, alluvialen Ebene, die sich vor 124 Millionen Jahren zwischen Südengland, Nordfrankreich, Belgien und Norddeutschland erstreckte.

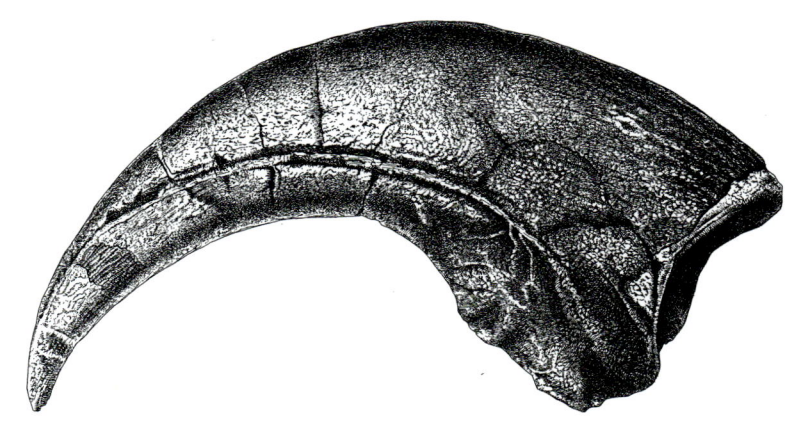

ein Fortsatz, den wir auch vom *Allosaurus* kennen. Die Kiefer mit 128 Zähnen beeindrucken deshalb, weil andere Fleischfresser nur ungefähr mit der Hälfte davon aufwarten können. Die vorderen Gliedmaßen sind länger als bei jeder bekannten Theropodenart, mit Ausnahme des *Deinocheirus*, und fallen besonders durch die mächtige Kralle am Daumen auf, die der Spezies den Namen gab. Die typischen, robusten Theropoden-Hinterbeine trugen mühelos das Körpergewicht des Tieres.

Seinen Lebensraum bildete vor 124 Millionen Jahren die weite Ebene, die sich von Südengland über Belgien und Frankreich erstreckte. In diesem von Bergen eingegrenzten und von zahlreichen Flüssen durchzogenen Flachland lagen mehrere Seen. Schachtelhalme und Farne gediehen hier noch in großer Zahl, in den Gewässern gab es reichlich Fische und Krokodile. Auch andere Dinosauriergattungen bereicherten die Fauna: *Megalosaurus*, *Hylaeosaurus*, *Hypsilophodon* und *Iguanodon* kamen häufig vor. In den Sümpfen war der *Baryonyx* zu Hause. Er ernährte sich von Fischen, die er wahrscheinlich auf ähnliche Weise fing wie Nordamerikanische Braunbären die Lachse: Er schlug mit seiner krallenbesetzten Hand ins Wasser. Daß die mächtige Klaue dabei ein ausgezeichnetes Hilfsmittel war, wurde indirekt durch die Tatsache bestätigt, daß in den Zahnzwischenräumen und im oberen Bauchraum des Skelettes zahlreiche Schuppen des *Lepidotes*, eines in der Kreide recht verbreiteten, etwa 1 m langen Fisches, zum Vorschein kamen. Er war wohl die letzte Mahlzeit des *Baryonyx* gewesen.

Maße im Vergleich: ein Mensch neben dem rein hypothetischen *Deinocheirus*. Die einzigen Überreste, die von diesem Dinosaurier gefunden wurden, sind zwei beinahe 3 m lange Vordergliedmaßen. Jegliche Rekonstruktion kann also nur willkürlich sein.

Hier ist er als großer, effizienter Fleischfresser dargestellt; es gibt allerdings auch Modelle, nach welchen dieser Dinosaurier hauptsächlich wegen der Länge und Beweglichkeit der Arme mehr den Ornithomimiden angenähert wurde.

Mitte: Verteilung der Fossilienfunde der Deinocheiriden in der Welt und die Vordergliedmaßen des *Deinocheirus*, hier verglichen mit dem Skelett eines Faultiers (*Choloepus didactylus*). Die Arme mit den langen, robusten Klauen an den Fingern sind ein typisches Merkmal der Baumbewohner. Sollte der *Deinocheirus* etwa auch so ein beschauliches Pflanzenfresserleben in den Baumkronen geführt haben? Seine Größe spricht eher dagegen.

Deinocheiridae

In dieser Familie finden wir die geheimnisvollsten, faszinierendsten und wohl erschreckendsten Überreste, die je von einer Dinosaurierart gefunden wurden. Es handelt sich um zwei überlange Arme, die von der Schulter bis zu den Krallen wohl 2 m Länge erreichen. Oberarm, Elle und Speiche sind zwar schlank, aber dennoch robust gebaut. Das Außergewöhnlichste jedoch sind die sehr langen Finger, die an ihrem Ende besonders große messerscharfe, spitze Krallen tragen. Kein lebendes und kein ausgestorbenes Wirbeltier kann mit einem vergleichbaren Merkmal aufwarten.

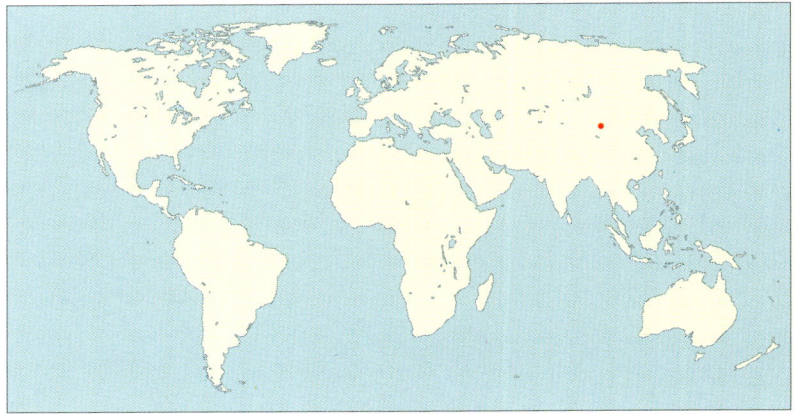

Diese fossilen Knochen, die aus der Kreidezeit stammen, wurden von einer polnischen Expedition 1964 im Nemegt-Becken in der Wüste Gobi, Mongolei, gefunden. Drei Jahre später klassifizierte man sie als zu der neuen Spezies *Deinocheirus mirificus*, »Schreckliche Wunderhand«, gehörig. Zur Zeit kann sich lediglich der *Therizinosaurus cheloniformis*, von welchem man wenige Knochen der Vordergliedmaßen entdeckt hat, mit dem *Deinocheirus* messen. Er besaß zwar kürzere und robustere Arme als sein mongolischer Kollege, doch endeten auch diese in einer großen dreifingrigen, krallenbestückten Hand. Es ist nun ziemlich schwierig, nur von den Vordergliedmaßen ausgehend ein ganzes Tier zu rekonstruieren. Manche Paläontologen meinen, daß er den Ornithomimiden glich, ein Schnelläufer war, einen zahnlosen Schnabel besaß und die erstaunlichen Arme lediglich zur Verteidigung einsetzte. Andere wollen ihn mehr in Richtung der Dromaeosauriden rücken, was eine ebenso faszinierende wie erschreckende Vorstellung ist. Stimmt diese Vermutung, hätten sich im *Deinocheirus* die Schnelligkeit und Aggressivität des *Deinonychus* mit den Proportionen des *Tyrannosaurus rex* gepaart und so die tödlichste und furchterregendste Bedrohung aller Zeiten geschaffen. Wieder andere lancierten die Hypothese, daß der übrige Körper des *Deinocheirus mirificus* viel kleiner gewesen sei, als die Arme vermuten ließen, und daß er seine Beute nach der Art der Gottesanbeterinnen zu fangen pflegte. In diesem Falle könnten die Krallen dazu gedient haben, den ungeschützten Bauch eines großen Sauropoden aufzuschlitzen. Der polnische Paläontologe A. K. Rozhdestvensky schließlich vertritt die Ansicht, das es sich um eine höchst eigenwillig veranlagte Spezies handelt, die ihre langen Arme dazu benutzte, wie die Faultiere in den Bäumen herumzuhängen. In solch einem Fall wäre der *Deinocheirus* ein friedliches, harmloses Wesen, das sich von Blättern und Früchten ernährte, was angesichts der langen Krallen nur schwer vorstellbar ist.

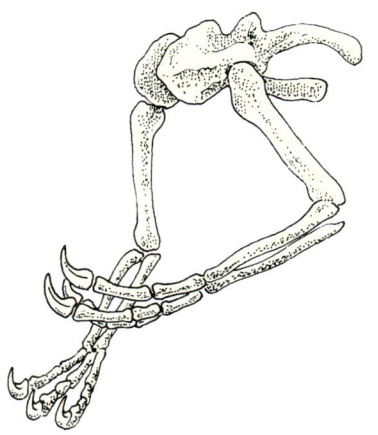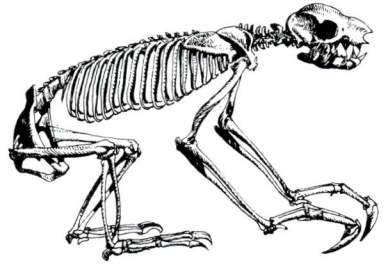

Ein Faultier in seiner natürlichen Umgebung. Dieses Tier benutzt seine Arme und Klauen dazu, sich an den Ästen der Bäume in tropischen Urwäldern festzuhalten.

Maße im Vergleich: ein Mensch neben dem Skelett eines *Spinosaurus*. Jene Knochenteile, die als Fossilien erhalten sind, erscheinen in Farbe. Die Rekonstruktion stützt sich auf Fossilbelege, die zum Großteil während des Zweiten Weltkriegs zerstört wurden und kann daher nicht mit den Mitteln der modernen Technologie überprüft werden. Nun betrachten sie einige Wissenschaftler als sehr gewagt. Wie dem auch sei, der *Spinosaurus* müßte einer der größten bekannten Räuber gewesen sein, dessen besonderes Merkmal ein Rückensegel war, das auch bei zahlreichen anderen Theropoden vorkommt. Dieses von gut durchbluteter Haut überzogene Segel könnte thermoregulative Funktionen erfüllt haben oder auch ein sekundäres Geschlechtsmerkmal gewesen sein. Auch zur Einschüchterung von Gegnern wäre es geeignet. Vermutlich war der *Spinosaurus* ein Zweibeiner.

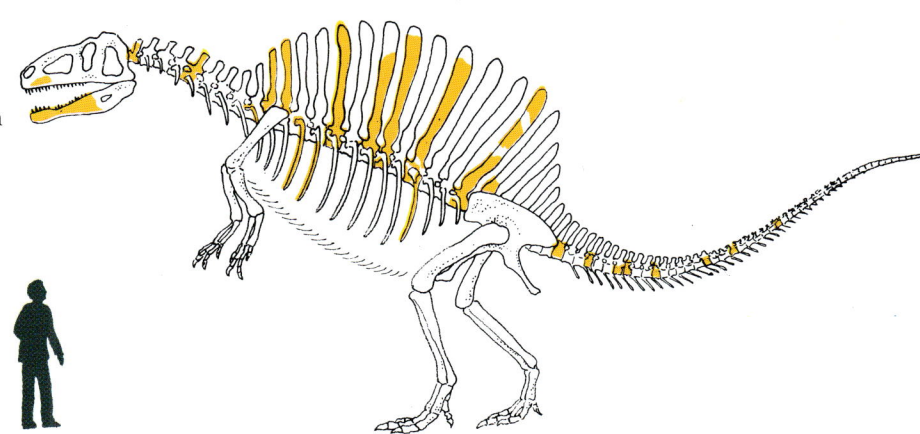

Spinosauridae

Diese Familie wurde 1915 auf der Basis sehr unvollständiger, in Ägypten entdeckter Fossilbelege eingeführt. Es gibt hier vom taxonomischen Blickwinkel aus gesehen so viele strittige Punkte, daß manche Paläontologen ihre Existenzberechtigung in Frage stellen. Das besondere Merkmal der in diese Gruppe zusammengefaßten Dinosaurier sind die stachelartigen Fortsätze der Rückenwirbel. Die auch in Nigeria aufgetauchten Fossilbelege des *Spinosaurus*, ein Unterkiefer mit Zähnen, Fragmente der Gliedmaßen und einige Rückenwirbel, führten zur Rekonstruktion eines 10 bis 12 m langen Theropoden, der ca. 6 Tonnen auf die Waage brachte und einen bis zu 1,8 m hohen Kamm auf dem Rücken trug. Sollte diese Familie wirklich je existiert haben, umfaßte sie Karnivoren, vermutlich vorwiegend Aasfresser. Viele Wissenschaftler sind der Ansicht, daß die Rückenstacheln ein Segel wie das des *Dimetrodon* stützten, welches von Blutgefäßen durchzogen war und der Temperaturregulierung diente. In der Sonne ausgebreitet funktionierte es wie ein Radiator, im Schatten wie ein Kühlaggregat. In diesem Falle wäre der *Spinosaurus* ein Kaltblüter gewesen, der keine inneren thermoregulativen Mechanismen besaß, aber dennoch schnell die notwendige Körpertemperatur erreichen konnte, um sowohl bei sehr warmen als auch bei kühleren Verhältnissen seine Aktivität aufrechtzuerhalten. Er könnte freilich auch zu den Endothermen gezählt haben, wobei das Rückensegel als ein weiterer Beweis für seinen hochentwickelten Stoffwechsel gelten würde: Es hätte die Funktion übernommen, seinen Träger vor Überhitzung zu schützen, ähnlich wie die Ohren Afrikanischer Elefanten.

Allerdings ist es auch möglich, daß nur die Männchen einen solchen Rückenschmuck besaßen. Sie hätten ihn vor den Augen eines Eindringlings oder Nebenbuhlers ausbreiten, damit eine abschreckende Wirkung erzielen und eine direkte Konfrontation mit tragischen Folgen vermeiden können. Auch im Werben um einen Sexualpartner ist diesem besonderen Merkmal unter Umständen erhebliche Bedeutung zugekommen: Nebenbuhler wurden eingeschüchtert und das Weibchen stimuliert. Wie dem auch sei, eines ist sicher: Im Kampf mußte das Rückensegel jenes Teil gewesen sein, das am verletzungsanfälligsten war. Daher nimmt man an, daß der *Spinosaurus* als friedliebendes Tier den direkten Konflikt weit-

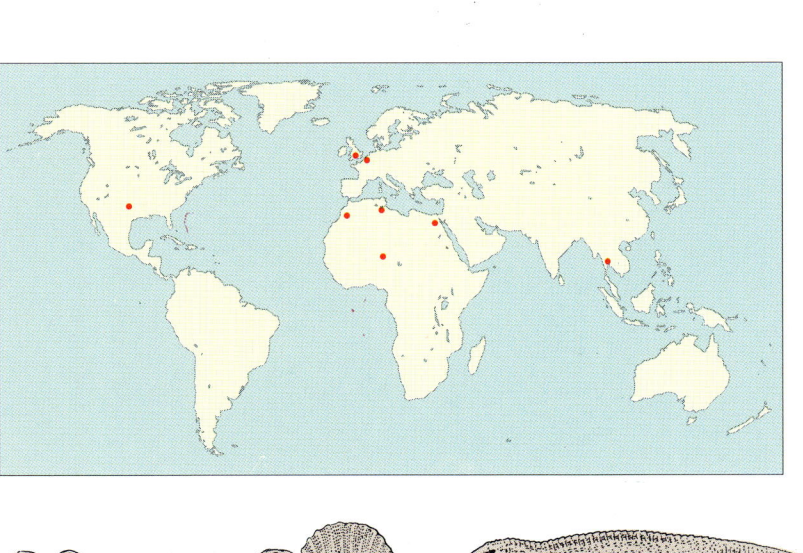

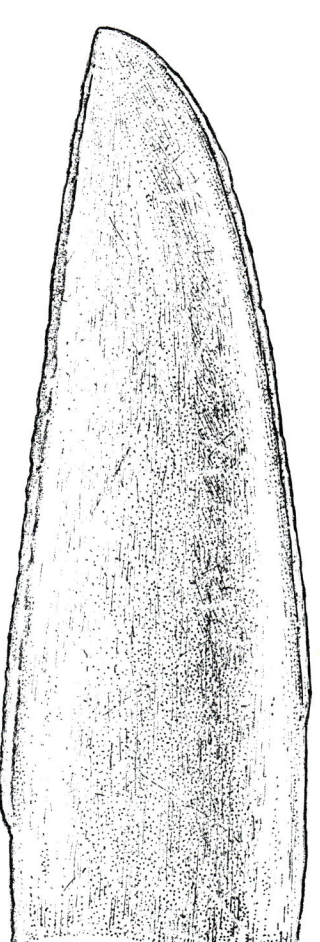

Verteilung der Fossilienfunde dieser Familie in der Welt und maßstabsgetreue Rekonstruktion der Gattungen.
1. *Altispinax*
2. *Metriacanthosaurus*
3. *Acrocanthosaurus*
4. *Spinosaurus*
Für manche Wissenschaftler gehören *Altispinax* und *Metriacanthosaurus* zu den Megalosauriden und *Acrocanthosaurus* zu den Allosauriden.
Rechts: der Zahn eines *Spinosaurus aegyptiacus* in Originalgröße. Typisch die glatt abgeschliffenen Ränder.

SPINOSAURIDAE

Ein *Spinosaurus* wird vom
Angriff eines großen *Sarcosuchus,* einem Vorfahren der
modernen Krokodile, über-
rascht, während er am Kadaver
eines Sauropoden am Ufer
eines Sumpfes frißt. Nur allzuoft mußten sich die großen Fleischfresser mit Aas zufriedengeben und
auf diese Weise auch die Rolle
der Gesundheitspolizei in ihrem
Ambiente spielen.

gehend mied. Hier sehen wir die Vermutung, sie hätten sich mehr von Aas als von erlegter Beute ernährt, indirekt bestätigt. Aus denselben Gründen mußten sie wohl das dichte Unterholz des Waldes meiden, herabhängende Äste hätten ihr Segel nur allzuoft zerrissen. Eine Bestätigung hierfür ist die Tatsache, daß ihre fossilen Überreste stets in Gegenden gefunden wurden, wo vor 95 Millionen Jahren Grassteppen mit niedrigem Gebüsch vorherrschten. Andere Gattungen dieser Familie sind: *Acrocanthosaurus, Altispinax* und *Metricanthosaurus*. Sie wurden aufgrund von äußerst bruchstückhaften Fossilbelegen klassifiziert, weshalb auch noch große Zweifel am taxonomischen Wert dieser Einordnung bestehen.

Megalosauridae

Megalosaurus bucklandi war der erste Dinosaurier, der im Jahre 1832 wissenschaftlich beschrieben wurde. Bei seinem Debüt hatte er noch ein äußerst unwahrscheinliches Aussehen. Die erste Rekonstruktion wurde vom Maler B. Waterhouse Hawkins 1854 unter Owens wissenschaftlicher Beratung hergestellt. Was dabei herauskam war ein Stückwerk aus Merkmalen der verschiedensten Tiere, ein Monster mit Krokodilkopf, Dickhäuterleib, Eidechsenschwanz, Ochsengenick und Beinen, die halb wie die eines Löwen, halb wie die eines Bären aussahen. Erst 1866 bekam der *Megalosaurus* durch Edward Drinker Cope ein realistischeres Aussehen. Als Zweibeiner glich er in einigen Aspekten den modernen Echsen, der Kopf war typisch für einen Carnosaurier, der Hals kompakt und sehr muskulös, der Körper stämmig, der Schwanz relativ kurz und ebenfalls kräftig. Die langen Vordergliedmaßen, an welchen Ansätze für starke Muskeln erkenntlich sind, endeten in einer Hand mit fünf Fingern, wobei drei davon mit Krallen besetzt waren. Ihre Körperlänge lag zwischen 3 und 10 m, doch waren sie nicht sehr schwer. Nur die größeren Gattungen der Familie kamen auf das Lebendgewicht eines Elefanten. Unter den Carnosauriern dürften die Megalosauriden zu den geschicktesten gehört haben, was das Auflauern, den Angriff und das Erlegen der Beute betraf. Mit

Oben Maße im Vergleich: hier ein Mensch neben zwei erwachsenen Megalosauriden, ein *Dilophosaurus* (links) und ein *Eustreptospondylus* (rechts). Die beiden sind die bekanntesten Vertreter der Familie. Sie wurden 6 bis 7 m lang.
Unten: Verteilung der Fossilienfunde dieser Familie in der Welt und maßstabsgetreue Rekonstruktion einiger im Text erwähnter Gattungen.
1. *Sarcosaurus*
2. *Proceratosaurus*
3. *Orthogoniosaurus*
4. *Dilophosaurus*
5. *Eustreptospondylus*
6. *Carcharodontosaurus*
Diese Dinosaurier waren vermutlich die am weitesten verbreite-

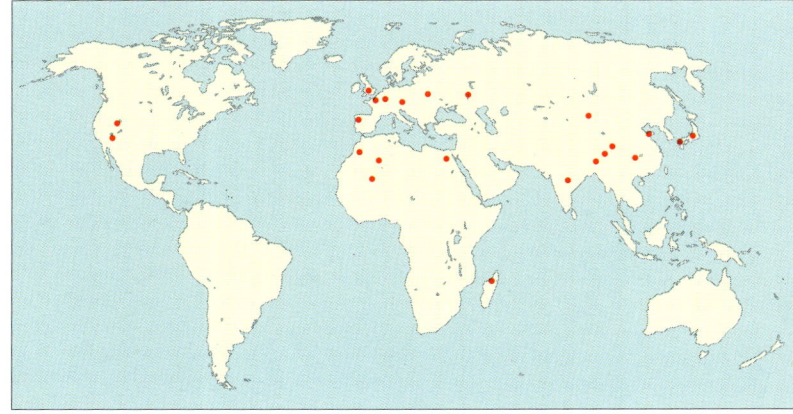

ten Carnosaurier des Mesozoikums. Die Fossilien dieser Tiere wurden in den Sedimenten des unteren Juras bis zur oberen Kreide gefunden.
Rechte Seite: An der Nordatlantikküste der unteren Kreide, zwischen Wealden-Delta und Tethysmeer, macht sich ein *Megalosaurus* über den Kadaver eines gestrandeten *Brancasaurus* her. Dieses Reptil repräsentiert nur eine der zahlreichen Gattungen, die damals noch die Wasser bevölkerten. In jener Periode muß die vulkanische Aktivität in Zusammenhang mit der Kontinentalverschiebung ziemlich intensiv gewesen sein.

1   2   3   4   5   6

ihren langen, spitzen Zähnen konnten sie ihre Opfer ebensogut zerfleischen wie mit den Krallen an ihren Greifhänden, und das sogar noch gleichzeitig, während den anderen Carnosauriern mit ihren weit kürzeren Armen diese Möglichkeit nicht zur Verfügung stand.

Die Megalosauriden waren im Jura und in der Kreide über ganz Europa, Asien, Süd- und Zentralafrika verbreitet, was dafür spricht, daß sie die Hauptfeinde der friedliebenden, großen Herbivoren wie Sauropoden und Ornithischier gewesen sind. Heute stellen sie die größte, bekannteste und daher auch interessanteste Familie der Carnosaurier dar. Obwohl ihre taxonomische Klassifizierung bislang nicht unumstritten ist, wollen wir doch die bekanntesten Gattungen nennen. Da ist einmal *Sarcosaurus*, der primitivste, mit 3,5 m auch der kleinste und leichteste unter ihnen, *Torvosaurus*, der es schon auf 10 m Länge und 5 Tonnen Gewicht bringt, sowie *Proceratosaurus*, *Orthogoniosaurus*, *Dilophosaurus*, *Eustreptospondylus* und *Carcharodontosaurus*.

Tyrannosauridae

1924 entdeckte der Geologe E. Peterson, der in einer Versuchsstation in Logan, Utah, arbeitete, im Stollen einer Braunkohlemine die Abdrücke dreizehiger Füße. Die Spur beeindruckte durch ihre ungewöhnlichen Maße: Jeder Fußabdruck war etwa 76 cm breit und 78 cm lang, die Entfernung von einem linken Abdruck zum nächsten betrug etwa 4 m, wobei die durch-

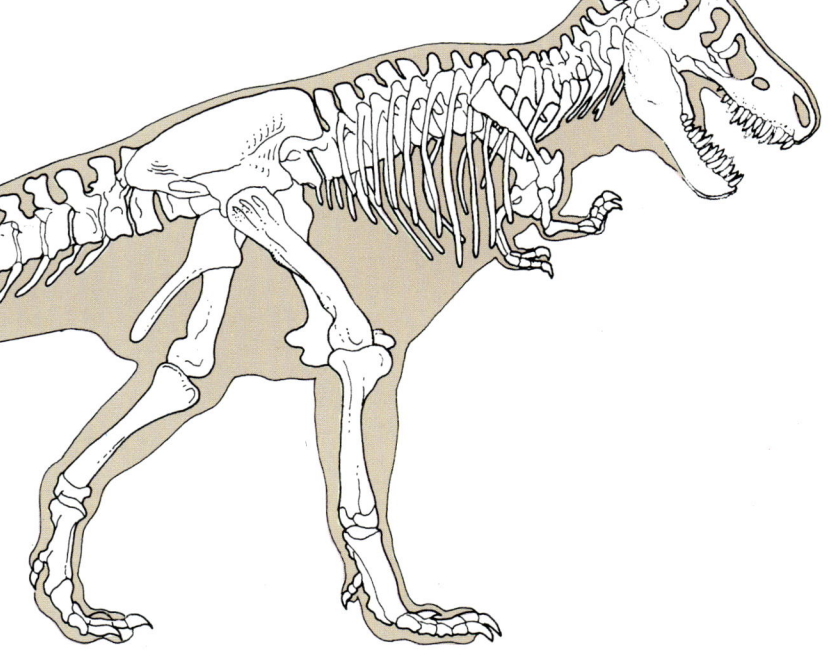

Linke Seite: Maße im Vergleich: Der Mensch neben einem *Tyrannosaurus* (rechts) und einem *Alioramus* (links), zwei Individuen, die stellvertretend für die größte und die kleinste Gattung dieser Familie stehen. *Alioramus remotus* wurde wahrscheinlich gerade 6 m lang, während der *Tyrannosaurus rex* auf imposante 12 m kam und den Kopf bis in eine Höhe von 5 m heben konnte. Sein Gewicht bewegte sich um die 6 Tonnen.
Mitte: Verteilung der Fossilien-funde dieser Familie in der Welt und maßstabsgetreue Rekonstruktion von vier im Text erwähnten Gattungen.
1. *Alioramus*
2. *Albertosaurus*
3. *Tarbosaurus*
4. *Tyrannosaurus*
Darunter: Skelett eines *Tyrannosaurus*. Der Knochenbau muß zwei scheinbar unvereinbare Anforderungen erfüllen: Ein großes Gewicht muß getragen und gleichzeitig schnelle Bewegung gewährleistet werden. Der kurze Hals stützt einen überdimensional anmutenden Kopf, die Hinterbeine sind lang und für schnelle Fortbewegung geeignet. Der robuste Schwanz hat, wie bei allen bipeden Dinosauriern, Balancefunktion.
Unten links: der fossile Schädel eines *Tyrannosaurus rex*. Die Knochen sind sehr massiv, da sie im Moment des Zuschnappens der Kiefer einen enormen Druck aushalten müssen, wie auch immer dann, wenn der *Tyrannosaurus* seine Zähne in vollem Lauf in den Leib seines Opfers grub. Die größten bisher gefundenen Schädel sind mehr als 1 m lang.
Rechts: der Zahn eines *Tyrannosaurus rex* in Originalgröße (18 cm). In jedem Kieferbogen dieses furchterregenden Räubers befanden sich mindestens 14 Zähne in dieser Länge. Die Bisse, die ein solches Gebiß beibrachte, mußten fast immer tödlich sein und tiefe Wunden reißen. Nach der Meinung einiger Fachleute waren die Zähne die wichtigste Waffe des Superräubers. Sie erneuerten sich ständig, so daß das Gebiß immer neben sehr langen auch einige kürzere Zähne aufwies.

schnittliche Schrittlänge von der Ferse des linken bis zur mittleren Zehe des rechten Fußes bei 2,48 m lag. Hier war unzweifelhaft ein gigantischer Theropode einen Sumpf entlanggelaufen, der bald darauf eintrocknete und sich später in Torf mit Braunkohlelagern verwandelte. 1938 schrieb der Paläontologe B. Brown nach langwierigen Studien diese Spur einem *Tyrannosaurus rex* zu, einem Carnosaurier von riesiger Gestalt.

Die ersten Fossilbelege dieser Familie bestanden nur aus ein paar Zähnen, die in der zweiten Hälfte des vergangenen Jahrhunderts bei Ausgrabungen in Montana aufgetaucht waren. So bekannte Fachleute wie Joseph Leidy und Edward Drinker Cope zögerten lange mit deren Identifizierung, was nur noch mehr zur bereits herrschenden Verwirrung beitrug. Denn wie wir schon an anderer Stelle bemerkt haben, sind Klassifizierungen auf der Basis von so spärlichem Material extrem risikoreich und oft den Ruf eines angesehenen Fachmanns nicht wert. Was besonders schwierig für die beiden war, ist die Tatsache, daß die Zähne im Maul eines *Tyrannosaurus* nicht überall gleich geformt sind. So wurden die Wissenschaftler in die Irre geführt und

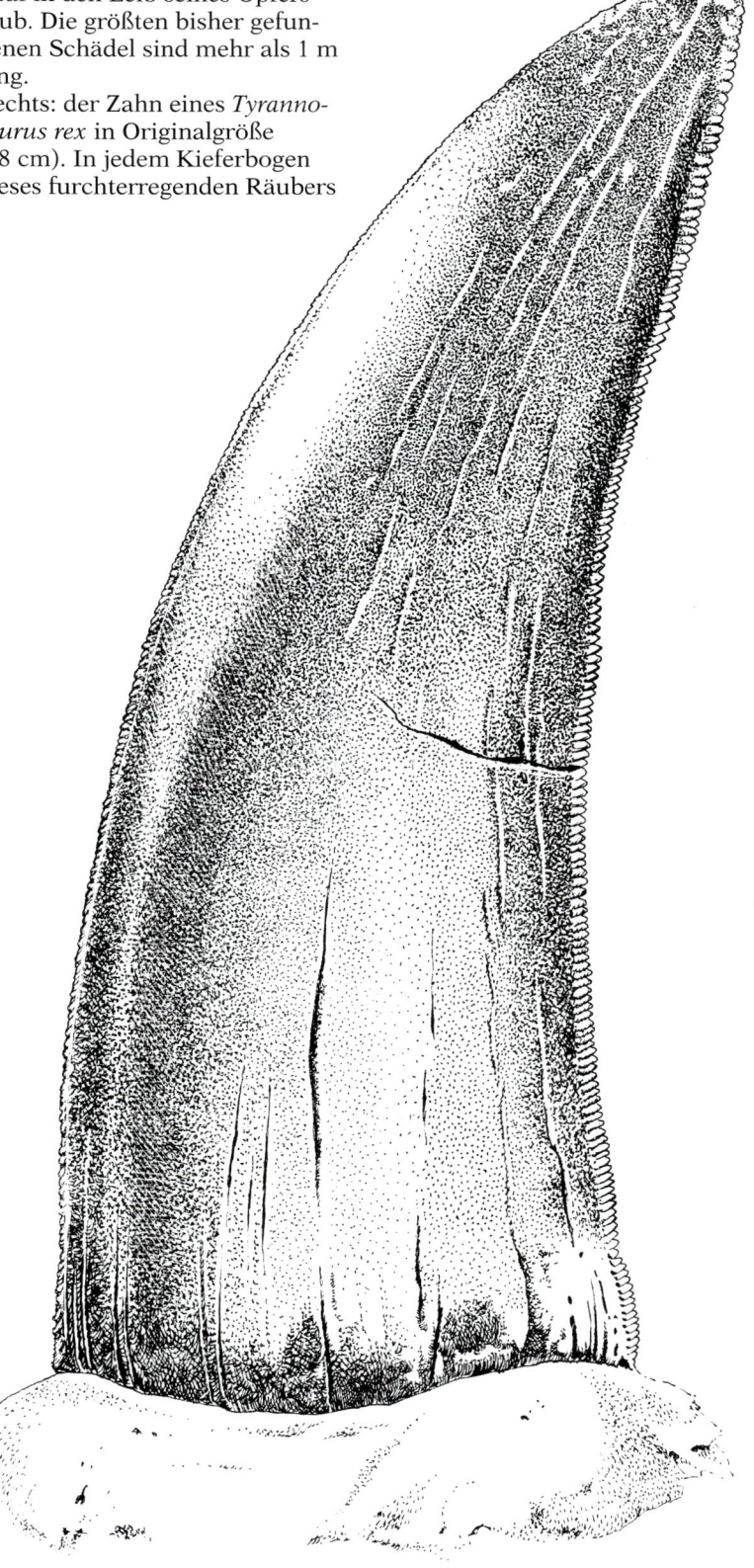

Diese Bildfolge illustriert eine der vielen Hypothesen, die zur Funktion der geradezu lächerlich kurzen Arme des *Tyrannosaurus* aufgestellt wurden. Es ist möglich, daß er zusammen mit dem Schwanz als Gleichgewichtsorgan, zum Aufstehen aus einer liegenden oder kauernden Haltung benutzte.

schrieben Zähne, die eigentlich ein und derselben Spezies, ja sogar demselben Individuum angehörten, mehreren verschiedenen zu. Erst 1905, nachdem zwei fast vollständige Skelette entdeckt wurden, gelang es H. F. Osborn, die Spezies *Tyrannosaurus rex* zu definieren und Ordnung in die Konfusion der falsch zugeordneten Fossilien zu bringen.

Der Name, der für diese Gattung gewählt wurde, ist sicherlich bezeichnend: Stünde man als Mensch vor solch einem Superräuber, blickte man gut 5,5 m in die Höhe. Vom Kopf bis zum Schwanz maßen sie bis zu 12 m, wobei der Schädel mit den riesigen Kiefern allein über 1 m beanspruchte. Das Gebiß machte ebenfalls Eindruck: über 50 bis zu 18 cm lange Zähne, die nach innen gekrümmt waren und einen so fein ziselierten Rand hatten wie das Sägemesser eines Fleischhauers. Der Schädel war massiver als der anderer Fleischfresser, besonders im Vergleich zum *Allosaurus*, obwohl er ebenfalls mehrere Temporalöffnungen aufwies. Doch diese Fenster waren kleiner und die knöchernen Streben zwischen ihnen robuster, breiter und dicker. Diese mächtige Konstruktion wurde von einem kurzen, sehr kräftigen Hals getragen, an welchem imposante Muskeln ansetzten. Die Wirbelsäule bestand im Brust- und Lendenbereich aus soliden Wirbelkörpern, die das Gewicht des großen Carnosauriers gut aufnehmen konnten.

Daß sie diese Funktion erfüllten, ist gewissermaßen pathologisch durch den Fund zweier Rückenwirbel, die sozusagen miteinander verschmolzen sind, erwiesen: eine Arthrose, die wahrscheinlich durch die ständige hohe Belastung dieses Bereichs zustande kam und dem betroffenen *Tyrannosaurus* erhebliche Schmerzen verursachen mußte. Eine analoge Stütz- und Tragefunktion kam den Hüftknochen und Hinterbeinen zu, die ebenfalls dementsprechend kräftig gebaut waren. Die Vordergliedmaßen erschienen im Vergleich dazu geradezu lächerlich kurz und klein, weshalb man auch viel und heftig über deren Funktion diskutierte. Dafür, daß sie offenbar wegen ihrer geringen Länge unnütz waren, trugen sie ziemlich scharfe Krallen an ihren Fingern. Doch zum Angriff oder zur Verteidigung

konnten sie unmöglich getaugt haben, ja es war dem Dinosaurier nicht einmal möglich, damit einige Bissen Nahrung zum Maul zu führen, denn er erreichte es nicht. Osborn schlug vor, sie hätten vielleicht dazu gedient, während der Paarung am Rücken des Weibchens ein gewisses Gleichgewicht zu halten.

Barney Newman dagegen glaubt, er half sich damit aus einer am Boden liegenden oder kauernden Haltung in den Stand zurück, wie man es bei einigen Kängunuhs beobachten kann. In diesem Falle hätte sich der Dinosaurier niedergelegt, indem er die Hinterbeine unter dem Körper abwinkelte und so nur auf Kopf, Brust und Bauch ruhte. Wenn er wieder aufstehen wollte, hätte er sich, um nicht vornüber zu fallen, erst einmal auf die Vordergliedmaßen gestützt, dann die Hinterbeine gestreckt und den Schwerpunkt nach vorne gebracht, indem er den Kopf anhob und sich mit Schwung aufrichtete. Sobald er einmal ganz aufgerichtet auf seinen zwei Beinen stand, übernahm der Schwanz wieder die Balancefunktion, und seine Hal-

tung war stabil. Die Hinterbeine endeten in dreizehigen Füßen mit großen Krallen und stellten, besonders durch den Femur, der länger war als das Schienbein, ein typisches Merkmal für langsame Fortbewegung dar. Aufgrund der winzigen Ärmchen kann er nur ein Zweibeiner gewesen sein, was, zusammen mit dem eben erwähnten kurzen Oberschenkel, manche Wissenschaftler zu der Annahme veranlaßte, er habe einen schaukelnden Gang mit hoch erhobener Brust und nach unten ausbalancierendem Schwanz gehabt, wie etwa die heutigen Gänse. Andere wieder denken, der Schwanz sei kürzer als in den meisten Darstellungen gewesen und habe, nach hinten gestreckt, eine Balancewirkung ausgeübt, damit der *Tyrannosaurus* mit parallel zum Boden gerichtetem Körper gehen konnte, wenn dies nötig war. Aufgrund seines Körperbaus ist man sich weitgehend einig, daß er seine Opfer stets aus einem Hinterhalt zu überfallen pflegte, da er bei der Verfolgung oft unterlegen wäre. Ein fast 6 Tonnen schweres Tier war auch sicher nicht in der Lage, über längere Zeit schnell zu laufen, doch der große Raumgriff seiner Schritte gewährleistete zumindest, daß er seine Beute mit wenigen Sprüngen erreichen konnte. Trotz seines hohen Körpergewichts mußte er sehr flink gewesen sein.

Ziemlich blutige Wunden dürften nicht nur die Zähne des *Tyrannosaurus rex*, sondern auch die kräftigen Krallen seiner Füße gerissen haben. Es mußte ein leichtes für die Vertreter dieser Gattung gewesen sein, damit den Bauch eines einmal niedergestreckten Herbivoren aufzuschlitzen. Sehr wahrscheinlich ist auch, das sie keineswegs Aas verschmähten, wenn auch ihr Körperbau nicht allzusehr dem entspricht, was man von »Gesundheitspolizisten« erwartet, zu sehr deutet die ganze Statur auf einen Räuber hin.

Während der Kreide gab es in den alluvialen Tälern und entlang der Flußläufe und Seen, wo die Tyrannosauriden mit allerhöchster Wahrscheinlichkeit lebten, Tausende Pflanzenfresser, 20 Beutetiere auf einen Räuber. Bei solch einem Verhältnis könnten die Tyrannosauriden auch ohne Jagd, nur von Aas allein, satt geworden sein, wie viele Paläontologen annehmen.

Was auch immer die ökologische Rolle der Tyrannosauriden gewesen sein mag, uns scheinen sie die sensationellsten landlebenden Raubtiere zu sein, die die Natur je hervorgebracht hat. Ihre Proportionen stellen die evolutionäre Antwort der Theropoden auf die großen Dimensionen der herbivoren Ornithopoden und Sauropoden dar. In einem Wettlauf der Evolution, der auf immer größere Formen zusteuert, haben Fleisch- wie Pflanzenfresser in der Kreide beträchtlich höhere Durchschnittsgrößen erreicht als ihre Artgenossen aus der Zeit des Juras. Die Karnivoren sind dabei wahrscheinlich an die Grenzen des für landlebende Raubtiere Möglichen gestoßen. Noch schwerer und größer konnten sie sicher nicht werden, denn in diesem Moment hätten sie die Fähigkeit zur bipeden Fortbewegung verloren, die wiederum eine wichtige Bedingung für den Erfolg bei der Jagd darstellt.

Die Tyrannosauriden markieren das Ende einer langen phylogenetischen Evolutionslinie. Sie schließen die

Ganz oben ein Vergleich zwischen den vorderen (links) und den hinteren (rechts) Gliedmaßen eines *Tyrannosaurus*. Ein so erheblicher Unterschied ist nicht leicht zu interpretieren und löste deshalb auch eine Vielzahl von Spekulationen darüber aus, wie das Tier sie wohl gebraucht haben könnte.

TYRANNOSAURIDAE

Eine dramatische Szene: Ein *Tyrannosaurus* überfällt einen *Edmontosaurus*. Dieser friedliebende Angehörige der Familie der Entenschnabeldinosaurier ist gerade dabei, in einem Teich die Ufervegetation abzuweiden, als ihn der Angriff aus dem Hinterhalt überrascht. Nach neueren Erkenntnissen ist der *Edmontosaurus* jedoch eindeutig ein Landbewohner, der sich nur dann im Wasser aufhielt, wenn er vor einem Räuber dorthin geflohen war.

Entwicklung der theropoden Carnosaurier ab, die zwar mit ein paar Lücken, doch mehr oder weniger kontinuierlich in Fossilbelegen über ca. 100 Millionen Jahre zurückverfolgt werden kann. Die Spezies *Tyrannosaurus* ist dabei am höchsten spezialisiert. Von den Ceratosauriern zu den Allosauriden, von den Megalo- zu den Tyrannosauriden können wir verfolgen, wie sich das Gebiß immer weiter entwickelt, wie es mächtiger und präziser wird, wie der Schädel durch die Notwendigkeit, die gigantischen Kiefer zu tragen, stetig wächst, wie die Vordergliedmaßen schrumpfen, während die hinteren an Kraft und Umfang zunehmen, wie der aufrechte Gang immer ausgeprägter und der Schwanz immer länger und stärker wird.

Wenn auch der Kopf im Vergleich zu den Theropoden im allgemeinen und den anderen Carnosauriern im besonderen um einiges massiver und kräftiger ist, so läßt das nicht notwendigerweise auf eine größere Gehirnmasse schließen. Man geht davon aus, daß das Gehirnvolumen ohne die umgebenden Häute nicht mehr als 250 cm³ betrug.

Dieser Wert gewinnt besondere Bedeutung, wenn er den übrigen Maßen der Tiere gegenübergestellt wird: 6 bis 8 m Länge und 8 bis 10 Zentner Gewicht beim *Alioramus remotus*, 10 bis 14 m und 5 bis 7 Tonnen beim *Tarbosaurus bataar*.

Nachdem sie im *Tyrannosaurus* und dem *Tarbosaurus* den höchsten Grad der Spezialisierung als Raubtiere erreicht hatten, starben die Tyrannosauriden, und mit ihnen die anderen Carnosaurier, vollständig aus.

Heute ordnen die Paläontologen dieser Familie mindestens acht Gattungen zu, die alle in der oberen Kreidezeit in Asien und Nordamerika lebten. Die bekannteste darunter ist zweifellos der *Tyrannosaurus rex*, die reichste an Formenvielfalt *Albertosaurus*, die meisten Riesen versammelt die Gattung *Tarbosaurus*.

Titanosauridae und Camarasauridae

Die Fossilbelege, die wir von der Familie der Titanosauriden besitzen, sind so spärlich, daß auch hier die Wissenschaftler noch zu keiner Einigung über den taxonomischen Wert dieser Gruppierung der Sauropoden gekommen sind. Noch 1970 beispielsweise wurde die Gattung *Chondrosteosaurus* der Familie der Brachiosauriden statt der der Titanosauriden zugeordnet. Heute ist man immer noch im Zweifel über die *Tornieria*, die von einigen als Titanosaurier und von anderen als Diplodocier gewertet wird. Allgemein kann man sagen, daß in dieser Dinosaurierfamilie noch einige Faktoren der Klärung bedürfen.

Die einzigen verläßlichen Daten bezüglich ihres Aussehens ergeben das Bild eines Tieres, das sowohl den Camarasauriden als auch den Diplodociden in gewisser Hinsicht gleicht.

Der eher große, breite und hohe Kopf läßt an die Camarasauriden denken, wobei die fliehende Stirn als Ähnlichkeit mit den Diplodociden gedeutet werden kann. Die Zähne allerdings waren mehr als bei den Diplodociden im vorderen Teil des Kiefers konzentriert, wobei die typische Stummelform noch ausgeprägter anmutet. Ein eigenständiges Merkmal, das für die Klassifizierung in eine eigene Familie ausreicht?

Die Zeichnung stellt fossile Knochen und Abdrücke des Skelettes eines Tyrannosauriden dar, wie es in der Natur entdeckt wurde. Es handelt sich dabei um einen Vertreter der Gattung *Albertosaurus*.

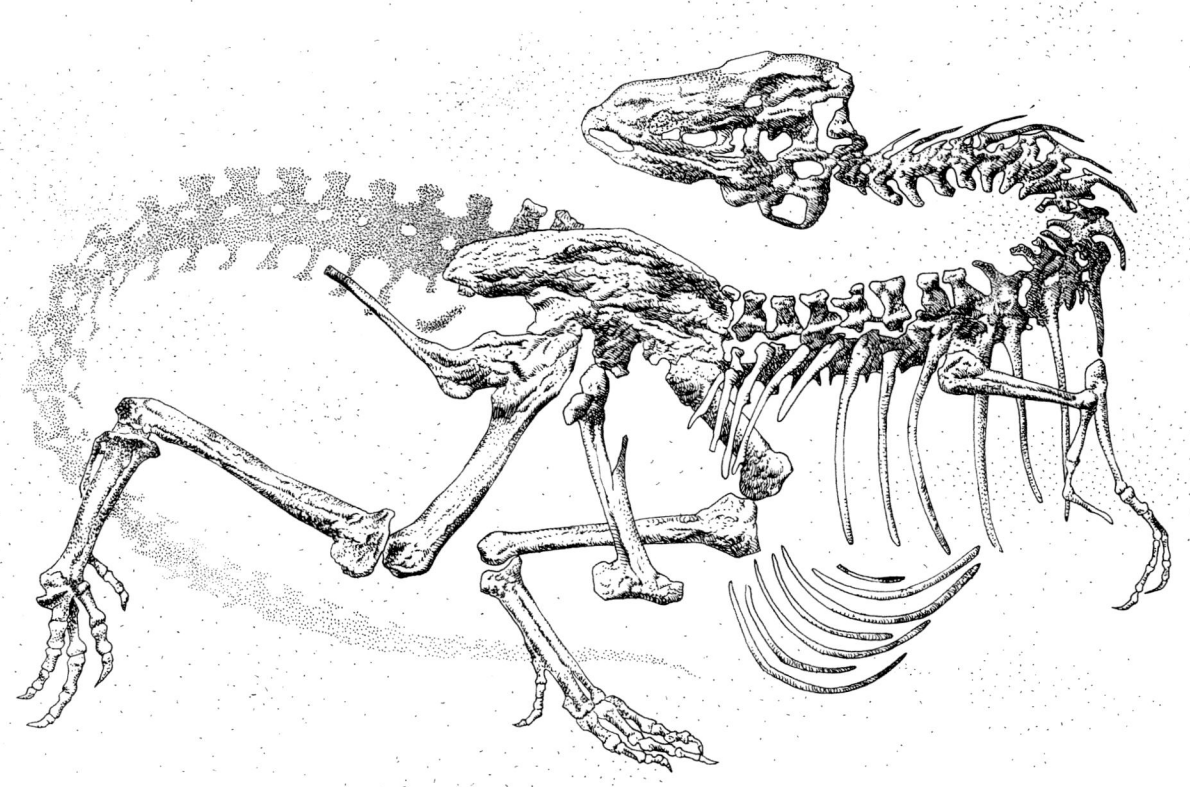

Maße im Vergleich: Hier sehen wir einen Menschen neben der Rekonstruktion eines mittelgroßen Titanosauriden. Es handelt sich um *Titanosaurus australis*, die einzige Familie, die aufgrund eines beinahe vollständigen Skelettes dokumentiert wurde. Er konnte bis zu 12 m lang werden. Seine Fossilien wurden in Cinco Saltos (Brasilien), Neuquen (Argentinien) und Uruguay gefunden.
Unten: Verteilung der Fossilienfunde der Familie der Titanosauriden in der Welt und maßstabsgetreue Rekonstruktion einiger Gattungen.

Man wird wohl noch weitere Fossilienfunde abwarten müssen.

Die Wirbelkörper, besonders der Halswirbelsäule, kamen in Größe und Form nicht an die der Diplodocier heran, dennoch sollte die äußere Form des Halses annähernd gleich gewesen sein. Die schlanken Beine wiederum erinnern an jene der Camarasauriden, wobei die vorderen etwas kürzer waren als die hinteren. Vom osteologischen Standpunkt her erscheinen die Titanosauriden tatsächlich einzigartig unter den Sauropoden. Im Gegensatz zu allen anderen Familien sind die ihnen zugeordneten Wirbel massiv, fast ohne Hohlräume, ein Merkmal, das eigentlich charakteristisch für die primitiveren Formen ist, die im Jura, Millionen von Jahren vor ihnen, gelebt hatten. Gleichzeitig besaßen nicht alle, aber doch einige Titanosauriden morphologische Merkmale, die sie eindeutig als fortschrittlichere Gattungen ausweisen, wie zum Beispiel die harte, panzerartige Haut, die am Rücken von zahlreichen Knochenplatten mit Dornfortsätzen und Stacheln bedeckt war.

Die friedliebenden Pflanzenfresser lebten wahrscheinlich wie der *Diplodocus*, dessen ökologische Nische sie sofort nach seinem Aussterben für sich in Anspruch nahmen. Mit diesen Vorgaben müssen wir davon ausgehen, daß es eine starke Interaktion zwischen Titanosauriden und Camarasauriden gab, da sie in etwa zur gleichen Zeit dieselben Nahrungspräferenzen hatten und so starken Konkurrenzdruck aufeinander ausübten.

Die Camarasauriden, eine Familie, von der wir bisher sieben Gattungen und 13 Spezies kennen, lebten in einem Zeitraum vom oberen Jura bis zur oberen Kreide in einem Gebiet, das ungefähr Nordamerika, Zentral- und Ostasien umfaßte.

Das Knochenmaterial, das bei Ausgrabungen zum Vorschein kam und diesen Tieren zugeschrieben werden konnte, ist im Vergleich zu den Titanosauriden weitaus vollständiger. Und es ist gelungen, all diese Fossilbelege genau den Spezies zuzuordnen, von welchen sie stammten, ja sogar einzelnen Individuen, jungen und alten.

Zwei vollständige Skelette wurden vom *Camarasaurus robustus* entdeckt, viele Funde gibt es auch vom *Euhelopus zdanskyi*. So kann man innerhalb dieser Dinosaurierfamilie etwas vornehmen, was bei den Titanosauriden nicht möglich war: ziemlich präzise Schätzungen ihrer durchschnittlichen Dimensionen. Der *Camarasaurus robustus* erreichte wahrscheinlich

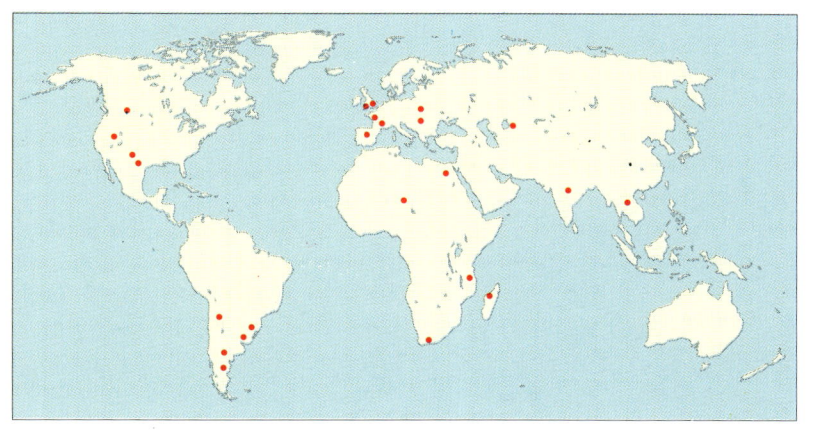

1. *Microcoelus*
2. *Algoasaurus*
3. *Hypselosaurus*
4. *Saltasaurus*
5. *Succinodon*
6. *Titanosaurus*
7. *Tornieria*
8. *Macrurosaurus*
9. *Aepisaurus*
10. *Aegyptosaurus*
11. *Antarctosaurus*
12. *Laplatasaurus*
13. *Alamosaurus*
14. *Argyrosaurus*
15. *Campylodoniscus*
16. *Chondrosteosaurus*

Querschnitt durch die Schale des fossilen Eies eines *Hypselosaurus*. Seine Eier waren länglich und ca. 30 cm lang. Ihr Fassungsvermögen betrug etwas mehr als 3 Liter. Die Oberfläche ist unregelmäßig und rauh. Wahrscheinlich wurde die Schale unter dem Druck der Fossilisation von vielen tausend kleinen Sprüngen durchsetzt.
Unten: Rekonstruktion eines Titanosauriden der Gattung *Saltasaurus*, des einzigen bekannten Sauropoden, der eine Art Panze-

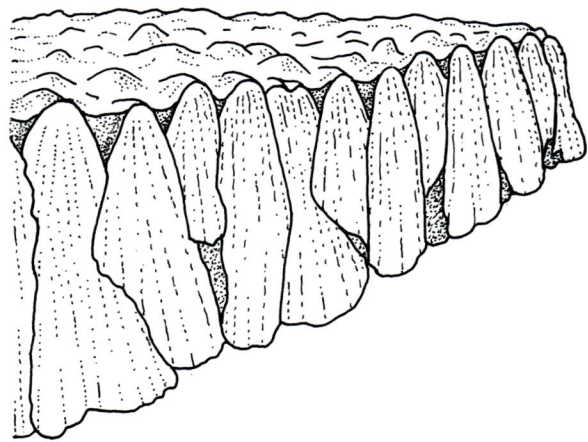

rung auf dem Rücken trug. Diese bestand aus rundlichen Knochenplatten, die mit kleinen, dichtstehenden knochigen Erhebungen in Form von Noppen abwechselten. Die Rekonstruktion dieser besonderen Haut stützte sich auf neue Entdeckungen in der Lecho-Formation in der Provinz Salta, im Nordosten Argentiniens, sowie auch auf jene aus dem Jahr 1896 in Madagaskar.

an die 18 m Länge und ein Gewicht von 18 Tonnen, der *Euhelopus* wurde zwischen 17 und 22 m lang. Das Gewicht der größten Exemplare betrug bis zu 25 Tonnen. So hält der *Euhelopus* den Rekord, was das Gewicht angeht, während die Gattung *Camarasaurus* im Schnitt größer wurde.

Die Proportionen der Titanosauriden lassen sich lediglich aus der Analogie mit den Camarasauriden errechnen. Natürlich handelt es sich bei solchen Zahlen um reine Vermutungen. Man nimmt an, daß diese Pflanzenfresser durchaus Körperlängen bis zu 21 m und ein Gewicht von 25 Tonnen erreichen konnten. Wenn wir auch im Vergleich zu vielen anderen Familien sehr wenig über die Anatomie und das Verhalten der Titanosauriden wissen, können wir bei ihnen, im Gegensatz zu den meisten Dinosaurierarten, sicher sein, daß sie Eier legten. Denn man hat mehrere Gelege in unmittelbarer Nähe der fossilen Überreste des *Hypselosaurus* in Südfrankreich und Spanien entdeckt.

Protoceratopsidae

1922 hatte R. C. Andrews vom American Museum of Natural History in New York eine wissenschaftliche Expedition in die Mongolei organisiert. Einer der Erfolge auf dieser Reise war der Fund eines Schädels von etwa 40 cm Länge, der höchstwahrscheinlich von einem Dinosaurier stammte. Die Entdeckung fand in der Tiefebene von Shabarakh Usu, in der Wüste Gobi, statt. Sie sollte in kurzer Zeit größte Bedeutung erlangen, denn es handelte sich um den ersten Fossilbeleg der Ahnen der gehörnten Dinosaurier, der Ceratopier. Das von der amerikanischen Expedition gefundene Fossil wurde einer neuen Spezies, der ersten der Familie der Protoceratopsiden, zugeschrieben und mit dem Namen *Protoceratops andrewsi* bedacht. Weitere Forschungen in den folgenden Jahren brachten noch 75 Schädel und zwölf vollständige Skelette dieser Art zutage, die ein weites Spektrum an Altersstufen umfaßten. Gleichzeitig fand George Olsen ebenfalls bei Shabarakh Usu, im Oshi-Becken, die ersten versteiner-

Maße im Vergleich: ein Mensch und ein *Protoceratops*. Einige Wissenschaftler beziffern die maximale Länge dieses Dinosauriers mit 1,8 m, andere sprechen von 2,7 m.
Unten: Verteilung der Fossilienfunde der Familie der Protoceratopsiden in der Welt und maßstabsgetreue Rekonstruktion der im Text erwähnten Gattungen. Diese Dinosauriergruppe verdankt ihren hohen Bekanntheitsgrad den zahlreichen Skeletten und Gelegen, die man besonders

ten Gelege mit Dinosauriereiern. Manche waren besonders gut erhalten, man sah genau, daß die Eier in einer Grube im Boden in konzentrischen Kreisen abgelegt worden waren. Nach genauerer Untersuchung fand man sogar die Knochen von nie geschlüpften Jungtieren im Inneren der am besten erhaltenen Exemplare.

Die Entdeckung einer so großen Anzahl von Nestern und Skeletten führte zu der Annahme, daß diese Dinosaurier Herdentiere waren, die in größeren sozialen Verbänden zusammenlebten und auch gemeinsame Nistplätze aufsuchten.

Außerdem erlaubte die Vielzahl von Skeletten genaue anatomische Untersuchungen und Vergleiche und lieferte wichtige, präzise Informationen über die Biologie der Tiere. Peter Dodson von der Universität Pennsylvania nahm an 24 *Protoceratops*-Schädeln Messungen vor.

Aufgrund der Länge des Nasenbeins, der Maße des Nackenschildes und des Schädelumfangs glaubte er sagen zu können, welche der Tiere weiblichen Geschlechts waren und welche männlich. Er ging

davon aus, daß bei vielen Dinosaurierfamilien eine geschlechterspezifische Proportionierung vorlag. Es ist tatsächlich möglich, daß die Unterschiede in Zusammenhang mit dem sexuellen Rollen- und auch dem Sozialverhalten standen. Die größeren Dimensionen des Nackenschildes der Männchen hätte für die Weibchen ein Auswahlkriterium in der Paarungszeit darstellen können.

Die Protoceratopier erreichten sicherlich im Schnitt eine Länge von 1,8 m. Einzelne Individuen, wie man aus einigen unvollständigen Überresten schließt, konnten dabei durchaus bis zu 2,7 m lang werden. Ihr Schädel nahm etwa ein Drittel der Gesamtkörperlänge ein. Zwei der Schädelknochen des *Protoceratops* waren eigenwillig geformt, sie erstreckten sich über den Nacken hinaus und verbanden sich über den Halswirbeln, wodurch eine Art Halskrause, der charakteristische knöcherne Nackenschild, entstand. Bei den Jungtieren war dieses besondere Merkmal noch sehr wenig ausgeprägt, doch mit zunehmender Größe und Alter entwickelte es sich immer deutlicher. Im ersten Moment glaubten die Forscher, daß diese extra-

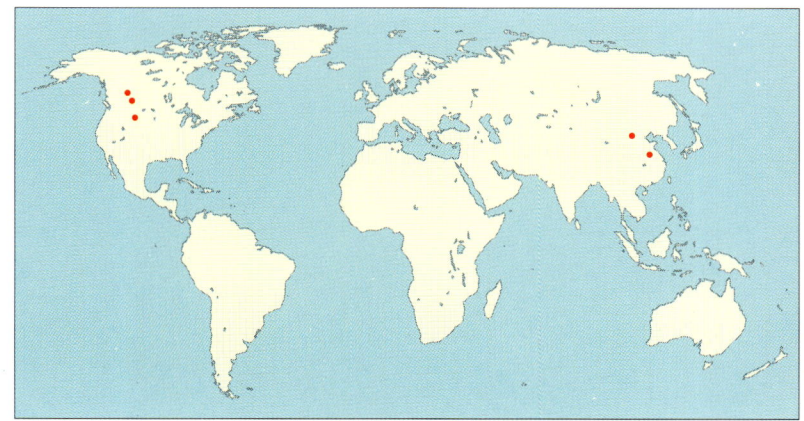

zwischen 1923 und 1971 in der Mongolei und in Nordamerika gefunden hat.

1. *Microceratops*
2. *Bagaceratops*
3. *Leptoceratops*
4. *Protoceratops*
5. *Montanoceratops*

Oben: das fossilisierte Gelege eines *Protoceratops*. Die hier im Sand versunkenen Eier wurden in konzentrischen Kreisen gelegt und wahrscheinlich von den erwachsenen Tieren bebrütet. Bei der Untersuchung fand man in manchen von ihnen einen wissenschaftlichen Schatz: die fossilen Knochen der niemals geschlüpften Jungtiere.

vagante Konstruktion eine Art Schutzschild darstellte. Doch als man im Labor Detailuntersuchungen an den Schädelknochen vornahm, fand man heraus, daß die Fortsätze weniger einen Schutz als vielmehr einen verbesserten Ansatzpunkt für die mächtige Hals- und Kiefermuskulatur der Tiere darstellen mußte.

Da der Schild nicht massiv, sondern von zwei großen Fenstern durchbrochen und so in seinem Gewicht reduziert ist, setzten die Muskeln in Wirklichkeit nur an seinem Rand an.

Der Kauapparat des *Protoceratops* mußte massiver sein als der eines jeden andern Pflanzenfressers seiner Zeit, effektiver sogar als der der Hadrosaurier, die bisher immer als die effizientesten in der Welt der Herbivoren gerühmt wurden. Die Halsmuskeln dienten nämlich bei den Pflanzenfressern hauptsächlich zur Bewegung des Unterkiefers, und nach dem, was man aus den Proportionen bei den Protoceratopiern schließen muß, konnte das Maul mit enormer Gewalt zuschnappen. Zum Unterschied von den Hadrosauriern, die ihre Nahrung ausgiebig kauten, schnitten die Protoceratopier Äste und besonders hartes oder großes Blattwerk lediglich in kleinere Stücke. Ihre Zähne waren in Batterien angeordnet. Mehrere übereinanderliegende vertikale Reihen funktionierten wie große Heckenscheren, ein Attribut, das auch die Ceratopier, ihre Nachfolger, erben sollten.

Ein anderes typisches Merkmal, der papageiennartige Schnabel, diente ebenfalls der Verbesserung der Nahrungsaufnahme.

Die zu Beginn der Kreide dominierenden Pflanzen gehörten meist zur Familie der Zykadophyten und Palmen, deren Gewebe aus harten, robusten Fasern besteht. Nur scharfkantige Zähne und kräftige Kiefer waren in der Lage, mit dieser Nahrung fertig zu werden. Wahrscheinlich schluckten die Protoceratopier auch Steine, die sich sodann in den Magenwänden einnisteten und beim Aufschließen der Zellulosefasern wertvolle Dienste leisteten. Viele solcher Gastrolithen wurden im Bauchraum von Protoceratopier-Skeletten entdeckt.

Die Protoceratopier mußten Vierbeiner gewesen sein, die sich ziemlich langsam fortbewegten. Ihre Beine waren vorne wie hinten mehr oder weniger gleich lang, wobei die hinteren etwas kräftiger gebaut erschienen. Von diesen vor 95 Millionen Jahren in Zentralasien sehr verbreiteten Dinosauriern kennen wir mehrere Gattungen: *Leptoceratops* und *Microceratops* konnten wahrscheinlich fallweise auch auf die bipede Fortbewegung zurückgreifen, *Montanoceratops* und *Bagaceratops* sind zwar von unterschiedlicher Größe, haben jedoch als Gemeinsamkeit ein Horn auf der Nase. Sehr interessant ist, daß die Psittacosauriden, Zweibeiner, die einen Schnabel besaßen, als die Vorfahren der Protoceratopier angesehen werden. Ausgehend von ihnen entwickelten sich wahrscheinlich zuerst die bipeden, dann die quadrupeden Formen. Parallel zum Fortbewegungsapparat bildeten sich auch der Nackenschild und die Hörner mancher Gattungen aus.

Hier sehen wir ein fossiles *Protoceratops*-Ei in Originalgröße. Wurde es auch durch den Prozeß der Fossilisation ein wenig beschädigt, hat es doch viele seiner ursprünglichen Charakteristika bewahrt.
Rechte Seite: Rekonstruktion eines *Protoceratops andrewsi* bei seinem Gelege. Die Annahme, daß es sowohl vor als auch nach dem Schlüpfen der Jungen Brutpflege gab, scheint zwar realistisch, ist jedoch rein hypothetisch

Ceratopsidae

Im Jahre 1887 fand Georges L. Cannon am Ufer des Green Mountain Creek in der Nähe von Denver, Colorado, ein paar Hörner, die beinahe aussahen wie die heutiger Rinder. Er schickte die Fundstücke dem Paläontologen O. C. Marsh von der Universität Yale, damit sie offiziell anerkannt und zugeordnet würden. Marsh stellte fest, daß die Hörner einer bis heute unbekannten Bisonart gehören mußten, die er *Bison alticornis* nannte.

Im Mai 1888 fand John B. Hatcher, ein enger Mitarbeiter von Marsh, in Montana zahlreiche Knochenfragmente, darunter Teile eines Schädels mit zwei Hörnern über den Augen. Im Dezember desselben Jahres wurden die fossilen Überreste einer neuen Dinosaurierart zugeordnet, die von nun an *Ceratops montanus* hieß. Die Hörner des *Ceratops montanus* glichen in auffallender Weise nicht nur jenen des *Bison alticornis*, sondern auch jenen auf einem anderen Schädel, der in der Zwischenzeit in Wyoming aufgetaucht war. Als Neuheit fanden sich bei diesem Exemplar insge-

samt drei davon, zwei über den Augenhöhlen und eines auf dem Nasenbein. Ein guter Grund, eine neue Spezies mit dem Namen *Triceratops horridus* ins Leben zu rufen. *Bison alticornis* verschwand sang- und klanglos aus der Taxonomie, seine Überreste galten fortan als die des *Triceratops*.

Zwischen 1922 und 1925, während einer amerikanischen Expedition in Zentralasien, kamen mehr als 100 Exemplare fossiler Dinosaurier ans Licht, die den amerikanischen Vorbildern in vielem glichen. Die umfangreichen Funde in der Mongolei erlaubten den Wissenschaftlern nicht nur, Rekonstruktionen mit hohem Realitätswert zu erzielen und glaubwürdige Hypothesen über Morphologie, Verhalten und Bedingungen im Lebensraum der Ceratopier aufzustellen, sondern auch ihre phylogenetische Geschichte zu rekonstruieren. Mit einiger Sicherheit kann man davon ausgehen, daß die in Asien gefundenen Protoceratopier die Vorfahren dieser Ceratopsiden oder Horndinosaurier waren. Höchstwahrscheinlich waren sie in der Kreide von den Steppen Zentralasiens über die Beringstraße in den Osten Nordamerikas eingewandert. In der oberen Kreide schnitt ein Meeresarm den westlichen Teil Nordamerikas vom Osten ab, was eine unüberwindbare Barriere für die Ceratopier darstellte, die reine Land-

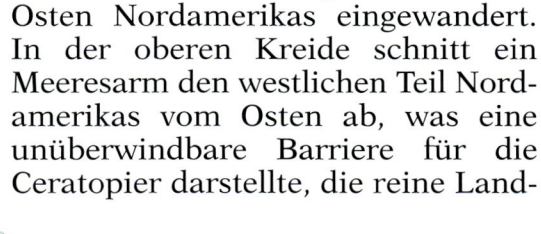

195

Maße im Vergleich: ein Mensch und ein *Triceratops*, die größte Gattung der Familie.
Unten links: Verteilung der Fossilienfunde der Familie der Kurzschild-Ceratopier in der Welt und maßstabsgetreue Rekonstruktion der im Text erwähnten Gattungen.

bewohner waren. Ihre Evolution kam daher im östlichen Teil zu ihrer Vollendung und auch zu ihrem Ende, was sich hauptsächlich darin niederschlug, daß im Vergleich zu den asiatischen Vorfahren ihre Dimensionen sowie ihre Hörner und Nackenschilder immer größer wurden.

Alle zu dieser Familie gehörigen Dinosaurierarten hatten einen ähnlich kräftigen, massigen und gedrungenen Körper wie etwa die heutigen Nashörner. Sie waren Vierbeiner mit stärker entwickelten Hintergliedmaßen und einem kurzen Schwanz, was erneut darauf schließen läßt, daß unter ihren Urahnen wahrscheinlich Zweibeiner gewesen sein müssen. Wir denken dabei wieder an *Psittacosaurus* oder *Microceratops*. Die Vorderbeine waren dennoch auch ziemlich kräftig und hatten Knochenvorsprünge, an welchen ebenfalls Muskeln ansetzten, die so robust waren, daß sie runzlige Abdrücke auf Schulterblatt und Beinknochen hinterließen. Die breiten Füße lieferten dem schweren Körper sicheren Stand.

Die Entwicklung so kräftiger anatomischer Besonderheiten am vorderen Teil des Körpers steht in direktem Zusammenhang mit der Tatsache, daß sie einen umfangreichen Kopf tragen mußten. Sowohl Schultergürtel als auch Hals dieser Dinosaurier sind jeweils dafür gebaut, großes Gewicht zu bewältigen. Der den Protoceratopiern in vielem sehr ähnliche Schädel weist der typischen Nackenschild nun schon in sehr ausgeprägter Form auf. Der Knochen, der ihn stützte, konnte massiv oder durchbrochen sein, hatte am Rand dornartige Knochenfortsätze und bedeckte Hals, Nacken und oft auch noch einen Teil des Rückens. Von Spezies zu Spezies wurde er immer größer. Dieses außergewöhnliche Schmuckstück zierte einen übergroßen, schwer auf den Schultern lastenden Kopf. Beim *Triceratops* konnte er bis zu 2,5 m lang werden, was einem Drittel der Gesamtlänge des Tieres entspricht.

Die Funktion der Halskrause, die viel diskutiert wurde, konnte nicht nur auf Schutz ausgerichtet sein. Wahrscheinlicher ist sie eine Ansatz- und Tragefunktion für die extrem mächtige Hals- und Kiefermuskulatur. Es ist ebensogut möglich, daß es sich dabei um ein geschlechtsspezifisches Merkmal handelte, das sekundär auch der Einschüchterung von Rivalen und der Anzeige des sozialen Rangs diente. Den Schädel zier-

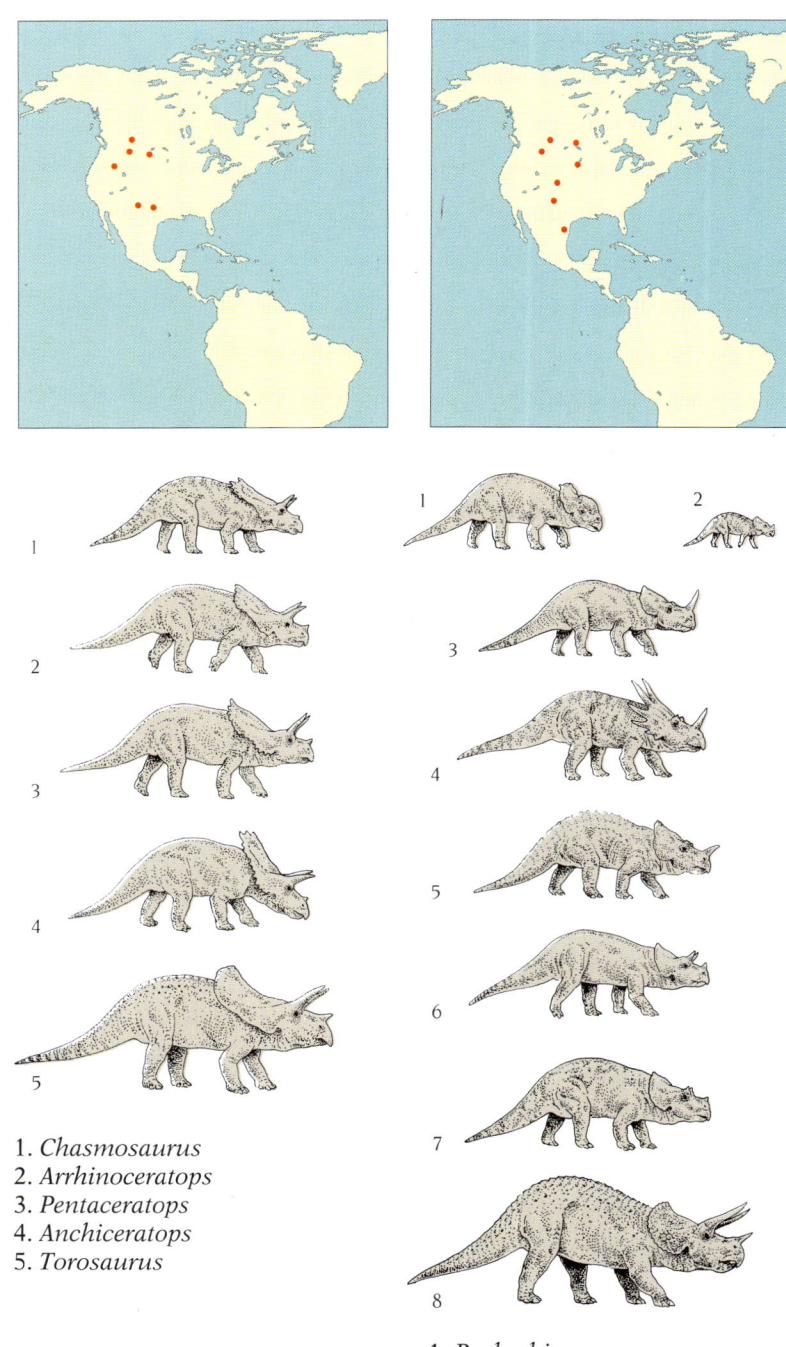

1. *Chasmosaurus*
2. *Arrhinoceratops*
3. *Pentaceratops*
4. *Anchiceratops*
5. *Torosaurus*

1. *Pachyrhinosaurus*
2. *Brachyceratops*
3. *Monoclonius*
4. *Styracosaurus*
5. *Centrosaurus*
6. *Eoceratops*
7. *Ceratops*
8. *Triceratops*

Hier die schematische Darstellung des Verlaufs und des Ansatzes der Muskeln zur Bewegung des Unterkiefers eines *Ceratops*. Es ist gut möglich, daß sich die Nackenschilder dieser Dinosaurier mehr und mehr entwickelten, weil sie der zur Bewegung des Kauapparates notwendigen Muskulatur eine immer bessere und größere Ansatzfläche und damit auch Stütze boten. Mit ihren spezialisierten, hocheffizienten Kiefern und Zähnen konnten die Ceratopsiden immer bes-

ser kauen und so ihre Nahrungsaufnahme optimieren. Die untenstehenden Zeichnungen zeigen die Anordnung der Zähne in ganzen »Batterien« sowie ihre scherenartige Funktionsweise beim *Triceratops*. Die Tatsache, daß die Zähne in vertikalen Reihen angelegt sind, gewährleistet sofortigen Ersatz für einen vollständig abgenutzten oder aus einem anderen Grunde verlorenen Zahn. Der in unserer Skizze in Schwarz gekennzeichnete Zahnschmelz, der im Ober- und

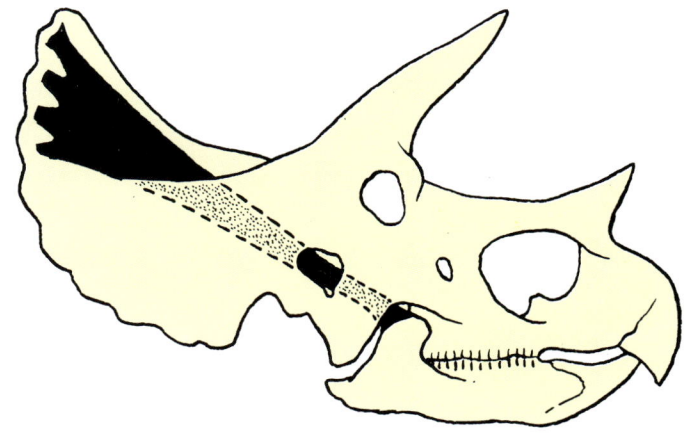

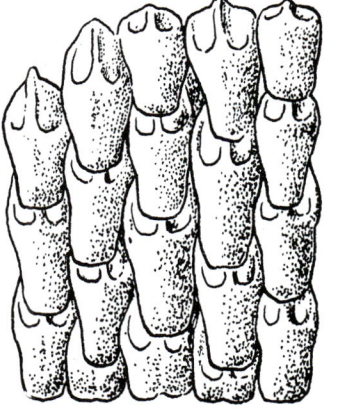 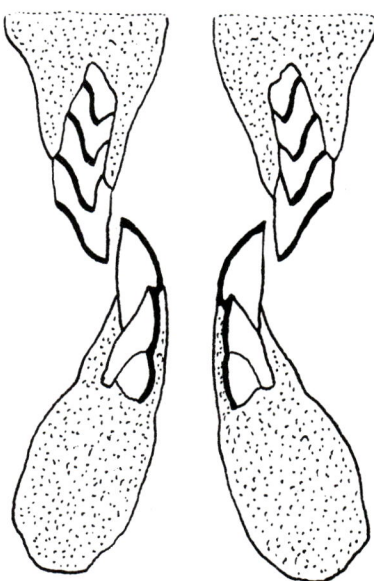

ten weiters zwei Hörner oberhalb der Augenhöhlen, die beim *Triceratops* bis zu 90 cm lang waren, und eines auf dem vorderen Gesichtsschädel, im Bereich des Nasenbeins. Hierbei handelte es sich um wirksame Verteidigungswaffen. Daß sie in dieser Weise benutzt wurden geht aus Fossilfunden hervor, wo die Hörner Kerben und Sprünge aufwiesen. Ober- und Unterkiefer endeten in einem papageienartigen Schnabel, während im hinteren Teil des Mauls 30 bis 35 Zahnreihen, einer über dem anderen in den Zahnhöhlen saßen, so daß ein abgenutztes oder verlorenes Exemplar sofort durch Nachrücken eines identischen ersetzt wurde: ein hochspezialisiertes Pflanzenfressergebiß.

Die schmalen, sehr scharfen Zähne trafen beim Kauen aufeinander wie die Schneiden einer Schere, ähnlich, wie es bei den Protoceratopiern bereits der Fall war. Bis zu 1 m lange, am Nackenschild ansetzende Muskeln bewegten diesen Kauapparat. Vielleicht liegt hier einer der Hauptgründe für den Erfolg dieser Familie. Wie ihre Vorfahren konnten sie sich problemlos von hartfaserigem Pflanzenmaterial wie Cycadeen und Palmen ernähren, die in der Kreide sehr häufig waren, die aber nicht viele Gattungen wirklich verdauen konnten. So hatten sie wenig Nahrungskonkurrenz und waren gleichzeitig sehr anpassungsfähig an andere Ernährungsweisen.

Die ersten drei Nackenwirbel waren miteinander verwachsen, was unter Umständen ebenfalls den Zweck hatte, das Gewicht des Kopfes leichter zu tragen oder bei gewaltsamen Stößen mit den Hörnern keine Verschiebung in der Halsgegend zu erleiden. Auch die beiden, sehr breiten und miteinander verankerten Schulterblätter bildeten einen guten Ansatz für die Rückenmuskulatur.

Diese Tiere bewegten sich sehr langsam fort und ergriffen so gut wie nie die Flucht vor einem Räuber. Deshalb stellte der feste Stand auf allen vier Beinen eine unerläßliche Voraussetzung für ihre Art der Verteidigung dar. Ihre Hauptfeinde waren die Tyrannosauriden. Es ist sehr wahrscheinlich, daß die Ceratopier in Herden lebten und sich im Falle eines Angriffs durch einen Karnivoren ähnlich verhielten wie heute die Moschusochsen: Sie stellten sich im Kreis um die Jungtiere und Weibchen auf, so daß der Angreifer erst einmal den dichten Wall aus Nackenschildern und Hörnern durchbrechen mußte.

Unterkiefer jeweils die gegenüberliegende Seite des Zahnes bedeckt, gewährleistet einen noch besseren, saubereren Schnitt. Wahrscheinlich zerkleinerten diese Herbivoren die Pflanzen, bevor in weiterer Folge der Muskelmagen die Aufarbeitung zu einem nahrhaften Brei vornahm.

Unten: Die wahrscheinliche Evolution der Ceratopsiden, ausgehend von einem gemeinsamen Vorfahren aus der Gruppe der Protoceratopsiden. Im Laufe von Jahrmillionen entwickelten sich:

1. *Brachyceratops*
2. *Chasmosaurus*
3. *Pachyrhinosaurus*
4. *Monoclonius*
5. *Styracosaurus*
6. *Anchiceratops*
7. *Pentaceratops*
8. *Torosaurus*
9. *Arrhinoceratops*
10. *Triceratops*

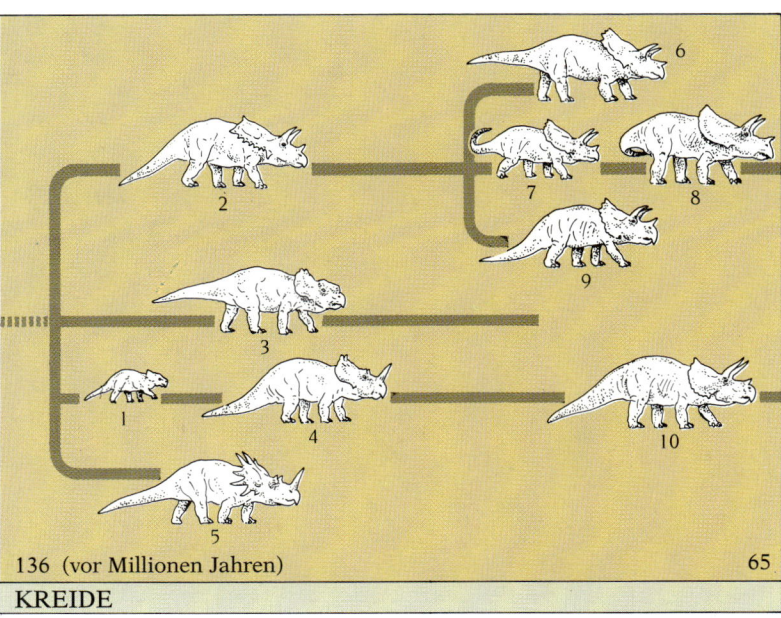

136 (vor Millionen Jahren)　　　65

KREIDE

197

Schon von den ersten Entdeckungen an konnte man innerhalb dieser Familie zwei verschiedenen Evolutionslinien unterschieden, nämlich jene mit langem und jene mit kurzem Nackenschild. Auch wenn diese Unterscheidung für das Studium der Tiere recht hilfreich und daher noch weit verbreitet ist, muß man dennoch an ihrer Existenzberechtigung zweifeln. *Triceratops* beispielsweise gilt als Ceratopier mit kurzem Schild, doch er würde vielmehr jenen mit langem Schild gleichen, wenn man nicht die Länge des gesamten Schildes sondern nur jene der Knochen, die es bilden, in Betracht zöge.

Dank der von Hatcher in Wyoming durchgeführten Forschungen, die zur Entdeckung von 32 fossilen Schädeln führten, sind die Triceratopier in der Öffentlichkeit sehr bekannt. Sie hatten einen massiven Nackenschild mit dreieckigen Fortsätzen an seinem äußeren Rand. Auf dem vorderen Gesichtschädel saßen drei Hörner, zwei sehr lange auf der Stirn und ein kürzeres auf dem Nasenbein. Anscheinend konnten sie ihren Kopf in Relation zur Längsachse um 90° drehen, was ihnen erlaubte, auch mit dem Schnabel oder den Hörnern den Boden bei der Nahrungssuche aufzuwühlen. Die Anatomie dieser Tiere ist tatsächlich auf ein Leben mit vorwiegend gesenktem Kopf ausgerichtet, wobei die Hörner stets nach vorne zeigten. Die Seitwärtsbeweglichkeit des Kopfes war unter anderem auch deshalb so wichtig, weil ihre Augen weit auseinanderstanden und sie daher nur eine ungenügende

Rekonstruktion der Köpfe einiger der repräsentativsten Gattungen. Von links nach rechts: *Monoclonius, Arrhinoceratops, Chasmosaurus, Styracosaurus, Ceratops* und *Pachyrhinosaurus.* Augenfällig ist die sehr verschiedene Ausprägung des Nackenschildes und der Hörner, woran man die einzelnen Gattungen leicht unterscheiden kann.

Rechte Seite: Ein *Triceratops prorsus*-Pärchen weidet in einem Mischwald in Montana (USA). Diese bis zu 9 m langen und 5 Tonnen schweren Tiere gehören zu der größten Gattung der Ceratopsiden. Sie trugen, wie ihr Name schon sagt, drei Hörner am vorderen Schädelbereich, darunter zwei über den Augen, die fast 1 m lang wurden, und ein kürzeres auf der Nase. Ihr kompaktes, kurzes Nackenschild war an seinem Rand mit kleinen, knochigen Erhöhungen besetzt.

Sicht nach vorne hatten. Manche der Triceratopier erreichten gigantische Dimensionen: *Triceratops horridus* zum Beispiel konnte bis zu 9 m lang und 5,5 Tonnen schwer werden. Bei den Ceratopiern mit langer Halskrause ist der Schädel schmaler und spitzer, im Gegensatz zu den anderen Spezies können bei ihnen die Hörner auf der Stirn länger sein als jene auf der Nase. Hier wollen wir all die Arten aufzählen, die am Ende der Kreide in Nordamerika lebten: *Anchiceratops, Arrhinoceratops, Chasmosaurus, Pentaceratops* und *Torosaurus,* der zwar nur 7,6 m lang aber dennoch über 8 Tonnen schwer wurde. Unter den Kurzschild-Ceratopiern, die in Alberta, Kanada, gefunden wurden, sind besonders *Centrosaurus, Pachyrhinosaurus* und *Styracosaurus* zu erwähnen.

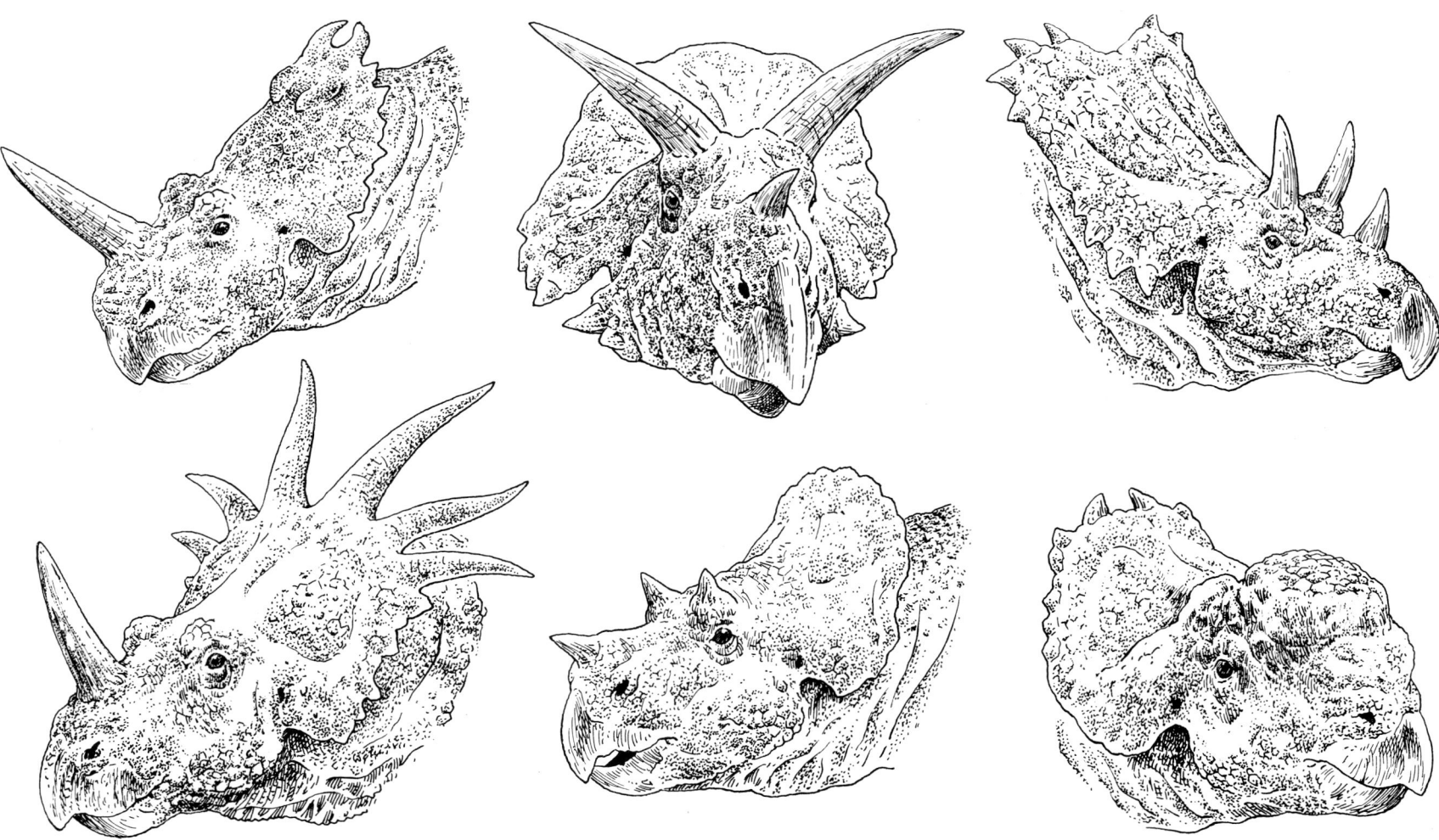

Größe, Haltung und Gang des *Torosaurus* (links), verglichen mit dem *Chasmosaurus* (rechts). Hier wird offenbar, wie trotz der Zugehörigkeit zur gleichen Gruppe dennoch augenfällige Unterschiede zwischen den einzelnen Gattungen auftreten können.

Robert Bakker hält die Haltung des *Chasmosaurus* mit den halbaufgerichteten, seitlich abstehenden Vordergliedmaßen, wie sie hier und auch in vielen Museen gezeigt wird, übrigens für

unwahrscheinlich. Nach seiner Meinung beweisen zahlreiche Fußabdrücke, daß der *Chasmosaurus* ebenso wie alle anderen Dinosaurier gerade unter dem Körper stehende Beine und beim Gehen eine perfekt aufrechte Haltung hatte.

Hadrosauridae

Die letzten aus der Ordnung der Ornithopoden, die sich entwickelten, erschienen um die Mitte der Kreide und lebten etwa 30 Millionen Jahre. Ein relativ kurzes Gastspiel, gemessen an den Zeiträumen, die andere Spezies auf Erden zubrachten. Sie besaßen einige Merkmale, die sie zu ganz besonderen, unverwechselbaren Dinosauriern machten: Die Kopfform mit den auffälligen kammartigen Fortsätzen erleichtert die Unterscheidung der einzelnen Spezies, den Händen und Füßen fehlt jeweils der erste Finger bzw. Zeh, die Hand weist eine Art Schwimmhaut zwischen den Fingern auf.

Das erste Skelett wurde 1858 von Joseph Leidy beschrieben. Zu diesem *Hadrosaurus foulkii* gesellte sich 1908 noch das mumifizierte Skelett der Brüder Sternberg. Mit ihren 3 bis 15 m Länge und ihrem Gewicht von bis zu 3 Tonnen zeig-

ten diese Dinosaurier den klassischen Körperbau der Ornithopoden: die Wirbelsäule verstärkt durch verknöcherte Sehnen, der Schwanz gestützt von Wirbeln mit langen, dünnen Fortsätzen so flach wie ein Ruderblatt, die hinteren Gliedmaßen länger und robuster als die vorderen, wobei letztere jedoch ihre Funktion als Beine keineswegs verloren hatten, denn die Hadrosaurier waren sozusagen »Gelegenheitsvierbeiner«, die manchmal in quadrupeder Haltung nach Nahrung am Boden suchten.

Der längliche Schädel schließlich endete in einem entenartigen Schnabel, weswegen diese Tiere oft auch »Entenschnabeldinosaurier« genannt werden. Er war gekrönt von einem charakteristischen Knochenkamm, der aus Fortsätzen des Nasenbeins bestand und je nach Spezies mehr oder weniger groß und raffiniert geformt sein konnte. Im Inneren dieses Kopfschmuckes befand sich ein kompliziertes System röhrenartiger Hohlräume. Wie die Iguanodonten, mit denen sie wahrscheinlich phylogenetische Verbindungen haben, besaßen sie im hinteren Kieferbereich mehrere Reihen funktioneller Zähne, die sich immer wieder ersetzten. Wahrscheinlich war der Kauapparat der Hadrosaurier noch effizienter und ausgeklügelter als jener der Iguanodonten.

Große Batterien mit Dutzenden von Zähnen übereinander gewährleisteten sofortigen Ersatz, falls einmal einer ausfiel oder zerbrach, ohne daß jemals eine Lücke entstand. Im Gebiß eines erwachsenen Hadrosauriers erfüllten jeweils 200 bis 400 Zähne ihre Kaufunktion, während 480 bis 1200 Ersatzzähne auf ihren Einsatz warteten. Sie waren leicht gekrümmt, wobei die oberen an ihrer äußeren und die unteren an der inneren Seite einen Überzug aus Zahnschmelz trugen. So wirkten die glatten Seiten zusammen wie die beiden Schneiden einer Schere und konnten die härtesten Fasern zerteilen, wie zum Beispiel die des siliziumrei-

Maße im Vergleich: der Mensch mit den Rekonstruktionen eines *Lambeosaurus* (links), eines *Claosaurus* (Mitte) und eines *Edmontosaurus* (rechts).
Mitte: Verteilung der Fossilienfunde der Familien der Lambeosauriden (blau) und der Hadrosauriden (rot) in der Welt und maßstabsgetreue Rekonstruktion der im Text erwähnten Gattungen.
Unten: Von links nach rechts Rekonstruktion der Köpfe des *Saurolophus*, des *Tsintaosaurus*, des *Anatosaurus*, des *Parasaurolophus* und des *Corythosaurus*. Die einzelnen Gattungen sind durch ihre sehr verschiedenen Kämme gut zu unterscheiden. Ihr Kopfschmuck wird aus Ausläufern des Nasenbeins gebildet.

chen Schachtelhalms. Viele Spezies hatten auch Backentaschen, wo die noch nicht zerkaute Nahrung gespeichert wurde.

Die Tatsache, daß sie Schwimmhäute an den Händen hatten und auch der Schwanz zum Schwimmen tauglich war, sowie wegen ihrer Zähne, die lange Zeit als spezialisiert für das Abweiden von Wasserpflanzen galten, glaubte man, daß diese Dinosaurier nicht nur den Schnabel, sondern auch die Lebensgewohnheiten mit den Enten gemeinsam hätten. Immer wieder wurden sie daher in flachen Gewässern dargestellt, in Sümpfen und Teichen, wie sie mit dem Schnabel nach kleinen Krustentieren im Schlamm suchten.

Heute gibt es allerdings eine Reihe von Argumenten, die gegen diese Hypothese sprechen. Zuallererst muß angeführt werden, daß sie, wie schon erwähnt, in der Lage waren, härteste Fasern zu kauen, eine Eigenschaft, die für zarte Wasserpflanzen ganz und gar unnötig ist und sie dafür überqualifizierte. Die Schwimmhäute an den Händen könnten vielleicht dadurch erklärt werden, daß sie Resultat einer Deformation bei der Fossilisation sind und zu Lebzeiten des Tieres etwas ganz anderes darstellten. Robert Bakker

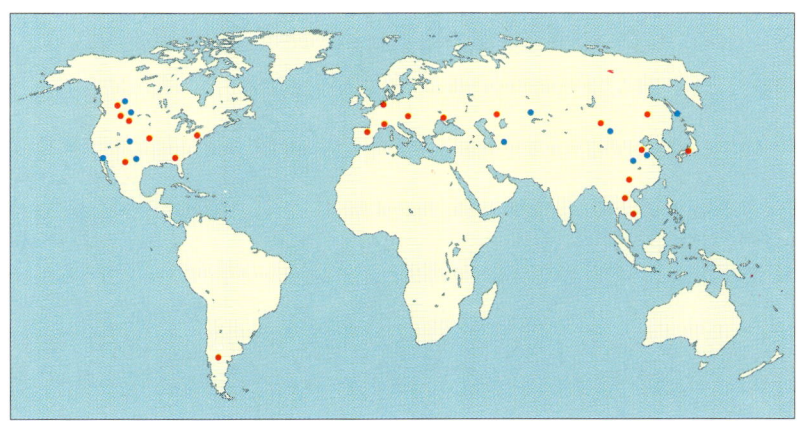

1. *Bactrosaurus*
2. *Mandschurosaurus*
3. *Hadrosaurus*
4. *Parasaurolophus*

5. *Tsintaosaurus*
6. *Corythosaurus*
7. *Lambeosaurus*

Teile der Zahnbatterien des *Trachodon*, eines Entenschnabeldinosauriers der oberen Kreide. In Realität sind sie etwa 4 cm breit. Das rechte Teil zeigt die Außenseite der Batterie. Man sieht genau, daß sie aus übereinanderliegenden Zähnen besteht. Das linke Teil sehen wir von oben. Die scharfen Ränder der Kauflächen, deren Aufgabe die Zerkleinerung der Nahrung war, sind deutlich zu erkennen. Rechts: Abguß des Schädels eines *Parasaurolophus,* einer

glaubt, daß die Hadrosaurier ähnlich gepolsterte Hände und Zehen hatten wie etwa die Dromedare, die nach dem Tod austrockneten und nach der Fossilisation wie Schwimmhäute aussahen.

Doch das überzeugendste Argument dafür, daß sie Landbewohner waren, ist eindeutig das Ergebnis der Analyse des Mageninhaltes des mumifizierten Skeletts: Kiefernnadeln, Koniferenzweige und -samen waren seine letzte Mahlzeit. Die Untersuchung der Pflanzenfossilien, die bei den Hadrosauriern gefunden worden waren, lassen vermuten, daß sie in Tiefebenen mit feuchtwarmem Tropenklima lebten, wo es ausgedehnte Koniferenwälder gab, sowie Pappeln, Weiden und Eichen. Ihr Schwanz ist das einzige, was noch eventuell an eine aquatische Lebensweise denken ließe. Wahrscheinlich konnten sie auch schwimmen und ihn dabei als Antriebsmittel nutzen. Es ist gut möglich, daß in einer Welt der aggressiven Räuber und der gepanzerten Pflanzenfresser die harmlosen Hadrosaurier ihr Heil vorwiegend in der Flucht suchten und dabei oft auch ins Wasser gingen, wohin ihnen nur wenige folgten.

Schnell laufen konnten sie sicher nicht, auch besaßen sie keinerlei Waffen zu ihrer Verteidigung. Höchstens hatten sie die Möglichkeit, nach dem Gegner auszuschlagen. Wenn sie dennoch 30 Millionen Jahre über-

lebt haben, muß man annehmen, daß sie sich trotz allem irgendwie gegen die Räuber behaupten konnten. Vielleicht half ihnen außer der Fluchtmöglichkeit ins Wasser noch eine besonders gute Tarnung, durch die sie für ihre Feinde unsichtbar wurden. Aus der Analyse des mumifizierten Skeletts wissen wir, daß ihre Epidermis trotz der typischen Reptilschuppen sehr fein und von konvexen Knötchen durchsetzt war. Morphologisch glich sie jener moderner, giftiger Echsen (*Heloderma horridum, Heloderma suspectum*), die in den Wüstenzonen von Guatemala, Mexiko und den südlichen Vereinigten Staaten leben und prächtig gefärbt sind.

Zahlreiche Hinweise gibt es bei dieser Familie auch auf ein ausgeprägtes Sozialleben. Der Großteil der Fachwelt interpretiert beispielsweise die Kämme auf den Köpfen der Hadrosaurier als Ausdruck eines komplexen sozialen Gefüges. Wären sie wirklich mit auffälligen Farben geschmückt gewesen, könnten sie optisches Zeichen für Fortpflanzungsbereitschaft während der Paarungszeit sein. Das Weibchen würde das Männchen mit dem größten und prächtigsten Kopfschmuck auswählen. Bei der Austragung eines Konfliktes zwischen Rivalen könnte es bereits genügen, den Kamm vorzuzeigen, um einen Vergleich herauszufordern, und der Unterlegene würde das Feld räumen. Ebenso ist es

sehr großen Gattung, die besonders häufig in Kanada vorkam.

Hier sehen wir das fossile Skelett eines *Parasaurolophus*, wie es in der Natur gefunden wurde. Die typischen Merkmale der Hadrosauriden – der Knochenkamm, der Entenschnabel und die Zahnbatterien – sind deutlich zu sehen. Dieser Kamm ist mit 1 m Länge übrigens der größte, der bisher entdeckt wurde.

Rechte Seite: ein *Lambeosaurus* und ein *Parasaurolophus*-Pärchen in einem für die Kreidezeit typischen Feuchtbiotop.

Obwohl man nun allgemein der Ansicht ist, daß die Hadrosauriden echte Landbewohner waren, stellt man sie immer noch gerne in Teichen und Seen dar, weil man aufgrund der besonderen, abgeflachten Form ihres Schwanzes glaubt, daß sie gute Schwimmer waren.

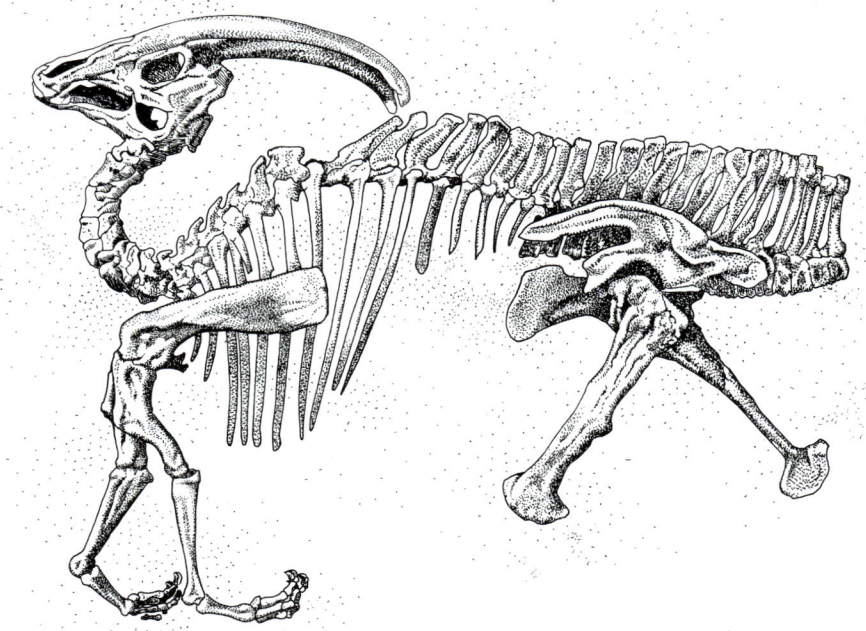

Heloderma horridum, ein modernes Reptil, dessen Haut vermutlich ähnliche Charakteristika aufweist wie die der Entenschnabeldinosaurier. Wie sie hat das Tier eine sehr feine Oberhaut, die nicht aus richtigen Schuppen, sondern aus einer Vielzahl kleiner, knötchenförmiger Erhebungen besteht. Bei der Gattung *Saltasaurus* umgaben diese Noppen kreisrunde Knochenplatten von ca. 11 cm Durchmesser, die mit zahlreichen Hornstacheln besetzt waren.
Schematische Darstellung der möglichen Evolution dieser Dinosaurier anhand ihrer Schädel. Die phylogenetischen Verbindungen zwischen den einzel-

möglich, daß er den sozialen Rang anzeigte, wobei der größte und auffälligste dem dominanten Männchen gehörte. Und schließlich könnte das raffinierte System von Gängen und Röhren Resonanzkörper für Rufe gewesen sein. Die hochentwickelten sozialen Strukturen dieser Familie lassen sich auch an den kollektiven Nistplätzen, die in Montana gefunden wurden, und an den daraus gewonnenen Informationen über ihre Brutpflege ablesen.

Neben den zahlreichen Arten, die man in Nord-, Mittel- und Südamerika gefunden hat, sind auch jene bekannt, die aus Asien stammen, genauer gesagt aus der Mongolei, wie *Bactriosaurus* und *Mandschurosaurus*, aus China, wie der *Tsintaosaurus*, und aus Japan, wie der *Nipponosaurus*. Die Verteilung der Fundstücke auf der Welt zeigt an, daß sich die Hadrosaurier wahrscheinlich zuerst in den nördlichen Regionen, als diese von den südlichen noch getrennt waren, entwickelt haben.

Die neuesten Entdeckungen von Hadrosaurierfossilien in Argentinien *(Notoceratops, Secernosaurus)* beweisen, daß sie in der Lage waren, Barrieren in Form von Wasserläufen oder Meeresarmen zwischen Archipelen, wie sie in jener Zeit zwischen den beiden Teilen Amerikas vorhanden waren, schwimmend zu überwinden.

Nodosauridae und Ankylosauridae

Sie lebten vom Ende des Juras bis zur Kreide und werden oft als eine einheitliche Familie betrachtet. Ihr Name bezieht sich auf ihr auffälligstes Merkmal: *Ankylosaurus* bedeutet »Versteifte Echse«, denn sie besitzen am ganzen Körper Knochenplatten, die regelrecht miteinander verschweißt sind. Der Name »Nodosaurier« spielt auf das knotige Aussehen an, das die ebenfalls panzerharte Haut dieser Gruppe kennzeichnet. Es bereitete einige Schwierigkeiten, die Physiognomie dieser beiden eigenwilligen Dinosaurierfamilien zu rekonstruieren, denn die Fossilien der vierbeinigen Ornithischier sind in so unvollständiger Weise vorhanden, daß man kaum präzise Informationen über ihre Anatomie besitzt. In vielen Systemen sind die fossilen Knochen der Ankylosauriden zwar in großer Anzahl vertreten, doch meist so fragmentarisch, weithin verstreut und zerbrochen bzw. deformiert, daß sie für die Paläontologen ein gigantisches Puzzle mit vielen fehlenden Teilen darstellen.
Ein beredtes Beispiel für diese Problematik ist der

nen Gattungen von Lambeo- und Hadrosauriden, die hier aufgezeigt werden, sind rein hypothetisch. Die Gruppe der Hadrosauriden umfaßt:
1. *Mandschurosaurus*, 2. *Aralosaurus*, 3. *Brachylophosaurus*, 4. *Hadrosaurus*, 5. *Lophorhothon*, 6. *Prosaurolophus*, 7. *Saurolophus*, 8. *Claosaurus*, 9. *Tanius*, 10. *Shantungosaurus*, 11. *Edmontosaurus*, 12. *Anatosaurus*, 13. *Secernosaurus* und 14. *Telmatosaurus*. Die Lambeosauriden umfassen: 15. *Jaxartosaurus*, 16. *Lambeosaurus*, 17. *Corythosaurus*, 18. *Hypacrosaurus*, 19. *Bactrosaurus*, 20. *Tsintaosaurus* und 21. *Parasaurolophus*.

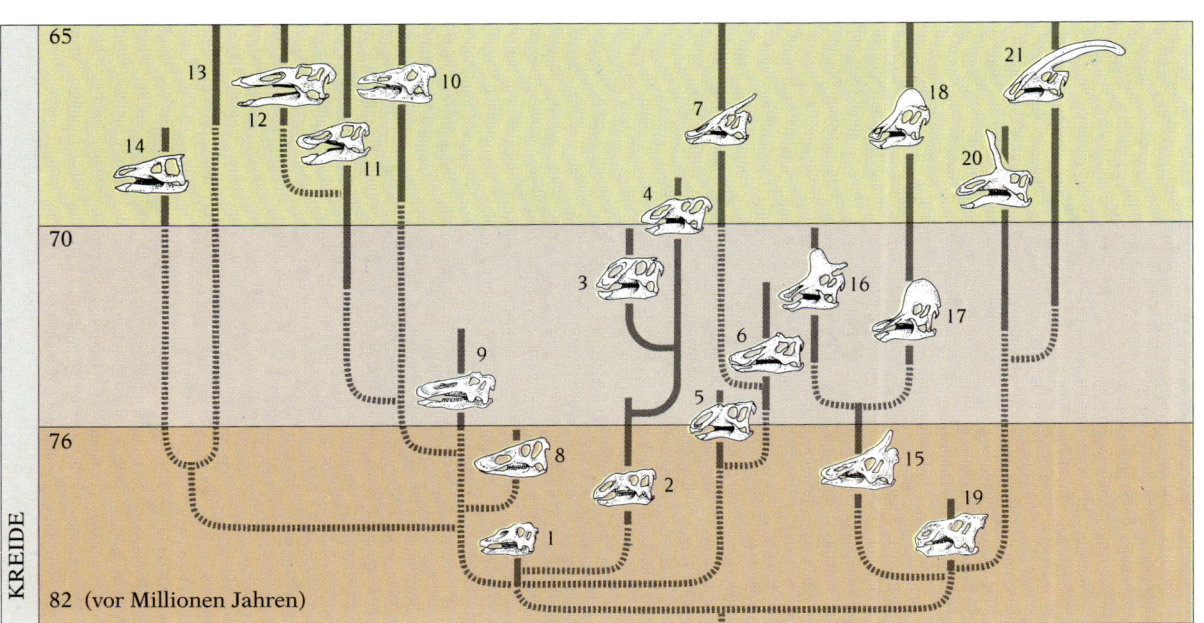

Polacanthoides-Hylaeosaurus. Der erste der beiden Dinosaurier wurde 1833 in Südengland gefunden und *Hylaeosaurus* genannt. Die Fossilien, die sich heute im Britischen Naturkundemuseum in London befinden, stellten nur den vorderen, noch im Fels eingeschlossenen Teil des Körpers dar. Einige Jahre später fand man ebenfalls in England das hintere Teil, nämlich Hinterbeine, Becken und Schwanz eines Dinosauriers, dem der Name *Polacanthus* zugeordnet wurde. Die Fossilien, die von Reverend William Fox auf der Insel Wight gefunden wurden, gehörten wahrscheinlich zu einem Skelett, das die Brandung entzweigerissen hatte. Einige Wissenschaftler dachten daran, daß diese beiden Skeletthälften womöglich derselben *Nodosaurus*-Spezies angehören könnten, waren aber nie so ganz davon überzeugt, weil einfach zu verschiedene Knochenstrukturen vorlagen und man keinen Vergleich zu einem vollständigen Skelett ziehen konnte.

Auch heute, nachdem zahlreiche weitere Fossilien aufgetaucht sind, kann man noch nicht mit Sicherheit sagen, ob die zwei Fundstücke zu der gleichen oder zu verschiedenen Spezies gehören.

Der typische Panzer, der beide Familien charakterisiert, bedeckte den ganzen Körper der Tiere und bestand aus Hunderten knöcherner Platten, die in langen Reihen angeordnet und durch dünnere Hautpartien wie mit Scharnieren untereinander verbunden waren, ähnlich wie bei den heutigen Gürteltieren. Wenn man einigen Rekonstruktionen Glauben schenkt, so waren die Panzer der Nodosaurier besser ausgeprägt und bedeckten sowohl den Rücken als auch die Seiten, den Kopf und den Schwanz des Tieres. Bei den Ankylosauriern dagegen soll es einige unbedeckte Stellen gegeben haben, was ihnen zum Ausgleich jedoch ermöglichte, sich schneller zu bewegen.

Nach anderen Rekonstruktionen jedoch war die Sachlage genau umgekehrt. Die Ankylosaurier seien besser gepanzert gewesen und die Nodosaurier weniger vollständig. An diesem Beispiel wird wieder einmal deutlich, wie unsicher Rekonstruktionen sind, die auf spärlichem Fossilienmaterial beruhen, und wie verschieden solche bruchstückhaften Hinweise gedeutet werden können, da jeder Wissenschaftler seine eigene Fantasie mit einer gehörigen Portion Subjektivität einsetzt.

Auf den Panzern gab es zahlreiche Strukturen wie Noppen, dornartige Fortsätze, Hörner und sogar Sta-

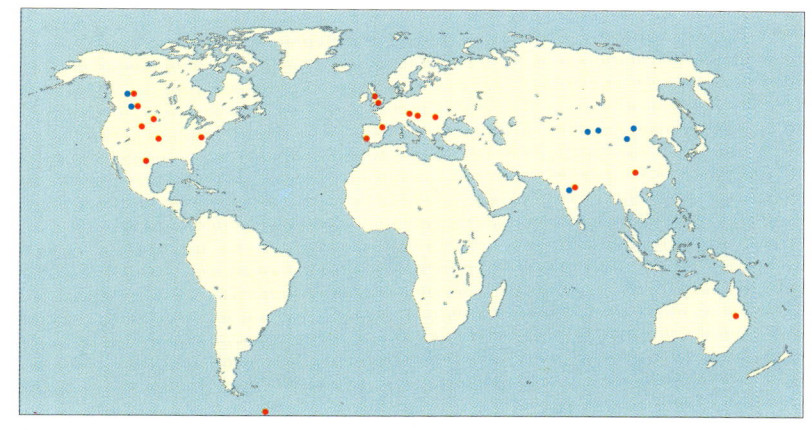

Ganz oben Maße im Vergleich: der Mensch und *Sauropelta* (links), *Struthiosaurus* (Mitte) und *Ankylosaurus* (rechts).
Mitte: Verteilung der Fossilienfunde der Familien der Nodosauriden (blau) und der Ankylosauriden (rot) in der Welt und maßstabsgetreue Rekonstruktion der Nodosauriden-Gattungen:

1. *Polacanthoides*
2. *Nodosaurus*
3. *Hylaeosaurus*
4. *Sauropelta*
und der Ankylosauriden-Gattungen:
5. *Pinacosaurus*
6. *Euoplocephalus*
7. *Amtosaurus*
8. *Tarchia*
9. *Ankylosaurus*

205

Ein Pangolin ist ganz von Horn-
schuppen bedeckt, die dachziegelartig übereinandergeschichtet
sind, so daß das Tier trotz har-
tem Panzer seine Beweglichkeit
nicht verliert. Gleichzeitig ist es
immer gut geschützt. Die Körperbedeckung der Ankylo- und
Nodosauriden erfüllte eine analoge Funktion, obwohl der Auf-
bau des Panzers bei ihnen denkbar verschieden war.
Unten: Rekonstruktion des Kopfes eines Nodosauriers der Gattung *Tarchia*, von vorne und im

cheln, die ganz klar der Verteidigung dienten. Der Kopf
der Nodosaurier war schmal, lang und durch einen
eher schlanken Hals mit dem Körper verbunden,
während der Nacken der Ankylosaurier stämmiger
anmutet. Am muskulösen Hals setzte ein breiter, drei-
eckiger Kopf an.

Beide Familien bewegten sich nur langsam und
schwerfällig fort, wie man aus dem Knochenbau der
Beine sehen kann. Sie sind nämlich kurz und stämmig,
um das große Körpergewicht zu tragen, wobei natürlich Beweglichkeit und Länge für große, schnelle
Schritte auf der Strecke bleiben. Auch die breiten und
flachen Füße, die jenen der Stegosaurier gleichen,
sprechen dieselbe Sprache.

Der kompakte Körper und die Panzerung wurden mit
der Zeit entwickelt, weil die Ankylo- und Nodosaurier
gegen gefährliche Gegner antreten mußten und, wie
wir gehört haben, nicht auf schnelle Flucht setzen
konnten. Sie waren gewissermaßen die Antwort der
behäbigen Pflanzenfresser auf die Entwicklung der
großen Carnosaurier und können somit als Spitzenpro-
dukt der Evolution in einer Welt voll aggressiver und
effizienter Räuber gelten. Eingehüllt in ihre knochen-
harten Panzer konnten sie auch tödlich anmutenden
Hieben und Bissen standhalten und ihrerseits sogar
eine große Gefahr für die Raubtiere bedeuten. Es ist
zumindest wahrscheinlich, daß sie zweierlei Strategien
zu ihrer Verteidigung anwandten: Griff ein Gigant wie
der *Tyrannosaurus rex* an, verhielten sich die Nodosaurier passiv, indem sie sich flach auf den Boden warfen,
um die ungeschützte Bauchseite nicht preiszugeben,
winkelten die Beine unter dem Körper ab und wurden
so unbezwinglich. Ein Gegner, der sich nun auf sie
stürzte, riskierte erhebliche Verletzungen an den harten Stacheln auf dem Rücken. Nur in der Gruppe hatten die Karnivoren eine Chance, ihr Beute zu erlegen,
indem sie sie umdrehten und an den ungeschützten
Stellen angriffen, um ihnen tödliche Hiebe in die
Bauchdecke beizubringen.

Die Ankylosaurier konnten nicht nur das, sie hatten
auch eine Waffe, die sie aktiv einsetzten: Am Ende
ihres Schwanzes besaßen sie eine Verdickung aus zwei
nach außen hin abgerundeten Knochenplatten, die sie
mit der ganzen Kraft ihres muskulösen Schwanzes
schwangen und aus der so eine gefährliche Keule wurde. Diese Besonderheit, mit der keine andere Dinosau-

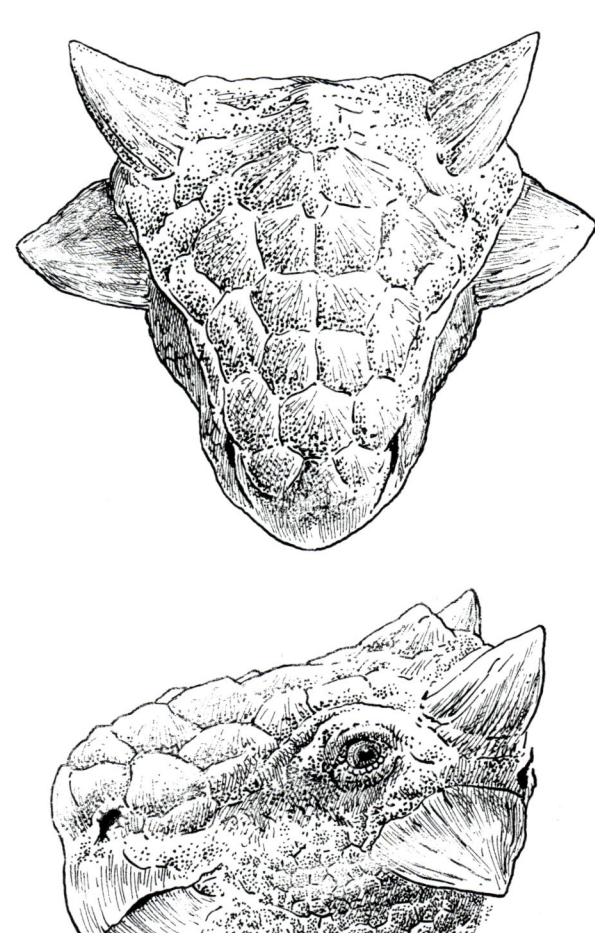

Profil. Sogar auf dem Nasenbein
ist der aus Knochenplatten und
spitzen Hornfortsätzen bestehende Panzer klar ausgeprägt.
Unten: Detail des Schwanzes
eines Ankylosauriden (*Euoplocephalus*). Die Knochenschuppen
der Panzerung verschmelzen
miteinander und verbinden sich
auch mit den letzten Schwanzwirbeln zu einer robusten, keu-
lenartigen Verdickung.

Rechte Seite: Eine Gruppe Ankylosaurier durchquert langsamen
Schrittes eine karge Felsland-
schaft auf der Suche nach Nahrung. Diese Pflanzenfresser wurden bis zu 10 m lang und
mußten große Mengen Grünfutter zu sich nehmen, um ihren
energetischen Tagesbedarf zu
decken.

rierart aufwarten kann, war direkt mit den starren Schwanzwirbeln verbunden. Da der Schwanz selbst keinen Panzer trug, konnten sie die Keule ohne Schwierigkeiten in alle Richtungen schwingen. Starke Muskeln und kräftige Sehnen erlaubten mehrere Windungen, an deren Ende die Knochenverdickung mit verstärkter Wucht auf ihr Ziel traf. Ein solches Tier konnte also, wenn ein *Tyrannosaurus* angriff, kräftige Hiebe auf seine Beine, den empfindlichsten Teil der großen Superräuber, abgeben. Der einzige Dinosaurier unter den Herbivoren, der mit etwas ähnlich Eindrucksvollem und Gefährlichem seine Feinde in die Flucht schlug, war der *Stegosaurus* mit seinen langen, spitzen Stacheln am Schwanzende.

Eine andere spezifische Besonderheit dieser Familie ist der Bau der Nasenhöhle, die relativ komplizierte, oft spiralig gedrehte Kanäle bildet. Man glaubt, daß diese Einrichtung dazu diente, die Atemluft zu reinigen, zu temperieren und zu durchfeuchten. Das könnte lebensnotwendig gewesen sein, denn die Fachwelt ist der Ansicht, daß sowohl die Nodo- wie auch die Ankylosaurier in Wüsten oder besonders trockenen Gebieten zu Hause waren. Die gepanzerte Hautoberfläche konnte nämlich auch den Effekt haben, sie vor zu starkem Flüssigkeitsverlust zu schützen. Ein indirekter Beweis für die Richtigkeit dieser Hypothese ist die Tatsache, daß ihre schwachen und zerfurchten Zähne und der ganze Kauapparat geeignet scheinen, Pflanzen mit stark wasserhaltigem Gewebe zu zerkauen. In trockenen Gebieten kommen vorwiegend solche Pflanzen vor. *Ankylosaurus*-Fossilien hat man bisher lediglich in Nordamerika und Ostasien gefunden. Wir unterscheiden vier Gattungen. Der kleinste, *Pinacosaurus*, mißt 5,5 m, während *Ankylosaurus*, *Euoplocephalus* und *Tarchia* 7 bis 10 m lang und bis zu 3 Tonnen schwer werden konnten. Die asiatischen Fossilien legen die Vermutung nahe, daß auch diese Art sich wie die Ceratopier vorerst dort entwickelt hat, um sodann über die Beringstraße nach Amerika einzuwandern. Unter den wichtigsten Nodosauriergattungen sind besonders *Nodosaurus*, der keine großen Rückenstacheln hatte, *Struthiosaurus*, der fast 2 m lang wurde, und *Sauropelta*, der als einer der größten über 7 m Länge erreichte und bis zu 3 Tonnen wog, zu erwähnen.

Unten: Rekonstruktion eines Nodosauriden der Gattung *Sauropelta*, der in Montana in den USA lebte. Er war etwa 7 m lang und von Kopf bis Schwanz von kegelförmig zugespitzten Knochenplatten bedeckt.

Pachycephalosauridae

Daß diese Familie zu den Ornithopoden gehört, erkennt man sogleich an dem Hornschnabel, den verknöcherten Sehnen, die das Rückgrat stützen, und auch an einigen weiteren Merkmalen des Knochenbaus. Trotzdem ist die Rekonstruktion der Pachyce-

phalosauriden ein Problem, da die erhaltenen Überreste dürftig sind. Zumindest war das jahrelang der Fall. Erst 1940, als man ein fast vollständiges Skelett der Spezies *Pachycephalosaurus* fand, wurde es möglich, ein genaueres Bild von der Anatomie der Tiere zu zeichnen.

Das augenfälligste Merkmal dieser Familie ist ein Charakteristikum am Schädel, das sie unzweifelhaft von allen anderen Dinosauriern unterscheidet: Der kurze, kompakte Kopf ist von einer Schädeldecke gekrönt, die annähernd kuppelförmig und bei manchen Spezies, wie zum Beispiel dem *Stegoceras,* bis zu 5 cm dick ist. Zusätzlich kann um dieses eigenwillige Merkmal herum bis nach vorne zum Nasenbein ein Kranz von knochigen, noppenförmigen Erhebungen sitzen.

Da diese Knochenverdickung eine Art schützenden Helm bildet, nahm Edwin H. Colbert 1955 an, daß sie für die Austragung von Rivalitätskämpfen, sei es bei der Paarung oder der Revierverteidigung, diente. In den darauffolgenden Jahren wurde diese Idee weiterentwickelt, und man stellte die Hypothese auf, daß die Tiere wie Mufflons oder Gemsen in kleinen Herden lebten, und daß die Männchen zur Paarungszeit ihre Nebenbuhler zu Kämpfen herausforderten, in welchen sie sodann mit gesenkten Köpfen gegeneinander anrannten wie die Widder. Man kann somit davon ausgehen, daß Skelettfunde, die dünnere Schädeldecken aufweisen, weiblichen Tieren zuzuordnen sind.

Wie es in der heutigen Tierwelt oft geschieht, könnte es bereits genug gewesen sein, dieses Attribut nur vorzuzeigen, um Rivalen, Gegner und Nebenbuhler aus dem Feld zu schlagen. Die Schwächeren erkannten sofort, daß sie unterlegen waren und vermieden eine direkte Auseinandersetzung. Nur, wenn ein Männchen sich dieser Hierarchie nicht unterordnen wollte und die dominante Rolle des anderen nicht akzeptierte, kam es zum Kampf. Eine genaue Untersuchung der übrigen anatomischen Merkmale der Pachycephalosauriden

zeigte, daß diese sich im Kampf wahrscheinlich gegenüber aufstellten, die Köpfe senkten und Wirbelsäule und den Schwanz gerade nach hinten ausstreckten. Da die einzelnen Wirbel miteinander fest verbunden waren, bildeten sie so eine Art Rammbock, der die Wucht des Aufpralls ohne weiteres aushalten konnte und seitliche Verschiebungen der Wirbelsäule weitgehend vermied.

Auch der Schwanz, der übrigens beträchtliche Länge erreichte und als stabiles Gegengewicht zum Kopf wirkte, war von Verbindungen zwischen den Wirbeln stabil gehalten. So bildete er mit dem restlichen Körper eine solide Achse. Die helmartige Schädeldecke schützte ein relativ kleines Gehirn, das wahrscheinlich in besonderen Häuten stoßsicher verpackt war, damit es bei den heftigen Begegnungen der Männchen keinen Schaden nahm.

Die Pachycephalosauriden waren Zweibeiner, deren größte Spezies vom Kopf bis zur Schwanzspitze 8 m Länge erreichen konnte. Mit ihren kurzen Armen, die sie stets vor dem Körper hielten, machten sie einen sehr flinken und geschickten Eindruck und waren vor allem wohl auch gute Kletterer. Wahrscheinlich bewohnten sie felsige, gebirgige Regionen, wo ihnen

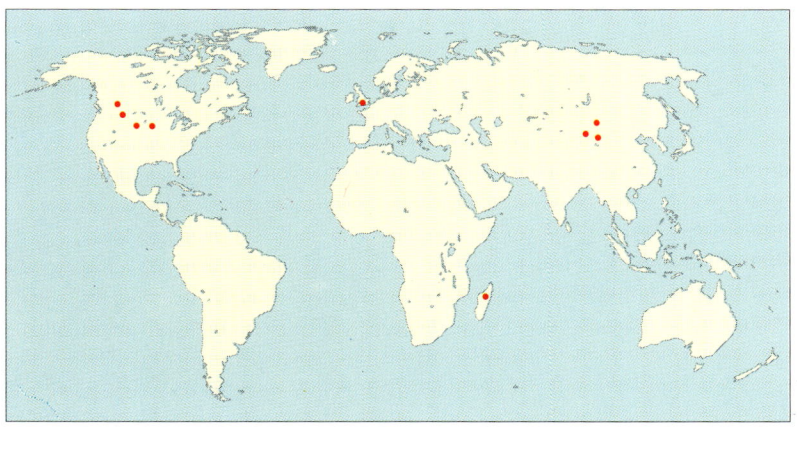

Oben Maße im Vergleich: der Mensch neben dem kleinsten und dem größten Pachycephalosauriden, *Micropachycephalosaurus* (links) und *Pachycephalosaurus* (rechts). Ersterer mißt nur etwa 50 cm, zweiterer etwas mehr als 4 m Länge. Durchschnittliche Größe und Gewicht dieser Dinosaurier betragen ungefähr 2,5 m und 55 kg.

Links: Verteilung der Fossilienfunde dieser Familie in der Welt und maßstabsgetreue Rekonstruktion einiger im Text erwähnter Gattungen.
1. *Micropachycephalosaurus*
2. *Yaverlandia*
3. *Stegoceras*
4. *Prenocephalus*
5. *Homalocephalus*
6. *Gravitholus*
7. *Pachycephalosaurus*

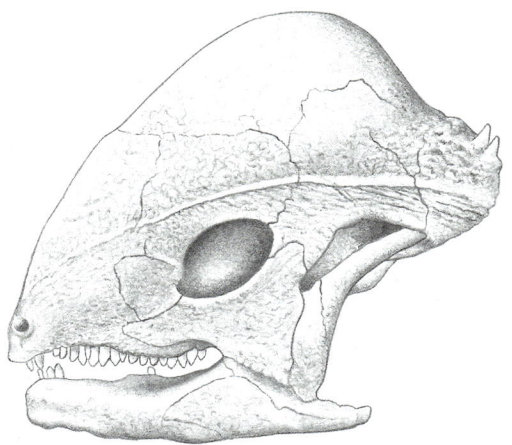

Der fossile Schädel eines *Stegoceras* zeigt deutlich die kuppelförmige Verdickung der Schädeldecke. Ebenfalls gut sichtbar sind die kleinen, spitzen, dichtstehenden Zähne. Diese Dinosaurier besaßen bis zu 36 Stück davon und ernährten sich hauptsächlich von Samen, Blättern, Früchten und Insekten, vorzugsweise Käfern, wie man allgemein annimmt. Einige Fachleute sind jedoch der Meinung, sie hätten nach Art der Schafe Gräser knapp am Boden abgeweidet.

Zahlreiche Schädel wurden in alluvialen Tälern gefunden, wohin sie vermutlich durch Auswaschung transportiert wurden. Aufgrund ihrer stabilen Anatomie sind sie alle sehr gut erhalten. Dagegen hat man bis heute noch kein vollständiges Skelett eines Vertreters dieser Familie entdeckt. Die einzige Spezies, von welcher man außer dem Schädel noch einige andere Knochen besitzt, ist bisher *Homalocephalus calthoceros*, der 1974 in der Mongolei auftauchte.

die großen, weniger wendigen Carnosaurier schlecht folgen konnten. Falls all die bisher gezogenen Schlußfolgerungen richtig sind, muß man annehmen, daß ihre einzigen natürlichen Feinde die kleineren unter den Fleischfressern waren. Im Falle eines Angriffs durch einen Räuber hatten jedoch höchstens die größeren Spezies, wie *Gravitholus*, *Homalocephalus*, *Pachycephalosaurus* und *Prenocephalus*, eine Chance, den Räuber nach bewährter Rammbockmanier zu verjagen. Natürlich müßte ein von einem 5 m langen Pachycephalosaurier geführter Stoß mit einer beträchtlichen Wucht gegen den Körper des Gegners prallen.

Ihre Zähne identifizieren die Angehörigen dieser Familie eindeutig als Pflanzenfresser. Sie sind flach, breit, weisen leicht konkave Kauflächen und scharfkantige Ränder auf. Bestimmt eigneten sie sich vorzüglich zum Zerkauen hartfaserigen Materials.

Man glaubt, daß einer der ersten Pachycephalosauriden *Yaverlandia bitholus* war, der in der unteren Kreide lebte und dessen Fossilien man auf der Insel Wight in England fand. Dieser Dinosaurier von der Größe eines Truthahns hatte einen langen, starren Schwanz und zwei knochige Erhebungen am Schädel, die etwa 1 cm dick waren, über den Augen begannen und sich bis zum Nacken erstreckten. Wahrscheinlich ist dies die rudimentäre Form des Dickschädels, der sich im Laufe der Evolution helmartig über den ganzen Schädel ausbreiten sollte.

Die meisten Fossilbelege dieser Familie stammen aus Asien, Nordamerika und Europa. Die neueste Entdeckung eines Pachycephalosauriden auf Madagaskar bestätigt die Hypothese, daß in der Kreide Südamerika, Afrika und Indien noch miteinander verbunden waren. Unter den vielen Gattungen der Pachycephalosauriden sind besonders der große *Pachycephalosaurus*, der zwischen 4 und 6 m lang wurde, *Yaverlandia*, die dagegen kaum 90 cm maß, *Stegoceras*, einer der bekanntesten, und *Micropachycephalosaurus*, der nur 1,5 m Länge erreichte, zu erwähnen.

Die links dargestellte Rekonstruktion eines erwachsenen *Pachycephalosaurus*, der sich gerade in Angriffsstellung begibt, um es mit einem Rivalen aufzunehmen, basiert also zum Großteil auf rein hypothetischen Annahmen.

Iguanodontidae

Durch eine Serie von Umständen, die nicht zuletzt damit zusammenhängen, daß diese Familie zu den verbreitetsten Dinosauriern gehörte und daher auch in den Fossilbelegen entsprechend zahlreich vertreten ist, waren die Iguanodonten mehr als einmal in den vergangenen Jahren die Protagonisten umwälzender Ereignisse auf dem Gebiet der Paläontologie.

Es waren die Fossilien eines *Iguanodon*, die dazu führten, daß man die Dinosaurier als eigene Reptilgruppe identifizierte. Seine Zähne waren es, die Mary Ann Woodhouse am staubigen Rand einer Landstraße in Sussex fand, und die ihr Ehemann Gideon Algernon Mantell in den folgenden Jahren eingehend studierte. Im Bauch eines *Iguanodon* lud Richard Owen 21 berühmte Kollegen zur Feier der Silvesternacht 1853 ein. Die Rekonstruktion, die Schauplatz des festlichen Dinners war, hatte er in Zusammenarbeit mit dem Maler B. Waterhouse Hawkins für die Weltausstellung im Londoner Crystal Palace hergestellt. Sie stellt einen der ersten Versuche dar, einen Dinosaurier in Lebensgröße naturgetreu zu modellieren. Doch das Tier, das damals dabei herauskam, hatte herzlich wenig mit dem heutigen *Iguanodon* gemeinsam. Es sah eher aus wie ein häßlicher Abklatsch eines Nashorns mit Schuppen. Die sensationellen Funde in der Kohlenmine von Bernissart in Belgien im April des Jahres 1878 gehörten ebenfalls dieser Familie an. Man barg sie in ausgezeichnetem Zustand aus einem 300 m tiefen Schacht. Die vor Ort unternommenen Untersuchungen ergaben, daß dieser Dinosaurierfriedhof noch viel größer und reicher an interessanten Fundstücken sein müßte. Durch eine Verkettung unglücklicher Umstände jedoch nahm man nur an einer einzigen Stelle Ausgrabungen vor, die man überdies auch noch öfters unterbrechen mußte. Das hatte zum Teil Ursachen, die man als höhere Gewalt bezeichnen könnte – es gab ein Erdbeben, das eine Weiterführung des Stollens verhinderte; zum Teil waren es Hindernisse rechtlicher Natur; Streitigkeiten zwischen dem Staat Belgien und der Bergbaubetreibergesellschaft; und schließlich mischte die Politik noch mit; der Ausbruch des Ersten und des Zweiten Weltkriegs verhinderte ein Fortsetzen der Grabungen. Erst in den letzten Jahren wurden die Arbeiten auf Initiative der Universität Lièges wiederaufgenommen, die eine große Summe Geldes für das Unternehmen zur Verfügung gestellt hat.

Die Außergewöhnlichkeit der Fundstelle von Bernissart liegt in dem Umstand, daß auf engstem Raum, zwischen alluvialen Felsen, eine Vielzahl an fossilen Pflanzen, Amphibien, Schildkröten, Krokodilen und Dinosauriern angehäuft sind. Über die Gründe des massenhaften Auftretens der Fossilien gerade an dieser Stelle gibt es verschiedene Hypothesen. Wenn man eine Naturkatastrophe ausscheidet, muß man fast davon ausgehen, daß die Kadaver und Pflanzenreste von der Strömung an dieser Stelle zusammengetragen wurden.

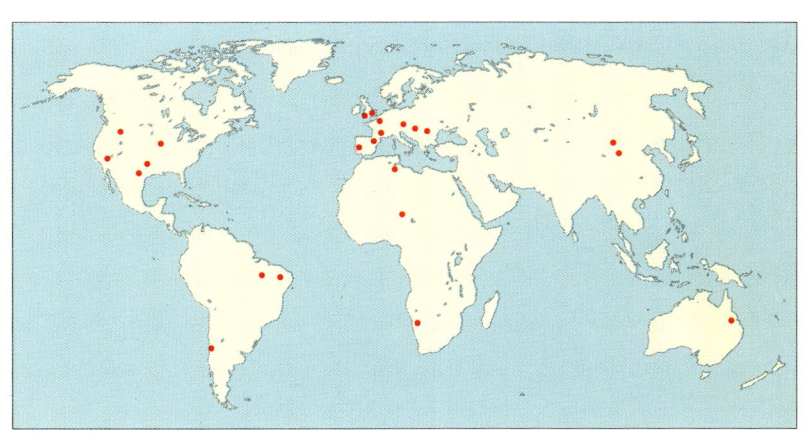

1. *Kangnasaurus*
2. *Mochlodon*
3. *Vectisaurus*
4. *Probactrosaurus*
5. *Tenontosaurus*
6. *Anoplosaurus*
7. *Craspedodon*
8. *Muttaburrasaurus*
9. *Ouranosaurus*
10. *Iguanodon*

Ganz oben Maße im Vergleich: der Mensch neben dem Skelett eines *Iguanodon*.
Oben: Verteilung der Fossilienfunde der Familie der Iguanodonten in der Welt und maßstabsgetreue Rekonstruktion der im Text erwähnten Gattungen.

Rechte Seite: Eine Gruppe Iguanodonten beim Abweiden einiger Blütenpflanzen in einer kreidezeitlichen Hügellandschaft. An den kurzen Daumen ihrer Hände tragen sie die typische Kralle, die bei der Verteidigung gute Dienste geleistet haben dürfte.

Es ist allerdings auch möglich, daß es hier in der unteren Kreide einen Sumpf gab, der mehr und mehr austrocknete. Wenn die Iguanodonten ins Wasser gingen, konnten sie ausrutschen, im schlickigen Grund steckenbleiben und so den Tod finden. Diese Theorie stützt sich auf die Beobachtungen, die man an einem Rudel Flußpferde am afrikanischen Fluß Rukwa in Äquatorialafrika gemacht hat. Doch was auch immer der Grund für diese Anhäufung von Fossilien gewesen sein mag, es ist sehr wahrscheinlich, daß die Iguanodonten von Bernissart in naher Zukunft ein weiteres Mal für Aufsehen in der Öffentlichkeit sorgen werden.

Diese bipeden Dinosaurier, deren Kopfproportionen gut mit dem restlichen Körper harmonierten, hatten eine ähnlich längliche Gesichtsform wie die Pferde, und wie diese ebenfalls am vorderen Ende des Schädels zwei große Nasenöffnungen. Am vorderen Teil des Mauls besaßen sie einen Hornschnabel, der sehr gut Zweige und harte Blätter abreißen oder schneiden konnte. Im hinteren Teil des Kiefers drängten sich an die 100 engstehende Zähne, die sich stets erneuerten, sobald einer abgenutzt war oder ausfiel. Die Kauflächen wiesen kleine Kämme auf, die optimal zum Zerkleinern ihrer vegetarischen Nahrung geeignet scheinen. Der Unterkiefer war im Vergleich zu den anderen Ornithopoden um einiges größer, eine kräftige Muskulatur stand zu seiner Bewegung zur Verfügung.

Die Nahrung wurde erst in Backentaschen gesammelt und dann sukzessive zur Zerkleinerung zwischen die Zähne geschoben. Die besondere Anatomie des Kauapparates erlaubte den Iguanodonten, ein großes Quantum pflanzlicher Nahrung zu bewältigen, was für ein Tier von so großer Körpermasse unerläßlich ist. Ebendiese anatomischen Merkmale verschafften ihnen auch einen Vorteil im Wettbewerb mit den anderen Herbivoren, weshalb sie mehr Erfolg verzeichnen konnten als jede andere Gruppe. In den grünen Landschaften der Kreide dominierten sie unter den Pflanzenfressern, auch, was die weltweite Verbreitung betraf.

Sowohl Wirbelsäule als auch Beine der Iguanodonten zeichneten sich durch große Stabilität aus. Die Vordergliedmaßen waren dabei etwas kürzer und trugen an den Daumen eine Hornkralle, die auch als wirksames Mittel zur Verteidigung taugte, während die längeren und stärkeren Hinterbeine in drei hufartigen Zehen endeten. Die Schwanzwirbel waren untereinander durch verknöcherte Sehnen verbunden, und so stellte der Schwanz ein wirksames Gleichgewichtsorgan dar.

Die Iguanodonten lebten in jenen Regionen, aus denen die Sedimentgesteine des Wealden hervorgingen, zu ihrer Zeit noch Wälder und Sümpfe, die eine artenreiche Fauna bevölkerte. Außer in Europa findet man diese Gesteine auch in Afrika. Gadoufouà, in der Ténéré-Wüste, Niger, ist so ein Ort. In der unteren Kreide

Links: Detail des Skelettes eines *Iguanodon bernissartensis*, das 1878 von L. Dollo entdeckt wurde und im Brüsseler Naturkundemuseum noch teilweise im Fels eingeschlossen ausgestellt ist.

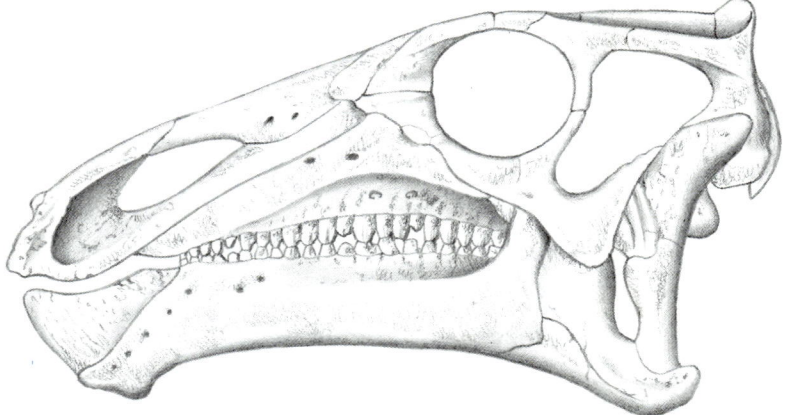

Oben: Schädel eines *Iguanodon*. Der zahnlose Hornschnabel ist gut zu sehen, ebenso die dicht stehenden Mahlzähne, die die Nahrung fein zermalmen konnten. Manche Fachleute sind der Ansicht, sie hätten auch eine Greifzunge besessen.

Die Zähne des *Iguanodon* mit ihren charakteristischen Sägerändern.

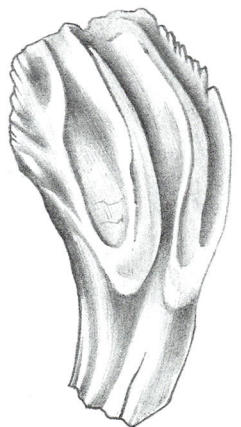 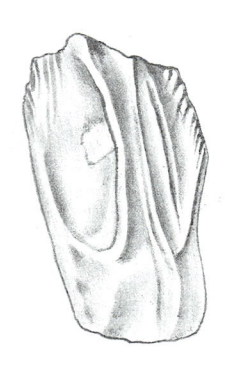 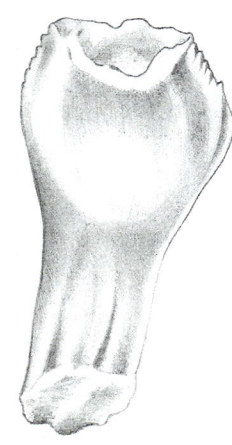

bestand diese Landschaft noch aus Sümpfen, wo Iguanodonten lebten. Sie waren zahlreich vertreten, und so findet man heute ihre versteinerten Skelette im Sand. Die Iguanodonten dieser Gegend fallen durch kleinere Statur und fortschrittliche Details auf, die sie in der Entwicklungsstufe über ihre europäischen Artgenossen stellen. Die Gattung nennt sich Ouranosaurier und weist als Besonderheit an den Rückenwirbeln lange, abgeflachte Fortsätze auf. Wahrscheinlich trugen die Vertreter dieser Gruppe einen Kamm auf dem Rücken, dessen Funktion unbekannt ist. Er hätte sowohl eine Einrichtung zur Regulierung der Körpertemperatur als auch ein geschlechtsspezifisches oder hierarchisches Merkmal, das den sozialen Rang seines Trägers ausdrückte, sein können. Daß sie die wahrscheinlich verbreitetsten Dinosaurier der Kreide waren, wird von den zahlreichen Funden überall auf der Welt nur bestätigt. Außer in Europa und Asien hat man Fußspuren und Skelette auf allen Kontinenten, sogar in den Polargebieten, gefunden. Sie stellen die evolutionäre Antwort der Ornithopoden auf die Entwicklung der Superräuber aus der Gruppe der Carnosaurier dar. Sie waren sehr groß, *Iguanodon* zum Beispiel wurde bis zu 9 m lang, 5 m hoch und wog 4 Tonnen. Sie wurden auf diese Weise praktisch unüberwältigbar aufgrund ihrer Masse. Außerdem konnten sie sich, sollten sie einmal an einem Ort überrascht werden, wo keine Fluchtmöglichkeit bestand, mit ihrer Daumenkralle verteidigen,

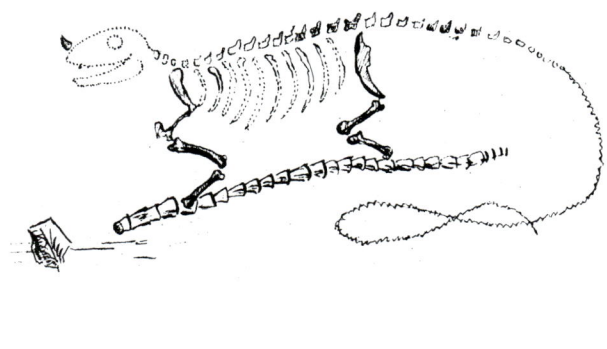

Hier ein Modell der Rekonstruktion des *Iguanodon* durch B. Waterhouse Hawkins, sowie eine eigenhändige Zeichnung Gideon Mantells. An beiden Beispielen wird deutlich, welchen Irrtümern man damals noch unterlag. Vergleicht man nun die beiden Modelle mit dem Skelett des *Iguanodon* (rechts), wie man es heute sieht, fällt sofort der Unterschied auf. Mit jedem neuen Fossilienfund und mit dem Fortschreiten der Kenntnisse auf dem Gebiet der Paläontologie änderten sich Anatomie, Gestalt und Haltung, aber auch Lebensraum des Tieres. Für Mantell, der nur wenige Fundstücke (die in seiner Zeichnung in durchgehenden Linien dargestellt sind) und rudimentäres wissenschaftliche Grundkenntnisse zur Verfügung hatte, war *Iguanodon* ein Baumbewohner und führte ein Leben wie die Leguane, die ihm den Namen gegeben hatten.

Detail der länglichen Wirbelfortsätze an den Brustwirbeln
des *Ouranosaurus*. Deutlich sind
auch die knöchernen Sehnen zu
sehen, die dem Rückgrat zusätzliche Stabilität verliehen. Die
Länge dieser Fortsätze legen die
Vermutung nahe, es könne sich
um eine Stützkonstruktion für
ein Rückensegel handeln, dessen
Aufgabe die Regulierung der
Körpertemperatur war.

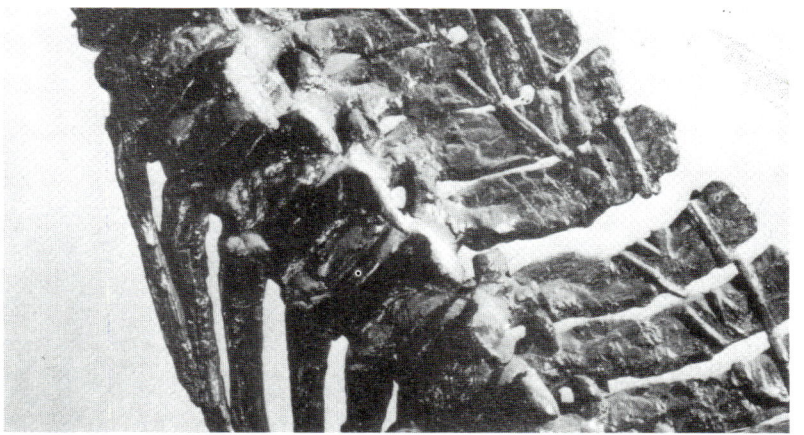

Unten: die fossilen Gliedmaßen
eines *Iguanodon*.
Rechts unten die Hand mit der
eindrucksvollen Kralle am Daumen, darunter der aus drei breiten Zehen bestehende Fuß. Die
stabile Konstruktion ist zum
Tragen eines so großen Körpergewichtes absolut notwendig,
insbesondere, da der *Iguanodon*
wahrscheinlich, wie die Hunde,
ein Zehengänger war.

die bestimmt, wenn ihr Besitzer kraftvoll zuschlug, tiefe Wunden riß, die auch einen großen Karnivoren
nicht gleichgültig lassen konnten. Die offizielle Taxonomie unterscheidet zehn Gattungen: *Anoplosaurus,
Craspedodon, Iguanodon, Kagnasaurus, Mochlodon,
Muttaburrasaurus, Ouranosaurus, Probactrosaurus,
Vectisaurus* und *Tenontosaurus*. Der Vollständigkeit
halber muß hinzugefügt werden, daß nicht alle Zuord-
nungen als zweifelsfrei erwiesen gelten. *Iguanodon* ist
dabei die am besten dokumentierte und zugleich häu-
figste und artenreichste Gattung. Es gibt elf Spezies,
von welchen bestimmt *Iguanodon bernissartensis* und
Iguanodon atherfieldensis die bekanntesten und auch
die am sichersten identifiziert sind. Bei allen ande-

ren gibt es unterschiedliche Ansichten, ob es sich
tatsächlich um eine eigene Spezies handelt oder ob
Unterschiede dieser Art auch in ein und derselben
Population vorkommen. Es könnte sich auch einfach
um geschlechtsspezifisch verschiedenen Körperbau
handeln. Bei manchen der Fossilien ist man sich nicht
einmal sicher, ob sie überhaupt in dieser Familie richtig eingeordnet sind. Der *Kagnasaurus coetzeei* könnte
aufgrund der
Fossilbelege
ebensogut zu den
Hypsilophodont-
iden gehören.

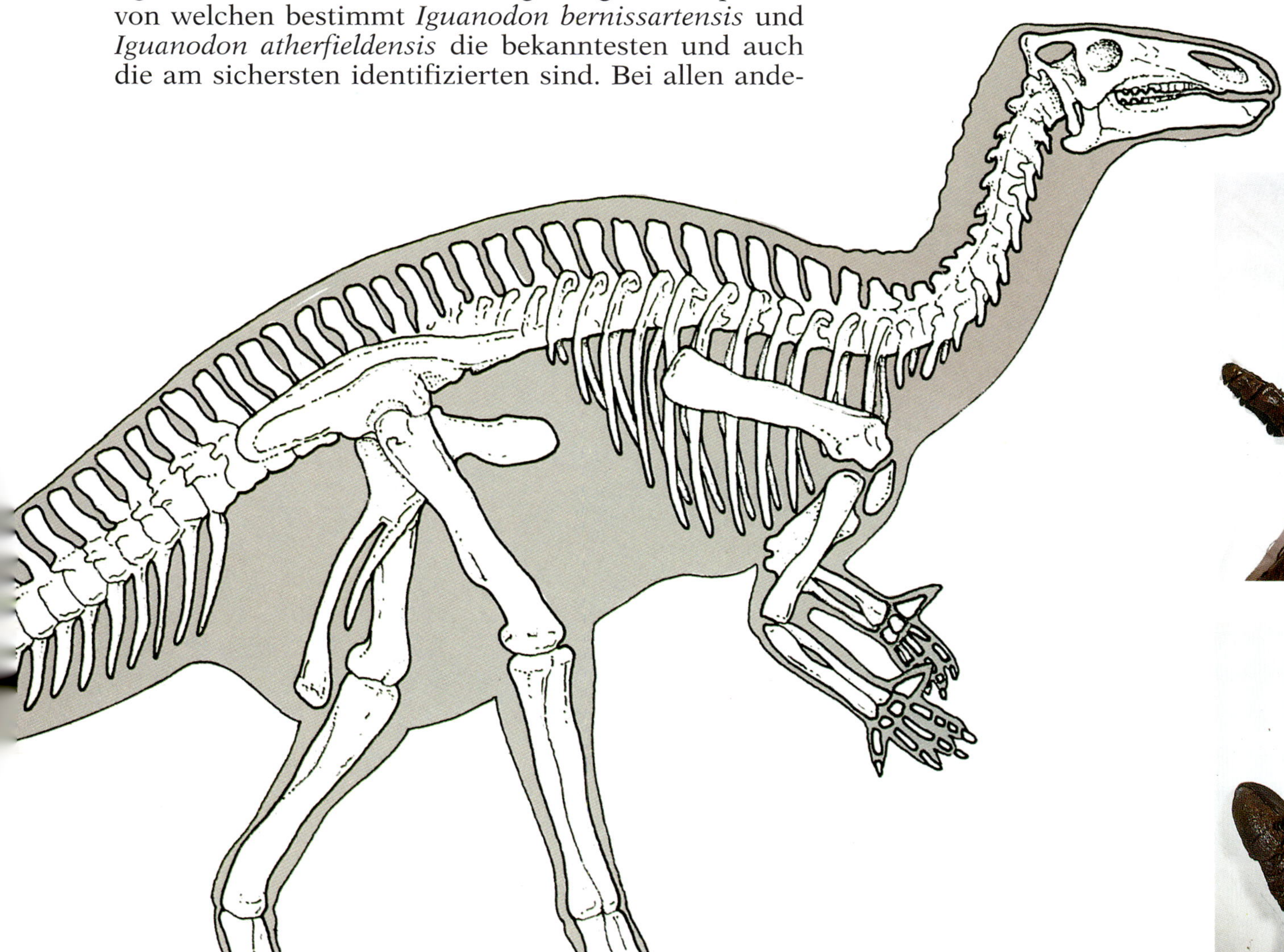

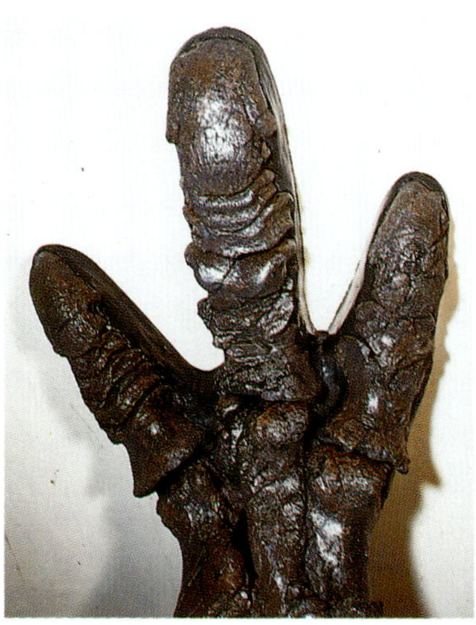

Das Ende der Dinosaurier

DIE PFLANZEN

Rechte Seite, unten: Die mit dem Einschlag einhergehenden Naturkatastrophen betrafen die Pflanzen in weit geringerem Ausmaß als die Tiere. Alle Arten, die auf warmes, tropisches Klima ausgerichtet waren, wurden zurückgedrängt und sind auch heute nur noch in sehr eingeschränkten Gebieten in der Tropen- und Äquatorialzone vertreten. Stattdessen überlebten die an rauhere Verhältnisse gewohnten Pflanzen, wie zum Beispiel die hier dargestellten Koniferen.

Das Große Sterben: ein unlösbares Rätsel?

Urplötzlich, in jenen Felsschichten, die ca. 65 Millionen Jahre alt sind, fehlt jede Spur von den »Schrecklichen Echsen«. Keinerlei Knochen, auch keine Fußabdrücke sind mehr vorhanden, weder Eier noch Gelege, nichts. Sie sind einfach verschwunden. Und zwar alle, restlos, angefangen von den Hadrosauriern mit ihren Entenschnäbeln und den gehörnten Ceratopiern bis zu den Deinocheiriden mit ihren blitzschnellen Reflexen. Alle, Herbivore wie Karnivore, Wald-, Wiesen- und Grassteppenbewohner, Wüsten- und Sumpfspezialisten, die eben noch so zahlreich die Erde bevölkerten, scheinen sich in Luft aufgelöst zu haben.

Und nicht nur sie, auch viele andere Tier- und Pflanzenarten tauchen in den Fossilien einfach nicht mehr auf. Es ist, als breitete sich eine große Stille über sie, als habe sich ein Abgrund aufgetan und sie alle verschlungen. 25 Prozent der Familien und 75 Prozent der bis dato existenten Spezies sind ausradiert. Im Meer gibt es keine Ichthyosaurier mehr, die großen, delphinartigen Reptilien fehlen ebenso wie die Mosasaurier, und die Mollusken mit der spiralförmigen, prächtigen Schale, die Ammoniten, die dem modernen Nautilus gleichen und im Mesozoikum so häufig waren. Sogar die mikroskopisch kleinen, kalkhaltigen Foraminiferen, die die Wasser nahe an den Rändern der Kontinentalplatten bewohnt hatten, fehlen gänzlich. Am Himmel haben die Pterosaurier mit den großen Flugmembranen aufgehört, ihre Runden zu ziehen, und auf dem Boden ist die Vielzahl an Reptilien ebenfalls drastisch dezimiert.

Die Pflanzenarten haben ebenso eine Reduzierung durchgemacht, wenn auch

DES RÄTSELS LÖSUNG

In Gubbio trennt eine nur 2 cm dicke Lehmschicht die weißen marinen Kalke der oberen Kreide (unten) von der rosafarbenen Sedimentschicht des unteren Tertiärs (oben). Louis und Walter Alvarez haben eine chemische Analyse vorgenommen, die in der Lehmschicht einen 30mal höheren Iridiumgehalt ergaben als in den umgebenden Sedimenten. Die daraufhin entwickelte Hypothese sucht den Grund hierfür im Aufschlag eines gigantischen Meteoriten auf der Erde.

nicht in so dramatischem Ausmaß. Bei ihnen verschwand nur ein Drittel der Spezies, was besonders jene Pflanzen betraf, die in feuchtwarmen Gebieten gedeihen. Sie zogen sich völlig aus der nördlichen Hemisphäre zurück und blieben nur in beschränkten, tropischen Zonen ansässig.

Es ist eine Welt, die sich all ihrer Riesen entledigt hat. Übrig blieben die Kleinen: Säugetiere, Vögel, Kleinamphibien. Von den Reptilien schafften es nur die Krokodile, Schlangen, Eidechsen und Schildkröten. Auch die Insekten konnten überleben, ebenso alle Pflanzen, die gut an kühleres Klima angepaßt sind. Die am höchsten entwickelten Koniferen breiteten sich rasch aus. Im Meer sind die Knochenfische übriggeblieben und einige Foraminiferen mit kieseliger Schale, die die tieferen Gewässer bewohnten.

In einem verhältnismäßig kurzen Zeitraum ist auf diese Weise eine tiefgreifen-

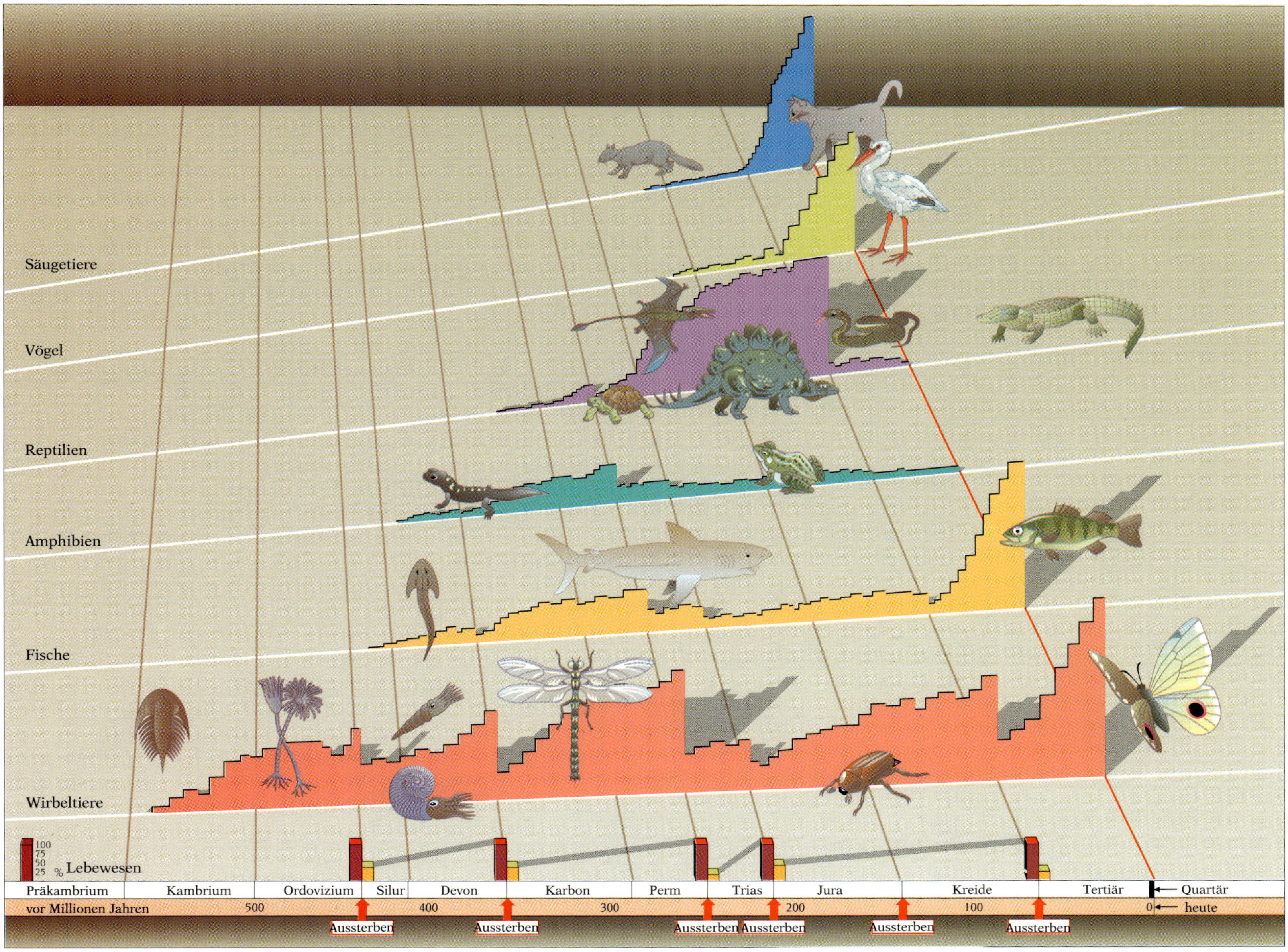

Säugetiere

Vögel

Reptilien

Amphibien

Fische

Wirbeltiere

100
75
50
25 % Lebewesen

Präkambrium	Kambrium	Ordovizium	Silur	Devon	Karbon	Perm	Trias	Jura	Kreide	Tertiär	Quartär

vor Millionen Jahren   500   400   300   200   100   0 ← heute

Aussterben   Aussterben   Aussterben Aussterben   Aussterben   Aussterben

CHRONIK DES MASSENAUSSTERBENS

Unsere Zeichnung illustriert die Folgen der verschiedenen Massensterben auf die Evolution der Tierwelt. Bei jeder solchen biologischen Krise reduzierte sich die Vielfalt der Spezies drastisch. An den kleinen Säulen am unteren Rand der Graphik kann man ablesen, welcher Prozentsatz der bis zum jeweiligen Zeitpunkt vorhandenen Lebewesen imstande war, zu überleben. Fast immer geht so ein großes Sterben mit der darauffolgenden, explosionsartigen Entfaltung einer anderen Gruppe einher. Am Ende des Devons sind es die Amphibien, die davon profitieren, am Ende des Perms beginnen die Reptilien ihren Aufstieg, nach dem Ende der Kreide entwickeln sich die Knochenfische fast genauso dramatisch wie die Säugetiere und die Vögel.

de, dramatische Änderung eingetreten: Ein ebenso unergründlicher wie unwiderruflicher Urteilsspruch hat einige zum Tod verurteilt und andere am Leben gelassen. Die Evolution sagte »ja« zu den kleinen Tieren, zu den Tiefseeforaminiferen, zu den Pflanzen, die Kälte gut ertragen können, und »nein« zu allen Kreaturen, die mehr als 25 kg wogen, zu den Meerestieren, die in geringen Tiefen lebten; »nein« auch zu den Ornithischiern und Saurischiern, ob groß oder klein, Fleisch- oder Pflanzenfresser, »nein« zu allen Dinosauriern.

Das plötzliche Verschwinden aller Dinosauriergattungen gerade in jenem Moment, als sie ihre größte Vielfalt erreicht und nach 140 Millionen Jahren Evolution die Erde praktisch beherrscht hatten, ist ein weiterer, rätselhafter Umstand, der die geheimnisvolle Anziehung, die von ihnen ausgeht, noch verstärkt.

Seit sie das erste Mal im Jahre 1841 im Licht der Öffentlichkeit standen und in die Welt der Wissenschaft eingingen, sucht man bereits nach einer Erklärung für ihr mysteriöses Aussterben. Owen höchstpersönlich schlug die erste einer langen Reihe von Theorien, die im Laufe der Jahre noch entwickelt werden sollten, vor: Die zunehmende Anreicherung der Erdatmosphäre mit Sauerstoff sei der Grund für ihr Aussterben gewesen.

Seitdem hat man eine Vielzahl verschiedener Hypothesen aufgestellt, wobei einige davon ziemlich phantastisch anmuten. Andere mögen wissenschaftlich korrekter sein, aber keine konnte bisher eine Erklärung liefern, die ausreichend ist, um sämtliche mit diesem Mysterium in Zusammenhang stehende Fragen zu beantworten.

Man behauptete, die Dinosaurier seien einfach anatomisch und geistig nicht ausreichend entwickelt gewesen; evolutionsmäßig hätten sie ein Stadium der Vergreisung erreicht; Säugetiere hätten ihre Nester geplündert, bis die Geburtenrate auf Null gesunken sei; die Schalen der Eier seien zu dünn gewesen, als daß sich der Embryo zur Gänze entwickeln konnte, bevor die Schale brach; sie hätten nicht ausreichend Nahrung gefunden; sie seien mit den geologischen und klimatischen Veränderungen wie Gebirgsbildung und Austrocknung der Sümpfe nicht fertiggeworden; ihr Aussterben sei die Folge der schädlichen Strahlung nach einer Supernova in Erd-

DER TODESKOMET

Eine Hypothese der Katastrophisten geht davon aus, daß das Massensterben am Ende der Kreide durch die Kollision eines Himmelskörpers mit der Erde ausgelöst wurde. Manche plädieren für einen Meteoriten, andere für einen Kometen. Doch ein Komet ist im Grunde nichts weiter als ein schmutziger Eisblock, der in keiner Weise die erhöhte Iridiumkonzentration in der Lehmschicht des KT-Übergangs erklären kann.

nähe gewesen. Zu guter Letzt warf man noch ein – und warum auch nicht –, Gott habe es so gewollt.

All diese Hypothesen betrachten in etwas eingeengter Sichtweise einzig das Aussterben der Dinosaurier, ohne dabei den Mechanismus der Evolution in Betracht zu ziehen. Immerhin könnte sie auch ein Faktor sein, der in diesem Massensterben am Ende der Kreide eine wichtige Rolle spielte. Eine Hypothese, die plausibel das Verschwinden der Dinosaurier erklärt, sollte in jedem Fall auch das Aussterben all der anderen Tier- und Pflanzenarten nicht außer acht lassen, die dasselbe Schicksal ereilte. Das Massenaussterben sollte, kurz gesagt, als biologisches Phänomen beleuchtet und mit der Entwicklung des Lebens, der Evolution, in Zusammenhang gesetzt werden.

Denn es ist bereits erwiesen, daß Hunderte Male in den letzten 700 Millionen

IM HERZEN EINES METEORITEN

Querschnitt eines Meteoriten
unter dem Mikroskop: Diese
Himmelskörper sind tatsächlich
reich an Iridium, jenem Element, das in abnormal hoher
Menge in den Gesteinsschichten
des KT-Übergangs festgestellt
wurde.

Jahren Spezies für immer verschwanden, und bereits fünfmal trat dies im
Rahmen eines Massenaussterbens ein.
Es geschah jeweils am Ende des Kam-
briums, des Silurs, des Karbons, des
Perms und schließlich der Kreide,
genauer gesagt am Beginn des Tertiärs,
weshalb man auch vom KT-Übergang
spricht. Jedesmal spielte sich Ähnliches
ab, jedesmal ändert sich der Fossilienbe-
stand in den betreffenden Felsschichten
drastisch. Derartige Änderungen markieren für den Paläontologen das Ende
einer Ära. Auch das Aussterben der
Dinosaurier bedeutet das Ende des
Mesozoikums und den Beginn eines
neuen Zeitalters, des Känozoikums mit
seiner ersten Periode, dem Tertiär.
Genau in diesen Schichten muß man
suchen, wenn man Spuren der Ereignisse finden will, die die Ursache für das
Große Sterben waren.
Doch gibt es überhaupt fossile Belege,
die uns über dieses Geheimnis aufklären
können und uns helfen, den Schleier zu
lüften?

Spuren im Lehm

Bis 1977 bewahrten die Felsschichten
des KT-Übergangs ihr eisernes Schweigen und gaben ihr Geheimnis nicht
preis.
Louis Alvarez, Nobelpreisträger für Physik, und sein Sohn Walter, ein begeister-
ter Geologe, machten sich zusammen
mit ihren Mitarbeitern Frank Asaro und
Helen V. Michel, zwei Chemikern der
Universität Berkeley, auf die Suche. In
der Schlucht von Bottaccione, bei Gubbio, in einer feinen, marinen Lehmschicht aus der Zeit zwischen Kreide
und Tertiär, die kaum dicker als 1 cm
war, wurden sie fündig.
Zuerst sah es nur aus wie irgendeine
Anomalie. Im selben Moment, in wel-

GESCHOCKTER QUARZ

Unten: ein Quarzkörnchen, das
ebenfalls der bewußten Schicht
zwischen Kreide und Tertiär entnommen wurde. Unter dem Mikroskop zeigen sich Streifen, die
von winzigen Brüchen her-
rühren, welche wahrscheinlich
durch plötzliche Hitzeentwick-
lung aufgrund eines Schlags,
vielleicht eben des Meteoriten-
aufpralls, entstanden sind.

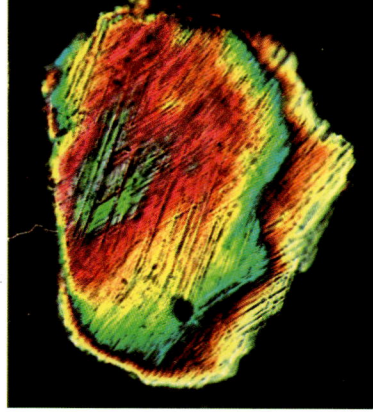

chem die typischen Fossilien der Foraminiferen aus der oberen Kreide von
jenen des unteren Tertiärs, den *Globige-
rina*, abgelöst werden, stellten die Forscher eine Veränderung in der Konstitution des Gesteins fest, das plötzlich
einen stark erhöhten Iridiumgehalt aufwies. In der betreffenden Schichte fand
sich eine 30mal höhere Konzentration
dieses Elementes als in den Systemen
oberhalb und unterhalb des KT-Übergangs.
Iridium kommt in irdischen Metallen
eher selten vor, ist in Meteoriten jedoch
zumeist reichlich vorhanden. Die Ent-
decker wollten nun natürlich wissen, ob
es sich hier um eine lokale Erscheinung
oder um ein weltweites Phänomen handelte, daher führten sie in anderen Teilen der Welt ähnliche Untersuchungen
durch. Und sie fanden ihre Theorie
bestätigt. In den Felsschichten von
Stevns Klint, 50 km südlich von Kopen-

SPUREN DES EINSCHLAGS

1908 explodierte ein Meteorit über Sibirien. Die Druckwelle breitete sich über den ganzen Planeten aus. Doch weil das Ereignis in der Atmosphäre stattfand, bildete sich kein Krater. Die Folgen waren aber dennoch weithin sichtbar. Auf unserem Bild kann man sehen, wie die Bäume in einem Umkreis von 1100 km praktisch umgemäht wurden.

Unten: Eine alte Einschlagstelle in der Provinz Quebec in Kanada ist nur vom Weltraum aus zu sehen. Der riesige Krater wurde durch die Erosion, Wind, Schnee und Eis bereits so deformiert, daß er von der Erde aus unsichtbar geworden ist.

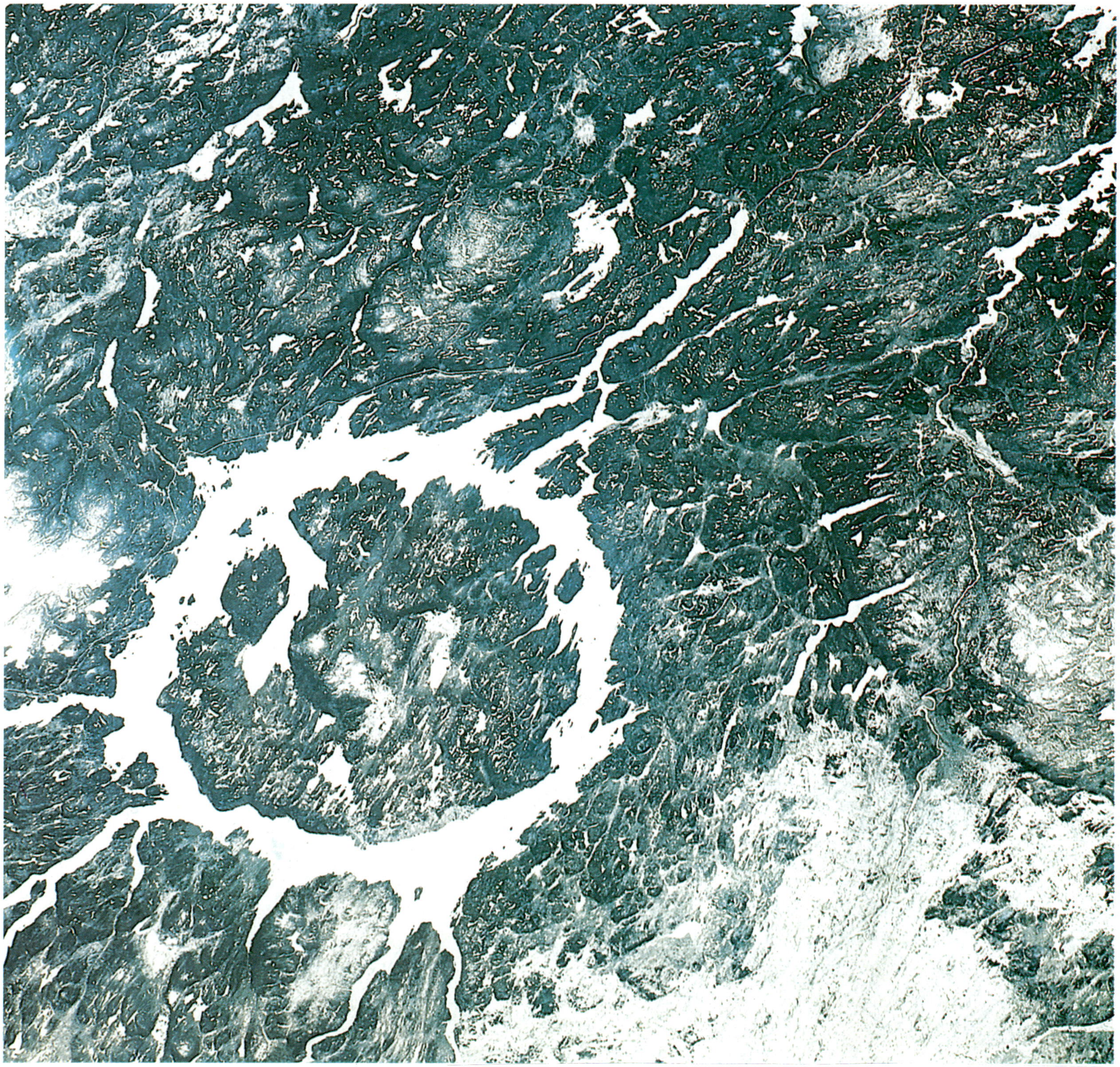

hagen, entdeckten sie sogar eine 160mal höhere Iridiumkonzentration am KT-Übergang als in den Systemen darüber und darunter. Analoge Resultate aus Spanien und Neuseeland lieferten weitere Beweise. Was immer der Grund für dieses Phänomen war, es mußte die ganze Welt betroffen haben und höchstwahrscheinlich außerirdischen Ursprungs gewesen sein.

Gezielte Berechnungen ergaben in der Folge, daß sich etwa 500 Milliarden Tonnen feinster Staub mit hohem Iridiumanteil in der Atmosphäre verteilt und innerhalb kurzer Zeit auf der Erdoberfläche abgelagert haben mußte, um so ein Resultat in den Sedimentsystemen zu erzielen. Drei Hypothesen versuchten nun, diese Erscheinung zu erklären: die Explosion einer Supernova, der Einschlag eines Kometen und der Aufprall eines außergewöhnlich großen Meteoriten. Der Erfolg der ersten Hypothese, die den Ursprung des Iridiums außerhalb unseres Sonnensystems ansiedelt, war nur von kurzer Dauer, denn in den Schichten des KT-Übergangs fehlt jegliche Spur aller anderen chemischen Elemente, wie Plutonium-244 zum Beispiel, die eine Sternenexplosion begleiten.

Auch der Kometeneinschlag wurde für unwahrscheinlich erklärt, da der dem Sonnensystem angehörige Himmelskörper doch größtenteils aus Eis besteht und keine Erklärung für das Vorhandensein von Iridium bietet. Der Schweifstern schied somit aus.

Die dritte Theorie sieht schon glücklicher aus. Die Elemente, die häufig in dieser dünnen Schicht anzutreffen sind, scheinen auch typisch für Meteoriten zu sein. Geht man nun davon aus, daß das Phänomen von einem einzigen solchen Einschlag stammt, so müßte der Himmelskörper etwa 10 km Durchmesser gehabt haben. Das Vorhandensein kleiner, von feinen Streifen durchzogener Quarzkristalle, sogenannter geschockter Quarz, den man als das Resultat eines gewaltigen Aufpralls deuten könnte, ist ein Argument, das ebenso deutlich als Bestätigung für diese Hypothese ausgelegt werden kann.

Auf diesen Grundlagen bauten Vater und Sohn Alvarez 1979 ihre Theorie auf und feilten sie aus, bis sie lautete wie folgt: Vor 65 Millionen Jahren fiel ein enormer Meteorit vom Himmel, schlug in die Erdoberfläche ein und verdampfte. Eine riesige Staubwolke wurde durch

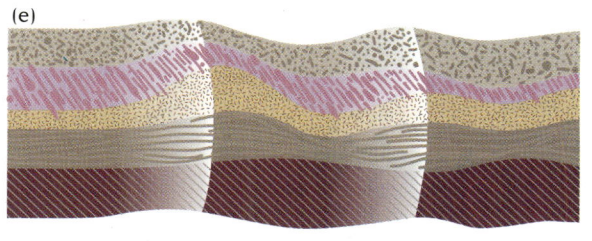

die Druckwelle des Aufpralls in die Stratosphäre geschleudert, wo sie sich über den ganzen Erdball verteilte. Langsam gingen die Staubpartikel auf die Oberfläche nieder, wo sie in die Sedimentation einbezogen wurden. Es handelte sich um eine Katastrophe planetarischen Ausmaßes, die jene Ereignisse in der Folge auslöste, die zum Massenaussterben der Arten führten.

Eine glühende Kugel aus flüssigem Metall

Die Entdeckung der beiden Alvarez und ihrer Mitarbeiter konnte in Anbetracht

EINE KATASTROPHE VON PLANETARISCHEM AUSMASS

Hier die mögliche Abfolge der Ereignisse beim Aufprall eines großen Meteoriten auf die Erde:
(a) Druckwelle: Die Explosion setzt gewaltige Energien frei, die die Luft in Schockwellen erschüttern.
(b) »Base surge«: eine Art Sturm, der mit höchster Geschwindigkeit am Boden entlangrast und alles vernichtet, was ihm im Wege steht. Dieses Phänomen wurde bei allen Ereignissen, die extrem große Energien freisetzen, wie zum Beispiel atomare oder vulkanische Explosionen, als Begleiterscheinung beobachtet.
(c) Staub und **(d)** Dampf: Wegen der großen Wucht des Aufpralls und der hohen Temperaturen, die dabei entstehen, wird Gestein pulverisiert und Wasser verdampft. Riesige Mengen an Staub und Wasserdampf gelangen so in die Atmosphäre und bilden dichte, dunkle Wolken, welche oft für längere Zeit einen Großteil des Sonnenlichts von der Erdoberfläche abschirmen können. Dadurch sinken die Temperaturen überall auf der Erde rasch und empfindlich.
(e) Erdbeben: Der Aufprall verursacht gewaltige tellurische Stöße, die sich bis in den Meeresboden fortpflanzen. Die seismischen Wellen lösen heftige Seebeben aus, deren Folge Springfluten und die gefürchteten **(f)** »Tsunamis« sind, Flutwellen, die mit atemberaubender Geschwindigkeit ganze Ozeane überqueren können. Auch bei einer größeren Atomexplosion erwartet man ein ähnliches Szenario. Es würden dieselben Naturkatastrophen auftreten, und die durch die Abschirmung des Sonnenlichts verursachte Kälteperiode hieße in solch einem Fall »atomarer Winter«.

der wissenschaftlichen Kompetenz und Genauigkeit, mit der die Untersuchungen durchgeführt wurden, nicht unbeachtet bleiben.

Seit ihrem Bekanntwerden haben noch viele weitere Wissenschaftler verschiedener Sparten den KT-Übergang in den Sedimenten untersucht. Von den Vulkanologen bis zu den Marsmetereologen (der Mars ist am meisten von allen Planeten des Sonnensystems von Staubgewittern betroffen), von den Chemikern, bis zu den Atomphysikern interessierten sich alle dafür. 1985 wurden auf diese Weise in der bewußten Schicht nicht nur die bereits sattsam bekannten Iridiumkonzentrationen, sondern auch große Mengen an Rußpartikeln entdeckt, kleine Graphitteilchen, wie sie normalerweise bei der Verbrennung organischer Substanz entstehen.

ABENDROT

Eine unwirkliche, ganz ins Licht der untergehenden Sonne getauchte Landschaft. Die roten Farbtöne kommen durch die im unteren Teil der Atmosphäre vorhandenen Wolken und Staubpartikel zustande. Für die Tiere und Pflanzen am Ende der Kreide waren rote Sonnenuntergänge über lange Zeit hinweg vielleicht kein gutes Zeichen.

Man schätzte, daß sich etwa 100 Millionen Tonnen Ruß auf der gesamten Erde verteilt haben müßten. Ein so gigantischer Brand hätte wahrscheinlich 4 Prozent des in der Biomasse vorhandenen Kohlenstoffs verbraucht, was allen Wäldern eines gesamten Kontinents der Kreidezeit entspräche. Die Computersimulation zeichnet ein alptraumhaftes Szenario von apokalyptischen Dimensionen:

Ein Riesenmeteorit taucht in die Atmosphäre ein, die Reibung bringt ihn zur Weißglut, bevor er – höchstwahrscheinlich – ins Meer stürzt, von wo eine enorme Säule aus Wasserdampf aufsteigt. Der Meteorit verdampft unter der Wucht des Aufpralls. Die Hitzestrahlung verbreitet sich rasch in konzentrischen Kreisen und überzieht ganze Kontinente mit Feuerzungen und einer brennend

heißen Druckwelle. Rauch steigt von den Feuersbrünsten auf und bringt die Rußpartikel bis in die Atmosphäre, wo sie zusammen mit dem Meteoritenstaub und dem Wasserdampf durch die Druckwelle verteilt werden und die ganze Erde in einen dunklen Schleier hüllen, der das Licht der Sonne fast völlig abschirmt.

Man hat berechnet, daß eine solche Menge an Staub und Ruß in der Atmosphäre das Sonnenlicht bis zu 90 Prozent absorbieren könnte. Die Temperaturen an der Erdoberfläche wären in diesem Falle rapid und dramatisch gesunken, wahrscheinlich bis mehrere Grade unter den Gefrierpunkt, während die damit einhergehenden Veränderungen in den planetarischen Luftströmungen zahlreiche Gewitter und Stürme ausgelöst hätten, die den ganzen Plane-

EIN LANGER, HARTER WINTER

Eine schwere Schneedecke lastet auf den Zweigen dieser Koniferen. Die Abschirmung des Sonnenlichts durch Staubpartikel und Dampfwolken infolge eines Meteoriteneinschlags hätte ähnliche klimatische Konsequenzen nach sich gezogen wie eine Atomexplosion: den atomaren Winter.

UNERBITTLICHE SELEKTION

Ein Grasfrosch, eines der wenigen Amphibien, die auch bei winterlichen Bedingungen überleben können. Sie erfrieren nicht, denn ihr Blut hat einen hohen Glykoseanteil. Vielleicht hat das Klima entscheidend dazu beigetragen, daß nur wenige Spezies das Große Sterben überlebten.

ten heimsuchten. Ein ähnliches Szenario ergibt sich nur noch bei der Simulation des sogenannten atomaren Winters. Durch diese eine Katastrophe diesen Ausmaßes würde das Leben auf eine harte Probe gestellt. Die Photosynthese wäre blockiert, die Nahrungskette verändert, die Atmosphäre durch Gase aus den Bränden vergiftet, Umstände, die zwangsläufig zum Tod zahlreicher Lebewesen führen.

So logisch diese Theorie von der Kollision mit einem Meteoriten auch klingt und wieviele Wissenschaftler auch dazu neigen, sie zu vertreten, sie kann für die Selektivität des Massenaussterbens am Ende der Kreide ebensowenig eine Erklärung bieten wie die anderen, bereits verworfenen Hypothesen.

Um auch diesen Aspekt in die Theorie des Meteoriteneinschlags einzubringen, haben die Wissenschaftler R. G. Prinn und B. Fegley angenommen, daß sich durch die Kollision Stickoxide, die auch typisch für Smog sind, gebildet hätten, und zwar in einer Konzentration von ca. 100 Teilchen auf eine Million, ein Prozentsatz, der jedes Lebewesen, das ihm auf Dauer ausgesetzt ist, töten mußte. Ebendiese Gase hätten monatelang den Regen, der danach fiel, stark sauer gemacht und so die Säureverhältnisse in den Meeren bis zu einer Tiefe von 75 m verändert. Eine direkte Folge davon sei die Auflösung der Kalkschalen der Foraminiferen gewesen.

Gerettet worden wären all jene, die in größeren Tiefen lebten und eine kieselige Schale besaßen. Auf dem Festland hätten nur die kleinsten Lebewesen überlebt, weil sie sich in unterirdischen Verstecken verkrochen und den giftigen Gasen ausweichen bzw. ihre Aufnahme auf ein Minimum reduzieren konnten, indem sie in eine Art Winterstarre verfielen. Unter den Pflanzen hätten nur jene Arten mit gut geschützten, harten Samen überlebt. Eine lange Periode sauren Regens und die darauffolgende Übersäuerung des Bodens habe zur Auswaschung der Schwermetalle aus den Felsen des karbonatarmen Gesteins geführt.

Und tatsächlich weist die Lehmschicht des KT-Übergangs eine erhebliche Abweichung des Strontiom-87/Strontium-86-Verhältnisses auf, ein Untersuchungsergebnis, das durchaus als Bestätigung für die Richtigkeit der vorgeschlagenen Theorie gewertet werden

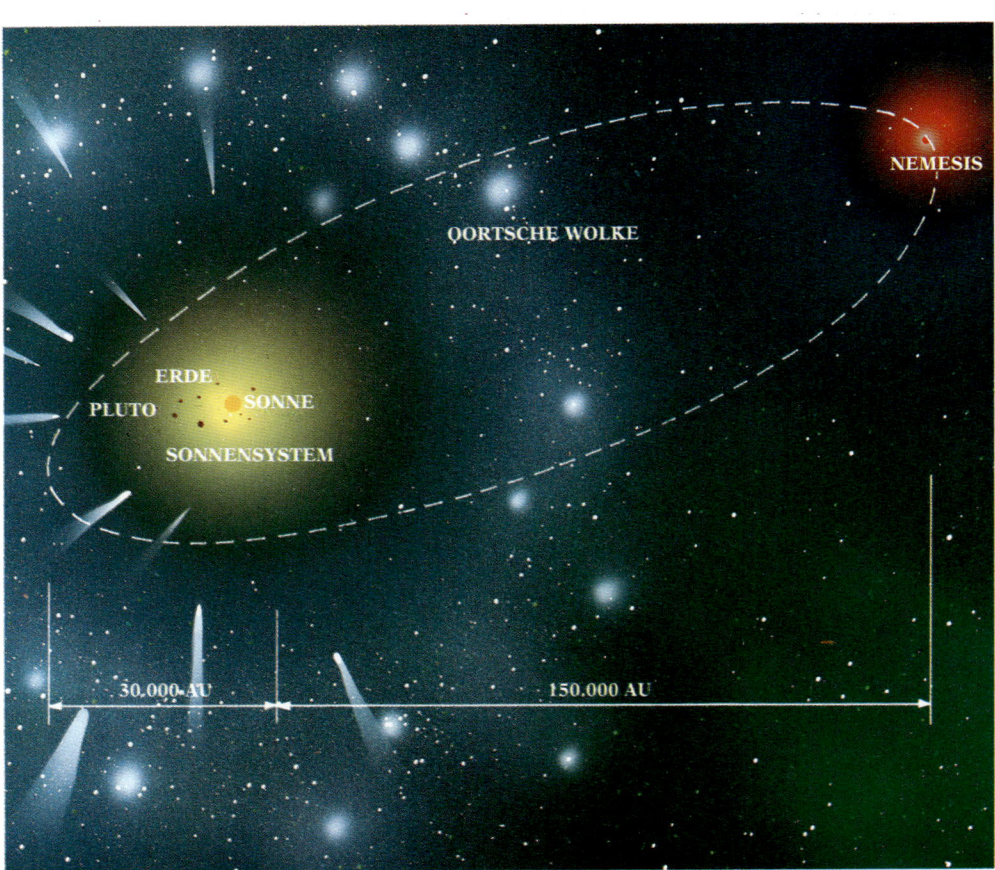

DIE NEMESIS-THEORIE

Hier sehen wir die Umlaufbahn des unbekannten Begleitsterns unserer Sonne. In der Oortschen Wolke könnte er Gravitationsverschiebungen auslösen, wodurch periodisch ein Meteoritenregen auf die Sonne niederginge. Man kann nicht ausschließen, daß in der Folge auch die Erde in periodischen Abständen ein »Meteoritenfeld« durchqueren muß, wobei die Wahrscheinlichkeit eines möglichen Einschlags natürlich ungleich höher würde.

kann. Doch es gibt auch zahlreiche Einwände dagegen. Obwohl Vater und Sohn Alvarez felsenfest davon überzeugt sind, daß alle bisherigen Massenaussterben immer durch außerirdische Ursachen provoziert wurden, so findet sich doch in keiner anderen als der KT-Übergangsschicht die erwähnte abnormal hohe Iridiumkonzentration. Außerdem ist sie, wie manche einwerfen, viel zu hoch, um nur von einem einzigen Meteoriteneinschlag zu stammen, und niemand könne sagen, wie hoch die Konzentration in den Meteoriten überhaupt sei.

Um diese Probleme zu lösen, müßte man eine Folge von fünf Einschlägen im Zeitraum von etwa einer Million Jahren annehmen, was wirklich sehr unwahrscheinlich ist. Wenn man die letzten 250

DIE VULKANTHEORIE

Hier das dramatische Bild einer berühmt gewordenen Explosion: der Mount Saint Helens im Staate Washington, der 1983 ausbrach und Gase, Staubwolken und Schwebeteilchen bis an den Rand der Troposphäre schleuderte. Jahrelang blieben die Spuren dieser Eruption in der Erdatmosphäre nachweisbar.

Millionen Jahre betrachtet, so fällt auf, daß die Massenaussterben mit schöner Regelmäßigkeit etwa alle 26 Millionen Jahre auftraten, ein Rhythmus, welchem allem Anschein nach auch die Kraterbildung infolge von Meteoriteneinschlägen folgt.

Könnten denn nicht beide Phänomene zusammenhängen und eine gemeinsame Ursache haben?

Nemesis: der Bote der Apokalypse

Um eine Antwort auf diese Frage zu finden, müssen wir uns von der Erde entfernen und jene Regionen erforschen, die am äußersten Rand unseres Sonnensystems liegen, zwei Millionen Lichtjahre vom blauen Planeten entfernt. Dort

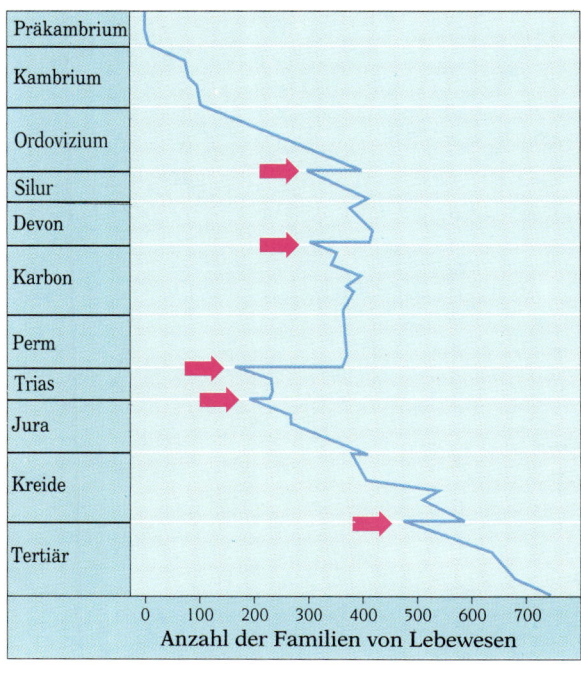

Anzahl der Familien von Lebewesen

LEBEN UND STERBEN

Diese Graphik stellt die fünf Massenaussterben dar, die sich in den 660 Millionen Jahren seit dem ersten Auftreten des Lebens auf unserem Planeten ereignet haben. Am Verlauf der Kurve kann man genau verfolgen, wie die biologische Vielfalt, die an der Anzahl der existenten Familien gemessen ist, bis in unsere Zeit stets anstieg, wobei einige Zäsuren durch die biologischen Krisen verursacht wurden. Am Ende des Perms ist der Einschnitt am tiefsten. Interessant ist auch, daß die Ära der Dinosaurier von zwei solchen Massenaussterben eingegrenzt wird, das der Trias, nach welchem sie erstmals erschienen, und das der Kreide, welches sie nicht überlebten.

finden wir – wahrscheinlich – die Oortsche Wolke, die nach dem holländischen Wissenschaftler Jan H. Oort benannt ist, der ihre Existenz hypothetisch annahm. Sie soll aus einer Ansammlung potentieller Kometen bestehen, einer dichten Wolke aus Staub und Eisblöcken, in der jede geringfügige Gravitationsschwankung eine Veränderung im Orbit eines der Körper nach sich ziehen kann. Der betreffende Himmelskörper beginnt daraufhin, sich der Sonne in ellipsoiden Bahnen immer mehr anzunähern. Kommt er unserem Fixstern zu nahe, wird er von den Sonnenwinden erfaßt, wodurch sich der Eisball in glühende Gase auflöst, die vorübergehend die typische Form des Kometen annehmen.

Wenn nun die Periodizität der Meteoreinschläge auf unserem Planeten tatsächlich gegeben ist, so kann man davon ausgehen, daß alle 26 Millionen Jahre die Oortsche Wolke durch irgend etwas aus dem Gleichgewicht gebracht wird, worauf jedes Mal ein Kometen- und Meteoritenregen auf die Erde niedergeht.

Richard Muller und Marc Davis von der Universität Berkeley sind überzeugt, daß die Lösung all dieser Rätsel 2,4 Millionen Lichtjahre von der Erde entfernt zu finden ist: Nemesis, ein bislang unbekannter roter Zwerg, ein heimlicher Begleiter unserer Sonne, der eine extrem elliptische Umlaufbahn hat und alle 26 Millionen Jahre dem System näher kommt.

Und alle 26 Millionen Jahre könnte sein Vorüberziehen Turbulenzen in der Oortschen Wolke auslösen und dort die Schwerkraftverhältnisse aus dem Gleichgewicht bringen. Zwei Milliarden Kometen würden dadurch aus ihren Gravitationsfeldern gerissen und in Richtung Sonne stürzen. Von diesen könnten sich nach einer Million Jahren noch etwa 20 auf Kollisionskurs mit der Erde befinden.

Während nun so mancher Wissenschaftler nach Nemesis sucht, werfen die Geologen neue Fragen auf, die die Theorie vom Todesstern hart auf die Probe stellen.

Die Vulkanologen sind zum Beispiel gar nicht so sicher, daß die Iridiumkonzentrationen unbedingt außerirdischen Ursprungs sein müssen. Man hat bei einem der letzten Vulkanausbrüche des Kilauea auf Hawaii in den dabei in die Atmosphäre geschleuderten Gasen, die

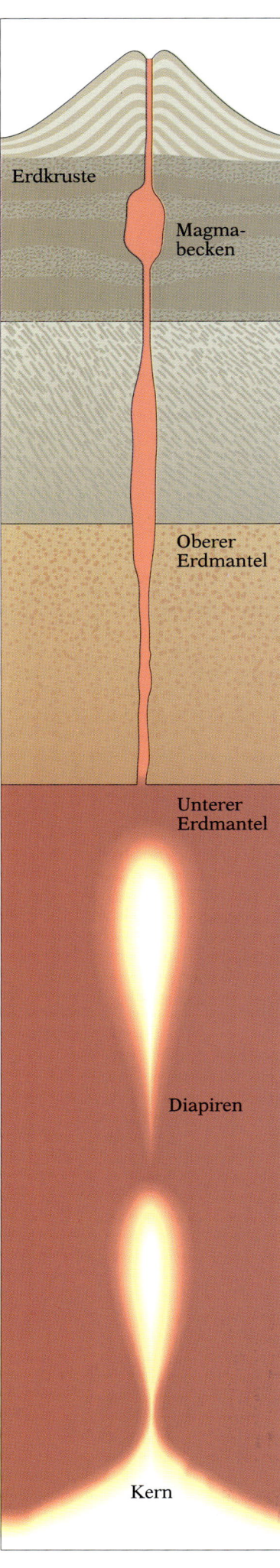

Erdkruste

Magmabecken

Oberer Erdmantel

Unterer Erdmantel

Diapiren

Kern

aus den untersten Schichten des Erdmantels stammen, Iridiumkonzentrationen festgestellt, die 10.000mal höher waren als jene bei der vorhergehenden Eruption desselben Vulkans, die aus oberflächlicheren Zonen des Erdmantels kam. Der abnormal hohe Gehalt an Iridium in den Schichten des KT-Übergangs könnte also auch aus intensiver vulkanischer Aktivität, die sich während dieser Periode über längere Zeit erstreckte, stammen.

Das Massensterben der Lebewesen am Ende der Kreide wäre somit als logische Folge einer vulkanischen Eruption, die globale Umweltkatastrophen nach sich zog, denkbar. Drastische Veränderungen des Meeresspiegels sind nur ein Beispiel hierfür. Nach der Meinung der meisten Vulkanologen ist es sehr wahrscheinlich, daß die Mechanismen, die zu einem Massenaussterben führen, Teil der endogenen Dynamik der Erde sind. Sie plädieren daher dafür, im Inneren der Erde und nicht im Weltall nach plausiblen Erklärungen für das Große Sterben am Ende der Kreide zu suchen.

Im Inneren der Erde

Ist es denn möglich, daß das Phänomen des Vulkanismus in einer gewissen Periodizität auftritt, die in Zusammenhang mit den großen Massenaussterben steht? Kevin McCartney und David Loper, zwei amerikanische Geologen, schlugen 1989 ein Modell vor, nach welchem die abnormale Konstitution der marinen Lehmschicht des KT-Übergangs eher mit den endogenen Kräften unseres Planeten als mit der Kollision mit einem Himmelskörper in Zusammenhang steht.

Sie stützen sich dabei auf die Zusammensetzung des Erdmantels. In einer Tiefe von 2900 km rührt dieser an den flüssigen Kern des Planeten. Dort herrschen natürlich viel höhere Temperaturen als in den darüberliegenden Schichten, und wegen der großen Hitze sind auch Dichte und Viskosität dieses Teils des Erdmantels erheblich geringer als im Bereich darüber. Dadurch lösen sich immer wieder riesige »Tropfen«, sogenannte Diapire, vom flüssigen Kern und streben der Oberfläche zu. Sie durchqueren die weniger warmen und dichteren Bereiche des festen Erdmantels. So gerät stark iridiumhaltiges Material an die Oberfläche.

Auf einfache und direkte Weise suchten

DIE ARGUMENTE DER GEOLOGEN

Linke Seite: schematische Darstellung eines Vulkans über einer Schwachstelle in der Erdkruste. Vom äußeren Bereich des Erdkerns lösen sich in periodischem Rhythmus Tropfen, die weniger dichtes, aber dafür um vieles heißeres Material beinhalten als der Erdmantel. Sie steigen langsam durch die darüberliegenden Schichten auf und erreichen in mehr oder weniger regelmäßigen Abständen die Erdkruste. An verschiedenen Stellen der Erdkruste können sie austreten, und steigen in heftigen Explosionen an die Erdoberfläche auf. Da das Material dieser Eruptionen vom flüssigen Kern der Erde stammt, wo die Iridiumkonzentration ungleich höher ist als in den umgebenden Schichten, könnte dies durchaus eine Erklärung für die große Menge an Iridium im Lehm des KT-Übergangs sein.

DIE WAHL DES LEBENS

Das Gebiet um den Turkanasee, einen der großen Seen im Bereich des Grabens, der das Horn von Afrika vom übrigen Kontinent trennt, vom Satelliten aus gesehen (oben). Unten ein Teil des Seeufers, in der Gegend von Koobi Fora, wo zahlreiche Fossilien von Hominiden, unseren unmittelbaren Ahnen, gefunden wurden. Auf der Karte ist die Gesteinsbeschaffenheit der einzelnen Zonen durch unterschiedliche Farbgebung dargestellt. Nach neuesten Hypothesen sollen hier klimatische und geographische Veränderungen aufgrund der Verbreiterung des Grabens zu einer drastischen Beschleunigung der Evolution geführt haben. Verschiedene »Versuchsmodelle« des Menschen entwickelten sich in sehr kurzer Zeit und verschwanden ebenso rasch wieder. Der *Australopithecus* und der *Homo habilis* existierten gleichzeitig und starben nach kurzer Zeit aus, um das Feld dem *Homo erectus* und dem *Homo sapiens* zu überlassen. Nach einer weithin anerkannten Theorie könnte auch das Aussterben der Dinosaurier Teil der Evolutionsdynamik sein. Wie für die Hominiden bedeuteten auch für die Schrecklichen Echsen tektonische Neubildungsprozesse, die am Ende der Kreide Pangäa vollends zerrissen hatten, das Ende, weil dadurch viele Mikroklimata radikal verändert wurden, an die sich die einzelnen Spezies perfekt angepaßt hatten.

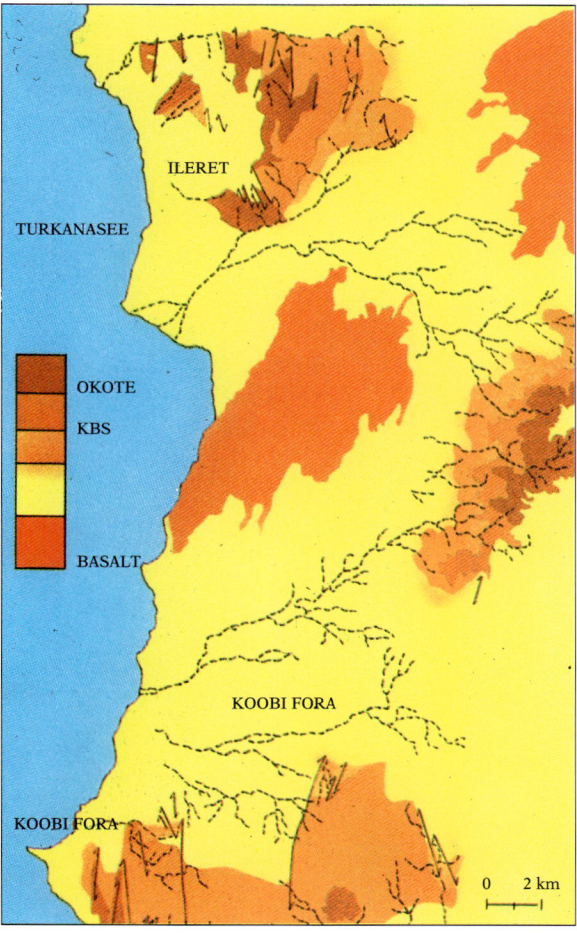

OKOTE

KBS

BASALT

ILERET

TURKANASEE

KOOBI FORA

KOOBI FORA

0   2 km

Loper und McCartney einen experimentellen Beweis für ihre Theorie. Sie gossen in einen Behälter eine Schicht gefärbtes Wasser und darüber eine dickere Schicht zähen Sirup. Langsam lösten sich große Tropfen des Wassers und stiegen durch den Sirup an die Oberfläche.

Nach ihrer Hypothese müssen sich flüssige Gesteine ebenso verhalten. Die weniger dichten würden sich tropfenförmig vom flüssigen Kern loslösen und ganz langsam durch die dichteren Schichten in Richtung Erdoberfläche aufsteigen. Der erste Tropfen wäre dabei der langsamste, dann, sobald ein zweiter in sein »Kielwasser« einträt, käme es zu einer Beschleunigung. Je näher nun der Tropfen der Oberfläche kommt, umsomehr kühlt er ab. Dadurch werden die darin gelösten Gase freigesetzt und im Fels komprimiert, bis sie einen derartigen Druck angesammelt haben, daß es zu einer Explosion kommt.

So fände ein heftiger Vulkanausbruch statt. Lavaausstoß, Staub, Asche, Dämpfe und vor allem auch Gase aus dem Inneren der Erde mit hohen Iridiumkonzentrationen kämen an die Oberfläche. Man nimmt nun an, daß die Instabilität des unteren Erdmantels und damit auch die Diapirenbildung periodenweise ansteigt und alle 30 Millionen Jahre jeweils ihre höchste Intensität erreicht. Vulkanische Aktivität und biologische Krisenzeiten könnten also tatsächlich miteinander Hand in Hand gehen, wobei die Schrittlänge vom Puls der Erde diktiert wird.

Das Iridium und die geschockten Quarze in den Schichten des KT-Übergangs sind nach dieser Theorie die Folge erhöhter vulkanischer Aktivität. In gasförmigem Zustand in Form von Hexafluorid ausgestoßen, könnte sich das Iridium in der ganzen Erdatmosphäre verteilen und niedersinken. Die Klimaänderungen und der schwankende Meeresspiegel nach vulkanischen Eruptionen großen Ausmaßes wären direkt verantwortlich für das Aussterben so vieler Spezies auf einen Schlag und damit ihre primäre Ursache.

Eine Frage des Gleichgewichts

Auch die Paläontologen nähren gewisse Zweifel, was eine außerirdische Ursache für das Große Sterben am Ende der Kreide betrifft. Sie glauben sogar, daß zwischen einem Meteoriteneinschlag und dem Aussterben so vieler Arten gar kein ursächlicher Zusammenhang bestehen kann. Denn zwischen den beiden Ereignissen liegt eine zeitliche Inkonvergenz, die unüberwindbar scheint: Während die kosmische Katastrophe sich in wenigen hundert Jahren abspielt, geschieht die biologische in Zeiträumen von mehreren Millionen Jahren, in evolutionären Kategorien.

Die Paläontologen bestehen darauf, daß auch ein Massensterben stets einen biologischen Grund hat, der im Konzept der Evolution zu suchen ist. Wenn ganze Gruppen von Lebewesen und Pflanzen ausstarben, die so verschieden voneinander sind wie Meeres- und Landbewohner, Tiere und Pflanzen, so müssen dabei diverse ökologische und biologische Faktoren eine Rolle gespielt haben. Man muß die Spezies, die am Ende der Kreide existiert haben, ganzheitlich zusammen mit ihrem Lebensraum betrachten, um herauszufinden, welche Veränderungen möglicherweise zu jener Zeit eine so drastische Reduzierung der Formenvielfalt verursacht haben könnten. Denn die unmittelbare Folge dieses Massenaussterbens war eigentlich nur eine größere Monotonie.

Vor dieser biologischen Krise, das ganze Mesozoikum hindurch, war die Erde von einer reichen Formenvielfalt gekennzeichnet, sowohl was die Pflanzen als auch was die Tiere betrifft, einer Unzahl an Spezies, deren Großteil perfekt an eine ganz besondere und eingeschränkte ökologische Nische angepaßt war.

Auch die Dinosaurier, die weit entfernt waren von der evolutionären Senilität, die man ihnen andichten wollte, erlebten in der Kreide den höchsten Ausdruck und die Verwirklichung ihres Potentials. Ein vielfältiges Kaleidoskop

DIE ÜBERLEBENDEN
Eine Maus repräsentiert sowohl auf biologischer als auch anatomischer Ebene jene Spezies, die das Große Sterben am Ende der Kreide überlebten. Nur Tiere, die nicht mehr als 25 kg wogen und eine hohe Anpassungsfähigkeit besaßen, kamen durch. Eine überzeugende Theorie über die Gründe der biologischen Krise muß nicht nur erklären, wie diese zustande kam, sondern auch, warum einige Spezies überlebten, während andere erbarmungslos ausgerottet wurden.

DIE NEUEN HERREN
Und wieder einmal in der Geschichte des Lebens sieht man große Herden Pflanzenfresser an den Flüssen einer vulkanischen Landschaft friedlich weiden. Unter dem Druck der natürlichen Selektion splitterten sich auch diese Lebewesen im Laufe der Jahrmillionen in unzählige verschiedene Arten auf, spezialisierten sich und übernahmen alle ökologischen Rollen, die einmal die Reptilien innehatten.

an Arten und Gattungen hatte sich entwickelt, und eine jede spezialisierte sich auf einen ganz bestimmten Lebensraum. In der Kreide herrschte die typische Situation eines stabilen Ambiente: Die beste Überlebensstrategie war es, möglichst viele Spezies hervorzubringen, die durch ihre Merkmale jeweils ganz besonders für ein bestimmtes Mikroklima oder eine spezielle Ernährungsweise geeignet waren.

Typisch für auf diese Art entstandene Spezies ist es, daß sie eine niedrige genetische Variabilität besitzen, die gewährleistet, daß sich ihre besonderen Anpassungsmerkmale so schnell nicht ändern. In einer Umwelt, die sich nicht ändert, ist das auch ein sehr gutes Rezept. Was aber, wenn doch alles anders wird?

Während der Kreide vollendete die Expansion des Meeresbodens ihr Werk, das sie vor Äonen begonnen und jedes Jahr Zentimeter um Zentimeter weitergeführt hatte: Die Aufsplitterung der Kontinentalblöcke in die einzelnen Kontinente, wie wir sie kennen, war vollbracht. Es ist bekannt, daß mit der Expansion entlang der Mittelozeanischen Rücken das Phänomen der Transgression und Regression einhergeht: Wenn die Expansionsgeschwindigkeit hoch ist, so geht der Meeresspiegel zurück, ist sie niedrig, steigt er an. Am Ende der Kreide sank der Meeresspiegel ziemlich rasch, so daß sich auch die flachen Binnenmeere und Küstengewässer zurückzogen.

Das Verschwinden diverser ökologischer Nischen zog folgerichtigerweise das Aussterben all jener Arten nach sich, die auf sie angewiesen waren. Der Zerfall der Superkontinente und der Verlust von wahrscheinlich 40 Prozent ihrer früheren Oberfläche verursachte ebenfalls die Zerstörung zahlreicher Lebens-

DIE DINOSAURIER VON HEUTE

Mittlerweile hat sich in der Fachwelt die Ansicht durchgesetzt, daß die Vögel aufgrund ihrer direkten Abstammung von den Schrecklichen Echsen des Mesozoikums als gefiederte Dinosaurier betrachtet werden sollten. Heute drücken diese Tiere mit der enormen Vielfalt, die sie entwickelt haben – vom Sperling bis zum Kolibri, vom Strauß bis zu den Pinguinen, Adlern und Geiern –, all die evolutionären Möglichkeiten aus, die auch die Dinosaurier im Laufe ihrer 140 Millionen Jahre dauernden Geschichte ausgeschöpft haben. Sie folgen denselben Riten wie ihre Vorfahren, unterliegen denselben selektiven Gesetzen, die sie mit ihrer Umwelt verbinden, sie paaren sich, brüten allein oder in Gruppen und gehen auf genauso unergründlichen wie unausweichlichen Wegen auf eine Entwicklung zu, deren Ziel keiner kennt.

Auf unserem Bild sehen wir rosa Flamingos, weiße Reiher, Wildenten, Wasserhühner, Stelzenläufer und Möwen in friedlicher Koexistenz in einer Umgebung, wo wir vor etwa 100 Millionen Jahren noch eine Gruppe Hadrosaurier oder eine Herde Ceratopier beim Trinken beobachten hätten können.

räume auf dem Festland und schuf so eine unstabile Situation. Solch ein Ambiente ist im allgemeinen durch wenige, doch große ökologische Nischen und eine geringe Anzahl Spezies mit hoher genetischer Variabilität charakterisiert. Variable Populationen sind nicht gänzlich von einem bestimmten Lebensraum abhängig und daher weit verbreitet.

Es war also der Übergang von einer stabilen in eine unstabile Situation, der aus paläontologischer Sicht den Grund für das Massenaussterben am Ende der Kreide lieferte. Pflanzen- und Tierarten, die über eine längere Zeit in einem stabilen Ambiente gelebt hatten, verschwanden, weil sie zu sehr spezialisiert waren, nicht abwandern und sich nicht an andere Nahrung gewöhnen konnten.

Und nicht zuletzt weil sie durch ihre geringe genetische Variabilität auch keine Individuen hervorbrachten, die dessen fähig gewesen wären.

Ihre perfekte Anpassung wurde den Dinosauriern zum Verhängnis, genau wie allen anderen Meeres- und Landbewohnern, die mit ihnen untergingen. Nur Opportunisten überlebten, die sich nicht auf ein bestimmtes Ambiente versteift hatten: die Säugetiere zum Beispiel, die nun, da sie endlich die Konkurrenz der Dinosaurier los waren, die frei gewordenen Nischen übernehmen und sich entfalten konnten, bis sie zu einer ähnlichen Verbreitung und Vielfalt kamen wie zuvor die Reptilien.

Da das Modell der biologischen Krise, die durch eine Periode der Instabilität nach einer langen Zeit der Stabilität ausgelöst wird, das einzige ist, das ohne Widersprüche auch auf die anderen Massensterben in der Geschichte des Lebens angewandt werden kann, haben wir hier wahrscheinlich die realistischste aller Hypothesen gefunden, die bisher aufgestellt wurden. Und sie bringt die Geschichte der Dinosaurier auch dorthin zurück, wo sie angefangen hat, zum Leben als Phänomen der Evolution.

Noch nie hat das Studium irgendeiner anderen ausgestorbenen Tierart so viel Interesse in der Öffentlichkeit erweckt, so viele Kontroversen angeregt, so viel Polemik ausgelöst, so viel Fantasie und Theorie bewegt und so viel wissenschaftliche Arbeit mit sich gebracht. Mit Recht. Denn über alle philosophischen Betrachtungen hinaus bleibt die unbestrittene Tatsache, daß die Dinosaurier mehr als 140 Millionen Jahre überdauerten, unzählige Spezies hervorbrachten und sich die Erde durch drei geologische Perioden hindurch untertan machten wie nie eine Tierart zuvor.

Für uns nackte Primaten, die wir die Erde vor gerade drei Millionen Jahren geerbt haben und durch unseren unkritischen Umgang mit der Natur bereits jetzt dabei sind, eine biologische Krise zu provozieren, die dem apokalyptischen Szenario vom Meteoritenaufschlag gleichkommen könnte, liegt wahrscheinlich gerade darin die besondere Faszination dieser Urzeitgiganten.

Register

Acrocanthosaurus, 179, 182
Aegyptosaurus, 191
Aepisaurus, 191
Agyrosaurus superbus, 34
Alamosaurus, 191
Albertosaurus, 160, 185, 190
Algoasaurus, 191
Alioramus, 185, 190
Alioramus remotus, 185, 190
Allosauridae, 7, 88-89, 144
Allosaurus, 19, 38, 81, 88, 101, 103-104, 109-110, 112, 130, 136, 142, 144-145, 156, 176-177, 186
Altispinax, 179, 182
Ammosaurus, 128
Amphicoelias, 150, 152
Amtosaurus, 205
Anatosaurus, 14, 201, 204
Anchiceratops, 109, 196-198
Ankylosauria, 84
Ankylosauridae, 7, 85, 90-93, 204
Ankylosaurus, 204-205, 208
Anoplosaurus, 211, 215
Antarctosaurus, 191
Apatosaurus, 19, 38, 41, 76, 101, 104, 124, 142, 144, 146, 150-152
Aralosaurus, 204
Archaeopterygidae, 7, 87, 138-139
Archaeopteryx, 17, 51, 53-55, 85, 95, 130, 138-141, 175
Archaeopteryx lithographica, 17, 54, 140-141
Archaeornithomimus, 172-173
Archelon, 160
Archosauria, 84
Argyrosaurus, 191
Aristosaurus, 128
Aristosuchus, 159
Arrhinoceratops, 196-198
Atlantosaurus, 150
Aussterben, 14-15, 50, 52-53, 79, 168, 191, 217-219, 227-228
Austrosaurus, 145-146
Avimimidae, 87

Bactriosaurus, 204
Bactrosaurus, 201, 204
Bagaceratops, 193-194
Barasauridae, 90
Barionychus, 41
Barosaurus, 19, 150, 152
Baryonychidae, 7, 88-89, 176
Baryonyx, 176-177
Baryonyx walkeri, 176-177
Betasuchus, 172-173
Bison alticornis, 195
Blikanosauridae, 90
Brachiosauridae, 90, 146
Brachiosaurus, 21, 35, 38, 76, 103, 146, 148-149
Brachyceratops, 196-197
Brachylophosaurus, 204
Brancasaurus, 182
Brontosaurus, 19, 150

Caeonagnathidae, 87
Camarasauridae, 7, 90, 190
Camarasaurus, 19, 134, 142, 150-151, 191-192
Camarasaurus robustus, 191
Camptosauridae, 92, 100
Camptosaurus, 38
Campylodoniscus, 191
Carcharodontosaurus, 182, 184
Carnosauria, 85
Carnosaurus, 38, 105
Centrosaurus, 196, 198
Cephalaspis, 63
Ceratops, 195-198
Ceratops montanus, 195
Ceratopsia, 84
Ceratopsidae, 7, 85, 91-93, 195
Ceratosauridae, 7, 88-89, 142
Ceratosaurus, 109, 136, 142, 156
Cetiosauridae, 7, 90, 145
Cetiosauriscus, 150, 152
Cetiosaurus, 145-146
Chasmosaurus, 196-198, 200
Chialingosaurus, 155, 158

Chondrosteosaurus, 190-191
Claosaurus, 201, 204
Coelophysidae, 7, 87, 116, 126
Coelophysis, 22, 74, 76-77, 87, 109-110, 124, 126
Coelophysydae, 84
Coeluridae, 7, 87, 159
Coelurosauria, 84
Coelurosaurus, 142, 174
Coelurus, 87, 159
Compsognathidae, 87
Compsognathus longipes, 141
Compsognathus, 17, 87, 130, 138-141
Conolophus subcristatus, 12, 153
Corythosaurus, 201, 204
Craspedodon, 211, 215
Craterosaurus, 155, 158
Crocodilemus robustus, 72
Crocodylus, 176
Cynognathus crateronotus, 123

Dacentrurus, 155, 158
Daspletosaurus, 109
Deinocheiridae, 7, 85, 87, 168, 178
Deinocheirus, 93, 177-178
Deinocheirus mirificus, 178
Deinonychosauria, 84
Deinonychus, 8, 23, 41, 101, 103, 107, 140, 167-168, 174-176, 178
Deltatheridium, 169
Deynodon, 14
Dicraeosaurus, 150, 152
Dilophosaurus, 112, 182, 184
Dimetrodon, 72, 179
Dimorphodon macronyx, 133
Dinosaurierknochen, 10, 19, 21-22, 28, 146
Diplodocidae, 90, 100, 150, 152
Diplodocus, 79, 108, 110-111, 134, 136, 142, 146, 149-152, 191
Dravidosaurus, 155-156, 158
Dromaeosauridae, 7, 87, 160, 174
Dromiceiomimus, 172-173
Dryosaurus, 130, 170-171
Dryptosauridae, 88-89
Dyoplosaurus, 78
Dysalotosaurus, 171

Echinodon, 153
Edmontosaurus, 188, 201, 204
Elaphrosaurus, 172-173
Elmisauridae, 87
Eoceratops, 196
Eoraptor lunensis, 22-23
Eryops, 66, 69
Eryops megalocephalus, 66
Eudimorphon, 116
Euhelopus, 191-192
Euhelopus zdanskyi, 191
Euoplocephalus, 205-206, 208
Euparkeria, 74-77, 138
Euskelosaurus, 128
Eustreptospondylus, 182, 184

Fabrosauridae, 7, 92, 153
Fabrosaurus australis, 153
Fulgurotherium, 170-171

Gallimimus, 79, 172-173
Gallomimus, 41
Gangamopteryx, 42-44
Garudimimidae, 87
Glossopteryx, 42-44, 94
Gravitholus, 209-210

Hadrosauridae, 7, 85, 92, 200
Hadrosaurus foulkii, 14, 200
Hadrosaurus, 14, 17, 200-201, 204
Halticosaurus liliensterni, 126
Haplocanthosaurus, 145-146
Heloderma horridum, 202, 204
Heloderma suspectum, 202
Herrerasauria, 84
Herrerasauridae, 90
Hesperornis, 168
Heterodontosauridae, 7, 92, 127
Heterodontosaurus, 124, 127
Homalocephalus calthoceros, 210

Homalocephalus, 209-210
Huayangosaurus, 155-156, 158
Hylaeosaurus, 177, 205
Hylaeosaurus, 177, 205
Hylonomus, 70, 72
Hypacrosaurus, 204
Hypselosaurus, 112, 191-192
Hypsilophodon foxi, 171
Hypsilophodon, 78, 170-171, 177
Hypsilophodontidae, 7, 92, 170

Ichthyosaurus, 10
Ichthyostega, 66
Iguanodon atherfieldensis, 215
Iguanodon bernissartensis, 212, 215
Iguanodon, 4-5, 12-13, 17, 19-20, 22, 34-35, 41, 78, 177, 211-212, 214-215
Iguanodontidae, 7, 92, 211
Indosaurus, 145
Inosaurus, 159
Itemyridae, 88-89

Jaxartosaurus, 204
Jubbulpuria, 159

Kakuru, 159
Kangnasaurus, 170, 211
Kentrosaurus, 155-156, 158
Kuhneosaurus, 117

Lambeosauridae, 84
Lambeosaurus, 36, 201-202, 204
Laplatasaurus, 191
Latimeria, 64-65
Leaellynasaura amicagraphica, 23
Lepidotes, 177
Leptoceratops, 193-194
Lesothosaurus diagnosticus, 153
Lesothosaurus, 153
Lexovisaurus, 155, 158
Loncosaurus, 170-171
Longisquama, 95, 116, 121
Lophorhothon, 204
Lufengosaurus, 128
Lukousaurus, 126

Macrodontophion, 13
Macrurosaurus, 191
Malanosauridae, 128
Mamenchisaurus, 150, 152
Mandschurosaurus, 201, 204
Massenaussterben, 12, 94, 218, 221, 224-226, 232
Massensterben, 31, 86, 217-218, 226, 228, 232
Massospondylus, 90, 128
Mastodonsaurus, 116
Megalosauridae, 7, 88-89, 182
Megalosaurus bucklandi, 182
Megalosaurus, 12-13, 88, 177, 182
Megazostrodon, 130-131
Mesosaurus, 43-44
Metriacanthosaurus, 179
Microceratops, 193-194, 196
Microcoelus, 191
Micropachycephalosaurus, 209-210
Microvenator, 159
Mixosaurus, 122
Mochlodon, 211, 215
Monoclonius, 196-198
Montanoceratops, 193-194
Morganucodon, 117, 123-124
Morosaurus, 19
Mosasaurus, 10, 160
Mussauridae, 90
Muttaburrasaurus, 211, 215

Nemegtosaurus, 150, 152
Nipponosaurus, 204
Noasauridae, 87
Nodosauridae, 7, 93, 204
Nodosaurus, 205, 208
Nothosaurus, 117, 133
Notoceratops, 204

Omosaurus armatus, 155

Onychocrinus exsculptus, 60
Ornithischia, 20
Ornitholestes, 140, 159
Ornithomimidae, 7, 87, 160, 171
Ornithomimosauria, 84
Ornithomimus, 87, 172-173
Ornithopoda, 85, 92-93
Ornithopodae, 91-93
Orthogoniosaurus, 182, 184
Orthomerus, 35
Othnielia, 170-171
Ouranosaurus, 5, 211, 215
Oviraptoridae, 87

Pachycephalosauria, 84
Pachycephalosauridae, 7, 92, 208
Pachycephalosaurus, 209-210
Pachyrhinosaurus, 196-198
Pangolin, 206
Panoplosaurus, 160
Paranthodon, 155, 158
Parasaurolophus, 201-202, 204
Parksosaurus, 170, 171
Patagosaurus, 145-146
Pelorosaurus, 146
Pentaceratops, 196-198
Piatnitzkysaurus, 145
Pinacosaurus, 205, 208
Plateosauridae, 7, 90, 128
Plateosaurus, 13, 21, 89, 128
Plesiosaurus, 160
Polacanthoides, 205
Polacanthoides-Hylaeosaurus, 205
Polacanthus, 205
Prenocephalus, 209-210
Probactrosaurus, 211, 215
Proceratosaurus, 182, 184
Procompsognathus, 87, 126
Proganochelys, 116
Prosaurolophus, 204
Prosauropoda, 85, 88-90, 123, 128
Proterosuchus, 116
Protoceratops andrewsi, 192, 194
Protoceratops, 22, 28, 112, 192-194
Protoceratopsidae, 7, 93, 192
Psittacosauridae, 93
Psittacosaurus, 196
Pteranodon, 160
Pterodactylus elegans, 133
Pterodactylus, 133, 168

Quetzalcoatlus northropi, 168
Quetzalcoatlus, 133, 160, 168

Rancorhynchus, 130
Rebbachisaurus, 146, 149
Rhoetosaurus, 145-146
Rhynchocephalia, 73, 79, 94, 122
Rhynchosaurus, 122
Riojasaurus, 128
Roccosauridae, 90, 128
Roccosaurus, 128

Saltasaurus, 191-192, 204
Saltopus, 126
Sarcosaurus, 182, 184
Sarcosuchus, 180
Saurischia, 20
Saurolophus, 160, 201, 204
Sauropelta, 205, 208
Sauropoda, 85, 89-91
Sauropodomorpha, 86, 89
Saurornithoididae, 87
Scelidosauria, 84
Scelidosauridae, 91-93
Scelidosaurus, 93
Scolosaurus, 27
Scutellosauridae, 84
Scutellosaurus, 93, 153-154
Secernosaurus, 204
Segnosauridae, 88-89
Seymouria, 51, 69, 85
Shanshanosauridae, 87
Shantungosaurus, 204
Sinocoelurus, 159
Sordes pilosus, 95
Sphenodon, 76, 94, 122
Spinosauridae, 7, 88-89, 179-180

Spinosaurus, 179-180
Staurikosauridae, 90
Staurikosaurus, 90
Stegoceras, 160, 209-210
Stegosauria, 84
Stegosauridae, 7, 85, 91-93, 155
Stegosaurus armatus, 155
Stegosaurus, 34, 105, 110, 130, 136, 142, 144, 155-156, 158, 208
Stegosaurus stenops, 155
Stenonychosaurus, 106
Struthiomimus, 172-173
Struthiosaurus, 205, 208
Styracosaurus, 196-198
Succinodon, 191
Supersaurus, 136
Syntarus, 126

Tanius, 204
Tanystropheus longobardicus, 122
Tarbosaurus bataar, 190
Tarbosaurus, 109, 185, 190
Tarchia, 109, 205-206
Teinurosaurus, 159
Telmatosaurus, 204
Tenontosaurus, 211, 215
Teratosauridae, 7, 88-89, 127
Teratosaurus, 127-128
Thecodontosaurus, 13
Therizinosauridae, 88-89, 92
Therizinosaurus cheloniformis, 178
Theropoda, 85-86, 92, 106
Thotobolosaurus, 128
Thrinaxodon, 124
Ticinosuchus ferox, 79
Ticinosuchus, 76, 79
Titanosauridae, 7, 90, 190
Titanosaurus, 112, 191
Tornieria, 190-191
Torosaurus, 160, 196-198, 200
Torvosaurus, 184
Triceratops, 78, 110, 124, 195-198
Triceratops horridus, 195, 198
Trilophosaurus, 122-123
Troodon, 14, 115
Troodontidae, 92
Tsintaosaurus, 201, 204
Tugulusaurus, 172-173
Tujiangosaurus, 155, 158
Tyrannosauridae, 7, 85, 88-89, 109, 160, 184, 188
Tyrannosaurus, 34, 37, 41, 74, 79-81, 88, 93, 110, 112, 124, 167-168, 174, 178, 185-188, 190, 206, 208
Tyrannosaurus rex, 178, 185-187, 190, 206

Ultrasaurus, 148

Valdosaurus, 170-171
Vectisaurus, 211, 215
Velociraptor, 22, 174-175
Velociraptor mongolensis, 22
Volkheimeria, 145-146

Wuerhosaurus, 155, 158

Yangchuanosaurus, 145
Yaverlandia bitholus, 210
Yaverlandia, 209-210

Zalamdalestes, 168
Zephyrosaurus, 170-171
Zigongosaurus, 146, 149